本书受国家社科基金一般项目"苏丹国家治理现代化的历史考察"（项目号：15BSS013）资助

苏丹国家治理现代化的历史考察

（1956—2023）

王 猛 著

中国社会科学出版社

图书在版编目（CIP）数据

苏丹国家治理现代化的历史考察：1956—2023 / 王猛著 . —北京：中国社会科学出版社，2023.10
ISBN 978 – 7 – 5227 – 2407 – 2

Ⅰ.①苏⋯ Ⅱ.①王⋯ Ⅲ.①国家—行政管理—现代化管理—历史—研究—苏丹—1956 – 2023 Ⅳ.①D741.23

中国国家版本馆 CIP 数据核字(2023)第 143890 号

出 版 人	赵剑英
责任编辑	周晓慧
责任校对	刘 念
责任印制	戴 宽

出　　版	中国社会科学出版社
社　　址	北京鼓楼西大街甲 158 号
邮　　编	100720
网　　址	http://www.csspw.cn
发 行 部	010 – 84083685
门 市 部	010 – 84029450
经　　销	新华书店及其他书店
印　　刷	北京明恒达印务有限公司
装　　订	廊坊市广阳区广增装订厂
版　　次	2023 年 10 月第 1 版
印　　次	2023 年 10 月第 1 次印刷
开　　本	710×1000　1/16
印　　张	23.75
插　　页	2
字　　数	367 千字
定　　价	129.00 元

凡购买中国社会科学出版社图书，如有质量问题请与本社营销中心联系调换
电话：010 – 84083683
版权所有　侵权必究

目　录

绪　论 …………………………………………………………（1）

第一章　近代苏丹的形成和治理探索（1821—1899）……（37）
第一节　埃及对苏丹的征服与治理 ……………………（38）
第二节　南苏丹的发现与南北交往 ……………………（50）
第三节　1884—1898年的粮食战争与治理尝试 ………（58）
第四节　英国殖民苏丹的治理探索 ……………………（74）

第二章　议会制政府与军政府的轮替治理（1956—1969）…（97）
第一节　第一届议会制政府的治理实践 ………………（98）
第二节　阿布德军政府的治理实践 ……………………（108）
第三节　第二届议会制政府的治理实践 ………………（119）
第四节　军事政变与泛政治化社会发展透视 …………（134）

第三章　尼迈里军政府的纵横与黄昏（1969—1985）……（140）
第一节　五月革命与尼迈里政权的建立 ………………（141）
第二节　尼迈里将军的英雄时代 ………………………（153）
第三节　尼迈里总统的理想与现实 ……………………（164）
第四节　尼迈里时代的落幕 ……………………………（177）

第四章　国家治理的伊斯兰路径探索（1985—2000）……（192）
第一节　四月革命与过渡军事委员会 …………………（193）

第二节　围绕"九月法令"的存废斗争……………………（199）
　　第三节　哈桑·图拉比的"伊斯兰实验"…………………（207）
　　第四节　图拉比时代的坠滑与谢幕…………………………（222）

第五章　苏丹后革命时代的发展与局限（1996—2011）………（235）
　　第一节　经济治理的成就与限度……………………………（236）
　　第二节　政治治理视野中的达尔富尔危机…………………（246）
　　第三节　传统国家有效治理的现代困境……………………（262）
　　第四节　第二次南北内战与艰难的和平进程………………（274）

第六章　民族国家建构失败与南北分立………………………（284）
　　第一节　南北分立前的全国性大选…………………………（285）
　　第二节　苏丹国家建构失败的原因…………………………（296）
　　第三节　苏丹南北分立的国家治理因素……………………（304）
　　第四节　南北分立后的苏丹政治发展………………………（314）
　　第五节　苏丹社会泛政治化中的军队因素…………………（324）

第七章　国家治理进程中的霸权国因素………………………（340）
　　第一节　独立进程中的埃及、英国和美国因素……………（341）
　　第二节　国家治理进程中的美国因素………………………（353）
　　第三节　苏丹和平与发展的美国因素………………………（362）

参考文献…………………………………………………………（373）

绪　　论

苏丹山河壮美，历史厚重，国家个性独特，社会发展曲折，古老而年轻。一方面，苏丹国家特色鲜明，兼具非洲国家、阿拉伯国家、伊斯兰国家三重属性。在现代民族国家形成之前，"苏丹"更多的是一个地域概念，指"黑人的土地"，是人类文明的早期诞生地之一。作为苏丹历史源头的努比亚文明，约从前7千纪持续到4世纪，是众多非洲古代文化孕育的母体，与埃及并列为非洲两大文明源头。6世纪，苏丹进入基督教时期。13世纪，阿拉伯人进入苏丹，伊斯兰教得以迅速传播。15世纪建立了丰吉（Funj）和富尔（Fur）素丹国。16世纪，苏丹被并入奥斯曼土耳其帝国势力范围。另一方面，作为现代意义上的国家实体，苏丹的政治版图直至19世纪中期才基本成形，1821年被埃及征服，1899年成为英—埃共管国，1953年建立自治政府，1956年1月1日宣布独立，2011年南北分立。苏丹资源丰富，但各方面发展严重滞后，是联合国公布的世界极不发达国家之一。系统考察国家治理现代化的发展轨迹，资治通鉴，鉴古知今，既可以梳理苏丹历史发展的成败得失，又可以给其他国情类似的国家提供借鉴。

一　相关概念界定及其运用

"苏丹"（Sudan/Soudan）是非洲历史上独特的历史文化和政治名词，早在12世纪就由阿拉伯人开始使用，是"比拉德—苏丹"（Bilad al-Sudan）的简称，其本义为"黑人家园"或"黑皮肤的人"[1]。历史上的比拉

---

[1]《不列颠百科全书》（第16卷），中国大百科全书出版社1999年版，第283页。

德—苏丹地区指北纬8°—18°的热带半干旱稀树草原和半荒漠地带，即撒哈拉沙漠南缘东西向延伸的"撒赫勒"（Sahel）过渡地带，西起大西洋沿岸，东接埃塞俄比亚高原，北抵撒哈拉沙漠，南至赤道雨林地区，面积400—500万平方千米，分东中西三部分，今天的苏丹属于东比拉德—苏丹。① 换言之，"比拉德—苏丹"虽然可以简称作"苏丹"，但它在历史上包含的人群和地域范围要宽泛得多，并非仅指苏丹共和国，为了避免两个相同的简称之间出现混淆，"比拉德—苏丹"一般不使用简称。②

近现代以来，"苏丹"概念先后指代过土—埃苏丹（Turco-Egyptian Sudan，1821—1885）、英—埃共管苏丹（Anglo-Egyptian Condominium Sudan，1898—1955）及苏丹共和国（The Republic of the Sudan，1956—2011），范围涵盖今日苏丹和南苏丹在内的广袤区域。③ 这一概念本身没有问题，只是因为在翻译过程中用同一中文术语指代了若干个不同的历史文化和政治概念，例如伊斯兰地区/国家的最高统治者"Sultan"等，"苏丹"因而成为一个关键却有些混乱的中文术语。Sultan这个称号开始使用于10世纪，意为"君主"或"统治者"，到11世纪被伊斯兰教国家统治者广泛使用，土耳其素丹（Sultan）即土耳其帝国的统治者。为了避免混淆，本书一律用"素丹"指称伊斯兰国家/地区的最高统治者，用"素丹国"/"素丹王位"指称伊斯兰教君主的领地或地位；单独使用的、无限定词的"苏丹"仅指苏丹共和国，单独使用的、无限定词的"苏丹人"（Sudanese）也仅指苏丹共和国国民。④

"达尔"（Dar/Dur）和"达尔富尔"（Darfur）。"达尔"本义为"故土、家园"，后来逐渐有了其他含义，例如特定的区域或管理单位（Dar

---

① 刘鸿武：《黑非洲文化研究》，华东师范大学出版社1997年版，第115页。
② 需要指出的是，Sudanese和Sudanic的中文翻译等同为"苏丹的"，但二者有着不同的含义：作为形容词时，前者指"苏丹（共和国）的"或"苏丹（共和国）人的"，后者指"比拉德—苏丹的"或"苏丹语的"；作为名词时，前者指"苏丹（共和国）人"，而后者指苏丹语。
③ A. J. Arkell, *A History of the Sudan from the Earliest Time to 1821*, The Athlone Press, 1955, p. 1.
④ 姜恒昆：《达尔富尔危机：原因、进程及影响》，浙江人民出版社2014年版，第11—13页。

Masalit，马萨里特素丹管辖的地区）、特定部族的领土（Dar al-Nuba，努巴人的领地）、素丹王国（Dar Fur，富尔素丹国）、"达尔佛提特"（Dar Fertit，南方人区域）等。但是自1920年代英—埃共管政府赋予部落酋长司法管理权后，"达尔"就主要指由某个或某些优势部落掌控司法裁决权的统辖领地，即特定族群民众居住的特定区域。"达尔富尔"（Darfur）的含义有点模糊，虽然字面意思仅指富尔人的领地，然而，由于富尔人的凯拉家族（Keira）对达尔富尔高原近300年的统治，其实际所指就包括了达尔富尔高原辽阔的多民族聚居区。①

"部落/族"和"部落/部族主义"。非洲学者很早就批评tribe（部落/部族）一词概念不明、含义不清，失去了描述人类社会组织的原有含义，很多时候反而被赋予生物学上落后、低级和原始的含义，不适宜形容非洲的民众共同体。② 但鉴于国际和国内学界仍一直沿用"部落/部族/部落主义/部落性/部族主义"（tribalism）等词语，本书也使用"部落/部族"词汇，但仅仅指代文化单位或政治单位，不带有任何种族主义色彩。

长时段理论。布罗代尔（Fernand Braudel）是法国年鉴学派的代表人物，他将历史学的时间概念大致分为三种，分别是短时段（事件或政治时间）、中时段（情态或社会时间）和长时段（结构或自然时间）；历史事件相应地也就由表及里地被划分为"事件历史""情态历史"和"结构历史"三个层次。大致说来，短时段是适用于个体的时间量度，发生在短时段的"事件历史"基本上对应于传统史学的编年史和政治史，这类历史在特定时空里变化迅猛并短暂地影响着人类社会，但实际上只构成了历史的表面层次，对整个历史进程并不起重要作用。发生在中时段的"情态历史"基本上等同于经济社会史，适用于研究历史的"情态"，主要涉及对历史进程起重要作用的人类生活的周期性波动，如一定时期内的人口消长、物价升降和生产增减等，具体波动周期可能是数十/数百年。由地理、生物等因素组成的"结构历史"，主要包括几个世纪内不变化和变化极慢

---

① 姜恒昆：《达尔富尔危机：原因、进程及影响》，浙江人民出版社2014年版，第13—14页。

② 李安山：《非洲民族主义研究》，中国国际广播出版社2004年版，第213—214页。

的现象，如地理气候、生态环境、经济制度、社会组织、思想传统和民众心态等。布罗代尔认为，以世纪为基本计量单位的长时段现象构成了历史的深层结构和整个历史发展的基础，对历史进程起着决定性的作用；历史学家只有借助长时段的观点研究历史现象，才能从根本上把握历史的总体；长时段理论是沟通历史学和社会科学的桥梁，是社会科学在整个时间长河中从事观察和思考的最有用的河道。[①] 凡有过往，皆为序章；所有将来，皆有可能。漫长、多彩、曲折的苏丹历史需要长时段理论的多角度宏观审视，也只有长时段的多视角宏观审视才能更清晰地看出苏丹历史各个时段的成就和问题，明晰苏丹未来的发展需求和方向。

国家治理是人类社会治理的重要方式，其概念有狭义和广义之分。狭义的国家治理仅指国家政权系统对政治领域的治理，也即政治治理或政府治理，外延上仅指国家行政机关的具体施政。广义的国家治理是指国家按照某种既定的秩序和目标，对政治、经济、社会、文化、生态等各个领域进行自觉的、有计划的控制、规范、组织、协调等活动，是多元治理、多中心治理和多领域治理。广义的国家治理外延有多种类型，从治理主体上讲，包括政府治理、社会治理、企业治理、个人自治及政府、社会、企业、个人的共同治理等；在治理类别上包括政治治理、经济治理、社会治理、文化治理和生态治理等；从治理层级上分基层治理、地方治理、政府治理、区域治理和全球治理等。[②]

本书认同广义的国家治理概念，并将之区分为国家统治、国家管理和国家善治三种类型，国家治理现代化的实质就是国家治理从统治、管理到善治的理论演进和实践升级。国家统治亦即政治统治，是国家政权依靠暴力机器、运用专政方式来维护公共秩序的国家治理类型。国家统治的基础是阶级分裂和阶级斗争，本质上是阶级统治，体现了国家的阶级性。国家管理又称公共管理，是国家政权在处理社会公共事务过程中对各种投入要素的优化组合和高效利用，从而实现国家利益、国民利益等社会公共利益

[①] ［法］布罗代尔：《长时段：历史和社会科学》，顾良译，"资本主义论丛"，中央编译出版社1997年版，第173—204页。

[②] 丁志刚：《如何理解国家治理与国家治理体系》，《学术界》2014年第2期。

的最大化。国家管理的专业性和职业化程度随着社会复杂程度的提高而逐步增加。国家善治是指国家政权的所有者、管理者和利益相关者等多元行为体在全国范围内对社会公共事务的合作管理,目的是增进公共利益维护公共秩序。国家善治继承了国家统治和国家管理概念的某些要素,同样以国家对暴力机器的合法垄断为后盾并将之作为最后手段,强调合作管理中的专业性和职业化等;但同时又有其独特性,凸显管理者向所有者负责并被后者问责的重要性,强调国家治理过程中多元行为体的合作管理,把增进公共利益和维护公共秩序放在了同等重要的地位。①

二 自然和经济地理概况

苏丹②,位于非洲大陆东北部、红海西岸、尼罗河上游,2011 年之前的国土面积是 250.58 万平方公里,之后因为南北分立而缩小至 188 万平方公里。苏丹北邻埃及,西接利比亚、乍得、中非共和国,南毗刚果(金)、乌干达、肯尼亚,东连埃塞俄比亚、厄立特里亚。苏丹东北濒临红海,海岸线长约 720 公里;向南伸入非洲大陆腹地,是南北交通要道和内陆出海口之一,地理位置重要。首都喀土穆处于东 3 时区,是全国的政治和经济中心。

苏丹的东、西、南三面地势较高,多丘陵、高原和山地;北部是地势低平的沙漠,以尼罗河谷地为界分东西两部分。西部属利比亚沙漠,绿洲散布其中,以产椰枣著称。东部属努比亚沙漠,砾石和流沙覆盖,山丘兀立,景色更为单调。利比亚沙漠以南是海拔 500 米以上的科尔多凡高原和达尔富尔高原,前者为剥蚀高原,后者是熔岩高原,大部分地方有固定性沙丘。著名的迈拉(Marra)山脉就位于达尔富尔高原,海拔 3088 米,是苏丹第二高峰。东北部的红海山区是东非高原和埃塞俄比亚高原的延伸部分,地势较高。南部边境地区是中非山脉的一些支脉和丘陵地带,是刚果

---

① 本书关于国家治理、国家统治、国家管理和国家善治的概念界定,详见何增科《理解国家治理及其现代化》,《马克思主义与现实》2014 年第 1 期。
② 本书论述的苏丹,主要指 2011 年之前的苏丹共和国,范围上涵盖今天的苏丹和南苏丹,部分论述会涉及 2011 年南北分立后的北苏丹,即现在的苏丹共和国。

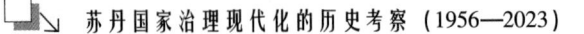

河和尼罗河的分水岭，其中海拔3186米的基涅提山脉（Kinyeti）是苏丹的最高山峰。

苏丹中部是大平原，由南向北凹陷，称为"苏丹盆地"。整个盆地以科尔多凡高原和努巴山脉为界分作南北两大块，分别是2011年后的南苏丹和苏丹。盆地北部比较平坦，由北向南分别是拜尤达荒漠、杰济拉平原和尼罗河上游盆地，是苏丹的主要农业区。盆地南部是位于北纬10°—4°的热带区域，由冲积平原、铁矿石高原和南方丘陵地带三大自然板块组成，整个地形呈水槽型，东部、南部、西部边境地区多丘陵山地，盆地中部为平原。① 铁矿石高原山峦交错，高低起伏，从西到东分别是加扎勒河西部地区、尼罗河—刚果河的分水岭和南苏丹与乌干达交界山区。东部的丘陵地带是高原地区的延伸部分，低矮起伏，矿石资源丰富。冲积平原也称黏土平原，从西部的乌韦勒（Aweil）向东一直延伸至与肯尼亚交界的图尔卡纳湖（Turkana），向北延伸至伦克（Renk），有大面积的草原和湿地，是非洲的生态保护基地。白尼罗河贯穿苏丹南方，将冲积平原一切为二，并因地势低平而形成了一连串的湖泊沼泽。

努巴山区相传有99座山峰，有的山峰海拔高度接近1500米。群山之间的平原地带是肥沃的黑色黏土，其中一半左右是适合种植的"棉花土"。努巴山区属于稀树草原气候，每年的6—10月为雨季，年降雨400—600毫米。充沛的降雨滋润了当地的众多河流、湖泊、泉眼和水井，形成了大大小小的蓄水洼地，既为当地居民提供了丰沛水源，也促进了努巴山区农业的发展。高粱是努巴山区的主要粮食作物，棉花是最重要的经济作物，阿拉伯胶树的经济价值很高。此外，努巴山区还出产玉米、小米、烟草、芝麻、花生、西瓜等作物，有杧果、番石榴、番荔枝等果树。

苏丹位于赤道和北回归线之间，全境受太阳直射，是世界上十分炎热的国家之一。地处生态过渡带，干旱炎热是其基本气候特点，易遭旱

---

① Deng D. Akol Ruay, *The Politics of Two Sudan: The South and the North, 1821 – 1969*, Sweden: Motala Grafiska AB, Motala, 1994, pp. 12 – 13.

灾、水灾和沙漠化等气候灾害。年均降雨量不足100毫米，从北向南显著增加，从东到西稍有减少。全国大致可分为三个气候区。南部是狭长的热带雨林区，闷热潮湿，年均降水量达1100毫米。中部是热带草原区，夏季炎热，降雨集中；冬季温暖，降雨稀少。北部是热带沙漠区，高温少雨，气候干燥，多风沙。首都喀土穆位于苏丹中部，有"世界火炉"之称，年平均气温为30℃左右，年均降水量为161毫米，4—7月为最热的季节，一般日间气温达40℃，酷热季节在50℃左右，地表温度最高可达70℃。从全国来说，每年11月至次年3月的平均气温是22℃，是苏丹气候较适宜的时期。

尼罗河流程6670公里，是世界上最长的河流，在苏丹境内以喀土穆为界分成南北两段。在南方，白尼罗河发源于赤道多雨区，水量丰富稳定，但流域内地势平坦，流速缓慢，大约一半的水量被蒸发。著名的苏德沼泽位于阿拉伯河、白尼罗河和杰贝勒河交汇处，地势低平，河网密集，水流迟缓，沼泽广布。雨季时河水漫溢，流域面积最大时超过13万平方公里；旱季时降水减少，水域面积最小时不到3万平方公里。苏德沼泽布满了水生植物，形成了可以移动的巨大障碍，严重妨碍航行，是阻断苏丹南北的天堑。

尼罗河喀土穆段的年平均流量为每秒890立方米，不到全部水量的1/3。尼罗河下游水量主要来自埃塞俄比亚高原的索巴特河、青尼罗河和阿特巴拉河。索巴特河是白尼罗河支流，每年5月开始涨水，最高水位出现在11月。青尼罗河发源于埃塞俄比亚高原上的塔纳湖，上游处于热带山地多雨区，春季水量有限，6月开始持续上涨，至9月初达到高峰，11月或12月后进入枯水期。青尼罗河枯水期的最小流量不到每秒100立方米，洪水期的最大流量是枯水期的60倍，青尼罗河水量占到了尼罗河全部水量的60%。阿特巴拉河也发源于埃塞俄比亚高原，位置偏北，雨量更集中，加上其流域面积小，流量变化更大，冬季断流后的河床形成了一连串的小湖泊。

尼罗河自南向北纵贯苏丹全境，尼罗河苏丹段接纳了几乎所有的重要支流。青、白尼罗河在喀土穆合流。在两河交汇的上游地带，林草广布，植被茂盛，土地肥沃，孕育了南方黑人的尼格罗文明。从喀土穆开始，青、白尼罗河合而为一，逶迤北向，在山谷、高地和沙漠间流淌，蜿蜒行走，形成了"S"形大曲弯走势的宽广谷地。因为流经交替出现的砂石河床与花岗岩河床，河水时而平缓宽阔，时而湍急收窄，由北向南形成了六大瀑布群，各瀑布群间形成的众多冲积平原地带哺育了灿烂的努比亚文明。尼罗河是苏丹农业发展的重要资源和南北交通大动脉，河流两岸人口最密集，集中了多个重要城市。也正是因为尼罗河在苏丹境内的复杂走势与结构，才造成了苏丹南北地域的多样性分割，造成了苏丹国家历史、文化、民族的丰富多样性形态。①

苏丹自然资源丰富，主要有铁、银、铬、铜、锰、金、铝、铅、铀、锌、钨、石棉、石膏、云母、滑石、钻石、石油、天然气和木材等。截至2010年，已发现金矿矿床150多个，探明黄金储量970吨，铁矿储量12.5亿吨，铬矿储量1亿多吨。石油的地质储量是132亿桶，可采储量约为45亿桶。森林面积约为6400万公顷，占全国面积的23.3%，阿拉伯树胶在林业资源中占重要地位。水力资源丰富，有200万公顷淡水水域。全国可耕地为8400万公顷，已耕地为700万公顷。主要农作物有高粱、谷子、玉米和小麦等。经济作物在农业生产中占重要地位，占农产品出口额的66%，主要有棉花、花生、芝麻和阿拉伯胶等。长绒棉产量仅次于埃及，居世界第二位。花生产量居阿拉伯国家首位，在世界上仅次于美国、印度和阿根廷。芝麻产量在阿拉伯和非洲国家中占第一位，出口量占世界的1/2左右。阿拉伯胶种植面积为504万公顷，年均产量约为3万吨，占世界总产量的60%—80%。苏丹的宜牧土地面积高达1.67亿公顷，主要畜类为牛、绵羊、山羊和骆驼，有大量的野生动物，畜产品资源在阿拉伯国家中名列第一，在非洲国家中名列第二。

虽然历史悠久，资源丰富，但苏丹长期以来一直是联合国公布的世界极不发达国家之一，经济结构单一，工业基础薄弱，对自然环境及外援依赖性强。农业人口超过全国人口的80%，农业产值占其国内生产总值的

---

① 刘鸿武、姜恒昆编著：《苏丹》，社会科学文献出版社2008年版，第2—3页。

40%左右。大多数农民靠天吃饭，易受干旱影响，长期处于贫困状况。工业产值占国民生产总值的25%，主要是纺织、制糖、制革、食品加工、制麻、烟草和水泥等。矿产资源开发是21世纪以来苏丹经济的支柱产业，主要集中在石油、天然气和金矿的勘查和开发上。1999年，苏丹石油开发成功，成为石油出口国。2009年，苏丹原油生产能力是3000万吨，石油炼化能力超过500万吨。2011年南北分立后，75%的探明原油储量划归南苏丹，苏丹石油产量和石油收入均大幅减少。南苏丹经济严重依赖石油资源，石油收入约占南苏丹政府财政收入的98%，然而，由于频发的武装冲突以及与苏丹就石油利益分配的矛盾，南苏丹的石油日产量只有2011年之前的1/3，甚至一度全面关井停产。

苏丹全国有19个种族，597个部落。黑人占52%，阿拉伯人占39%，原住居民贝贾（Beja）人占6%，其他人种占3%。在北方，阿拉伯人约占总人口的80%，肤黑鼻阔，头发卷曲，有着当地黑人的某些特征。贝贾人、努比亚人和富尔人共占10%—15%，其余为少数族裔。人口分布相对集中于喀土穆及周边地区，2017年达到700万人，其他人口较多的城市有瓦德迈达尼、苏丹港、阿特巴拉、达马津等。在南方，土著黑人按照语言、体形特征和历史传统可以大致分为尼罗特人（Nilotes）、尼罗哈姆人（Njlo-Hamites）和努巴人（Nuba）。[1] 尼罗特人主要分布于南苏丹的沼泽地区，主要是丁卡人（Dinka）、努维尔人（Nuer）和希卢克人（Shilluk），以游牧为生，蓄养的牲畜主要是牛。紧邻尼罗特人、在其以南的是尼罗哈姆人，按生产方式可划分为农耕和游牧两支。以游牧为生的主要是拉图卡人（Latuka）、曼达里人（Mandari）、穆尔勒人（Murle）和迪丁加人（Didinga）；以农耕为生的主要是巴里人（Bari）。在南苏丹的西南方，占据主导地位的部落是赞德人（Azande），主事农耕，构成混杂，在历史的交融过程中形成了统一的语言和文化，曾在18世纪建立了强大的部落国家。[2] 努巴山区历史上就是不同族群人口迁移交融的重地，种族结构复杂，族群

---

[1] 刘鸿武、姜恒昆编著：《苏丹》，社会科学文献出版社2008年版，第39页。
[2] Deng D. Akol Ruay, *The Politics of Two Sudan: The South and the North*, 1821-1969, Sweden: Motala Grafiska AB, Motala, 1994, p. 16.

和部落众多。大概有50个部族将努巴山区视为家乡，几乎每一座山峰或丘陵都有部落居住，部落名称与居住地名称关系复杂。卡杜格里部落（Kadugli）就居住在卡杜格里山一带，迪灵（dilling）山一带的部落则自称是迪灵部落。

苏丹人口结构非常年轻，0—14岁占人口总数的2/5，南方人口约占总人口的1/5，人口增长率为5.53%，人均寿命为57.73岁。[①] 从整体上讲，人口密度每平方公里为16人左右，但因为大部分国土不适宜居住，人口分布很不均匀。首都喀土穆和重要农业区杰济拉只占全国面积的7%，却集中了全国大约33%的人口。苏丹的城市化程度比较低，生活在城镇的人不到1/3，超过2/3的人口生活在农村，农业人口占全国总人口的70%。

三　民主政治的混乱低效发展

从国家统治、国家管理到国家善治的理论演进上可以看出，国家善治的基本思路，就是通过向社会组织和私营部门的开放重新配置公共权力，借此提高国家管理的弹性与韧性，走出传统的政府单一治理模式，实现可持续发展、可持续稳定、民生和民权改善三大目标，实现包括政府、社会、企业、个人在内的多元治理良性互动。以此观之，苏丹在1821年前的国家治理基本上就是国家统治，例如丰吉和富尔素丹国的国家权力就体现为直接利用军事力量限制和垄断对外贸易并从中获利，都维持了最低限度的公共秩序。1821—1956年，苏丹国家治理中的统治色彩依旧，国家权力就是通过税收和劫掠获取财富的能力，但具体施政中公共管理的因素逐渐增多，开始追求公共利益的最大化，英国式的现代社会理念和管理体制被逐步引进，例如土—埃政府在1870年代委任欧洲人士推进苏丹的禁奴运动，英—埃共管政府设立税务机关的目的就是"造成一种政府权威的印象"[②]。独立后的苏丹，因为有来自西方现代民主政治理念的宪法与议会政体，有竞争性的政党制度与文官制度，就政治文化而言可以视作"阿拉伯

[①] United Nations, *World Statistics Pocketbook* 2011, New York, 2012, p.186.

[②] Robert O. Collins, *Land beyond the Rivers*, *the Southern Sudan*, 1898-1918, Yale University Press, 1971, p.334.

世界和非洲的民主国家"①，骨子里存在英国式民主政治的基因，在国家治理上的进步主要体现为以全民选举为代表的政治问责制度、以专业工会组织为代表的专业化管理模式等。然而，由于深受传统文化与伊斯兰政治的影响，加之欠发达国家经济与社会条件的制约和漫长的内战的强烈冲击，独立后的苏丹国家制度与政治体制具有混合与过渡的特点，国家治理的整体效果不彰，英国式的民主政治体制往往沦为了原生态政治斗争的外壳或形式，军人政权与个人集权始终是苏丹政治生活的基础与核心。②

独立之初，苏丹全国被划分为9个行政区，行政区以下又陆续划分了18个州（亦称省）。9个行政区中有6个处于北方地区，分别是喀土穆区、北方区、中部区、东方区、科尔多凡区和达尔富尔区。另外3个行政区在传统上处于南方，即上尼罗区、加扎勒河区和赤道区（东赤道州、西赤道州）。喀土穆首都区直属中央政府管辖，设有国家首都委员会和首都市长。其他各行政地区设地区专员，各州设州长。③ 1972—1974年，尼迈里（Gaafar Mohamed Nimeri）政府根据《亚的斯亚贝巴协议》对全国行政区划做了大规模调整，基本奠定了今天苏丹的主要行政版图，同时成立南方自治政府管辖3个南方行政区。1983年，尼迈里政府再次规划全国行政版图，苏丹行政版图重新回到1973年之前的9大行政区，南方自治政府被撤销，加扎勒河区、赤道区和上尼罗区3区直属中央政府。1989年，原来的9大行政区被设定为9个州。1994年，苏丹政府将全国划分为26个州，辖132个县，其中南方州10个县，北方州16个县。州是最高地方行政区域，州以下的地方政府分为县（County）、乡（Payam）和村（Boma）。

独立初期的苏丹政体是议会内阁制，总理为国家元首和政府首脑，以

---

① John O. Voll (ed.), *Sudan: State and Society in Crisis*, Bloomington: Indiana University Press, 1991, p. 6.
② 刘鸿武、姜恒昆编著：《苏丹》，社会科学文献出版社2008年版，第159—160页。
③ 除喀土穆行政区外，其他的行政区陆续下设了数个州，分别是北方区（北方州和尼罗州，1974）、中部区（白尼罗州、青尼罗州、杰济拉州，1974）、东方区（红海州、卡萨拉州，1973）、科尔多凡区（北科尔多凡州、南科尔多凡州，1974）、达尔富尔区（北达尔富尔州、南达尔富尔州，1974）。另外3个行政区传统上被认为是南方地区，即上尼罗区（联合州、琼莱州，1974）、加扎勒河区（东加扎勒河州、西加扎勒河州、湖泊州，1985）、赤道区（东赤道州、西赤道州，1974）。详见杨期锭、丁寒《列国志·苏丹》，上海辞书出版社1985年版，第47—48页。

后的历届文官政府也大体如此。政府机构设置沿用了英—埃共管时期的政治体制。全国最高行政机构为内阁，下设若干部门，包括财政部、能矿部、投资部、外贸部、农业部、水利灌溉部、中央银行等主要经济部门。1969 年，尼迈里政变成功，将国家体制从议会内阁制转变为总统议会制，苏丹成为一个军人独裁统治的国家。在 1989—2019 年的巴希尔（Umar Hasan Ahmad al-Bashir）时代，苏丹的国家机构与政府体制经历了数次复杂的变化，国家的政治体制逐渐从议会内阁总理制向联邦总统制过渡。①苏丹的各家政党是这一演变过程中的重要角色，它们在英—埃共管政府中期就已活跃在苏丹政坛上，责任承旧迎新，命运跌宕起伏。各家政党的相互竞合催生了苏丹的独立，组成了第一届文官政府，在议会制内阁执政时期，它们进入国家政治生活，开始发挥作用，但却因为教派、部族、地域和个人因素而让苏丹的议会政治腐弊丛生、混乱低效，也因之而在各个军事强人统治时期被禁止活动或者名存实亡。在整个 1990 年代，除了唯一合法存在的"全国伊斯兰阵线"（National Islamic Front，NIF，简称"伊阵"）外，政变前注册的其他 40 多个政党都不与巴希尔军政府合作，坚持地下活动或者流亡国外。1999 年 1 月，《政治结社组织法》生效，30 个党派注册成为合法政党。全国大会党是苏丹的执政党，其前身是苏丹全国伊斯兰阵线。人民大会党（Popular Congress Party，PCP）、乌玛党（Umma Party）和民主联盟党（Democratic Unionist Party，DUP）是苏丹主要的反对派政党。苏丹人民解放运动（SPLM，简称"苏人解"）是南方的主要政治和军事组织，在 2005 年后的过渡期内曾与全国大会党共同执政，2011 年后成为南苏丹执政党。

苏丹南北在 1956 年联合建国，但历届中央政府对南方都采取高压和歧视政策。南方人在政治上受到了严重歧视，从中央到地方的各级政府机构中很少有南方人任职，南方各州的重要官职也多由北方人担任，主要的工商业企业部门领导权均由北方人掌握。② 2011 年 7 月，在历经半个多世纪

---

① 刘鸿武、姜恒昆编著：《苏丹》，社会科学文献出版社 2008 年版，第 153—155 页。
② 宗实：《苏丹》，世界知识出版社 1965 年版，第 90 页。

的统一实践后，苏丹南北最终选择分立，1956年开始的民族国家建构进程戛然而止。以黑人为主的南方10个州选择独立建国，以朱巴为首都，国土面积约62万平方公里，人口826万人，国号是"南苏丹共和国"。16个北方州沿袭原来的"苏丹共和国"国号，继续定都喀土穆，但国土面积减少至188万平方公里，人口3089万人，是继阿尔及利亚和刚果（金）之后非洲面积第三大的国家。南苏丹独立后的行政区划基本没有科学性，完全沦为派系政治斗争的工具，2015年10月将10个州划分为28个州，2017年再划分为32个州①，2020年2月又回归到反对派认同的10个州。

从整体上看，独立后的苏丹政坛陷入了派系政治的泥沼，国家发展迟滞，先后经历了三轮议会制政府和军政府的交替执政。从1956年到2019年，苏丹议会制文官政府存在时期不过10年（1956—1958、1964—1969、1986—1989），而军政府存在时期则长达53年，阿布德时代（1958—1964）、尼迈里时代（1969—1985）和巴希尔时代（1989—2019）都是发展相对有成效的军事强人时代。也就是说，从1958年推翻第一届议会制文官政府开始，苏丹的每一波政治发展，无论是推翻旧政权还是建立新政府，几乎都是军队干政和居中运作的结果。

苏丹的行业工会和非政府组织较多，医生、律师、会计师、工程师等专业工会组织在历次社会运动中曾经发挥了重要作用。1989年以来，苏丹主要的工会组织和其他非政府组织有苏丹工人协会、苏丹银行家协会、苏丹商人协会、苏丹妇女联盟等。这些行业工会和非政府组织的工作步调与苏丹政府保持一致，基本为全国大会党牢牢控制，但也为各自代表的群体出谋划策，在争取工人权益、提供法律和信息支持等方面起到了积极作用。2013年后，苏丹反对派秘密建立了与政府控制的各行业工会组织平行的"专业人士协会"，涵盖"民主律师联盟""苏丹记者网络""医师中心委员会""苏丹教师委员会"以及银行业和药店业等非官方工会组织。"专业人士协会"成立后积极维护从业者权益，争取到了大量普通从业者的信任与支持，不仅在2019年导致巴希尔政府垮台的大规模反政府运动中起到

---

① 加扎勒河地区10个州，赤道地区9个州，上尼罗地区13个州

了关键的引领作用，也是苏丹在后巴希尔时代权力过渡中的一支重要政治势力。①

宪法在很大程度上是苏丹政治发展的风向标。1955年临时宪法是苏丹现代史上的第一部宪法，具有明显的英式政治制度色彩，确定了当代苏丹的基本政治框架，明确了言论、结社自由和政治协商等原则，承认宗教平等、信仰自由，确立了独立、开放和不干涉别国内政的外交政策。虽然临时宪法在实施3年后就被阿布德军政府废止，但却是苏丹宪法的基础，其基本条款在1956年后的历部宪法中都有体现，实际上是苏丹最长命的宪法。1973年的永久宪法改国名为苏丹民主共和国，规定苏丹是"民主、社会主义和统一的共和国"，是"阿拉伯和非洲两个实体的一部分"，但1985年4月随着尼迈里总统的下台而被废止。1985年颁布的过渡宪法在4年后的1989年被冻结。1998年宪法规定苏丹是多种族、多文化、多宗教国家，实行建立在联邦制基础上的非中央集权制（联邦共和制），全民直选的总统是国家主权的最高代表和军队最高统帅，拥有立法、司法、行政最高裁决权，体现了巴希尔政府在救国革命十周年里的常态化发展成果，部分解决了沙里亚法的法律地位问题，是苏丹巴希尔时代国家运行的制度基础，却遭遇了南北内战和分裂的新考验。2005年7月，巴希尔总统签署了成立苏丹民族团结政府的过渡期宪法，规定苏丹在6年过渡期内保持统一，实行"一国两制"，建立南北两套立法系统。南方10个州成立自治政府，北方保持建立在伊斯兰法基础上的政府机构，南北双方内部相对独立，对外统一，总统由北方现任总统巴希尔担任，直接主持政府事务，南方政府主席萨尔瓦·基尔（Salva Kiir Mayardit）担任国家第一副总统，南方在过渡期结束后可行使民族自决权。2011年南苏丹独立建国后，2005年的过渡期宪法已不再适用，制订新宪法逐渐被提上了议事日程，但却迟迟没有进展。2019年4月巴希尔总统被废黜，4个月后，苏丹军事过渡委员会与主要反对派"自由与变革"力量签署了《宪法宣言》，组建过渡最高权力机

---

① 周华、黄元鹏：《政治合法性与苏丹巴希尔政权的倒台》，《阿拉伯世界研究》2019年第5期。

构"主权委员会"领导未来39个月的苏丹事务，双方分别在前21个月和后18个月里担任主权委员会主席，苏丹步入了艰难迟滞的缓慢转型期，循环或者倒退都有可能。

纵观苏丹1820年以来近二百年的政治发展历程，尤其是1956年以来失败的民族和国家建构实践，可以明确的一点就是，和土—埃统治时期直接残暴的殖民权力架构相比，英—埃共管政府时期逐步确立的间接统治方式在实践中显然更适合苏丹复杂多元的现实国情，多途径保证了各方势力的政治参与。苏丹的政治精英在争取国家独立的过程中学会了英国式议会政治的基本技能，独立后的苏丹也沿袭了英国殖民时期的国家治理框架，然而，由于缺乏成熟包容的制度执行者，无论是政治精英们还是普通民众，都不能够有效娴熟地运转这套体制，都不适应通过遵守和运用这套规则实现权力和平转移，政治变革如翻烙饼般剧烈。政治精英们渴望名垂青史，为了上位不择手段，不够理性，不愿妥协，不给对手机会，追求不受制约的权力，铁腕对阵异见，罔顾个体局限，以舍我其谁的雄心大手笔实施变革，愿赌却不服输，放任仇恨和愤怒，随时准备否定对手和推翻于己不利的政治结果。普通民众则以高昂的革命思维对待烦琐的建设议题，以叶公好龙般的态度追求民主，要求权利，拒绝责任，不愿忍受社会转型的艰难和阵痛，不给理想以时间。民众的短视决定了政治家的狭隘，政治家的狭隘强化了民众的短视和对立，二者互为因果，整体上恶化了苏丹的政治环境。缺乏妥协、包容和契约精神的政治权争，在自以为是的正确里一再地浪费着难得的历史机遇。

任何国家的外交政策都是寻求各自国家利益的最大化，不能苛求和期待他国完全无私的利他政策和行为。内因是变化的根据，外因是变化的条件。对在反殖民化浪潮中取得独立地位的亚非拉发展中国家而言，一味地归咎历史欠账和外部因素干扰既不客观也没必要。外交是内政的延伸，大凡长时间归咎历史原因和外部干扰因素的国家，基本上都是在社会治理上踟蹰不前甚或倒退的国家，目的是强化权力合法性或者掩饰内政失误，从长远来看则阻滞了对国家治理现代化的深入思考和积极探索。对苏丹而言，如果忽略1821年以来埃及和英国的自身变化，忽略整个国际大环境在二百年间的重大变化，忽略那些冷血充当帮凶的当地人根深蒂固的狭隘和短视，忽略人性中复杂的善恶因素，本质上就是将复杂的国家成长和社会治理问题简单化，最多也只是指出了历史发展进程中的"不应该怎样"，而对现实和未来发展中"应该怎样"的探究和思考远未达到应有的深度。鉴于苏丹的民族、部族和宗教国情高度复杂，经济和社会发展严重滞后，任何单一的权力架构和执政理念似乎都难以建立起持久有效的社会秩序和可持续发展模式，苏丹的国家治理体系架构必须有足够的包容性和弹性张力，切实解决好国家发展过程中各族体之间的利益纠葛，实现国家转型和各族体平等的共同发展。

四 迟滞曲折的经济治理

苏丹是非洲文明史上较早开始人类经济活动的地区，境内尼罗河流域的族群在前 8000 年就进入了新石器时代，在前四五千年就开始了渔猎和采集经济生活。在前 3000—前 800 年，古代努比亚人开始使用金属和石器工具并从事农牧业生产。在前 800—前 300 年纳帕塔王国时期，努比亚人建立了强大的奴隶制国家，不仅全面对标埃及文明，还冲出苏丹在埃及建立了黑人王朝，与地中海和西亚地区建立了贸易关系。在前 300—350 年的非洲化努比亚文明时期，麦罗埃王国的农业和手工业因为铁器的使用而有了重大发展，并在 1—3 世纪进入全盛时期。首都麦罗埃不仅是当时的重要贸易中心和交通要冲，与北方埃及和西非内陆的黑人部族都有经济往来；还是当时地中海以南最大的炼铁中心，被西方考古学家称为"古代非洲的伯明翰"。在 3—12 世纪的基督教努比亚时期，苏丹与周边邻国的经贸往来进一步发展。8 世纪后，阿拉伯商人的商贸活动一方面将苏丹的木材、黄金和香料销往西亚北非地区，同时也带来了伊斯兰教在苏丹的强有力传播，并最终促成了努比亚文明的伊斯兰化。16 世纪，苏丹出现了丰吉和富尔两个伊斯兰素丹国，二者都拥有发达的灌溉农业和手工业，发展长途贸易，文化上也达到了较高的水平。

土地是苏丹社会最重要的经济资源，其土地制度在南北方表现不同，对土地的占有长期体现为对土地上相关产品的占有。在北方阿拉伯人或信奉伊斯兰教的部落地区，土地名义上归真主所有，不允许买卖。在南方黑人部落地区，土地一般归部落集体所有，定期分配给部落成员使用。在1821—1885年的土—埃统治时期，苏丹不仅与北方埃及和整个奥斯曼帝国的经济联系有所增强，作为一个现代国家的领土疆界也逐步形成。也正是在这一时期，苏丹传统的土地所有权定义逐渐从占有土地上的产品转变为直接占有土地，税收由粮食实物支付转变为货币支付，基于伊斯兰教法的财产继承制度催生了活跃的土地市场。[1] 任何个人、企业或政府机构都可以通过土地登记制度拥有一块土地。但所有经过登记注册的土地，名义上都归国家所有，国家可以依据惯例和习俗将其所有权委托给使用人。独立后历届政府也推行土地私有化政策。1970年的《未注册土地法》规定所有荒地、森林和未注册土地归政府所有。1973年宪法明确规定了土地所有权的买卖和继承。1985年后，苏丹的土地在名义上都属国家所有。在农业社区，开垦者拥有荒地的耕种权，可以传承子孙但不能出售和转让。在游牧地区，政府在法律上拥有牧场、林地和水源，但依照惯例为部族集体所有，不同部族对这些资源的争夺是引发众多冲突的重要原因，例如达尔富尔危机等。[2]

在马赫迪运动期间，粮食是各方势力进行社会控制和权力斗争的主要工具，英—埃共管政府和马赫迪王国都借机控制了许多重要的土地资源。1899年马赫迪王国被颠覆后，英—埃共管政府先是把掌控的大片土地交给有意扩大棉花种植的英国公司，随后又有选择地将之移交给愿意与政府合作的地方权贵，例如安萨尔教派的拉赫曼·马赫迪〔'Abd al-Rahman al-Mahdi）、哈特米亚（Khatmiyya）〕教派的阿里·米尔加尼（'Ali al-Mirghani）等。土地私有化获得进一步发展，出现了一些经营性农业企业，土地买卖逐渐成为普遍现象。土地制度的这种改变客观上剥夺了当地民众对重要生产资源的共同拥有，使许多土著社区更加贫穷；但因为出现了更有组织能力的政府和地方领袖/权贵，苏丹的农业生产技术有了重大提升。原

---

[1] Steven Serels, *Starvation and the State: Famine, Slavery, and Power in Sudan, 1883 – 1956*, Palgrave Macmillan, p. 20.

[2] 刘鸿武、姜恒昆编著：《苏丹》，社会科学文献出版社2008年版，第247—248页。

来主要依靠人工操作的水车灌溉系统逐渐被放弃，机械水泵灌溉越来越多；更有效益的棉花种植被引进并得到了大面积推广，苏丹在1914年后成为全球原棉市场的主要供应商之一，与英国的经济联系日益密切。与此同时，英—埃共管政府开始修建现代铁路系统，利用政府投资兴建了作为灌溉工程附加项目的轧棉和油籽加工厂，发展了数量有限的旱地机械化耕作农业，第二次世界大战后实施了1946—1950年、1951—1955年两个经济计划，杰济拉灌溉工程和铁路系统是英—埃共管政府主要的殖民经济遗产。值得注意的是，在英—埃共管政府统治的1949—1952年，苏丹的私营经济初步形成，主要集中在肉类加工、水泥和酿酒3个领域。英—埃共管政府时期逐渐兴起的本土权贵和私营业者是苏丹现代民族经济起步的标志，他们争取苏丹独立的重要因素就是担心与埃及合并会让后者完全控制苏丹经济。[①]

1956年独立后，因为议会制政府和军政府的交替执政，也因为糟糕的国家治理实践和惨烈的南北内战等因素，苏丹的经济发展迟滞曲折，虽然断续实施了数个经济发展计划，逐步建立起了自己的国民经济体系，但每一阶段的些许进展最终都以社会和政治动荡收场，整个国家的成就乏善可陈，始终是全球极不发达国家之一。不仅如此，北方穆斯林精英凭借对国家权力的垄断实行有利于北方群体的利益分配，维护阿拉伯人的特权，导致南方产生被抛弃感和被剥夺感，最终危害了国家的统一与稳定。南北方在历经55年的战乱和统一实践后最终选择分立。

1961—1970年的"经济社会发展十年计划"完成了数个成效显著的灌溉工程和工厂项目，民众平均收入从1960年的86美元增至计划末期的104美元。1959年，苏丹与埃及达成了《尼罗河水分配协定》，苏丹每年可以获得的水份额提升至185亿立方米，虽然实际上苏丹一直没有获得这样的份额，但在理论上确保了苏丹农业生产有足够的灌溉用水。雄心勃勃的"十年计划"原定于1960年底开始实施，但直到1962年9月才被正式批准，不仅比预定时间晚了一年多，其后的贯彻执行实际上演变成了政府

[①] 刘鸿武、姜恒昆编著：《苏丹》，社会科学文献出版社2008年版，第214页。

每年制订的投资计划，所需投资基本依靠政府的发展预算，具体的计划项目也随意增减，资金短缺成为经济计划难以为继的普遍原因。苏丹政府的经常性支出远超收入，始终面临着严重的财政赤字和外债压力。1986年、1993年、2010年、2019年和2021年的债务负担分别是110亿美元、159亿美元、370亿美元、540亿美元和850亿美元，2016年的债务率达到了创纪录的1535.5%，是国际货币基金组织（IMF）的最大债务持有者，被认为是信用等级极差的高债务负担国。①

尼迈里政府的"临时行动纲要"始于1973年，由苏联专家帮助制定，重点是交通基础设施建设和大型工农业生产项目，有着明显的向左转和集权式倾向。"临时行动纲要"试图通过加速国有化等手段实现"五月革命"的主要目标，即建立独立的国民经济体系，推动文化、教育和公共医疗卫生服务事业发展。根据这一计划，尼迈里政府启动了数个灌溉工程，建了许多工厂，修建了从喀土穆到苏丹港的柏油公路。提前实施的琼莱（Al Junayd）运河项目不仅计划给北苏丹和埃及供水，借此改善运河区内尼罗特人的生活，还前所未有地在南方实施基纳纳（Kinanah）食糖和拉哈德（Rahad）棉花等大农业项目。1970年代初，美国雪佛龙（Chevron）公司在苏丹科尔多凡州和加扎勒河州交界处发现了石油，为苏丹经济带来了希望。至少在当时，尼迈里政府的经济发展计划开端良好，有着丰富农牧业资源的苏丹一度被期待成为阿拉伯世界的"面包篮子"，南方民众也开始对国家经济发展满怀希望。

苏丹经济在1970年代实现增长的重要原因，就是它得到了海湾产油国、欧美国家的大量援助，来自世界银行的贷款也是推动苏丹经济发展的重要动力。在实施"临时行动纲要"的1973—1777年，尼迈里政府的年度支出高达10亿苏丹镑，政府公共投资从原计划2.15亿苏丹镑增至4.63亿苏丹镑。然而，和1960年代的阿布德政府一样，政府主导的经济发展成效并不理想。庞大的发展计划引发了严重的财政赤字，加之国有化运动导

---

① 债务率，是指外债余额占当年出口收入的比重。国际上通常用债务率衡量一国外债负担的大小，债务率超过100%就被认为是面临过重的外债负担。非洲国家在2000年的平均债务率为183.9%。

致的私人投资减少,尼迈里政府的财政赤字和外债剧增。从1977年起,苏丹的经济形势开始恶化,通货膨胀率不断攀升,已经无力支付到期债务和利息,新的"经济和社会发展计划(1977—1982)"实际上已经被放弃了。

1980年代,苏丹经历了急剧的政治和经济动荡。1985年4月,尼迈里政府被推翻,苏丹经济陷入徘徊状态。其后的过渡军政府和民选产生的萨迪克政府(Sadiq al-Mahdi)在解决苏丹经济问题方面进展不大。曾经被寄予厚望的萨迪克政府制订了数个经济复兴计划,采取了改革贸易政策、调整汇率、减少预算赤字和津贴、鼓励出口和私有化等诸多措施,但因为管理不善、自然灾害和内战等因素,复兴计划的执行情况并不理想。内战再燃带来的惨烈破坏和高昂费用泯灭了一度出现的和平与发展希望,曾经的农牧业高产地萨赫勒地区和南方地区连年旱灾,雪佛龙公司停止了石油勘探和生产,琼莱运河工程停顿。1984—1985年的饥荒摧毁了苏丹的西部和东部地区,苏丹的粮食安全状况一再成为国际社会关注的话题。[①] 与此同时,来自南方和周边国家的难民确实加重了苏丹的危机程度和财政负担,但苏丹政府出于各种因素考量否认危机状况并拒绝国际社会援助,不仅将经济困难变成经济灾难,也让苏丹国家形象一落千丈。

1989年"救国革命"后,巴希尔政府实施了《挽救经济三年计划》(1990—1992),但经济状况持续恶化。1990年代,苏丹始终面临财政困难,外汇和电力供应极度短缺,通胀严重,全国近一半工厂处于停产或半停产状态,很多工厂生产开工能力不足30%。[②] 1993年,国际货币基金组织把苏丹列为无力偿债和不宜提供贷款的国家,停止其会员投票权。此后,巴希尔政府于1993年和1996年分别发布新经济法规,实施新的改革措施和发展计划,减少政府干预,实行市场经济,鼓励外国投资,大力推进私有化进程。1997年,苏丹政府按照国际货币基金组织的要求实行财经紧缩政策,严格控制公共开支,限制依赖银行借贷开支比例,减少货币发行量,重点扶持优先发展的战略项目,利用石油出口带动经济复苏,通胀

---

① Steven Serels, *Starvation and the State: Famine, Slavery, and Power in Sudan, 1883–1956*, 2013, p.1.

② 刘鸿武、姜恒昆编著:《苏丹》,社会科学文献出版社2008年版,第259—260页。

率和赤字均明显下降，经济状况趋向好转。1998年和1999年，苏丹按期偿还了国际货币基金组织的贷款，恢复了会员投票权。1999年，苏丹在中国等国的帮助下跻身石油出口国行列，建立了上下游完整的石化行业体系。石油行业的开发不仅提升了工业产值和出口额，还带动了麦罗维大坝、杰伊利电站等一些重大项目的实施。在21世纪的最初十年里，因为国际油价持续高企，苏丹凭借石油出口一度成为非洲经济发展较快的国家之一。2003年以后，苏丹财政状况好转，国家的经济信誉度提升，汇率逐渐稳定。这样的经济发展虽然整体上有点畸形，例如国家财政严重依赖石油出口，但相对此前近乎赤贫的欠发达状况而言，仍然是具有突破性的发展成就。

2011年南苏丹独立后，苏丹损失了70%的石油储量和80%的石油产量，加之国际油价步入了动荡调整的下行周期，作为其核心财政来源的石油出口收入损失殆尽，财政收入锐减，物价上涨，通货膨胀率高达80%，美元与苏丹镑的汇率在2008—2019年从1∶2.05暴跌至1∶47。为消除消极影响，苏丹政府一方面逐步加大对水利、道路、铁路、电站等基础设施以及教育、卫生等民生项目的投入力度；另一方面，努力改变财政严重依赖石油出口的情况，积极调整工业结构，重点发展石油、纺织、制糖等工业，将发展农业作为长期战略。但实际上，依靠高科技支撑的现代化农业比依靠资源开发的初级工业化难度更大，失去了石油资源的苏丹的发展前景并不乐观，2019年4月军事政变的重要诱因就是食品等基本生活物资价格暴涨导致民众的生存压力剧增。南苏丹获得了独立并拥有石油资源，但受制于几近于无的国家认同和治理能力，其发展前景同样不容乐观，道路、水电、医疗卫生、教育等基础设施和社会服务严重缺失，几乎没有规模化工业生产，工业产品及日用品完全依赖进口，超半数人口面临严重的食物短缺，是世界极不发达国家之一。

五　传统社会的缓慢转型

苏丹历史悠久，国土广袤，内陆与海洋二元并存，南北东西间差异很大，无论是语言、建筑还是绘画、雕刻，都有着非洲黑人与北非阿拉伯双重属性，曾出现的古代努比亚文化、黑人各传统部族文化、阿拉伯伊斯兰文化有着复杂的传承关系。从整体上看，长期以来北方地区都是文明走廊，文化形式多样，发展轨迹多变。古代努比亚时期是苏丹文化最辉煌的时期，大量的神庙、宫殿等建筑既受古埃及艺术风格的影响，又有着鲜明的地域特点。在从尼罗河第一瀑布到喀土穆的广袤区域，分布着大量罗马帝国时期留存下来的历史建筑。许多村落中心和市镇的希腊—罗马式长方形建筑，既有着优美的罗马式浮雕和柱廊等建筑，又结合了麦罗埃人的传统艺术特色。在4—14世纪的基督教努比亚时期，苏丹境内出现了大量具有基督教形态的教堂建筑。栋占拉附近的基督教堂和皇宫建筑有哥特式、科林斯式等多种风格。法拉斯（Faras）大教堂遗址残留的壁画作品，色彩呈紫色调，线条流畅清晰，有着浓厚的原始基督教风格。10世纪以后，随着阿拉伯人的到来和伊斯兰教的传播，努比亚人的传统艺术与阿拉伯伊斯兰艺术逐渐融合，传统的古兰经学校把艺术传授看作一种生活实践，稳定地形成了苏丹现代艺术的基础。

在中世纪逐渐阿拉伯化后，阿拉伯文学成为苏丹文学的主体，阿拉伯新古典主义诗歌长期占统治地位。苏丹的古典诗歌，就内容而言主要分为两支：一是反映当时日常生活的民间口头诗歌；二是主要赞颂战功、哀哭和清教徒式忏悔的书面诗歌，专供上流社会欣赏。就形式而言，除了用阿拉伯语和英语写作的文学作品外，南方黑人部族社会中保存下来的口头民间文学也是苏丹文学的重要组成部分。1920年代，在埃及、黎巴嫩和西方文化的影响下，苏丹现代文学在民族意识的觉醒中开始复兴，但远落后于埃及、黎巴嫩、叙利亚等阿拉伯国家。诗歌一直是其最主要的文学表现形式，直接反映英埃殖民统治这一主题，但从内容到形式均无重大变化，许多诗歌充满悲哀失望的情绪，感叹伊斯兰精神的衰退，留恋阿拉伯统治的黄金时代。

苏丹的现代艺术大致可分为北方的阿拉伯—伊斯兰艺术与南方的尼罗特黑人部族艺术两大部分，大城镇的现代艺术有受明显的西方影响的痕迹。北方的阿拉伯—伊斯兰艺术包括建筑、民居、音乐、舞蹈等。清真寺是苏丹建筑艺术的主要体现者，总体上承袭了伊斯兰建筑的特点与风格，又因为当地建筑材料、气候和生活方式的影响而呈现出某种程度上的本土化特点，例如法克鲁清真寺和马赫迪宫等。近现代英国殖民时期留下的西式建筑，也是当代苏丹建筑艺术的重要内容，尼罗河畔的总统府是首都喀土穆最好的旧式建筑。苏丹的音乐舞蹈具有浓郁的东方与非洲风情，其节奏与旋律既有阿拉伯音乐舞蹈的歌唱性与舞蹈性，又混合了非洲黑人音乐舞蹈的强烈节奏与动感。

在信奉伊斯兰教的北方地区，阿拉伯化的苏丹人很早就将非洲本土因素与外来的阿拉伯因素紧密融合，形成了色彩斑斓的民族文化、风俗习惯与生活方式。区别教派和家族的标志性纹面演变成了对美的象征和追求，阿拉伯式的无领圆筒大长袍配备了小圆布帽和白头巾等非洲服饰特色，安萨尔信徒的马赫迪式袍子更是沿领口叠缝一块尖头朝下的三角形布以作标志。在中部和南方地区，尤其是西部与西南部的内陆地区，剽悍尚勇的尼罗特丁卡部族长期与外界隔绝，其土著文化与宗教更多地保留了非洲黑人传统文化的特点。无论是复杂神圣的祭祀与礼仪活动还是日常的婚丧嫁娶与求雨问卜，往往都伴随着热烈欢快的歌舞，鼓点和节奏多变，配合以组合复杂的击掌声、歌声和呐喊声，气氛或舒缓，或粗犷，或激昂，或悲伤，将音乐、舞蹈、面具和服饰艺术天然混合，全方位地表达了他们的情感期待及其对祖先神灵的崇拜敬畏，也因之形成了另一种艺术传统与风格。例如南苏丹的丁卡人身材魁梧，性格剽悍，有奇特的人体装饰艺术，因为自由迁移于尼罗河上游的大草原或南方荒漠而被称为"非洲骑士"。丁卡部族的舞蹈形式与风格具有浓厚的南方黑人特点，内容也多与征战掠杀有关，或号召人们准备迎击敌人，或赞美部落首领和公牛的力量，或模仿各种动物的敏捷动作，尤其是模仿非洲鹰高空翱翔的优美身姿，被赞誉为"最具尼罗特游牧民族精神"[①]。

因为始终处于周边强大文明传播和影响的边缘地带，无论是埃及化时期、基督教化时期还是阿拉伯—伊斯兰化时期，苏丹的文明发展都始终保持或者具有比来源地更鲜明的特征。纳帕塔王国的佩耶国王就认定自己是

---

① Carob Beekwith & Angela Fisher, *African Ceremoniey*, New York, 2002, p.240.

埃及文明的真正继承者，建立了同时统辖埃及和努比亚的黑人王朝（埃及第 25 王朝）。苏丹的基督教努比亚文明，不仅保存了更多具有早期基督教色彩的遗迹，而且在伊斯兰教和阿拉伯帝国崛起后仍然顽强地存续了八个多世纪。进入阿拉伯—伊斯兰化时期后，尤其是在现代阿拉伯国家民族体系逐渐形成后，苏丹无论是地理位置还是重要性都处于阿拉伯—伊斯兰文化圈的边缘位置，因而总是更多地突出自身的文化特点来强化归属和认同，典型的就是在 1980 年代和 1990 年代的两度全面伊斯兰化。也就是说，因为受宗教和自然环境的双重影响，苏丹穆斯林的宗教信仰更加虔诚，不仅在日常生活中严格履行功课要求，而且在饮食上尽可能符合沙里亚法的相关规定，更是长期把向国内的非穆斯林地区推广沙里亚法作为文化国策，即便引发绵延半个多世纪的两次南北内战也在所不惜。

　　苏丹有着丰富多彩的人类社会文明，努比亚是众多古代文化的发源地，但这仅仅是第二次世界大战后近半个多世纪达成的共识。古希腊和罗马人称赞苏丹是居住着伟大武士和美丽女王的地方，称赞非洲大陆魅力无穷且充满奇迹，然而在"欧洲中心论"主导的近代世界大部分时间里，地理上属于非洲的埃及被看作地中海文明，非洲被定义为"没有历史的大陆"，人类社会的文明足迹止步于阿斯旺（Aswan）时期，数千年来生活在强大邻国埃及阴影里的苏丹基本被忽略。[①] 而得益于 20 世纪前半叶的抢救性考古发掘，以努比亚文明为代表的苏丹历史碎片逐渐被拼缀起来，成为日益同质的全球化时代的一朵瑰丽浪花。这确实丰富了人类社会的世界谱系，体现了社会的发展和进步，给现代人展示了不同于自身的自然图景和人文奇观，借助普遍而潜在的"猎奇意识"帮助后者认识和理解异域文化。[②] 1821—1956 年，埃及和英国殖民者按照自身的理解人为地移植了他们的政治框架和权力架构，太多的西方探险家在发现南苏丹的过程中按照自身的理解重构了当地的尼罗文化，例如对当地的母系氏族文化等更感兴

[①] 戴尔·布朗主编：《非洲辉煌的历史遗产》，史松宁译，广西人民出版社 2002 年版，第 7—9 页。

[②] 邹振环：《〈职方外纪〉：世界图像与海外猎奇》，《复旦学报》（社会科学版）2009 年第 4 期。

趣，有意无意地回避了当地的落后现实。这不可避免也无法苛求，但对苏丹而言，它既不能总是以列强的殖民掠夺解释严重迟滞的发展现状，也不能总是以张扬"旧风情"来满足对"落后文化"的猎奇趣味，必须正视自身在教科文卫等领域的发展差距和严峻现实，必须切实解决发展难题以满足民众的物质和精神需求。

1824年后，随着哈尔瓦（Khalwa）和库塔布（Kuttabs）等教育形式的引入，苏丹现代意义上的学校教育开始缓慢发展。在北方，政府开始扩大宗教学校哈尔瓦的数量，课程包括熟记《古兰经》等，费用由教授世俗课程的公立学校库塔布支付。在苏丹南方，教育由基督教传教士提供，英语被作为通用语言和英—埃共管政府南方政策的组成部分，英语语言能力是在南方政府部门就业及升迁的必要条件，阿拉伯语甚至口语体阿拉伯俚语被禁止使用。1936年，教育开支仅占英—埃共管政府预算的2.1%，南方地区没有一所公办学校。① 独立后，苏丹长期实行免费义务教育，1988年后才取消了中等和高等免费教育。2010年，苏丹全国有中小学校1.3万所，综合大学5所，公立大学27所，私立大学约50所，主要的高等学院均集中在喀土穆。全国在校学生约有500万人，其中大学生约有16万人，教师约有13万人。从整体上看，苏丹的教育发展有两个特点。其一，教育发展严重滞后。义务教育普及率很低，文盲率高达64%，25%的学龄儿童不能入学。其二，教育发展很不均衡。南方的教育水平本就落后，苏丹政府在内战爆发后驱逐了所有西方传教士，南苏丹民众接受教育的机会大为减少，师资力量薄弱，教学设施匮乏，2011年的文盲率高达85%。具体而言，即便是在相对较好的尼迈里政府时期，南方的小学、中学和中等专科学校数量也分别只占了全国总数的10.08%、6%和8%，喀土穆大学每年录取的南方学生从来都没有超过100人，朱巴大学录取的南方学生最多时也只占学生总数的41%（1977年）。②

---

① ［美］罗伯特·柯林斯：《苏丹史》，徐宏峰译，中国大百科全书出版社2010年版，第50、54页。

② 刘辉：《民族国家建构视角下的苏丹内战研究》，中国社会科学出版社2011年版，第113—117页。

和滞后的教育发展类似，独立后的历届政府甚至一直未曾认真考虑国家的科技发展战略与政策。1970年，苏丹出台了第一部关于科技组织的法律，同时成立了国家研究委员会负责制订科技发展计划并监督执行。1970—1980年代，苏丹相继建立了一些具有现代特征的专业科研协会，如生物学会、传统医学会等。1989年，苏丹成立了高等教育研究部，国家自然研究中心也重组成功，科技投入随着此后石油经济的快速发展而有所增加，基础性研究也开始起步，出现了一些有特色的动植物和矿产资源研究机构，但由于研究经费少，人才流失严重，这些机构的成果和影响都十分有限。在人文社会科学研究领域，苏丹几乎没有全国性的研究协会和组织，仅部分高校建有一些研究机构，如喀土穆大学的伊斯兰研究所、阿拉伯文化研究所等。

苏丹气候炎热，干旱少雨，热带疾病肆虐，加之经济落后，交通不便，缺乏基本的医疗条件，45%的人口营养不良，45%的儿童患有腹泻，疫苗接种率很低。传染病和营养不良是5岁以下婴幼儿的主要死因，生殖健康问题导致育龄妇女死亡，肺结核是成年人的最大杀手。1980—1990年代的饥荒和疾病流行曾导致150万—700万苏丹人丧命，1990年代中期的居民平均寿命仅为50岁左右。[①] 1970年代的初级医疗保健和地方病预防项目虽然取得了一定进展，但持续的内战和经济萧条严重制约了这些项目的实施，苏丹的各项卫生指标远低于中东和北非平均水平，2008年的卫生部门预算仅为政府预算的3.6%。苏丹在1918年就建立了第一所医学院，到2005年已经有25所医学院培养医学人才，每年毕业1400名医生，苏丹籍的医师人数在国际社会的帮助下增长很快，2005年的注册医师达到了2.1万人，但其中的60%在沙特、英国和其他国家工作。正因为如此，苏丹国内的医师人数长期偏少，1982年、1998年和2006年分别是2200人、4500人和8800人，每10万人拥有的医师数量从11.3人增长到28.6人，但也仅仅达到邻国埃及和尼日利亚的水准，而且其中多达1/3的医师没有达到公认的医学实践标准。另外，医疗设施大多集中在北方的城市地区，广袤的农村地区的医疗甚至达不到平均

---

① Helen Chapin Metz, *Sudan: A Country Study*, Library of Congress, 1991, p.118.

水准的一半，患病民众经常不得不走很远的路才能到达最近的医疗机构。南方的公共卫生系统因为战乱而基本瘫痪，80%的基本医疗由NGO和宗教组织提供，民众覆盖率不到25%。①

六 横亘南北的文化边界

因为与古埃及王国有着广泛的联系和交往，也因为非洲黑人文明、北方埃及文明、古代基督教文明、阿拉伯伊斯兰文明以及西方现代文明程度不等的影响，苏丹的种族与文化形态多元并生，历史演进错综复杂。其一是人种差异，苏丹全国共有19个种族，597个部落，根据人种不同而大致分为黑人部落（52%）和阿拉伯人部落（39%），各个部落彼此独立，整体的语言、体系和文明呈现出明显的多样化特征，构成南方社会主体的黑人约占苏丹总人口的20%（截至2010年）。其二是语言差异，苏丹全国约有115种主要的部族语言，其中近30种部族语言使用的人数在10万人以上。官方语言为阿拉伯语，使用者占总人口的60%（主要在北方），南方地区民众操各种土语，自近代以来通用英语。其三是宗教信仰差异。伊斯兰教是苏丹国教，全国超过70%的民众信奉伊斯兰教，多属逊尼派，主要居住在北方。南方居民多信奉原始部落宗教及拜物教，约占全国人口的25%。另有大约5%的人信奉基督教，多居住在南方和首都喀土穆。也正是因为在社会形态、语言和宗教三方面的巨大差异，苏丹的南北方之间客观上存在着一条明显的文化边界，讲阿拉伯语且信奉伊斯兰教的北方人（包括阿拉伯人与黑人），与讲英语或土著语且信奉原始宗教或基督教的南方人（主要是黑人）的矛盾，是苏丹国家独立数十年间的基本矛盾。

在法老时代的苏丹和埃及交往中，双方之间的人口流动规模较小，文明交往的主导方向是发达的埃及文明对努比亚地区的影响和渗透。当时的埃及和努比亚边界被看作秩序与混乱之间的过渡带，任何人离开埃及就意味着抛弃了原来的价值观和生活方式。②进入苏丹的埃及人主要是负责管

---

① LaVerle Berry, *Sudan: A Country Study*, Library of Congress, 2015, pp. 132 – 137.
② 金寿福：《古埃及人如何构建他者形象》，《光明日报》2017年11月13日。

理征服地区事务的官员和寻找财富的商人，他们死后一定要归葬埃及的习俗延续了很长时间，甚至有人为了找回其在努比亚死亡的父亲的尸体而不惜发动战争。努比亚人整体上处于被动地接受影响和依附式学习状态，很多努比亚人被作为奴隶掳往埃及，充当士兵和家奴。库施人曾一度改变了努比亚与埃及的文明交往格局，在第25王朝，由"被统治者"变成了"统治者"，缔造了南起喀土穆、北达地中海的大帝国。黑法老们自诩是埃及历史上伟大法老们的后继者，也确实让埃及恢复了古典传统的模样和气度，算是真正意义上的埃及法老。①

从3世纪初期开始，基督教经北方的埃及、南方的阿克苏姆（今埃塞俄比亚）及红海沿岸传入了努比亚地区，大致有民间和官方两个渠道。截至6世纪下半叶，苏丹北方的3个主要王国——诺巴德、马库里亚和阿勒瓦先后改宗基督教。由于这一过程中并未有太多的基督教徒迁入，所谓的"基督教化"很多时候只是王国统治阶层的改宗，中下层民众大多仍然信奉原始的部落宗教（拜物教/泛神论），基督教在当地根基不深。641年后，阿拉伯人控制了埃及，努比亚地区基督教会与地中海文化的联系被隔断，孤悬边陲，保留了基督教的原初或古典形态。② 12世纪后，在汹涌而来的阿拉伯—伊斯兰化浪潮冲击下，苏丹的基督教会作为一种社会力量黯然失色，越来越多的教堂或修道院被改造成了清真寺。在最后一个基督教王国阿勒瓦消亡的1504年前后，苏丹北方的教堂数量已经从13世纪初的400多座减少至150座。③ 在随后的丰吉素丹国时期，基督教在苏丹北方的影响被完全清除和覆盖。

自651年《巴克特条约》（Baqt Treaty）签订以来，大批阿拉伯商人移居苏丹，与当地的母系氏族部落杂居通婚，迅速融入了当地社会。这是一个不同文明融合的双向进程，既有苏丹当地基督教徒和原始部落民众的阿

---

① Robert Steven Bianchi, *Daily life of the Nubians*, The Greenwood Press, London, 2004, p.163.
② G. 莫赫塔尔主编：《非洲通史》（第二卷），中国对外翻译出版公司1984年版，第258页。
③ P. M. Holt, M. W. Daly, *A History of the Sudan：From the Coming of Islam to the Present Day*, London, Pearson, 2011, p.20.

拉伯—伊斯兰化进程，也有阿拉伯移民迁入苏丹后的地方化内容。伊斯兰教两世兼重，有着强烈的世俗参与性，苏丹的阿拉伯—伊斯兰化进程不仅内容相当宽泛，其影响也远比曾经的基督教化深刻、持久。到14世纪早期，无论是信众人数、活跃程度还是影响范围，伊斯兰教都已经远超苏丹的其他宗教。只是由于天堑阻隔，也由于南方尼罗特人的抵抗和向北扩张，苏丹阿拉伯—伊斯兰化进程的向南扩张被迫止步，长期停滞在北纬10°附近的苏德沼泽、加扎勒河及阿拉伯河一带，形成了一条横亘苏丹东西的文化边界。

1800年前后，苏丹的人口格局演变基本定型。在此后二百年间，除了来自西比拉德—苏丹的塔克鲁尔人和富尔贝人，来自阿拉伯半岛的拉萨伊达人外，以文明走廊著称的苏丹再没有出现其他新的种族/部族。北方是阿拉伯人聚居区，讲阿拉伯语，信奉伊斯兰教，"阿拉伯人"在当地是一个更具文化内涵而非种族意义的人类学名词。南方主要是尼罗特人的丁卡、努维尔、希卢克、巴里等分支，他们在10世纪左右进入南苏丹，属尼罗—撒哈拉语系的沙里—尼罗语族，信奉原始部落文化和泛神论拜物教。基于人种和宗教方面的差异，南北方始终存在着一条大致的文化边界。[①]

首先，南北间的文化边界是一条长期处于变动状态的宽阔地带。这种变动虽然整体上是阿拉伯人和伊斯兰教的向南和向西移动，但也并非任何时候都是这样的单向移动，尤其是上尼罗河流域和边界西段地区。在1800年之前，在富尔素丹国的劫掠者和阿拉伯巴卡拉牧民眼中，苏丹南北的文化边界地域就是一片待占领、待掠夺和待开发的广阔领土。南方的希卢克人曾将控制区域从诺湖向北拓展到阿莱斯（Alays，现在称"卡瓦"），在1636—1861年的二百多年间一直统治着长达500公里的白尼罗河流域，并以阿莱斯为基地袭击丰吉素丹国和努巴山区。当时的穆斯林民族将希卢克人统治的这一段白尼罗河称为"塞卢克河"，大致东西平行走向的南北方文化边界因之在上尼罗州向北凸出成三角形。努巴山区曾是历史上南北方

[①] ［肯尼亚］B. A. 奥戈特主编：《非洲通史》（第五卷），中国对外翻译出版公司2001年版，第130—131页。

变幻不定的边疆地区，当地的很多民间传说就是明证。

其次，南北间的文化边界是一条模糊的种族和宗教分界线。界线以北的"北方人"肤黑鼻阔，有着明显的黑人生理特征，但认同阿拉伯祖先，接受阿拉伯文化，信奉伊斯兰教，自视高贵，到20世纪中叶已经被稳定地看作阿拉伯穆斯林。界线以南的"南方人"被认定是落后的非洲人，是信奉泛神论的"异教徒"，与北方极少或者根本没有交往。这是一条被人为扩大的种族分界线，根深蒂固却脱离现实。悠久的奴隶贸易很早就将苏丹南北地区连接起来，将整个苏丹与世界连接起来，那些最终被同化了的黑人奴隶丰富了苏丹北方的社会和人种结构。而在宽阔的文化边界地带内部，由于战争、灾害和饥荒等原因，阿拉伯人、富尔人、丰吉人、希卢克人、努维尔人和丁卡人都在这一区域内生活过。主体居民的频繁迁徙导致了文化边界内部高度复杂的社会变革及种族融合。

最后，南北间的文化边界是一条割裂整个社会的思想界限。在20世纪，有意制造的种族对立关系以及因之发展起来的种种偏见，往往把苏丹南北地区描绘成截然对立的种族和宗教实体。南方人眼中的南北关系就是北方人对南方的军事侵略和经济剥削，主要施暴者是上尼罗河的丰吉人和加扎勒河地区的富尔人。而在北方人看来，苏丹的一切政治、经济和社会变化都是信仰真主的、聪明的阿拉伯移民带来的，与以黑人为主的当地经济基础和社会文化结构关系不大，苏丹的落后就是因为伊斯兰社会的衰落。在19世纪，苏丹北方的阿拉伯奴隶贩子从南方劫掠了大约200万黑奴，其贪婪和暴戾程度远超法老时代的埃及人和之前的阿拉伯人，给南方留下了难以磨灭的仇恨记忆和情感隔阂。苏丹独立后，北南双方民众都以饱含贬义和敌意的"奴隶"和"掠奴者"称呼对方，集中折射了双方之间由来已久的悬殊地位和深刻敌意。[①]

七 南北分立的多元思考

1839年后，阻断苏丹南北交往的苏德沼泽逐渐被疏通，封闭的南方开

[①] Oduho Joseph & William Deng, *The Problem of the Southern Sudan*, Oxford University Press, 1963, p. 53.

始直接与外部世界发生联系。此后经过土—埃统治（1821—1881）、马赫迪国家（1881—1899）、英—埃共管（1899—1955）三个阶段的发展演变，南方问题在多种因素的综合作用下成为苏丹国家严重的社会问题之一。从独立前夕的 1955 年开始，苏丹南北内战持续了近半个世纪，大致分 1955—1972 年和 1983—2005 年两个阶段，估计有 200 万人直接死于战争或因之发生的饥荒和疾病，约 500 万人流离失所，还有约 50 多万人逃往国外，是当代历时漫长、原因复杂、解决棘手的内战之一。①

19 世纪是近代苏丹国家的形成时期，但这一转变并非源自苏丹本土的文明自觉，而是源于外部势力的强力塑造。从发展的视角来看，苏丹北方穆斯林精英们的强迫同化政策，包括土—埃政府在苏丹的统治，在相互割裂的古代世界里确实是不同文明间的一种交往方式。在强迫同化的过程中，丧失了自我民族特征的一方别无选择，或者自此消亡/融合，或者在时间的长河里舔舐伤口自我调适。这是早期民族融合与文明进步的成长代价。但在联系日益紧密的现代世界，尤其是在即时通信发达的全球化时代，任何有违人道精神的暴力行为都会被谴责和制止，不同民族和文明间的强迫同化政策基本没有实现的可能。苏丹南北之所以在 2011 年分立，就是因为北方对南方的强迫同化政策严重阻碍了民族团结、社会进步和国家发展。2011 年 7 月 9 日，苏丹在历经 55 年的统一实践后最终选择南北分立，久已存在的南北方文化边界变成了两国间的现实政治边界。

苏丹的种族和语言高度复杂，近 600 个族群有 400 多种语言，涵盖非洲四大语系中的三个，即闪含语系、尼日尔—科尔多凡语系（Niger-Kurdufanian Family）和尼罗—撒哈拉语系（Niilo-Saharam Family）。半数民众的本族语是阿拉伯语，其他使用人数较多的语言有丁卡语、努维尔语、贝贾语等。苏丹北方以穆斯林为主，操阿拉伯语，占国土面积和人口的 2/3，自认是阿拉伯—伊斯兰世界的组成部分。南方 2/3 的民众信奉泛神论的原始部落宗教，信奉伊斯兰教和基督教的民众分别有 18% 和 17%，在种族、文化和宗教上更具非洲属性，有一定程度的亲西方倾向。从苏丹社会人

---

① 姜恒昆：《苏丹内战中的宗教因素》，《西亚非洲》2004 年第 4 期。

种、语言、宗教和地域的分布情况来看，由于众多的非穆斯林通用英语，而阿拉伯语和穆斯林有着必然联系，语言差异既是苏丹种族与民族分类的基础之一，也是种族或民族认同的象征之一。①

从表面上看，南北间的内战和分立也一直有着明显的宗教色彩，是宗教冲突和对立的表现和结果。但实际上，苏丹南方的主导意识形态一直是原始部落文化和泛神论拜物教，其本质特点是血缘性和地缘小群体性，属于早期形态的自发宗教。② 而这种早期形态的自发宗教，与较高形态的人为宗教，无论是基督教还是伊斯兰教，客观上都有隔阂，但也都没有固定的预设态度，相互的接受与融合程度取决于彼此间消弭隔阂和影响民众的方式。从1956年至2011年，伊斯兰教一直被强力推广，基督教则被限制活动，现阶段二者在南苏丹的存在和影响都微不足道。

基督教在苏丹北方的历史早于伊斯兰教，但在16世纪初被后者成功根除并替代。1838年后，因为与苏丹的欧洲商业集团结成了各取所需的联盟，也因为大量的欧洲基督徒被委任为苏丹各地总督，不少耶稣会传教士得以重新进入苏丹传播基督教。在1898年后的英—埃共管时期，基督教开始有组织地传入苏丹南方，成为受欢迎的外来宗教。原因之一是基督教提供的普遍观念和宽泛认同契合南苏丹民众对人神关系的原始认知，从自发宗教向人为宗教的过渡比较顺畅。原因之二是基督教在南苏丹的传播始终以和平方式进行，不同派系的传教士被限制在不同的区域，而且与信众个人的福祉和发展紧密相连，主要通过提供教育、健康和其他社会服务传播基督福音。可以说，基督教的普世主义观念对多灾多难的南苏丹民众产生了广泛的吸引力，成为将南方联系起来的精神纽带和认同基础，并因此强化与伊斯兰北方的差异或对立；如果不是独立后以铲除殖民遗产名义限制基督教在南方的传播，不是借助《传教士社团法令》驱逐了全部的西方传教士，基督教在南方的影响肯定会更大。

与基督教的和平传播、自然同化不同，伊斯兰教在进入苏丹南方时采

---

① 刘鸿武、姜恒昆编著：《苏丹》，社会科学文献出版社2008年版，第43—44页。
② 于锦绣：《简论原始宗教的形式、内容和分类》，《世界宗教研究》1998年第4期。

取了暴力推进、强迫同化的方式。事实上，无论是殖民时代的土—埃政府还是独立后的历届议会制政府和军政府，北方的穆斯林精英们尽管存在着各种分歧，但在推动南方的伊斯兰化方面没有本质区别。他们粗暴地定位苏丹是阿拉伯国家，把伊斯兰教看作一种信仰和生活方式，是北方慷慨提供给南方的意识形态和文化价值，因而粗暴地借助国家机器强制在南方推广阿拉伯—伊斯兰化政策，要确立全国的文化统一，旷日持久的南北内战因而带上了北方伊斯兰教与南方基督教冲突的色彩。与此同时，南方民众将粗暴推行的伊斯兰化政策看作包含种族、民族和文化内容的阿拉伯沙文主义，认为其本意就是排斥信奉泛神论原始宗教和基督教的南方人，因而从一开始就抵制北方的伊斯兰化政策，并在抵制过程中形成了他们基本的国家认同。而在南方的政治精英们眼里，作为重要历史遗产的基督教和英语不仅被用作抗击北方伊斯兰化政策、对抗伊斯兰压迫的有效手段，而且被有意识地看作南方现代认同的核心要素以便凝聚信奉泛神论的众多原始部落民众。也正因为如此，1980年抗议重新划分南方的《团结书》就特意使用英语表达不满，去教堂做礼拜被作为虔诚行为和政治态度而加以鼓励。①

1821年以来，由于土—埃政权的掠夺式国家治理引发了南方人的群体性恐惧和仇恨，1898年后，英国人的间接殖民统治又带动基督教更有效地进入了苏丹南方，南北方由来已久的文化边界因为宗教和种族差异而日益明显，因为血腥的奴隶贸易而被固化，进而先验地成为一种不容置疑的客观存在。1956年赞同统一的南方在持续了55年的实践后选择分立，本质上还是因为不满自身在国家权力架构中的地位和作用，涉及宗教、种族、认同、国家权力调整、经济资源配置等多项内容。也就是说，虽然基督教和伊斯兰教进入南方的不同方式深刻影响了现代苏丹国家发展的历史走向和进程，但导致南北分立的根本原因还是独立后苏丹中央政府失败的南方政策。

纵观1956—2011年苏丹政府的南方政策，无论是文官政治精英还是军事强人集团，虽然都承认南北之间在语言、文化、宗教等方面的差异，要

---

① 刘鸿武、姜恒昆编著：《苏丹》，社会科学文献出版社2008年版，第57页。

消除英国殖民政策的影响，却始终坚持阿拉伯—伊斯兰文化认同，在南方强推阿拉伯—伊斯兰化，要用北方的阿拉伯民族主义取代南方的非洲主义，建立统一的全国文化认同。[①] 1980 年代和 1990 年代两次全面伊斯兰化就是这一执政思路的典型和高潮。其中虽然也曾认识到南方政策的弊端并加以调整，例如在 1970 年代出现了短时间的关系缓和，但整体上缺乏新意和变革勇气，2011 年的南北分立就是苏丹政府南方政策错误与失败的最终证明。

首先，南北方之间基于种族和文化差异的历史宿怨在独立后基本没有得到缓解。苏丹北方民众本是哈姆人与黑人混血种，从 16 世纪初丰吉素丹国（1504—1821）开始阿拉伯化，信奉伊斯兰教。南方为黑人聚居地，属于尼罗特人和尼罗哈姆人，信奉原始的泛神拜物教，与北方差异很大。奴隶是早期努比亚与外部交往的主要商品之一，历史悠久，但规模不大。自 1821 年征服苏丹北方后，有组织的大规模猎奴活动随即开始，并在 19 世纪中叶达到高潮，其中猎捕和贩卖黑奴最积极的是埃及人和北苏丹的阿拉伯人。在 1840—1870 年，贩奴、掠奴活动遍及整个南苏丹地区，对北方阿拉伯人的仇恨在南方黑人中代代相传，他们把埃及和马赫迪国家的入侵同他们整个社会的毁灭联系在一起，其口传历史称这一时期为"遭受蹂躏时期"[②]。在英—埃共管时期（1899—1955），殖民当局在政治上实行间接统治，对南方采取隔离与封闭政策，培植南方政治势力；在文化上推行基督教化和去阿拉伯化政策，将英语作为官方语言。从整体上看，英—埃殖民政府对苏丹的治理探索，虽然有保护南苏丹的动机和初衷，但客观上阻碍了南北经济文化交流，在唤醒南方民众自主意识的同时也强化了其分离意识，人为地制造和扩大了苏丹南北民众的隔阂。在独立后的国家治理实践中，占主导地位的北方穆斯林精英们因为格局限制和历史惯性的推动，推崇阿拉伯文化，认同阿拉伯世界，既不愿兑现独立前向南方民众许下的诺言，对曾经的暴劣行为也毫无愧

[①] Tim Niblock, *Class and Power in the Sudan the Dynamics of Sudanese Politics*, 1898 - 1985, Macmillan Press, 1987, p. 216.

[②] Francis Mading Deng, *Africas of Two Worlds: The Dinka in Afro-Arab Sudan*, New Hasen & London: Yale University Press, 1978, pp. 130 - 142.

疾，基本无视双方之间的历史恩怨和现实差距，反而高傲地认为南方人"野蛮、落后、愚昧"，是需要用阿拉伯—伊斯兰化进行拯救的"异教徒"，南北方之间的情感鸿沟实际上从未缩小。①

其次，2011年的南北分立有着深刻的经济根源。南方贫穷落后，基础设施薄弱，在独立前只有1所高中和1个棉油加工项目，需要国家投资来提升发展程度和强化民众认同。然而，因为习惯性的歧视和长期战争的影响，南方三州从来都不是苏丹国家的发展重点。在政府发展水利和公共事业等基础建设的预算中，北方占比超过90%，而针对南方的投资占比不到10%。② 即便是在1972—1983年的相对和平时期，专为南方设置的特别发展预算也往往只能落实20%—40%，数个在独立之前就已经确定的发展项目，例如瓦乌的啤酒厂和制糖厂建设等，直到1986年都没有落实，中央政府的关注重点只有琼莱运河修建和本提乌石油开采。③ 1999年石油开采成功后，从南方开采的大量原油被通过长途管线运到北方加工和出口，很多南方人认为这是北方在有意掠夺南方的财富，和历史上的黑奴贸易和资源掠夺并无二致。2005年《全面和平协议》签署后，苏丹政府同意将约半数石油收入划拨南方，但却时有拖欠，招致南方的不满。南方的众多部落间虽然也有分歧，但在与北方争夺石油资源上却有着共同利益，南北方之间只有战争状态和非战争状态，发展从来都没有成为双方关系的主题，南北方差距也从来没有缩小过。巨大的发展落差使南方人产生了深刻的被歧视感和被剥夺感，强烈希望通过独立建国来掌控命运和实现发展。

最后，分立后的北南双方都面临着新的国家治理难题。允许南苏丹以公投的方式独立建国是苏丹穆斯林精英们在21世纪初期做出的最大变革和让步，它超越了此前几乎不能碰触的思想禁区和政治正确，巴希尔执政团队为此承受了巨大的政治压力。对苏丹政府而言，既然无力构建包容性的

---

① 杨灏城、朱克柔主编：《当代中东热点问题的历史探索》，人民出版社1996年版，第321—323页。
② 宗实：《苏丹》，世界知识出版社1965年版，第90页。
③ 刘辉：《民族国家建构视角下的苏丹内战研究》，中国社会科学出版社2011年版，第113—115页。

国家治理体系推动北南双方共同发展，允许南苏丹独立也许就是个现实的理性选择。北方虽然丧失了重要的石油资源，面临着巨大的经济压力，但消弭了两大部族间持久的血腥冲突，节省了庞大的军事开支，能够专注应对西部和东部的分离主义运动。与此同时，对于年轻的南苏丹共和国来说，艰巨的国家建设和治理进程才刚刚开始，起点远低于北方邻国。南苏丹2017年的总人口是1253万人，部族众多，有60多个较大的部族，每一个部族都有自己独特的认同、语言、文化及宗教习惯。敌存灭祸，敌去召过。如果说南方的众多部落还因为强大的北方敌人而勉强团结过，他们之间的分歧和冲突在2011年建国后才真正地被放大和面临考验，难以弥合的派系分歧和斗争导致过渡联合政府的组建一再推迟，国家建设一直处于停滞状态。丁卡人和努维尔人是南苏丹政坛上十分有势力的部族力量，二者之间的矛盾和冲突不仅贯穿整个内战时期，而且在新国家建立后围绕着权力分配和资源整合一再发生武装冲突，是影响南苏丹民族建构和国家治理的关键。更重要的是，由于执政的苏丹人民解放运动一党独大，有着"新苏丹愿景"（New Sudan vision，NSV）的约翰·加朗（John Garang de Mabior）在《全面和平协议》签署22天后因意外事故不幸罹难，新生的南苏丹共和国缺乏有能力、资历和格局的最高领导，无法弥补制度化建设不完善以及军队整合失败的缺憾，南苏丹国家结构脆弱，政治和解进程停滞，经济建设没有起色。因为每一派政治势力都有自己的武装力量和部族基础，一旦政治精英们无法通过体制框架实现权力野心和欲望，南苏丹社会就必然出现"政治权争→军事冲突→族群间暴力"的系列恶性事件。鉴于南苏丹内战同时交织着政治权争、军事冲突与族群暴力，截至2019年4月已经导致40多万民众死亡，惊动教皇方济各以跪地亲吻鞋子的方式恳请对立双方领导人停止战争。也就是说，南苏丹的未来前景就取决于政治精英们能否切实推进民族构建和国家治理进程，实现主要族群的充分和解以及包容性的政治进程。①

---

① 闫健：《政治—军队—族群的危险联结：南苏丹内战原因分析》，《国外理论动态》2017年第3期。

第一章

近代苏丹的形成和治理探索
(1821—1899)

1821—1881年,古老的苏丹被动地进入了近代历史进程。北方强邻埃及深度介入了苏丹内部事务,打开了南苏丹通向世界之门,使得苏丹有史以来第一次在广袤的国土上出现了统一的政府机构,引进了先进的技术和轻工业,普遍提高了作物产量并积极开拓外销市场。① 但埃及人的苛捐杂税、横征暴敛以及掳掠奴隶的远征,却表明它打开的是血腥暴力的奴隶贸易和财富掠夺之门。不仅如此,从早期的象牙贸易到后来的奴隶贸易,苏丹北方阿拉伯人由最初埃及侵略者的帮手逐渐升级为主要的掠夺者和施暴者,因之而起的辛酸记忆和刻骨仇恨在南苏丹黑人中代代相传,并成为苏丹南北冲突的最初祸根。埃及赫迪夫们的苏丹治理带有明显的扩张意图,没有达到扩张帝国版图的预期目的,也没有实质性地推动苏丹社会发展,伊斯梅尔赫迪夫对欧洲基督徒的重用还成为苏丹穆斯林攻击政府执政失误的重要借口之一。马赫迪起义的爆发有着很强的必然性,但马赫迪国家建立政教合一的神权体制,推行传统的伊斯兰教法,严重影响了苏丹近现代历史的发展主题,其对苏丹的国家治理从本质上讲是一种倒退,王国在内外多重因素的作用下也很快被推翻。

---

① [苏丹]迈基·希贝卡:《独立的苏丹》,上海人民出版社1973年版,第27—28页。

第一节　埃及对苏丹的征服与治理

一　穆罕默德·阿里征服苏丹

19世纪初期的埃及是各方势力争夺的焦点。1789年，法国第一执政拿破仑率军入侵埃及，埃及随即开始了英国、奥斯曼帝国和马穆鲁克的三方竞逐。1805年，奥斯曼帝国的军事指挥官穆罕默德·阿里（Mohamed Ali）在动荡中崛起，以帝国行省总督的身份登上了埃及权力的宝座。

穆罕默德·阿里雄心勃勃，渴望建立一个独立于奥斯曼帝国之外的埃及帝国。掌权之后，他迅速追剿埃及境内的马穆鲁克势力，到1811年前后已将其基本肃清。从1811—1818年，假借奥斯曼帝国政府名义，穆罕默德·阿里派兵侵入阿拉伯半岛，占领伊斯兰两"圣地"，将其统治扩张至也门地区。[①] 与此同时，阿里还在埃及国内进行大刀阔斧的改革，增强了埃及的实力，卡尔·马克思称赞当时的埃及是"奥斯曼帝国唯一有生命力的部分"[②]，希提甚至认为，19世纪前半期的埃及历史实际上就是阿里的个人历史。[③]

穆罕默德·阿里入侵苏丹的动因主要有三点：其一，获取黑人奴隶来增加劳动力和扩充军队。19世纪初期的埃及，人口衰减，经济凋敝，穆罕默德·阿里急需大量黑奴满足生产领域对劳动力的需求，尤其是建立一支忠诚可靠的新式武装实现对外扩张。其二，掠夺苏丹的经济资源。苏丹是埃及的传统贸易伙伴之一，是埃及市场黑奴、象牙、黄金等商品的主要来源。18世纪以来，苏丹的贸易趋于繁荣，穆罕默德·阿里不仅垂涎其中的商业利润，而且希望尽快开发苏丹传说中的金矿资源，支撑他实现埃及帝国的宏伟计划。其三，追剿前王朝残余势力。被推翻的马穆鲁克王朝的残余势力退缩至苏丹，与当地的部落结盟，也得到了丰吉素丹国的庇护，穆

[①] 彭树智主编：《阿拉伯国家史》，高等教育出版社2002年版，第183页。

[②] 马克思：《缅甸战争》，《马克思恩格斯全集》（第9卷），人民出版社1961年版，第231页。

[③] ［美］菲利普·希提：《阿拉伯通史》，马坚译，商务印书馆1979年版，第865页。

第一章　近代苏丹的形成和治理探索（1821—1899）

罕默德·阿里需要征服苏丹将其斩草除根。①

为了征服苏丹，穆罕默德·阿里集结了一支近7000人的远征军。其中，步兵3400人，主要由土耳其人和阿尔巴尼亚人组成；骑兵1500人，主要由土耳其人和北非雇佣军组成；非正规军1500人，由阿拉伯人组成。此外，还有一支300人左右的火枪队，由美国人英格里斯（English）和巴拉迪斯（Bradish）指挥。② 全部军队以及装备、粮秣都集中在瓦迪哈勒法，粮仓位于瓦迪哈勒法南面第二瀑布以上地区。埃及的一些部落酋长受命随军出发，说服敌对的苏丹伙伴放弃抵抗，接受穆罕默德·阿里的宗主权。随军而行的还有几名伊斯兰宣教人员，宣扬埃及和苏丹同种同教的论调，负责劝降和说服苏丹的穆斯林。这支军队中大部分是雇佣军，根据每月签订的合同服役。为这次远征，已给他们预发了六个月军饷，条件是他们必须留在军队里，直到攻下栋古拉，然后再重新签订合同，确定服役期限。③ 埃及远征军成分复杂，训练程度和纪律参差不齐，并不是一支富有战斗力的军队，然而，因为拥有火器，所以他们比只会使用传统矛和剑的苏丹人拥有更大优势，足以镇压苏丹人的任何抵抗。

埃及远征军由伊斯梅尔·卡米尔统领，以阿斯旺为起点，分两个方向进军苏丹。一支由王子伊斯梅尔·卡米尔（Ismail Kamil）率领，沿尼罗河方向，向南指向丰吉素丹国的首都森纳尔。另一支由穆罕默德·阿里的女婿穆罕默德·库斯鲁（Muhammad Khusraw）和德福特达尔（Defterdar）率领，目标直指富尔素丹国。

1820年7月，伊斯梅尔·卡米尔率部从开罗出发，开启了对苏丹的征服。当时的丰吉素丹国已经衰弱不堪，其在苏丹北部的统治名存实亡，大小部落各自为政，埃及军队的初期征服进展顺利，几乎兵不血刃便使多数部落降服。在尼罗河第一瀑布至第三瀑布的下努比亚地区，卡希夫利克人

---

① P. M. Holt, M. W. Daly, *A History of the Sudan: From the Coming of Islam to the Present Day*, London, Pearson, 2011, p. 35.

② Arthur E. Robinson, "The Conquest of the Sudan by the Wali of Egypt, Muhammad Ali Pasha, 1820–1824," *Journal of the Royal African Society*, Vol. 25, No. 9, Oxford University Press, 1925, pp. 47–48.

③ ［苏丹］迈基·希贝卡：《独立的苏丹》，上海人民出版社1973年版，第5—6页。

（Kshiflik）和萨伊人（Say）没做任何抵抗便向征服者投降。在第三瀑布和第四瀑布之间，居住者主要是栋古拉人和舍基亚人，另外还有埃及的马穆鲁克残余势力。当伊斯梅尔率军到达栋古拉时，当地人在部落酋长的带领下归顺了征服者，逃亡栋古拉的马穆鲁克贵族除少部分投降外，大部分向南逃至尚迪，彻底失去了在苏丹定居下来的希望，一些人向东过红海前往汉志，一些人则向西抵达突尼斯。

舍基亚人是伊斯梅尔在征服过程中遇到的最主要的抵抗者。舍基亚人骁勇善战，各部落间结成强大联盟，对外一直保持着独立地位。舍基亚人的兵力主要有两部分，即由部落民组成的骑兵和黑奴组成的步兵，共约1.5万人。舍基亚人拒绝了伊斯梅尔的投降命令，英勇顽强，但落后的冷兵器终究对抗不了现代火器，经过在库尔提（Kurti）和戴卡山（Jabal Dayqa）的两次激战后，舍基亚人部落联盟首领苏贝尔（Subayr）酋长率众投降，而另一位首领贾维斯（Jawish）酋长则向南逃去。伊斯梅尔十分欣赏舍基亚人的勇敢和忠诚，厚待礼遇之，使之成为埃及在苏丹可倚重的武装力量，后者也表示愿意作为职业的非正规军参加埃及军队。事实上，从1825年直至土—埃政权统治时期结束，由黑人奴隶训练组成的杰希迪亚（Jihadiyya）正规军和舍基亚人组成的非正规骑兵部队，构成了土—埃政权几乎全部的军事力量。[①] 因时而变的舍基亚人得到了丰厚的回报，他们在随后的苏丹社会发展中始终占据着重要位置，与同为北方尼罗河流域沿岸部落的贾阿林人和栋古拉人一起，既是殖民时代最重要的本土派势力，又在苏丹独立之后一直垄断着从内阁部长到中下级公务人员的主要政府职位。

收服舍基亚人之后，伊斯梅尔继续向第四瀑布上游推进。第四瀑布和第六瀑布之间主要是贾阿林人，他们也未曾有效抵抗埃及人的入侵。在伊斯梅尔占领柏柏尔之后，贾阿林部落最强大的酋长尼莫尔（Nimr）率众归顺。之前逃亡至尚迪的马穆鲁克残余势力和舍基亚部落的贾维斯酋长随即

---

① ［美］罗伯特·柯林斯：《苏丹史》，徐宏峰译，中国大百科全书出版社2010年版，第15页。

也归顺投降，贾维斯酋长所率领的舍基亚人最后以非正规军的身份加入征服者的队伍。值得一提的是，贾阿林部落的尼莫尔酋长对待埃及军队的态度非常矛盾，既不甘心屈膝投降，又自觉难以抵抗，最初只派遣儿子迎接伊斯梅尔，最终在巨大压力下才戴上象征酋长权力的双鹿角帽亲自出迎，在庄严的仪式下宣誓归顺伊斯梅尔。伊斯梅尔王子确认了尼莫尔酋长在部落中的地位，但因为怀疑他的忠诚而没有依照惯例赐给他佩剑。

在被征服的贾阿林地区组建了一个政府后，伊斯梅尔王子率军继续南进，改用骆驼运载士兵和装备，用木棒架在两头骆驼身上载运重炮，一路上几乎没有遇到什么抵抗，各个部落酋长都不战而降，接受伊斯梅尔的统治。当埃及军队抵达森纳尔城下时，丰吉素丹国的末代素丹巴迪六世（Badi VI）主动献城，不战而降。之所以如此，是因为丰吉素丹国内的实际统治权掌握在摄政王哈马吉家族手中，巴迪六世只是傀儡而已。哈马吉家族的首领穆罕默德·阿德兰虽然积极组织力量准备抵抗，派遣儿子率领军队布防青白尼罗河汇合处，但因为错误地解除了艾哈迈德·阿拉基（Ahmad al-Rayyah al-'Araki）谢赫的职务，被后者联合其他的敌对派系暗杀身亡。哈马吉家族群龙无首，伊斯梅尔没费太大周折就征服了丰吉素丹国。

在伊斯梅尔收服舍基亚人之后，德福特达尔也率领部队在第三和第四瀑布之间的德巴（Debba）集结，以此作为征服达尔富尔素丹国的后方基地。在具体的行动中，德福特达尔选择与卡巴比什等阿拉伯化的游牧民结成联盟，以共分战利品为条件换取后者共同出征。科尔多凡地区是苏丹东西方向去往达尔富尔地区的必经之地，是富尔素丹国的属地，埃及人要想征服达尔富尔，就必须先攻占科尔多凡。在劝降无果的情况下，德福特达尔开始诉诸武力。双方在巴拉（Bara）展开激战，埃及军队凭借先进的火器所向披靡，落后的科尔多凡部落武装毫无还手之力，迅速溃败，其统治者穆萨里姆（Musalim）酋长阵亡，首府欧拜伊德被攻陷。

科尔多凡陷落后，富尔国的穆罕默德·法德尔（Muhammad Fadl）素丹迅速派出一支军队进入科尔多凡，企图趁埃及人立足未稳扭转战局，但同样以失败收场。德福特达尔随即率军进攻达尔富尔，但在塔格里山区

(Tagali hills)受到当地居民的顽强抵抗,征服行动受阻。之后,因伊斯梅尔·卡米尔被杀,德福特达尔受命前往镇压反抗部落,征服达尔富尔苏丹国的目标就此放弃。富尔苏丹国虽然暂时逃过了覆灭的命运,继续和埃及人做生意,但国祚持续衰落的命运始终没有得到改变,法德尔素丹如此,穆罕默德·侯赛因素丹(Muhammad al-Husayn,1838—1873)也是如此。1874年10月,继位仅1年的易卜拉欣·卡拉德素丹(Ibrahim Qarad)在曼华西(Manwashi)战役中战败被杀,达尔富尔成为土—埃苏丹的一个州。

二 土—埃政府的建立和发展演变

在征服森纳尔后,伊斯梅尔不仅沿青尼罗河上溯,频繁组织以掳掠为目的的远征,还在森纳尔北面的瓦德迈达尼(Wad Medari)建立首都,给苏丹社会引入了税收制度,征收苛捐重税,最大限度地满足埃及国内对黑奴和黄金的需求。从整体上看,因为频繁的掠夺性远征和残酷而严厉的统治,在统治苏丹的最初六年里,苏丹人对土—埃政府的基本印象就是战争流血、沉重赋税和残暴统治。

1822年11月,踌躇满志的伊斯梅尔·卡米尔带领250人的骑兵卫队沿尼罗河北上,要以胜利者的姿态返回埃及。为了向父王邀功,在经过尚迪时,伊斯梅尔会见了贾阿林人的两个部落酋长,要求后者在短期内缴纳价值大约2万英镑的牛、骆驼、黄金和奴隶,其间甚至傲慢地用长烟管劈头殴打本就不太顺从的尼莫尔酋长。[①] 尼莫尔酋长是当时苏丹最负盛名的部落的酋长,承认埃及人的宗主权对他而言已经是极大的屈辱,现在又被当众羞辱,因而在会谈结束的当夜纵火报复,不仅导致伊斯梅尔和他的随从殒命尚迪,而且在杰济拉至柏柏尔之间的尼罗河流域引发了大规模的反抗运动。但这本质上是一种绝望的自发反抗,是对伊斯梅尔此前在森纳尔横征暴敛的反抗警示,缺乏适当的领导和有效协调,双方力量悬殊,因而注定会失败。

---

① [苏丹]迈基·希贝卡:《独立的苏丹》,上海人民出版社1973年版,第16—17页。

第一章 近代苏丹的形成和治理探索（1821—1899）

伊斯梅尔遇害的消息很快传到了开罗。为了给儿子报仇，镇压苏丹中北部日益蔓延的反抗运动，狂怒的穆罕默德·阿里命令正在科尔多凡作战的德福特达尔前去平叛。德福特达尔集中了他可以调动的全部兵力，迅速开展惩罚性远征，并在从白尼罗河到出事地点的范围内进行大肆屠杀。苏丹的反抗军虽然形成了三大力量中心，分别是尼莫尔领导的贾阿林部落、纳绥尔（Nasir wad Amin）领导的阿布达拉比部落和丰吉素丹国的旧有势力[1]，但其人员构成庞杂，缺乏训练和必要的火器装备，内部四分五裂，在与埃及军队的正面交锋中多数时候都是一触即溃。1824年初，反抗运动被镇压，复仇战争结束。尼莫尔酋长带领少数部属投奔埃塞俄比亚。德福特达尔将数千名贾阿林战俘押往埃及。穆罕默德·阿里下令将大部分战俘送到奴隶市场出卖，但因外国领事干涉而最终未果。

1824年9月，德福特达尔受命返回埃及，奥斯曼·贝伊（Uthman Bey）被任命为苏丹总督。奥斯曼·贝伊组建了以黑奴为主的正规军（jihadiyya），在青、白尼罗河汇合处的陆岬处修建了军事要塞喀土穆（khartoum，"象鼻子"的意思）。1825年5月，奥斯曼·贝伊因为肺结核去世，继任的毛希·贝伊（Mahu Bey）针对苏丹人的不满和恐惧采取了一系列安抚政策，包括减少税收、救济灾民、抑制军队的滥杀无辜等，逐渐恢复了当地民众对新政府的信任。至此，穆罕默德·阿里逐渐确立了对苏丹的统治，苏丹历史发展进入了土—埃统治时期。

1826年6月，阿里·胡尔希德（Ali Khurshid Agha）接替毛希·贝伊出任"森纳尔地区长官"。胡尔希德有着超强的行政管理能力，因地制宜，恩威并用，在管理和建设方面成就显赫，基本奠定了土—埃政府的统治基础。首先，胡尔希德恩威并用，大力促进社会和解，扩大管辖区域。阿卜杜勒·卡迪尔（Abd al-Qadir wad al-Zayn）谢赫通晓苏丹国情，胡尔希德任命其为首席顾问，授予其从哈贾尔—阿萨尔（Hajar al-'Asal）到丰吉山区之间广大地区的统治权，担任总督与苏丹各地方之间的协调人。哈马吉

---

[1] P. M. Holt, M. W. Daly, *A History of the Sudan: From the Coming of Islam to the Present Day*, London, Pearson, 2011, p. 40.

家族的伊德里斯·瓦德·阿德兰（Idris Wad Adlan）谢赫是土—埃当局的死硬反对者，胡尔希德通过卡迪尔成功劝服其接受大赦，承认土—埃政府并接受委派出任丰吉山区的谢赫。另一个被劝服的重要人物是艾哈迈德·阿拉基谢赫，曾因为不满丰吉素丹国摄政王穆罕默德解除其谢赫职位而将其密谋暗杀，在叛乱时期带领族人从青尼罗河流域逃到了埃塞俄比亚边境地区，现在也归顺了胡尔希德，向那些逃难者和曾经的反抗者宣传政府的赦免许诺。在兑现安抚承诺的同时，胡尔希德派军队征讨那些不愿意归顺的地区，杀死那些不愿归顺者，不仅让数以千计的民众返回了青尼罗河地区，还把土—埃政府的管辖范围从苏丹西部扩展到了加拉巴特（Qallabat）。

其次，胡尔希德大力恢复农业生产。在卡迪尔的协助下，胡尔希德迅速清查了村庄和土地的情况，对逃难者宣布大赦，对反叛者许以自由，免除地方显贵和法基赫们的税赋，积极劝返逃亡到埃塞俄比亚边界山区的农民返回家乡，重新耕种在叛乱期间及其镇压过程中荒废的土地。与此同时，胡尔希德引进约一百个受过训练的埃及人向苏丹农民传授先进的耕种方法，从埃及精选种羊、果树、靛青、甘蔗等运到苏丹进行试种，派遣苏丹人去埃及学习那些由于缺乏适当的设备而无法学会的技术。从整体上看，胡尔希德恢复生产的措施立竿见影，许多移民重新回到了土地上，加之当年雨水充沛，一度停滞的农业生产得到了有效恢复，政府收入显著增长。在贾阿林地区，许多靠近河流的土地被赐予了忠诚的舍基亚人，后者是土—埃政府倚重的骑兵力量，除负担马匹饲料外不缴纳任何税赋。

最后，胡尔希德在喀土穆城市的建设和发展上投入了许多精力，将之由地方统治中心逐步发展成了整个苏丹的军事和行政管理中心。他抵制了穆罕默德·阿里要将苏丹自由民征召入伍的命令，转而由当地人按配额提供奴隶组成军队并为之专门修建兵营和军用仓库，在尼罗河上修建了一个造船厂。建于1829—1830年的清真寺在七年后被拆除，代之以一座更大的清真寺。新移入人口在政府的资助下修建永久固定的住房，取代了那些用茅草和兽皮搭建的临时住所。胡尔希德鼓励商业发展，贸易开始繁荣，部分商人因此而富甲一方。值得一提的是，土—埃政府对整个苏丹的出口贸易实行国家垄断，象牙、奴隶、阿拉伯橡胶、牲畜、畜产品等全部纳入

第一章 近代苏丹的形成和治理探索（1821—1899）

土—埃政权的贸易管控体系。大量的牲畜和畜产品被源源不断地输往埃及，苏丹成为这时期埃及最廉价的牲畜来源地，牛被输入埃及拉水车，骆驼被送往汉志作为政府的运输工具。①

胡尔希德的总督任期一直持续到1838年6月，不仅是土—埃政府时期任职时间最长的苏丹总督，扩大了苏丹总督的有效管辖范围，也用其仁慈且公正的施政将土—埃政府在苏丹的统治从军事压制时期带入了新的文明统治时期，切实推动了苏丹社会的转型和发展。1834年2月，胡尔希德被任命为苏丹四州——森纳尔、柏柏尔、科尔多凡和栋古拉的总督，这与埃及各州总督的称谓"穆迪尔"（mudirs）有着明显的不同。然而，因为苏丹社会发展的严重滞后和农业生产的高度不确定性，胡尔希德总督的治理成效也受到了极大限制。1826年的农业生产因雨水丰沛而喜获丰收，但始于1836年的干旱、饥荒和肆虐的霍乱疫情直接销蚀了此前的努力，胡尔希德总督最后几年的统治困难重重。

和前任相比，胡尔希德在领土扩张方面的成就要逊色很多。在1827年夏，胡尔希德组织骑兵从青尼罗河上游的鲁赛里斯（al-Rusayris）进军丁卡人地区，虽然最远推进到索巴特，但遭到了后者用弓箭和长矛展开的强力抵抗，最后只带了500名战俘返回鲁赛里斯。在1830年秋季，胡尔希德率军乘船进攻白尼罗河上游的希卢克人，虽然借助火炮的威力在战事初期缴获了大批的战利品和俘虏，但在后期却遭到了希卢克人的反击，最后仅带200名奴隶仓皇撤退。在1831—1832年对塔卡（Taka）地区的哈丹达瓦人（Hadendowa）的征服中，胡尔希德的军队再次严重遇挫，长时间被围困在阿特巴拉河附近的灌木林中不能前行，只能就地设防，且战且退，最后侥幸脱身返回喀土穆。②

在统治的最后几年中，胡尔希德与科瓦拉（Kwara）地区的埃塞俄比亚统治者康富（Kanfu）发生了一系列战争，这构成了这个时期土—埃政

---

① ［尼日利亚］J. F. 阿德·阿贾伊主编：《非洲通史》（第六卷），中国对外翻译出版公司1998年版，第362页。

② P. M. Holt, M. W. Daly, *A History of the Sudan: From the Coming of Islam to the Present Day*, London, Pearson, 2011, p. 46.

府对外政治行为的主要内容。科瓦拉地区远离土—埃政府的权力中心，处于苏丹与埃塞俄比亚从未划定的边界地带，康富集聚了大批对土—埃政权不满的人士和反抗者，胡尔希德和康富的第一次冲突就主要围绕聚集在该地区的哈曼达（Hammada）阿拉伯人展开。哈曼达部落的首领是拉贾卜（Rajab Wad Bashir al-Ghul），他与康富共同谋划进攻苏丹，但胡尔希德早有准备，埃塞俄比亚人最终战败，拉贾卜落荒而逃，1836年春天因遭到康富出卖而在喀土穆被处死。随后的军事冲突由加达里夫（Gedaref）长官艾哈迈德·哈希姆（Ahmad Kashif Ghashim）主导，他先后两次主动进攻埃塞俄比亚，第一次俘获了许多埃塞俄比亚俘虏，第二次战争却因为援军的不配合而最终失利，土—埃军队于1837年4月在瓦德卡尔塔布（Wad Kaltabu）被打败，艾哈迈德侥幸活命。为了防止康富吞并加拉巴特附近的边界地区，胡尔希德集结军队从瓦德迈达尼出发，但在加拉巴特被英国人干预制止。1838年6月，胡尔希德因为生病而获准回开罗治疗，总督职位由阿布·威丹（Abu Windn）接替。

  阿布·威丹延续了毛希和胡尔希德设置的行政管理框架，但进行了一些改革，具体措施包括实施更严格的财政管理，惩罚了一些财务官并没收其财产，取消舍基亚部落占领其他部落土地的特权，限制河流区域的土地只能进行农业耕作，无主土地被分配并免除三年税赋。阿布·威丹的财税改革引发了两次叛乱危机，反对者分别是舍基亚人和哈曼达人。免税特权被取消的舍基亚人虽然很不满意，数次抗争，但鉴于整体上在土—埃政府中的优越地位，大部分还是接受了阿布·威丹的命令，只有哈麦德（Hamad）酋长带领家人和追随者从尚迪出发逃往与埃塞俄比亚紧邻的边界地区。阿布·威丹对此软硬兼施，一方面追剿哈麦德酋长及其同情者，另一方面赦免其他叛逃者，允许舍基亚人放弃他们的土地并免除拖欠的土地税，很快就平息了这场叛乱。哈曼达部落的谢赫阿布—里什（Abu-Rish）是被处死的谢赫拉贾卜的弟弟，因为反对阿布·威丹对他们部落的双倍征税决定，在1842年早些时候逃到紧邻埃塞俄比亚的边界地区，并以此为基地袭扰苏丹边界地区。尽管当时正值雨季，行动非常不便，但阿布·威丹仍然从瓦德迈达尼出发，惩罚了这些叛乱袭击者。阿布—里什失败后决定

第一章　近代苏丹的形成和治理探索（1821—1899）

归顺，在阿卜杜勒·卡迪尔及其他要员的协调下得到了谅解。

阿布·威丹还开展了穆罕默德·阿里统治时期埃及人在苏丹最后一次意义重大的领土扩张。1840年3月20日，阿布·威丹率领军队上溯阿特巴拉河，征服目标是生活在加什（Gash）北部森林地带的哈丹达瓦部落以及卡萨拉山（Jabal Kasala）以南地区的哈兰卡（Halanqa）部落。4月12日，土—埃军队在阿罗马（Aroma）附近的加什安营扎寨，哈兰卡部落首领穆罕默德·伊拉（Muhammad Ila）和哈丹达瓦部落的穆罕默德·丁（Muhammad Din）都望风而降，被带回喀土穆充当人质。尽管阿布·威丹最终没能迫使哈丹达瓦人屈服，但土—埃政权在卡萨拉获得了一个永久性据点，作为驻扎营地的卡萨拉镇在之后发展成为埃及治下的东部苏丹的行政管理中心。随后，阿布·威丹的目光瞄准了红海沿岸的萨瓦金（Suwakin）和马萨瓦（Massawa），要求这两个名义上隶属于希贾兹（Hijaz）的奥斯曼帝国港口向苏丹的国库缴纳贡税。虽然穆罕默德·阿里帕夏迫于奥斯曼帝国政府的压力撤销了这一要求，但他在1846年获得了租用这两个港口的权利（三年后被取消）。1865年，赫迪夫伊斯梅尔（Khedive Ismail）正式吞并了这两个港口。

阿布·威丹是一位强悍而有效率的总督，功绩显赫，但却于1843年10月6日在喀土穆暴毙。因为此前就有传言说阿布·威丹企图与奥斯曼素丹阿布德—马吉德密谋把苏丹各州从埃及的版图中分离出去，由他本人担任苏丹总督，等同于穆罕默德·阿里在埃及的地位，他的突然死亡因此被普遍认为是他的妻子，亦即穆罕默德·阿里帕夏的女儿下毒致死的。这一点虽然没有证据，穆罕默德·阿里也在开罗公开赞扬阿布·威丹的功绩，但其后的一些改变却十分明显，包括一度取消了苏丹总督这一高级职位，规定苏丹各州实行自治并直接听命于开罗等。在3年的治理探索实践后，穆罕默德·阿里虽然重新设置了总督职位，但不仅十分重视人选问题，例如担任苏丹总督的人大多没有政治野心，而且成功说服土耳其素丹认可他终身统领新并入苏丹的卡萨拉地区，条件是给土耳其国库上缴一定比例的关税。这样的措施确实在一定程度上巩固了开罗对苏丹的统治，但同时也制约了苏丹从传统向现代转型过程中所需要的集权力量。阿布·威丹的继任者是艾哈迈德·马尼克里（Ahmad Manikli），他最初的任务就是在各个州之间建立一套切实可行的合作制度，三年后才被授予总督职位。对哈丹达瓦人的惩罚性征服构成了马尼克里统治时期的重要内容，他也因此获得了"屠夫"的称号。

三　埃及对苏丹的掠夺式治理

穆罕默德·阿里对苏丹的治理属于国家治理类型中的"统治型"。该类型属于前资本主义国家治理的一种，统治的机构和职能占据主要位置，管理的机构和职能位居其次，治理目标是"维持一个阶级对另一个阶级的剥削和压迫的规矩和秩序"[1]。

在征服苏丹后，土—埃政权通过了一系列行政区划和政策措施，确立了一整套奥斯曼帝国式的中央集权制统治体制，这在一定程度上结束了18世纪以来苏丹北部松散混乱的政治局面，为现代苏丹国家的形成奠定了基础。穆罕默德·阿里对苏丹的治理，最突出的特点就是剥削，即对苏丹资源、财富的直接掠夺和压榨。事实上，在基本确定苏丹不可能大规模开采金矿后，土—埃政府在苏丹的主要任务就日益集中到以下两个方面：

其一，官方主导的大规模猎奴行动。获取黑奴是穆罕默德·阿里征服苏丹的最主要动机，他曾向其属下训话道："你们记住，我们所有的努力和代价，就是为了获取非洲黑人。请大家投入热情，放手去做。"[2] 1822—1823年，为满足军事需求，约3万名黑奴从森纳尔和科尔多凡被掳掠到埃及的阿斯旺，但因长途跋涉和对气候的不适应，最后仅有大约3000名黑奴幸存下来。[3] 1823年，为减少埃及的财政开支，穆罕默德·阿里将苏丹的埃及驻军全部撤回，换之以奴隶组成的正规军。之后，出于强化苏丹本土军事力量和应对埃及与奥斯曼帝国之间一系列战争的需要，穆罕默德·阿里对苏丹黑奴的需求持续增加，不仅在给属下的通信中要求为他的新军寻

---

[1] 许耀桐：《治理与国家治理的演进发展》，《中共福建省委党校学报》2016年第9期。
[2] Richard Hill, *Egypt in the Sudan*, 1820-1882, London: Oxford University, 1956, p. 13.
[3] Reda Mowafi, *Slavery, Slave Trade and Abolition Attempts in Egypt and the Sudan*, 1820-1882, Sweden: Maino, 1981, p. 20.

第一章 近代苏丹的形成和治理探索（1821—1899）

找足够数量的强壮的苏丹黑人士兵，还提出了运送黑奴的许多具体指示，例如在北上埃及之前应该让他们在中苏丹住一些时候以适应水土，旅途中要特别注意他们的食宿等。

猎取黑奴是土—埃政权议事日程上的首要任务之一，每任总督都会定期组织大规模的暴力猎奴活动，允许用奴隶来缴纳赋税，士兵、军官和官吏的薪饷有时也用奴隶支付。公开推行的官方奴隶制度直到英国人抗议后才被废除。土—埃政府猎奴活动的主要区域是努巴山区、青尼罗河上游、白尼罗河上游、南科尔多凡等地，非穆斯林的土著黑人是主要的猎取对象。在猎奴行动中，黑人男性被当作奴隶充实军队，黑人妇孺则在奴隶市场上出售，所得收入被用于支付整个猎奴活动的开支。[1] 许多奴隶在猎奴过程中被杀，或在行军途中因饥饿或疾病而死。

其二，土—埃政府引进了埃及的税收系统，并在此基础上扩大和强化了税收的范围和程度，常规性地从苏丹征取赋税。土—埃政权的税赋名录繁杂，农作物、牲畜、奴隶、盐、水车甚至居民所拥有的各种屋舍也都是征税的对象，且税额较大。以农业为例，在苏丹中北部的尼罗河流域，土—埃政权将耕地根据土质和灌溉情况分为四个等级征税，具体操作过程中的主要依据是耕地拥有的灌溉水车数量，平均的征税标准是每个水车2.5—4 埃镑和2 阿达布小麦。[2] 有三点需要说明。其一，各个地区的情况也不相同，例如栋古拉地区的征税标准就是每个水车6 埃镑和2 埃镑价值的粮食。[3] 其二，税额整体上呈逐渐递增的趋势，每个水车的平均征税标准到1840 年代已经上升至8 埃镑。[4] 从当时农业生产水平来看，这样的税率远超过苏丹人的承受能力。其三，土—埃政权坚持以货币形式征税。在当时的苏丹，用于流通的货币很少，货币主要集中于城市和商人手中。

---

[1] 成飞：《苏丹土—埃统治时期的奴隶问题研究》，硕士学位论文，西北大学，2017 年。

[2] 阿达布（Ardabb）是苏丹的重量计量单位，具体数量在不同时期和不同地区有差别。在20 世纪初期的喀土穆，1 阿达布约等于144 千克。G. A. Hoskins, *Travels in Ethiopia*, London, 1835, p. 35.

[3] G. A. Hoskins, *Travels in Ethiopia*, London, 1835, p. 178.

[4] Hassan Abdel Aziz Ahmed, "The Turkish Taxation System and Its Impact on Agriculture in the Sudan," *Middle Eastern Studies*, Vol. 16, No. 1, 1980, p. 109.

在此情况下，民众为了获得货币而被迫低价出售其农产品，在无法缴纳全部税款的情况下就不得不卖掉牲畜或部分耕地，甚或直接求助于高利贷者。

土—埃政权的征税过程带有很强的暴力特征，政策僵化、缺乏灵活性。首先，在穆罕默德·阿里时期，政府常常借助非正规军征税。在征税过程当中，对于未及时或无能力全部缴纳税款者，征税者常滥用暴力手段加以逼迫。其次，在政府规定缴纳的税额之外，征税者往往会私自另行勒索同等数额的税款中饱私囊。最后，税收政策缺乏弹性，很少基于实际情况的变化而调整税收政策。例如在某些农业区域，不论其人口增加还是减少，也不管灌溉水车实际利用率的变化，政府规定缴纳的总税额始终保持不变。这样僵化的税收政策给人们的生产和生活带来了巨大损害，特别是在农业歉收的年份。

沉重的赋税负担和蛮横的征税行为对苏丹的社会经济造成了严重破坏。在农业区，特别是尼罗河谷地带，为逃避苛税，大量人口向苏丹西部、南部和东部的埃塞俄比亚边界地带迁移，造成大片农业用地荒废，相应区域的农业村落随即凋敝。不仅如此，人口的迁移对原有社会经济结构带来了巨大冲击，特别是在苏丹西部地区，农业人口的不断迁入，不仅导致农业界限的西移，而且引发了移民与当地游牧部落的长期冲突。

第二节　南苏丹的发现与南北交往

一　南苏丹的探索和发现

在1840年代之前，南苏丹是一个完全的传统部落社会，社会交往主要限于本地区范围，或战争，或和平，与外界联系甚少。究其原因，主要是除白尼罗河通向北方外，南苏丹与周边地区联系的自然渠道很少，几乎与世隔绝。白尼罗河是南苏丹当时通向外界的唯一通道，但流域内地势平坦，水流异常缓慢，水中植物繁生，航行困难，加之变幻无常的天气、致命的热带疾病以及本地部落对外界的敌视，使得许多试图进入该地区的人望而却步，即使进入也没法做到深入。

第一章 近代苏丹的形成和治理探索（1821—1899）

1838年，70高龄的穆罕默德·阿里专程前往苏丹视察金矿勘探情况，结果令其大失所望，在已征服的地区并未发现可供大规模开采的黄金资源。为了获取更多的黄金和奴隶，穆罕默德·阿里指令苏丹总督胡尔希德组织力量深入南苏丹，探索白尼罗河源头。[1]

1839年，土耳其海军上尉萨利姆（Selim Qapudan）承担了探索白尼罗河的任务。11月16日，萨利姆率领由10条船组成的探险队伍从喀土穆出发，开启了对白尼罗河上游地区的首次探险，随行的还有法国工程师约瑟夫（Joseph Pons d'Arnaud）和商人乔治（George Thibaut）。[2] 在首次探险中，虽然有希卢克人的指引，萨利姆的船队最远航行到了杰贝勒河的博尔（Bor）附近，但由于苏德沼泽等未知水域的阻碍，最终于1840年2月返回喀土穆。1840年11月，萨利姆再次率队出征，德国探险家费迪南（Ferdinand Werne）同行。两个月后，经过几番波折，萨利姆率探险队最终走出了苏德沼泽，到达朱巴附近的冈多科罗（Gondokoro），与当地的巴里人（Bari）签订了贸易协定。1842年，萨利姆组织了第三次探险，但进展有限。

萨利姆的初期探险还算平和。对南苏丹的部落居民而言，他们世代过着与外界隔绝的生活，活动范围有限，与之交往的都是生活方式和状态相似的部落群体，他们对于突然闯入的、着装和相貌奇异的外来者反应各异。有的部落民对这些闯入者表现出强烈的敌视和进攻性，有的则表现出异乎寻常的畏惧，甚至将跟随萨利姆而来的士兵视为天兵天将。[3] 对萨利姆及其探险队而言，身处异域，一切充满未知，恐惧感如影随形，他们在与当地部落民的接触和交往中也谨言慎行，突出强调探险行动的和平属性。萨利姆携带了大量的手工业和轻纺织品，从当地部落换取食物等生活给养。在整个探险过程中，某些部落民对萨利姆的探险活动确实起到了建设性的作用，如某些富含铜、铁等资源的山峦，如果没有当地部落民的引

---

[1] Richard Hill, *Egypt in the Sudan*, 1820–1882, London: Oxford University Press, 1956, p. 32.

[2] Deng D. Akol Ruay, *The Politics of Two Sudan: The South and the North*, 1821–1969, Sweden: Motala Grafiska AB, Motala, 1994, p. 22.

[3] Eve M. Troutt Powell, *A Different Shade of Colonialism: Egypt, Great Britain, and the Mastery of the Sudan*, Berkeley, Los Angeles & London: University of California Press, p. 45.

导,这些探险者在当时根本无法寻找到。

萨利姆最终没能寻觅到白尼罗河的源头,没有找到渴望中的黄金资源,但其探险活动却在客观上开辟了进入尼罗河上游地区的水路通道。白尼罗河航道的开通,不仅揭开了南苏丹的神秘面纱,终结了其与世隔绝的历史状态,而且使西方势力顺利进入了赤道非洲。被当时的法国地理学会主席乔马德(M. Jomard)盛赞为埃及历史上具有划时代意义上的大事件。[①]与此同时,萨利姆在探险过程中还获得大量具有商业价值的信息,例如在巴里地区发现了象牙、铜、铁等资源。1848年,跟随萨利姆探险的德国探险家费迪南发表了关于白尼罗河探险的详细见闻,引发了阿拉伯及欧洲商人和冒险家的极大兴趣。随后不久,大量商人开始涌入南苏丹地区,推动了象牙贸易和奴隶贸易的快速发展。

二 象牙贸易和奴隶贸易

19世纪前期,奥斯曼和欧洲市场对象牙的需求旺盛,伦敦市场象牙的价格和数量在1840—1870年增加了一倍。贩卖象牙成为当时十分有利可图的商业行为之一,象牙贸易在整个跨非洲、中东和地中海贸易中占有极其重要的地位。南苏丹的南部和西部边界地区是主要的象牙产地之一,南苏丹的发现,无疑为来自北苏丹、埃及等地的阿拉伯商人和欧洲商人提供了巨大的商机。

在整个1840年代,尼罗河流域的象牙贸易一直由土—埃政府所垄断,各地商人对此深感不满。迫于在埃及和苏丹的欧洲商人们通过各国领事传导的压力,土—埃政府最终于1849年放弃了在苏丹的贸易垄断权,南苏丹随即成为自由出入之地,商人和冒险家大量涌入,象牙贸易趋于兴盛。

在南苏丹地区,象牙贸易初期主要通过以物易物的方式进行。南苏丹的部落民,如巴里人和希卢克人等向商人们提供象牙,商人则用玻璃、棉布等工业制成品与之交换。之后,随着与当地部落之间矛盾的产生和激

[①] Eve M. Troutt Powell, *A Different Shade of Colonialism: Egypt, Great Britain, and the Mastery of the Sudan*, Berkeley, Los Angeles & London: University of California Press, p. 42.

第一章　近代苏丹的形成和治理探索（1821—1899）

化，商人们逐渐失去了提供象牙的中介，不得不开始依靠自身所雇用的武装人员围捕大象、获取象牙，这些武装人员主要由北方的阿拉伯人构成。

象牙贸易的不断增长导致了武装人员的增加，武装人员的增加又反过来促进了象牙贸易的继续增长。1851 年、1856 年、1863 年，往返于白尼罗河上装运象牙的船只数量分别是 40 艘、80 艘和 240 艘；与之相对应的象牙数量则从 400 坎塔（cantars）增加到 1400 坎塔和 2000 坎塔。[①] 疯狂掠夺致使象牙资源逐渐趋于枯竭，象牙贸易的利润开始下降。而在象牙贸易逐渐增长的过程中，商人们围绕象牙贸易所组建的配套体系越来越膨胀，最终导致成本的不断增加，商人们开始转向奴隶贸易。

在象牙贸易中，因为交通运输的不便，商人们在南苏丹地区雇用大量的土著黑人搬运象牙和提供生活服务。象牙贸易式微后，这些提供服务的黑人逐渐变为被贩卖的"商品"。1860 年代随着象牙贸易的式微，奴隶贸易成为苏丹贸易的新基石并趋于繁荣。

蓄奴制是苏丹社会的一项古老传统，与苏丹文明一样久远，不仅推动了从象牙贸易到奴隶贸易的转变，最终为奴隶贸易在苏丹的大规模兴起提供了可能。[②] 在苏丹的社会传统中，奴隶发挥着很强的社会和经济功能，既可用作生活和生产中的劳动力，又可作为一种"有价商品"用于市场交换。[③] 在象牙贸易的发展过程中，商人们将大量奴隶用于商品结算，特别是用奴隶支付阿拉伯随从人员的报酬。而这些阿拉伯人在得到奴隶后再根据具体情况对奴隶加以处理，其中女奴大多充当妻妾，孩童一般都训练为仆从，而其余的奴隶则被运至北方，在喀土穆的奴隶市场上高价出售。[④]

欧洲人是深入南苏丹从事大规模商业贩奴行为的始作俑者。1857 年，法国人德·马尔扎克（de Malzac）在白尼罗河上游的伦拜克附近首次发动有组织的贩奴活动。为了获得更丰厚的收益，德·马尔扎克经常鼓动阿拉

[①] F. O. 141/30, Petherick to Bruce, 5. 12. 1856.

[②] Robert O. Collins, "Slavery in the Sudan in History," *Slavery & Abolition*, Vol. 20, No. 3, 1999, p. 69.

[③] Heather Jane Sharkey, *Domestic Slavery in the Nineteenth-and Early Twentieth-century Northern Sudan*, Durham theses, Durham University, 1992, p. 51.

[④] Richard Hill, *Egypt in the Sudan*, 1820 – 1882, London: Oxford University Press, 1956, p. 50.

伯武装随从进行暴力掳掠，这样既有利于奴隶的获取，又可通过以奴隶支付报酬的方式降低贩奴成本。通过这些方式，德·马尔扎克在贩奴方面取得了很大的成功，其行为也对其他商人形成了明显的示范效应。到1865年，由于政府的限制，欧洲商人从白尼罗河的贸易领域逐渐退出，来自北苏丹和其他地区的阿拉伯人成为苏丹奴隶贸易的主导者。但不管是欧洲人还是阿拉伯人，二者的猎奴方式并无二致，后者甚至更残忍一些。

一般而言，贩奴者获取奴隶的方式大致可分为两种。其一，直接的暴力掳掠。枪炮等现代武器的使用提升了猎奴的成功率，推动了奴隶贸易在白尼罗河上游地区的快速发展，使得猎奴行为"成为一种最恶劣也是最有效的掳掠"[1]。其二，奴隶贩子利用部落之间的历史恩怨和现实利益纠葛，挑动部落战争，拉一派打一派，这其中又可分为直接参与和间接参与两种。直接参与主要表现为贩奴商人与某些部落结成联盟，共同发动对其他部落的劫掠，最后各取所需。通常，结盟部落会得到牲畜和粮食，贩奴商人则获得奴隶或象牙。间接参与就是贩奴商人不参加对目标部落的直接劫掠，而是与结盟部落达成一种事前交易，通过结盟部落之手获得奴隶。

贩奴商人在猎奴活动中还大量使用富尔素丹国创立的"围栅"（Zariba）猎奴系统，不仅为贩奴商人提供了一定的保护作用，而且逐步将其扩展为进行贸易交换和对外掠夺的基地，使得猎奴行为更加便利和有效。到1868年，仅加扎勒河地区就分散着80多座围栅，每座围栅大约有250名男人、女人以及大量的儿童。[2] 在一个地区内，猎奴行为的主导权通常掌握在几个实力雄厚的大商人手中，这种主导权最鲜明的体现就是围栅系统的使用。大商人们的围栅一般呈体系分布，以一个规模较大的围栅为中心，其余次级的围栅相互连接，绵延不断，整个围栅系统所能容纳的人数规模甚为庞大。在围栅外围还分布着许多仆从部落，他们与奴隶一道，耕种农田，为商人的驻地提供食物和随从劳动力。

伴随着奴隶贸易的繁荣，在杰贝勒河与加扎勒河等尼罗河上游地区，

---

[1] ［苏丹］迈基·希贝卡：《独立的苏丹》，上海人民出版社1973年版，第24页。
[2] ［美］罗伯特·柯林斯：《苏丹史》，徐宏峰译，中国大百科全书出版社2010年版，第20页。

第一章 近代苏丹的形成和治理探索（1821—1899）

出现了许多富可敌国、实力雄厚的大商人。这些大商人通常被当地人称作"喀土穆人"，其中最著名的是来自苏丹北部贾阿林部落的祖贝尔·曼苏尔（al-Zubayr Rahman Mansur）。1850年代，祖贝尔通过联姻的方式与加扎勒河地区强大的赞德部落结为联盟，从而为其在贩奴事业的发展方面打下了坚实的基础。1866年，祖贝尔又与阿拉伯河北岸的阿拉伯游牧部落巴加拉人结盟，开通了连接加扎勒河与科尔多凡的陆上贩奴路线。到1870年代，祖贝尔建立起了强大的贩奴集团，年贩奴量最高可达1800人。[①]

除了大商人之外，数量更多的小商人也是奴隶贸易的主要参与者。小规模的贩奴商人在阿拉伯语中被称作杰拉巴（Jallaba），主要来自达尔富尔和科尔多凡地区，但其初始来源地多为苏丹北部地区。德国探险家纳赫蒂加尔（Nachtigal）称，当时的达尔富尔地区定居着5000多户杰拉巴家庭，他们大多来自苏丹北部的栋古拉和柏柏尔，有些甚至来自更加遥远的摩洛哥。[②]许多杰拉巴之前的职业身份均为小农耕种者，后因政府沉重的赋税盘剥及利润的吸引而转向奴隶贸易。杰拉巴在奴隶贸易中的角色大多是商人、代理人和武装雇佣人员，他们一般独立行动，所贩奴隶的规模不大，基本都是以个位数计算。作为势单力薄的个体贩奴者，杰拉巴通常不参与直接的猎奴活动，而是通过与南苏丹地区的奴隶贩子或某些部落进行交易间接获取奴隶。在获得奴隶之后，杰拉巴们向北折返，沿着陆路，通过科尔多凡或直接到达达尔富尔和埃及等地，在当地的奴隶市场上将奴隶卖掉。此外，许多杰拉巴还充当大贩奴商人在南苏丹地区的代理人或者武装雇员，不仅通过当地部落为大贩奴商人搜集奴隶，还通过大贩奴商人以奴隶形式支付的薪酬获得奴隶，然后再将其贩卖。

三 奴隶贸易的影响

在19世纪的苏丹奴隶贸易中，南苏丹黑人地区是主要的奴隶输出地，而北苏丹的阿拉伯地区则是主要的奴隶输入地之一。穆罕默德·阿里晚年

[①] Reda Mowafi, *Slavery, Slave Trade and Abolition Attempts in Egypt and the Sudan*: 1820 – 1882, Sweden: Maimo, 1981, p. 63.

[②] G. Nachtigal, *Sahara and Sudan*, London: 1971, p. 110.

虽然在英国的压力下制止了掳掠奴隶的远征，废除了各种形式的公开的奴隶制，但苏丹的奴隶贸易并没有停止，反而在1860年代达到了鼎盛。根据当时奥地利驻喀土穆事务官奈特尔（Joseph Natterer）的描述，"在白尼罗河上，已经没有了真正的商人，只剩下了强盗和奴隶贩子"[①]。

奴隶贸易的繁荣不仅对当时的苏丹南北双方造成了巨大的影响，而且对整个苏丹的历史发展都产生了深远的影响。其一，猎奴和贩奴活动在南苏丹地区的泛滥，造成地区传统部落社会之间的失序和混乱，引发了持续的部落冲突。在白尼罗河航道开辟之前，南苏丹的各部落间已经形成了较为稳定的分布格局，各自都有相对独立的生存和发展空间。虽然也有因为耕地和牲畜的争夺或者自然灾害而引发的部落间冲突，但整体上频率较低，数量有限，再加上复杂的自然地理环境，保持着一种井然的地区秩序。白尼罗河航道开通之后，在以掠夺为目的的利益驱动下，外部势力大量涌入，尤其是以暴力为特征的贩奴活动，在短时期内就打破了部落间长期形成的相对平衡关系，导致地区趋于失序和混乱状态，冲突不断。事实上，因贩奴活动的猖獗和外部势力的利用，赞德人与邦戈人、赞德人与丁卡人以及希卢克人与丁卡人的关系不断趋于敌对，引发了持续不断的冲突，其影响甚至延续至今。

其二，奴隶贸易导致南苏丹地区人口大量流失，原有的部落社会结构受到巨大冲击甚至解体。加扎勒河流域是南苏丹奴隶输出的最主要地区，每年贩卖的奴隶可达15000人之多。[②] 在加扎勒河、达尔富尔和科尔多凡等地，当时从事奴隶贸易的商人至少达5000人，估计超过40万名奴隶被贩卖至埃及。[③] 除此之外，因各种原因而死于贩卖途中的奴隶数量也甚为庞大。据戈登（Charles George Gordon）估计，仅1875年到1879年，由于营养不良、疾病和虐待等原因，从加扎勒河地区到科尔多凡和达尔富尔

---

① Deng D. Akol Ruay, *The Politics of Two Sudan: The South and the North*, 1821-1969, Sweden: Motala Grafiska AB, Motala, 1994, p. 23.

② Alice Moore Harell, "Slave Trade in the Sudan in the Nineteenth Century and Its Suppression in the Years 1877-80," *Middle Eastern Studies*, Vol. 34, No. 2, p. 123.

③ Deng D. Akol Ruay, *The Politics of Two Sudan: The South and the North*, 1821-1969, Sweden: Motala Grafiska AB, Motala, 1994, p. 24.

第一章　近代苏丹的形成和治理探索（1821—1899）

贩运途中死亡的奴隶达8万—10万人。① 到1860年，估计每年有1.2万—1.5万名奴隶被送往北方。而在整个土—埃统治时期，大约200万名南苏丹黑人遭到贩卖，其中主要是丁卡人。② 贩奴活动所导致的人口流失及猎奴期间产生的暴力行为，将南苏丹地区的许多部落社会推向了解体的境地，其中一些小的部落作为整体已经不复存在。③

其三，大量奴隶的涌入冲击了苏丹北方原有的社会结构和经济生活。苏丹奴隶贸易对外的主要出口地是当时的埃及和奥斯曼帝国，对内则是苏丹北部的阿拉伯地区。苏丹北部的阿拉伯社会究竟吸收了多少来自南苏丹地区的奴隶，很难进行统计，但可根据当时游历苏丹的欧洲人的记载窥探一二。"在柏柏尔和尚迪，几乎每一户人家都拥有1—2名奴隶，而蓄养5—6名奴隶的家庭司空见惯，权贵大贾和部落首领则拥有更多。这种情况在森纳尔、科尔多凡和达尔富尔等地也普遍存在。"④ 数量庞大的奴隶构成了北方阿拉伯社会结构当中的一个特殊阶层，他们不仅在社会生活中充当着广泛的角色，如家庭奴仆、妻妾、军人等；而且自19世纪中后期就开始成为农业劳动力的主要承担者，在苏丹中北部的尼罗河流域几乎取代了自由劳动者，成为维系北苏丹阿拉伯社会生活和生产体系运行的关键因素。⑤

其四，奴隶贸易为南北苏丹关系的发展埋下了隐患。历史地看，南北苏丹的真正交往正是启于土—埃统治时期，这一时期双方交往的最主要内容就是奴隶贸易，而奴隶贸易使得南北方交往从一开始就充满对立和仇

---

① Alice Moore Harell, "Slave Trade in the Sudan in the Nineteenth Century and Its Suppression in the Years 1877 – 80," *Middle Eastern Studies*, Vol. 34, No. 2, p. 124.

② Deng D. Akol Ruay, *The Politics of Two Sudan: The South and the North*, 1821 – 1969, Sweden: Motala Grafiska AB, Motala, 1994, p. 24.

③ 当然对此也有不同的观点。有学者认为，即使在奴隶贸易最为兴盛的时期，每年从杰贝勒河地区所贩卖出的奴隶人数也不会超过1000人；另一种说法是最多2000人。Reda Mowafi, Slavery, *Slave Trade and Abolition Attempts in Egypt and the Sudan: 1820 – 1882*, Sweden: Maimo, 1981, p. 53.

④ J. L. Burckhardt, *Travels in Nubia*, London, 1819, p. 346. 引自 Reda Mowafi, *Slavery, Slave Trade and Abolition Attempts in Egypt and the Sudan: 1820 – 1882*, Sweden: Maimo, 1981, p. 34.

⑤ Alice Moore Harell, "Economic and Political Aspects of the Slave Trade in Ethiopia and the Sudan in the Second Half of the Nineteenth Century," *The International Journal of African Historical Studies*, Vol. 32, No. 2/3, 1999, p. 409.

恨。北方阿拉伯人在南方的猎奴贩奴活动给当地部落社会造成了灾难性后果，并且以集体的历史记忆在南苏丹地区广泛流传，最终影响了南北方关系的发展和现代苏丹民族国家的构建。

第三节　1884—1898年的粮食战争与治理尝试

统辖苏丹全境的英—埃共管政府始于1898年，但英国对苏丹的治理实践却始于1884年2月的萨瓦金港。在1884—1898年，英—埃共管政府先是利用自身优势持续发动粮食战争（1885—1888）[①]，试图通过粮食禁运和贸易封锁在北方尼罗河流域和东部红海山区"饿死叛乱分子"；其后又利用疫情、军事冲突等借口数次发动短期粮食战争，打击和削弱马赫迪军队。马赫迪国家对外采用走私、劫掠、袭扰和战争等手段突破封锁限制，对内通过土地和粮食分配统驭民众和军队，但整体上处于劣势，最终因军事失利而被推翻。马赫迪国家的覆灭和英—埃共管政府（1898—1956）的出现在一定程度上都是粮食危机和饥荒循环发展的结果。

一　北方尼罗河流域的粮食战争

土—埃政府撤离后，苏丹北方迅速陷入了严重的粮食危机。首先，劳动力的大量流失导致土地荒芜和生产萎缩，直接减少了粮食供应。为了躲避战乱，北方民众或者追随土—埃政府逃亡上埃及，或者舍弃家园前往恩图曼求生，还有一些人因为阻击马赫迪军队而死亡。苏丹在1899年之前一直缺乏准确的人口统计资料，大型水车萨奇亚是土—埃政府征税的主要依据。[②] 对比1897年人口普查和1885年的税收账簿可以发现，萨奇亚的数

[①] 所谓的粮食战争，是指前工业化时期的另类战争形式，发动者采取切断粮食来源、限制粮食贸易、破坏粮食仓储、强征民众口粮等形式，借助人为制造的饥荒、动荡和战乱实现预期目的，主要体现为长期的围困战和消耗战。

[②] 萨奇亚（sāqiya）是一种大型木质水车，装有陶罐，通过提升水源将尼罗河水稳定地送往农田，苏丹北方尼罗河流域的农业生产完全依赖萨奇亚水车灌溉，因而其数量变化可以用来估计当地人口的变化。20世纪初，一个正常运转的萨奇亚需要8名工人和8头牛来操作，可以供养5—8个家庭。

第一章　近代苏丹的形成和治理探索（1821—1899）

量在1885—1897年急剧减少，马哈斯从680个减少到39个，苏库特从528个减少到56个，栋古拉从5243个减少到1450个，这必然意味着当地农业生产和粮食供应的相应减少。[①] 其次，大量驻军抬升了北方地区的粮食供应缺口。努朱米（'Abd al-Rahman al-Nujumi）是马赫迪任命的栋古拉埃米尔，他积极扩军备战，但经常得不到足够的后勤补给，被迫反复要求当地民众提供金钱、粮食和牲畜，严重削弱了当地民众的经济基础。而在边境的另一侧，新组建的英—埃共管政府能够从埃及和国际市场两个渠道获得资金和粮食供应，驻地并没有发生严重饥荒。

在土—埃政府撤出后的最初几年里，英军在阿斯旺以南地区协助埃及军队戍边，防止马赫迪运动蔓延到上埃及。切断跨尼罗河贸易联系的建议最初由埃及内阁在1885年7月提出，但因为英国军官希望从贸易往来中获取情报而迟迟未予实施。1885年10月，努朱米的部队攻击了埃军巡逻队，跨尼罗河贸易随即中止。1886年初，埃及军队接管了苏埃边境沿线的粮食管理，附近农场收获的粮食被集中到尼罗河的岛屿上进行统一监管，军队负责为当地居民提供粮食，阻止马赫迪军队从埃及获得粮食。

一方面，关闭跨尼罗河边境贸易的决定代表着英—埃共管政府对苏丹战略的转变，因为它不仅阻止马赫迪军队从埃及购买粮食，削弱了马赫迪军队的战斗力，同时也切断了马哈斯和苏库特传统的粮食进口来源，加剧了尼罗河第二瀑布以南地区的粮食危机。另一方面，努朱米也逐渐把饥饿作为强化信仰和战斗力的工具，吸引追随者更深入地投身马赫迪运动。巴比克（Babikr Badri）是1880年代末驻扎在苏埃边境的马赫迪士兵，他在其回忆录中写道，努朱米在斋月期间送给前线士兵的驼肉在夜间突然发光，整个营地亮如白昼，士兵们"确信这是来自天堂的恩典"[②]。

1880年代后期，从达尔富尔到红海山区，苏丹北方各地都遭遇了不同程度的粮食危机，最终演变成了具有区域性特征的全国性饥荒。这就是后

[①] Steven Serels, *Starvation and the State：Famine, Slavery, and Power in Sudan*, 1883 – 1956, pp. 41 – 42.

[②] Badri Babikr, *The Memoirs of Babikr Bedri*, Trans. George Scott, Oxford University Press, 1969, pp. 59 – 60.

来成为苏丹民众集体记忆的萨纳特·西塔（Sanat Sitta）饥荒。在达尔富尔，饥荒的发生是当地埃米尔镇压反叛武装的策略所致。他采取焦土政策惩罚叛军及其支持者，又大量储备粮食供应部队，饥荒本身就是政策目标，民众只是牺牲品。栋古拉的饥荒主要是由于粮食供应严重不足造成的。在土—埃统治期间，栋古拉是首都喀土穆粮食市场的主要来源。然而到了1888年，由于劳动力流失所导致的农业生产萎缩，栋古拉生产的粮食已经无法满足需求，当地陷入了劳动力流失和农业生产萎缩的恶性循环中。恩图曼的饥荒源于阿卜杜拉哈里发的命令，他要求塔伊沙牧民从科尔多凡迁移到恩图曼。这些应召而来的塔伊沙牧民在迁移过程中耗尽了他们的粮食，与蜂拥而至的栋古拉难民一起迅速抬升了恩图曼的粮食需求。塔伊沙牧民与哈里发同族，负责拱卫京师，在饥荒期间几乎消耗掉了马赫迪国家的全部粮食储备。[①] 来自栋古拉等地的难民只能自求多福，或高价购买粮食，或依靠慈善救济。整个国家疾病流行，饿殍遍野。

1889年5月，为了应对日益恶化的粮食危机，努朱米率领1.5万大军沿尼罗河向苏埃边境行进。8月3日，努朱米的部队与埃及军队在图什基（Tushki）遭遇，埃及军队以逸待劳轻松取胜。努朱米的部队大约有6500人阵亡，6000人被俘，2500人撤退到栋古拉。

粮食贸易封锁是努朱米部队失败的重要原因。1889年5月，英—埃共管政府通过军事法庭处死了两名向努朱米部队出售补给的瓦迪哈勒法商人，将粮食控制范围从边境线附近扩大到第一瀑布之间的所有区域。1889年7月，英—埃共管政府清除了尼罗河西岸从阿布辛拜勒到图什基的所有庄稼，当地民众只能从政府控制的粮食分配中心获得供应。切断跨尼罗河粮食贸易的举措效果明显，从根本上决定了努朱米军事冒险的失败。

溃败的努朱米部队洗劫了尼罗河两岸的村庄，成千上万的民众逃亡埃及。这是当地继土—埃政府撤退后的第二次大规模人口外流，从1889年5

[①] Robert S. Kramer, *Holy City on the Nile: Omdurman during the Mahdiyya, 1885–1898*, Markus Wiener Publishers, 2010, p. 30.

第一章 近代苏丹的形成和治理探索（1821—1899）

月持续到1891年4月。在这几个月里，每天进入埃及的难民人数从大约10名飙升到50—550名，1889年全年共有13000名苏丹难民抵达埃及。[①]最初的难民主要来自马哈斯和苏库特，在谢赫的领导下整个村庄成员一起迁移。1890年初，来自栋古拉和柏柏尔的难民开始增多，分属不同的部落，也没有谢赫陪同。

1889年9月，英—埃共管政府成立了专门的委员会，负责审查苏埃边境情况。由于该委员会认为边疆省的埃及商人愿意为马赫迪军队提供补给，总领事伊夫林·巴林（Evelyn Baring）命令继续切断瓦迪哈勒法、马哈斯以及苏库特之间的贸易往来，此后重新开放的东部沙漠商贸路线也禁止粮食贸易，目的就是防止马赫迪部队从埃及获得粮食供应。正是因为看到了边疆省切断跨尼罗河粮食贸易在抵御马赫迪军队入侵方面的作用，萨瓦金港的英国官员进而主动将饥荒用作进攻性武器，希望达到"饿死叛乱分子"的目的。

二 东部红海山区的粮食战争

贝贾人是苏丹的土著民族，生活在东部的沙漠和半沙漠地带，有艾姆拉拉（Amar'ar）、哈丹达瓦、比沙林（Bisharin）和巴尼阿米尔（Bani A-mir）四个主要部落。[②]奥斯曼·迪克纳（'Uthman Abu Bakr Diqna）出生于萨瓦金商人家庭，是马赫迪的早期追随者之一，1883年奉命到苏丹东部发动圣战，也是马赫迪去世1年后未曾被撤换的两个州级埃米尔之一，且一直任职到马赫迪王国结束。[③]贝贾人一直不愿意承认土—埃政府的权威，一些哈丹达瓦部落的谢赫就公开效忠马赫迪和他指派的埃米尔迪克纳。到1885年中，迪克纳军队已经占领了东部大部分地区，埃及军队只占有红海沿岸的萨瓦金和阿基克（'Aqiq）。

[①] Extract from an Intelligence Report by Bimbashi Dunning, dated Korosko, January 20, 1890, FO407/99, Inclosure 7 in No. 44, p. 54.

[②] 刘鸿武、姜恒昆编著：《苏丹》，社会科学文献出版社2008年版，第35—36页。

[③] P. M. Holt, M. W. Daly, *A History of the Sudan: From the Coming of Islam to the Present Day*, Pearson, 2011, p. 74.

· 61 ·

19世纪之前，贝贾人游牧与农业并重，粮食自给有余。在1840—1880年，因为无法与有补贴的埃及粮商开展竞争，也因为阿拉伯半岛对畜牧产品的需求高企，越来越多的贝贾人逐渐放弃了农业生产，开始提供价值更高的肉奶等畜牧产品，同时从事长途运输等服务性经济活动。加什三角洲的可耕地早在1860年代就只有1/4种植粮食，东部地区生产的高粱在19世纪后期仅能满足当地需求的1/3左右，埃及、印度和伊拉克的粮食大量进入红海市场。在1840—1880年，每年在吉达停靠的大型船舶数量从20艘增加到300艘，其中许多船只专门从印度和伊拉克贩运粮食。① 正因为如此，在形势多变的1880年代，无论是支持马赫迪国家还是与萨瓦金的英国人维持良好关系，贝贾人的目标其实都一样，就是确保与红海粮食市场的稳定联系。

为了阻止马赫迪运动在苏丹东部的蔓延，开罗的英国顾问和军官大致采取了三方面措施。首先，将埃及主导的萨瓦金土—埃政府改变为英国主导的英—埃新政府。1884年2月，英国海军在萨瓦金港宣布戒严，组建新的萨瓦金政府，任命英国领事官员和海军军官出任关键岗位。1884年3月，赫迪夫正式任命英国将军切姆赛德（Herbert Cherrmside）出任红海总督，所有重要的高级职位均由埃及军队中的英国军官担任。其次，区别对待当地的不同部落，将马赫迪运动初期贝贾民众反抗土—埃政府的反殖民斗争转变为当地各部族为争夺资源而展开的内斗。为了打击支持马赫迪的哈丹达瓦部落，萨瓦金的英—埃共管政府极力拉拢艾姆拉拉部落谢赫马哈茂德·阿里（Mahmud 'Ali）。后者则积极袭击迪克纳及其追随者，既借此捍卫自身利益，也获取了更多的军事援助、物资供应和现金补贴。最后，切断萨瓦金和内地的贸易，操控东部地区的粮食生产和运输，刻意引起粮食短缺，用进攻性的饥饿战略将马赫迪军队驱赶进内陆地区。英—埃共管政府的这种努力从1885年持续到1888年，是这一时期英—埃共管政府在东部地区应对马赫迪运动的主要方式。

---

① Steven Serels, *Starvation and the State Famine, Slavery, and Power in Sudan*, 1883 - 1956, pp. 51 - 53.

第一章　近代苏丹的形成和治理探索（1821—1899）

1884年10月，巴尼阿米尔族谢赫阿里（'Ali Birkit）向土—埃政府进言，建议用英国海军封锁红海沿岸，用埃及军队占领并控制塔卡尔（Tawkar）和加什三角洲，通过控制本地的粮食来源和贸易结束马赫迪叛乱。[①] 开罗和萨瓦金的英国官员采纳了这一建议，发动粮食战争"饿死叛乱分子"的思路随即逐渐成形并付诸实施。

和贝贾民众一样，驻扎在苏丹东部的军队也必须依赖印度和伊拉克的粮食。不同的是，英—埃联军可以通过海路获得稳定的粮食供应，而马赫迪军队的粮食供应渠道就比较狭窄，可用于交换的资源也比较有限。1885年夏天，英国海军抓捕了吉达商人赛义德（Sayyid Bahia），后者承认他当时正在向希纳布（Shinab）附近的马赫迪军队出售高粱。英—埃共管政府随即阻断了从阿基克港到希纳布的粮食贸易渠道，确定萨瓦金市场是东部地区唯一的粮食市场。马赫迪军队专门负责购买粮食的奥努尔（Emir Onur）被迫前往其他地区寻找机会。

英—埃共管政府在萨瓦金的粮食禁运从海陆两方面同时展开。1885年10月初，英国海军部发布了有关粮食禁运的新命令，将检查范围从海上扩大到停泊港口的船只，但仍然禁止登陆上岸。与此同时，英—埃共管政府多次派遣艾姆拉拉族民兵武装发动远征，劫掠迪克纳及其追随者的牛、骆驼和奴隶，破坏马赫迪军队和吉达之间的粮食贸易。1886年5月，马哈茂德·阿里的民兵抓捕了负责为马赫迪军队购买粮食的奥努尔，同时缴获了大量的粮食和武器。1886年7月，基钦纳（Herbert Kitchener）被任命为红海地区总督，他给马哈茂德·阿里的民兵武装提供武器、弹药和粮食，试图将其确立为红海山区的统治者。1886年10月，艾姆拉拉族民兵占领了一个马赫迪军营，基钦纳劝说归降的哈丹达瓦族与艾姆拉拉族组建谢赫联盟，承认马哈茂德·阿里是联盟的首领，共同策划夺取和控制塔卡尔三角洲。[②] 此后，谢赫联盟为进攻塔卡尔做了初步准备，但有传言说数千名马

[①] Commodore Molyneaux to Vice-Admiral Lord J. Hay, October 4, 1884, FO 407/63, No. 36, pp. 25-27.

[②] Colonel Kitchener to Sir E. Baring, February 6, 1887, FO 407/70, Inclosure in No. 80, pp. 63-66.

赫迪士兵正从内陆赶来增援，谢赫联盟随即取消了进攻计划。基钦纳切断马赫迪军队从本地获取粮食供应的计划由此搁浅。

通过英国海军切断马赫迪军队与国际粮食贸易联系的努力也半途而废，这有两方面的原因。首先，英国海军查禁红海粮食贸易的行动能力不足。在1880年代，因为沿岸的岛屿、珊瑚礁以及海风模式，在红海从事走私的独桅帆船始终比英国海军的蒸汽机船速度快，给红海舰队增加独桅帆船的要求始终没有得到满足。行动能力的不足导致英国红海舰队在1885—1886年只捕获过两艘从事走私的独桅帆船。其次，英国海军没有查禁红海粮食贸易的意愿和动力。在封锁行动的早期阶段，英国政府因为顾忌国际影响而没有正式宣布封锁，这导致了两个结果：埃及军队没有将粮食列为战时禁运品，监管红海粮食贸易的行动不能看作军事行动；在萨瓦金以外港口的粮食贸易违反了埃及海关的相关章程，英国海军是代表埃及海关监管红海粮食贸易。在这种情况下，如果英国海军出售捕获的走私帆船及其运载的粮食，埃及财政部就有权获得出售走私粮食的一半收益，但英国海军希望和查禁奴隶贸易一样获得全部收益。出于现实原因，英—埃共管政府的英国官员支持埃及政府的意见而反对英国海军的主张，寻求将来自萨瓦金的所有收入都列入政府预算，包括出售扣押违禁品所产生的收益。1886年4月，在英国外交部的压力下，英国海军部发布了新的指令，承认监管粮食贸易是给埃及海关部门提供服务，英国海军必须遵守埃及海关法规。在新指令发布后，英国海军实际上就停止了对红海粮食贸易的监管。

从1885年到1888年，萨瓦金的英—埃共管政府刻意在苏丹东部和红海山区引发粮食短缺，但"饿死叛乱分子"战略的实施依赖一些有利益冲突的盟友。当地的艾姆拉拉族谢赫得到了英—埃共管政府的资助，但他们只是谋求从无休止的战争中获利，始终未能夺取和控制塔卡尔三角洲，也没有切断马赫迪军队在当地的粮食供应渠道。在红海的英国海军有能力阻止进口的粮食流入马赫迪军队营地，但他们定位自身的任务是结束当地的奴隶贸易，不仅因为经济利益考量而拒绝支持，还揭露萨瓦金英—埃共管政府参与了红海奴隶贸易。鉴于马赫迪军队始终控制着塔卡尔三角洲并从阿拉伯半岛自由进口粮食，英国政府于1887年初开始转变态度，认为通过

第一章 近代苏丹的形成和治理探索（1821—1899）

操控地区粮食供应来打击马赫迪军队的战略注定会失败，而关闭萨瓦金和苏丹内陆的贸易只会让意大利控制的马萨瓦（Massawa）从中受益。

1887年4月29日，英国首相索尔兹伯里（Lord Salisbury）要求海军部撤销在红海执行埃及海关法规的指令，正式结束了粮食禁运。5月19日，巴林命令基钦纳取消有关贸易限制，只保留对武器和弹药的限制条款，允许萨瓦金商人直接向马赫迪军队出售粮食。但这条命令被基钦纳有意忽略。9月30日，索尔兹伯里重申了巴林废除贸易限制的命令，认为"继续这些贸易限制并不能带来真正明显的好处"①。

迫于压力，基钦纳在10月11日取消了贸易限制，但他并不愿意放弃"饿死叛乱分子"战略，转而通过升级军事行动变相延续粮食战争。数日后，基钦纳派遣艾姆拉拉族民兵进驻塔卡尔三角洲，在埃及军舰的支援下多次袭击附近的马赫迪军队，后者则袭击艾姆拉拉族民兵在萨瓦金附近的营地。12月19日，英国海军舰艇停靠萨瓦金港口协防，当地的敌对行动进一步升级，不稳定局势加剧。艾姆拉拉族民兵大肆杀戮，劫掠奴隶、牛、羊和骆驼。马赫迪军队则袭击萨瓦金港，向停泊的英国军舰开火。1888年1月17日，基钦纳在率兵远征时脸部中弹，被送往埃及接受治疗。史密斯（Charles Holled Smith）接任总督，他延续了基钦纳的许多政策，袭击和反袭击斗争在1888年几乎没有中断过。

1888年9月，迪克纳率军在萨瓦金的外围防御线附近挖掘战壕，企图围攻萨瓦金港。12月20日，埃及军队成功发动突袭，马赫迪军队溃逃。这就是著名的朱马扎（al-Jummayza）战役。之后，萨瓦金的英—埃共管政府出现了两点重大变化。其一，首次公开宣布放弃对苏丹东部和红海山区的主权要求，不再干扰红海山区部落的自由，专注保卫萨瓦金和阿奇克港口免遭马赫迪军队袭击。其二，实行军政分开。伤愈归来的基钦纳重新领导埃及驻军，其军事行动被限制在保护萨瓦金水源地周边3000米范围内。史密斯总督负责与当地谢赫开展所有谈判，他很快就结束了对艾姆拉拉族民兵武装的政治和军事依赖，也不再尝试用饥饿战略使马赫迪军队屈服。

---

① The Marquis of Salisbury to Sir E. Baring, September 30, 1887, FO 407/71, No. 53, p. 37.

随着1888年末的一系列政策改变，红海港口与内陆山区之间的贸易逐渐恢复，粮食再次成为主要的贸易商品。马赫迪军队继续从塔卡尔三角洲和吉达获取粮食，萨瓦金商人也重启与马赫迪军队的直接贸易往来，合法地向后者出售粮食。萨瓦金港在1889—1890年每月进口的粮食超过5000阿达布，这些进口粮食只有一部分被当地居民消费，大部分被转运到了苏丹内地。在1889年12月12日之后的60天内，有6000阿达布的粮食从萨瓦金港运往苏丹其他市场。

贝贾人从蓬勃发展的粮食贸易中获利。他们或者向当地商人提供骆驼和向导服务，或者出售黄油、兽皮、肉类等畜牧产品。与此同时，因为埃及海关当时只有两艘执法船，英国海军舰艇又专注于打击红海沿岸的奴隶贸易，跨海走私被抓住的风险很小。很多商人在苏丹沿岸港口和吉达之间用独桅帆船开展走私贸易，接受以奴隶形式支付的购粮款，逃避英—埃共管政府征收的8%进口关税。

三 粮食战争和马赫迪国家的灭亡

贝贾人大约2/3的粮食来源是通过各种途径进口的印度和伊拉克粮食，苏丹东部的自然灾害固然会对贝贾人的粮食安全产生一定的影响，但实际上主要还取决于贝贾人是否能够负担得起购买粮食的费用。不幸的是，粮食贸易的复苏不足以让贝贾人重新获得足够的资源，也无法应对意外降临的粮食危机。在1887—1889年，受埃塞俄比亚严重牛瘟的影响（牲畜致死率达90%），贝贾人的牲畜大批死亡，整体购买力严重下降。红海山区每天都有50—100人死于饥饿，大多是马赫迪运动以来死亡者的遗孀及其子女。苟活的贝贾人由谢赫带队集体逃难，在萨瓦金外围防御线以北扎营，依靠施舍和救济艰难求生。

1890年2月下旬，英—埃共管政府官员们开始认真对待日益严重的饥荒，给难民提供有限的救助。2月26日，埃及财政部拨款500英镑用于饥荒救济，萨瓦金的英—埃共管政府随后成立赈济委员会，在外围防御线附近建造了两个营地，分别用作医疗救助和食物分发。医疗营地每天向大约100名病人提供医疗服务，供应牛奶和高粱稀饭。另一个营地每天给2500名难民

第一章　近代苏丹的形成和治理探索（1821—1899）

提供高粱面包。赈济委员会直接救助寡妇、孤儿和因病无法工作的人。男人们或者在城里工作，或者参与公共工程建设。已婚妇女和女孩通过丈夫和父亲的工资间接获得援助。1890年3月，英—埃共管政府雇用了大约200名男子和男孩建设萨瓦金及其周边的道路工程，给他们支付双倍的口粮。[①]

1889年12月，马哈茂德·阿里去世，其子艾哈迈德（Ahmad Mahmud）再次归顺马赫迪国家，出任柏柏尔—萨瓦金道路的埃米尔。艾哈迈德很快把汉达布（Handub）发展成新的粮食市场和难民安置地，利用其个人财富和威望鼓动埃及士兵归降，也吸引了一些艾姆拉拉族谢赫离开萨瓦金政府前来依附，给萨瓦金造成了巨大的军事和政治压力。1890年8月17日，基钦纳借史密斯总督休假之机下令禁止从萨瓦金向苏丹东部内陆出口粮食，8月31日后进一步关闭萨瓦金和苏丹内陆之间的所有贸易通道，理由是防止麦加的霍乱疫情蔓延到萨瓦金。但在机密函件中，基钦纳承认实施这些限制措施的真正目的是希望挑起"汉达布阵营的分裂"，使其"认识到与政府保持良好关系的必要性"[②]。1890年11月，艾哈迈德去世，汉达布阵营陷入动荡。1891年1月27日，史密斯总督突破了长期以来不在萨瓦金防御线之外开展军事行动的命令，率领队伍进攻汉达布并轻松取胜，迫使马赫迪军队离开红海山区。

1891年2月，埃及军队占领了塔卡尔三角洲。迪克纳的部队遭受重创，在阿塔拉玛（Adarama）重新安营扎寨。1893年5月，柏柏尔的新埃米尔奥斯曼（Zaki 'Uthman）鼓励与英—埃共管政府开展贸易，而迪克纳倾向于对贝贾人施加军事压力以便孤立英—埃共管政府。哈里发选择支持前者，命令迪克纳率部撤出苏丹东部，避免干涉贸易。

迪克纳的撤退暂时结束了苏丹东部的敌对行动，内陆尼罗河流域和红海沿岸的贸易得以恢复，商人们在缴纳税款后能够沿着柏柏尔—萨瓦金公路自由往来。1893年之后，尽管粮食生产连续五年歉收，但因为商贸往来日益正常化，粮食价格基本平稳，并没有关于贝贾部族饥饿、营养不良或

---

① Consul Barnham to Sir E. Baring, March 31, 1890, FO 407/100, Inclosure in No. 15, p. 17.
② Steven Serels, *Starvation and the State: Famine, Slavery, and Power in Sudan, 1883 – 1956*, p. 82.

粮食短缺的报道。

迪克纳的部队在1896年部分地恢复了袭击行动，开始筹划对英—埃共管政府的又一次长距离袭扰，但都被埃及军队和部族民兵联合粉碎。1897年8月，英埃军队占领了柏柏尔，哈里发命令迪克纳协防尼罗河流域，苏丹东部的敌对行动随即结束，参与叛乱的贝贾族谢赫公开向英—埃联军投降。12月下旬，英埃联军从意大利人手中接管了卡萨拉，并在随后的几个月中悉数攻占苏丹东部的马赫迪军队营地。

1896年3月，英国政府同意对马赫迪国家发动有限军事远征。从6月开始，埃及边疆省的南部边界不断向南延伸，英埃联军仅用5个月就征服了整个栋古拉地区。1897年6月，此前在达尔富尔指挥作战的马哈茂德·艾哈迈德出任柏柏尔地区的埃米尔，当地的贾阿林人先是被要求搬迁到尼罗河东岸居住，随后又有3.5万人被迫长途迁徙到恩图曼，人口迅速减少。留守者根本无法养活自己，更遑论养活驻扎在当地的1.6万名马赫迪士兵了。

1897年2月，基钦纳征服苏丹的请求获得了批准。8月，英埃联军的先遣部队穿越第四瀑布抵达阿布哈迈德，占领了当地的主要粮仓。9月初，英埃联军占领柏柏尔，袭击了马赫迪军队的粮仓。10月，英埃联军在库克拉布（Kukrab）附近占领了迪克纳军队的粮仓。英埃官员将缴获的粮食分发给来自马赫迪控制区的难民，马赫迪士兵则因为粮草耗尽而大量脱逃。11月，马哈茂德请求粮食给养，但哈里发命令他撤回第六瀑布附近协防恩图曼，双方的分歧阻滞了给养物资的运送。马哈茂德被迫强行征用柏柏尔民众的粮食，后者或逃往尼罗河下游的英埃控制区，或啸聚尼罗河岛屿保护自己不受征粮队伍的攻击。哈里发随后转变态度同意保卫柏柏尔，但此时埃及军队的舰艇已经在第六瀑布附近巡逻，来自恩图曼的补给无法送达驻守在柏柏尔的马赫迪军队，也无法送达其他行政中心和驻军城镇。1897年底，柏柏尔的马赫迪军队已经不能从苏丹其他地方获取粮食供应，受命增援的迪克纳军队又在此刻抵达，柏柏尔的粮食短缺迅速演变成大规模饥荒。①

---

① Peter Malcolm Holt, *The Mahdist State in the Sudan*, 1881–1898, pp. 233–238.

第一章 近代苏丹的形成和治理探索（1821—1899）

恩图曼也遭遇了严重的粮食危机。塔伊沙人和吉哈迪亚（Jihādiyya）军人共同控制着当地的粮食市场，他们人为地将高粱价格长期保持在 25 比索/阿达布的低位。① 1896 年 9 月，随着栋古拉的陷落，恩图曼民众担心即将到来的英埃联军围攻，开始大量囤积粮食。1897 年 2 月，恩图曼的高粱价格飙升至 120 比索/阿达布，很快又涨到 240 比索/阿达布。1898 年初，恩图曼市场不再有粮食供应，黑市的高粱售价大约是 720 比索/阿达布。

柏柏尔和栋古拉的英埃联军没有遭遇危机，他们的粮食供应稳定而多元。1897 年 5 月，基钦纳下令修建从瓦迪哈勒法到阿布哈迈德的铁路，从上埃及给前方军队提供给养。11 月，铁路线穿过沙漠延伸到第四瀑布，与 1897 年初完工的瓦迪哈勒法—卡玛（Karma）线贯通。英埃联军的粮食供给超过了需求，军官们将余粮出售给当地民众，栋古拉和柏柏尔的粮食供应充足，价格基本稳定。

1898 年 4 月，阿特巴拉战役爆发，马赫迪军队被装备精良的英埃联军轻松击败，超过 3000 名士兵战死，4000 多人受伤。数千名马赫迪士兵在逃离战场后死亡，或者是因饥渴致死，或者是在沙漠中被贾阿林民兵杀害。阿特巴拉战役是英埃联军第一次在正规战斗中击败马赫迪军队。马赫迪军队的工事坚固，装备有步枪、弹药、剑和矛，但粮食供应严重不足，部队在战斗爆发前数周就因为疾病和饥饿而严重减员。为了防止开小差，军官们把士兵用锁链固定在战壕中，这不仅阻止了对英埃军队进攻的有效因应，还让士兵们无法很好地保护自己，因之死亡了大约 2000 人。②

阿特巴拉战役后，第六瀑布以北地区基本不存在马赫迪军队。1898 年 8 月底，英埃军队穿过第六瀑布向恩图曼挺进。9 月 2 日的卡拉里（Karari）战役毫无悬念，马赫迪军队的人数是英埃联军的 2 倍，但双方的装备

---

① 比索（Piastre，PT）是埃及等几个中东国家的硬币，比索是银币，帕拉（Para）是铜币，1 比索 = 40 帕拉。1914 年，英国正式结束土耳其在埃及的统治，1916 年改埃及货币为十进制，1 埃镑（Pound）= 100 比索 = 1000 米利姆（Milliem）。

② Henry Alford and William Sword, *The Egyptian Soudan: Its Loss and Recovery*, Macmillan, 1898, p. 225.

差距太大，几乎是两个时代的对抗。哈里发随后带领追随者仓皇西逃，一年后被追击的英埃联军击毙。

进入恩图曼后，基钦纳向饥饿的民众开仓放粮，粮仓附近的人甚至因为多拿多占而发财。在接下来的几天里，恩图曼市场的高粱价格一度下跌到每阿达布120比索，但很快又反弹到400比索。恩图曼持续遭遇饥荒的原因有二。其一，马赫迪在1885年1月将喀土穆荒废成农田，生产的粮食供应恩图曼市场。英埃联军征服后重建喀土穆，原来的农场变成建筑用地、道路等，无法再为恩图曼提供粮食。其二，马赫迪政权的突然坍塌打破了哈里发支持者对粮食贸易的垄断，私人粮商没有立即跟进，当年收获的新粮没有进入恩图曼市场。

尽管曾经推动了饥荒的形成和延续，但随着身份和相关政策的改变，1898年的英—埃共管政府决心解决迫在眉睫的粮食危机。首先，及时给恩图曼的数万民众提供粮食。英—埃共管政府采取"以工代赈"的方法，招募战俘及其家人在喀土穆清除瓦砾，铺设街道，烧制砖块，积极开展市政建设。其次，鼓励民众外迁缓解粮食供应压力。1899年1月，此前被强令迁徙的塔伊沙人和贾阿林人开始重返他们的传统家园，其他难民被引导前往加达里夫或森纳尔等粮食产地，官员们免费提供运输工具，鼓励无地的恩图曼民众去耕种杰济拉的闲置土地。柏柏尔的耕地面积就因为贾阿林人的回归在1898—1899年增加了10倍，青尼罗河和丁德尔（Dinder）河沿岸因为持续的移民潮而出现了许多新的村庄。① 最后，解决运输难题增加粮食供应，从根本上缓解恩图曼的饥荒。铁路建设在卡拉里战役后持续进行，最终在1899年底到达计划的终点站哈法亚（Halfaya），英—埃共管政府可以通过铁路、轮船联运协调周边产粮区以及埃及的粮食，缓解了恩图曼的粮食短缺问题。从整体上看，英—埃共管政府的这些措施收效明显，恩图曼的高粱价格持续走低，1900年初下降到了每阿达布90比索，1901年更是下跌到每阿达布34比索。

---

① Steven Serels, *Starvation and the State: Famine, Slavery, and Power in Sudan*, 1883–1956, p. 107.

四　粮食战争的深远影响

在1884—1898年，英—埃共管政府以埃及边疆省和苏丹萨瓦金港为基地，先是通过封锁进口和贸易直接发动针对马赫迪军队的粮食战争，在贸易限制措施被取消后又借口瘟疫和军事冲突而数次发动短期的"粮食战争"，试图切断马赫迪军队的粮食供应，从根本上削弱其战斗力，以期实现"饿死叛乱分子"的战略目标。虽然粮食禁运和禁售措施仅在1885—1888年得到了部分执行，但无论是主动进攻的英—埃共管政府还是被动应对的马赫迪国家，双方都把粮食市场和饥荒当作实现领土征服、控制关键资源和打破传统体制的工具，相关举措在客观上对苏丹社会产生了深远影响。

首先，粮食战争改变了苏丹社会的土地制度和生产方式。在土—埃政府时期，苏丹传统的土地所有权定义从占有土地上的产品转变为直接占有土地，税收由粮食实物支付转变为货币支付，基于伊斯兰教法的财产继承制度催生了活跃的土地市场。在粮食战争期间，英—埃共管政府和马赫迪国家都借机控制了许多重要的土地资源。英—埃共管政府持续地刻意制造粮食危机，逐步取代贝贾部落控制了肥沃的塔卡尔三角洲，借此遏制和削弱马赫迪国家在红海山区和北方尼罗河流域的影响力。马赫迪国家同样把粮食市场和饥荒当作扩大影响力的工具，借助粮食危机控制了杰济拉、加达里夫和加拉巴特等粮食产区，反抗者的土地被没收或被征收高达粮食产量2/3的税款。马赫迪国家被推翻后，英—埃共管政府先是把掌控的大片土地交给有意扩大棉花种植的英国公司，随后又有选择地将之移交给与政府合作的地方权贵。苏丹土地制度的这种改变客观上剥夺了当地民众对重要资源的共同拥有，英—埃共管政府相关的饥荒救济措施和农业发展方案又往往剥夺了当地民众对重要生产资源的掌控，这让当地许多民众更加贫穷，进一步推动了饥荒和粮食不足的循环。但也正因为如此，大片的肥沃土地被更有组织能力的政府和地方领袖掌控，苏丹的农业生产技术出现了重大提升：原来主要依靠人工操作的萨奇亚水车灌溉系统被逐渐放弃，机械水泵灌溉越来越多；更有效益的棉花种植被引进并得到了推广，苏丹在1914年后成为全球原棉市场的主要供应商之一。

其次,粮食成为20世纪苏丹社会控制和权力斗争的主要工具。马赫迪国家灭亡后,为了避免出现周期性的粮食危机,英—埃共管政府着手建立涵盖苏丹北方的统一粮食市场。北方农民是这项政策的意外受益者,他们在建设统一粮食市场的过程中获得了高度自治,迫使英—埃共管政府承认当地部族对土地所有权的确定资格,双方合作建立了保护奴隶主利益的法律制度,一度恢复了土埃统治时期的农业奴隶制度。在1898—1913年,尼罗河流域的农民引入了8万多名男性奴隶,这是当时条件下发展商业化粮食生产最有经济效益的投资。但苏丹农民们的这种意外获益为时不长。在1914年和1918—1919年饥荒的冲击下,大多数农民在经济上遭受重挫,失去了自己的奴隶,也失去了集中开发土地的能力。与此同时,拥有广袤土地的少数权贵精英不仅获得了可观的经济利益,将陷入困顿的部落民众转变为依赖他们提供土地和生产资料的佃农;而且利用固有的教派和部族联系强化自身权威,让众多追随者同时陷入了经济和精神的双重依附。独立后的苏丹战乱频仍,无论是中央政府还是各派反政府势力,都力争控制粮食和其他经济资源分配,在"自然饥荒"已不复存在的现代世界,将英—埃共管政府时期的"刻意饥荒"发展为各种形式的"功利型饥荒",或者出于形象考虑拒绝国际社会援助而听任民众死亡(被否饥荒),或者利用饥荒清除境内特定地区的民众(人为饥荒),或者把难民的饥饿变成套取国际援助的工具(外示饥荒)。①

再次,粮食战争强化了苏丹南北方之间奴隶与主人的分野。1860年后,因为黑奴价格下降,也因为土地权利的重新定义,黑奴逐渐成为北方农业生产中普遍使用的主要劳动力。在粮食战争期间,主人们普遍放松了对奴隶的监管,甚或因为食物匮乏而主动遗弃奴隶。很多黑人奴隶或者逃离主人而加入了马赫迪军队,或者通过向英国军官申诉和加入埃及军队而获得自由,北方尼罗河流域在土—埃政府时期建立的奴隶种植园经济逐渐被废弃。同时期的英—埃共管政府确实解放了那些主动提出申请的奴隶,

---

① 关于现代社会的饥荒类型和苏丹在20世纪的饥荒情况,详见[法]西尔维·布吕内尔《饥荒与政治》,王吉会译,社会科学文献出版社2010年版,第18—33、78—79页。

第一章　近代苏丹的形成和治理探索（1821—1899）

但对废奴运动的态度整体上不太积极，不仅有意忽略苏丹国内的奴隶和奴隶贸易，还通过法律指导官员们采取必要的措施防止逃跑的奴隶在城镇定居，尽量将那些寻求自我解放的奴隶归还给他们的主人。① 虽然英—埃共管政府在 1924 年后修改了有关的奴隶制条例，但对待奴隶制度的暧昧态度，加之根深蒂固的奴隶贸易传统，苏丹的废奴进程艰难迟滞，在 20 世纪还存在着奴隶和奴隶贸易。北方穆斯林和南方非穆斯林之间的暴力斗争态势不断升级，塑造了上尼罗河流域延续至今的典型历史特征。②

最后，粮食战争部分改变了苏丹国家权力的本质。在马赫迪国家和土—埃政府时期，国家权力就是通过税收和劫掠获取财富的能力。在与马赫迪国家的长期军事接触中，英—埃共管政府围绕粮食和经济资源重新定义了国家权力。一方面，英—埃共管政府看到了粮食短缺的战略价值，通过粮食禁运和贸易封锁持续地削弱马赫迪国家的影响力，尽可能扩大英—埃共管政府的权力范围，最后借 1896—1898 年的全国性大饥荒之机征服了整个苏丹。饥荒本身并不是英—埃共管政府发动粮食战争的结果，但粮食战争在客观上加剧了饥荒的危害程度，萨纳特·西塔饥荒是 1880 年代英—埃共管政府和马赫迪国家间粮食战争的高潮。另一方面，从萨瓦金港因应萨纳特·西塔饥荒到征服苏丹后化解恩图曼的粮食危机，英—埃共管政府逐步将现代社会的"以工代赈"等措施引入苏丹，鼓励民众用公益性劳动换取食物，同时采取了一些具有深远影响的措施改善苏丹的粮食安全，包括建设铁路交通设施、扩大水泵灌溉、建立统一的粮食市场等，从技术层面切实推动政府职能改变和机构完善。③

值得注意的是，即便英—埃共管政府时期的农业生产规模和技术水平都有了实质性提升，整个国家与外部世界的联系持续而稳定，苏丹还是在 1896—1900 年、1914 年、1918—1919 年、1925—1927 年和 1942—1943 年

---

① Henry Cecil Jackson, *Behind the Modern Sudan*, MacMillan, 1955, p. 94.
② ［美］罗伯特·柯林斯：《苏丹史》，徐宏峰译，中国大百科全书出版社 2010 年版，第 16 页。
③ P. M. Holt, M. W. Daly, *A History of the Sudan: From the Coming of Islam to the Present Day*, Pearson, 2011, pp. 87 - 88.

发生了几次严重饥荒，但自然环境和生产条件类似的埃及在同期却没有发生严重的饥荒。这既说明了苏丹发展极度滞后的严重性，整体上处于前工业化时代的落后状态，发展是较长历史时段的时代主题；也昭示了在苏丹建立成熟的社会风险管控机制的艰巨性，丛林法则依然是社会生活的最高准则，任何力量参与其中都会沿袭既有的发展轨迹而难以自拔。以苏丹为代表的20世纪非洲饥荒历史反复地印证了这一点。

第四节　英国殖民苏丹的治理探索

从1899年正式进入到1955年底离开，英国人以外来者的身份给苏丹移植了现代国家治理的基本框架，初步建立了各项制度和管理机构，推动了苏丹的经济发展，其统治权威也似乎得到了苏丹各派的认可，实行的一系列政策给苏丹带来了深远影响。因为1920年代苏丹民族主义运动的觉醒，也因为随后20年国际形势的复杂变化，虽然经历了曲折的发展过程，苏丹民众的独立愿望在1956年1月1日成为现实。

笼统地看，在统治苏丹的半个多世纪里，英国似乎从最初就有着一套完整地压制苏丹发展、促进南北分裂的"殖民政策"。经济上的重北轻南和重农抑工造成了中心地区与边缘地区的对立，政治上扶持宗教领袖和部落酋长使苏丹保守力量始终占据主导地位，撤离时引进的议会民主制导致了苏丹社会的政党宗教化和宗教政党化局面，基于南北差异实行的分而治之政策埋下了苏丹南北分裂的种子。[①] 尤其是摇摆不定的南方政策，或者怂恿南方的独立倾向以压制北方，鼓励其与英属东非殖民地合并，或者为了阻止北方接近埃及而迎合其统一愿望，压制南方的分裂倾向推动统一，无不给人留下有意在苏丹制造麻烦的印象。然而，鉴于苏丹复杂的社会构成和极度落后的现实、1956年之后除了诉诸战争再无他法的社会治理和几乎停滞的国家成长，英国在建立具体殖民统治形式上的长期举棋不定，本质上是一个传统社会转型进入现代社会时都会遭遇的治理困境。可惜的

[①] 刘辉：《英国对苏丹殖民政策：特点与影响》，《重庆与世界》2015年第2期。

第一章 近代苏丹的形成和治理探索（1821—1899）

是，因为缺乏娴熟的政治技巧和妥协意识，也因为他们各自的身份和视野局限，苏丹的穆斯林精英们在国家独立后虽然继承了英国殖民时期的政治框架，但他们却没有成为有现代意识的具体操作者，不仅没有尽快给从殖民者手中继承的这套国家空壳赋予必要的合法性，积极开展新形势下的国家治理探索，反而在历史惯性的推动下日趋倒退，让战争充当了民族国家构建的主要力量，最终导致国家构建与民族构建同时陷入困境和停滞。①

一　行政制度建设

1899年1月19日，经过讨价还价和反复修改，克罗默勋爵（Lord Cromer）代表英国政府，布特劳斯·加里（Boutros Ghali）代表埃及政府，两国在开罗签订了《英埃共管苏丹协定》。这是一个折中的方案，既没有采取英国兼并苏丹的方式，也没有将苏丹合并由埃及管理，而是设计出了一个新的混合形式的政府，创造了一个理论上的联合主权，似乎既照顾了埃及的呼声和荣誉，也维护了英国的利益。

在马赫迪王国时期，奥斯曼帝国实际上已经失去了对苏丹的控制权，英埃联军占领苏丹是签订《英埃共管苏丹协定》的前提基础，《英埃共管苏丹协定》自始至终未提奥斯曼帝国，而且明确指出，对苏丹某些州份的重新征服，来自"大不列颠女王陛下政府和总督殿下政府的共同军事和财政力量"。埃及总督府无权与外国政府签订商贸和关税方面的协定，但却实际上和"大不列颠女王陛下政府"共同承担《英埃共管苏丹协定》的权益和责任，这说明奥斯曼帝国与这一决定苏丹历史命运的协定没有关系。②

《英埃共管苏丹协定》确立了英国在苏丹独特的殖民统治。根据条文，苏丹的统治权由英国和埃及共同分享，总督掌控最高军事和民政指挥权，埃及当局掌握对总督的批准和任命权，但总督人选由英国政府推荐，而且

---

①　相关理论阐释，参见 Mostafa Rejai & Cynthia H. Ealoe, "Nation-States and State-Nations," *International Studies Quarterly*, Vol. 13, No. 2, 1969, pp. 150–151.

②　《英埃共管苏丹协定》的条文，详见世界知识出版社编辑《国际条约集（1872—1916）》，世界知识出版社1986年版，第162—165页；[苏丹] 迈基·希贝卡《数世纪以来的苏丹》（سودان ال قرون ع بر ال）, 贝鲁特：吉勒出版社1991年版，第466—469页。

未经英国政府同意埃及不得单方面免去苏丹总督的职务。事实上，在英—埃共管时期，苏丹所有的总督都是英国人，每一任苏丹总督都是在英国的独立管控下对苏丹进行治理，这在客观上也符合赫迪夫此前在苏丹大量任用欧洲基督徒的惯例。苏丹总督比英国其他殖民地的总督拥有更大的独立性。其他殖民地的总督需要向英国殖民地事务部报告工作，但苏丹总督通过英国在开罗的代表向外交部汇报工作。

虽然马赫迪军有组织的抵抗已经不存在，哈里发本人和马赫迪的两个儿子也在1899年去世，但却不断有人打着他们的旗号起事，有关"末世论"的预言也不断出现。在此背景下，英埃联军总司令基钦纳被看作担任苏丹总督的首要人选，尽快消除民众对马赫迪的崇拜和对政府的抵制。基钦纳是重新征服苏丹的军事统帅，一直积极镇压各地的反叛，对苏丹的情况了如指掌，曾经把萨瓦金治理得井井有条。实际上，早在卡拉里平原战役时，基钦纳和克罗默勋爵就已经开始考虑苏丹新秩序的构建问题了。[①] 1899年11月，克罗默同开罗有关当局讨论后，起草了英埃共管苏丹的草案。而在《英埃共管苏丹协定》签订的同一天，基钦纳被任命为第一任苏丹总督。[②]

根据克罗默的指示，苏丹总督直接听命于英国驻开罗的代表兼特命全权总领事，要经常向后者汇报工作。总督拥有直接处理苏丹日常事务的充分权力，但在发布一些重要的法令之前应先报送英国驻开罗总领事。总督不得擅自处理有关苏丹的外交事务，在进行涉外活动之前应当向英国驻开罗总领事请示，年终必须向英国驻开罗总领事做施政报告。也就是说，在英国的政策话语里，"苏丹始终都被认为是附属于埃及的一个问题"[③]。

[①] ［苏丹］穆达斯尔·阿卜杜·拉希姆：《苏丹的帝国主义与民族主义》（بريطانية السودان في وال قومية الإم），贝鲁特：白昼出版社1971年版，第41页。

[②] 历任苏丹总督分别是：1. 基钦纳（1899.1.19—1899.12.22）；2. 雷金纳德·温盖特（Reginald Wingate, 1899.12.22—1916.12.31）；3. 李·斯达克（Lee Stack, 1917.1.1—1924.11.19）；4. 瓦齐·斯特里（Wasey Sterry, 1924.11.21—1925.1.5）；5. 杰弗里·阿彻（Geoffrey Archer, 1925.1.5—1926.7.6）；6. 约翰·马菲（John Maffey, 1926.10.31—1934.1.10）；7. 乔治·赛姆斯（George Symes, 1934.1.10—1940.10.19）；8. 休伯特·赫德尔斯顿（Hubert Huddleston, 1940.10.19—1947.4.8）；9. 罗伯特·豪（Robert Howe, 1947.4.8—1954.3.29）；10. 诺克斯·赫尔姆（Knox Helm, 1954.3.29—1955.12.2）。

[③] ［苏丹］迈基·希贝卡：《独立的苏丹》，上海人民出版社1973年版，第775页。

第一章　近代苏丹的形成和治理探索（1821—1899）

克罗默奠定了英埃共管苏丹的行政管理制度雏形。这套制度以土—埃时期的苏丹行政制度为基础，其初衷是尽量把埃及人排斥出权力核心圈。① 直到 1925 年，苏丹的军政大权一直牢牢掌握在由英国人担任的总督手中。全境被划分成数个州，英国军官包揽了各州的州长职位。每个州下辖多个县，每个县的监察员一职通常由英国军官担任，由埃及军官担任的县长和副县长协助监察员开展工作。② 偏远地区的管理主要依靠笼络苏丹的长老们和各个部落的酋长来实施。由于基钦纳就任一年就被派往南非参与指挥第二次布尔战争，巩固共管政权的重任落在了其继任者雷金纳德·温盖特的肩上。温盖特从 1887 年开始负责埃及军队的情报部门工作，基钦纳离开后他担任总督职务直到 1916 年底。温盖特总督时期是苏丹发展的重要时期，奠定了现代苏丹的基础和发展方向。

英—埃共管政府首先改进了苏丹落后的基础设施，强化了南方各州与喀土穆之间的通信设施。杰贝勒河在 1904 年被疏通，苏德沼泽和阿扎勒河也得到了定期维护，第一次世界大战后甚至引进了机械清淤设施。邮政系统被重新建立起来，通过军事巡逻控制内陆地区的做法因为耗资巨大而被放弃。1899 年修建的军用铁路被转为民用，1909 年修到森纳尔，1911 年修到了欧拜伊德，而且逐步延伸到了青尼罗河，喀土穆北部兴起了阿特巴拉和科斯提等重镇。1906 年，尼罗河至红海的运河开通，终点直达苏丹港，后者随即取代了发展面临瓶颈期的萨瓦金港。其次，英—埃共管政府制定了雄心勃勃的杰济拉棉花生产计划，在 1900 年就开始了实验性种植，只是由于滞后的灌溉设施建设和战争影响而直到第一次世界大战后期才得以实施。棉花生产最终成为苏丹国家的经济支柱。

在这一时期，英—埃共管政府基本划定了苏丹与周边邻国的边界。1899 年，克罗默特别提出共管协议中苏丹政府的领土不包含之前属于埃及的部分。

---

①　[苏丹] 德拉尔·萨利赫·德拉尔：《现代苏丹史》（التاريخ السوداني الحديث），贝鲁特：生活书店出版社 1968 年版，第 233 页。

②　1898 年，苏丹被划成为 6 个州。第一次世界大战期间被分成 14 个州，之后减少为 9 个州。参见 [苏丹] 穆达斯尔·阿卜杜·拉希姆：《苏丹的帝国主义与民族主义》（بريطانية السودان في والقومية الامبريالية），贝鲁特：白昼出版社 1971 年版，第 48 页。

1899年3月,尼罗河—刚果河分水岭被确定为英法两国实际控制区域的分界线。1900年,英—埃共管政府承认了复兴的富尔素丹国,在1916年借机将达尔富尔并入苏丹。1898—1902年,苏丹与厄立特里亚之间的边界逐渐固定下来。1902年,英国和埃塞俄比亚政府之间达成了有关边界协议,但作用有限,两国在边界地区依然存在着矛盾。1906年,苏丹与刚果自由邦之间的边界划定,拉多(Lado)作为飞地被租赁给比利时国王利奥波德(Leopold)二世终身使用,1910年后最终归属于苏丹。1913年,苏丹划定了与乌干达的边界。①

在英埃共管苏丹的最初数年里,军人完全把持着政府的各个机要部门。在克罗默看来,初建的行政机构需要军事力量的全面支持。一方面,残余的马赫迪势力时刻准备着推翻共管政府,时常发动或者在背后支持一些叛乱。另一方面,1928年之前,苏丹南方的一些州和部落对共管政府的态度也不友好。利比亚的赛努西势力与富尔人就一直联合抵抗苏丹的共管政府。鉴于这种形势,由军人操控当时的苏丹政治是必要的,但其缺陷也很快就暴露出来。首先,善战的军官们在面对远比枪炮复杂得多的各个部落群体时,往往用简单粗暴的方式来解决问题,而对这些问题所带来的后果缺乏应有的考虑。其次,英国军官们对阿拉伯语一无所知,因而不得不依靠埃及军官。这使得埃及人在共管政府中的影响力不断扩大。这是克罗默最不乐意看到的结果。

自1901年起,英—埃共管的苏丹政府逐渐由军人政治向文官政治过渡,民事行政管理机构慢慢确立。克罗默创建的"苏丹文官政治事务部"由牛津大学和剑桥大学等著名高校中选拔的优秀毕业生组成。这些毕业生被送往苏丹之前,首先要学习阿拉伯语一年,通过阿拉伯语考试后还要通过法律考试。事实上,文官取代军官的过程很缓慢,1901年只有6名英国大学毕业生被送往苏丹,1933年增至166名。② 1909年,文职人员第一次出任州级政府行政长官。1912年,苏丹的12位州长中有两位是文职官员,

---

① P. M. Holt and M. W. Daly, *A History of the Sudan: From the Coming of Islam to the Present Day*, Pearson Education Limited, 2011, p. 87.

② [苏丹]德拉尔·萨利赫·德拉尔:《现代苏丹史》(الحديث السودان تاريخ),贝鲁特:生活书店出版社1968年版,第234页。

第一章 近代苏丹的形成和治理探索（1821—1899）

其余的州长都是军官。1914年，州级文官增至5名。1933年，各个州级行政机构长官基本上都是文官。

1910年1月，第二任英国驻开罗代表兼特命全权总领事埃尔登·戈斯特爵士（Eldon Gorst）认为，英—埃共管的苏丹应该由军事统治阶段向民主议会阶段转变，因而决定成立总督参事会，协助总督管理行政和司法事务。1月27日，第一届总督参事会在喀土穆成立。总督是参事会的主事，他有权任命2—4名参事。参事成员通常是总监察长、司法秘书、财政秘书和民事秘书。司法秘书、财政秘书和民事秘书是总督的助手。其中，民事秘书的权力最大，他是总督的幕僚长，每个州的州长都要向他汇报。每届参事会为期三年，参事可连任。在一般情况下，参事会的决议以多数票为准，成为共管政府的中央权力机构，但总督有凌驾于多数票之上的权力。1948年6月15日，苏丹籍人士第一次进入总督参事会！[①]

二　财政和司法制度建设

英—埃共管时期的财政立法主要是根据伊斯兰地区众所周知的原则核定税额，纳税额要在法律允许的范围之内，按照税收预算收税，不允许超前干涉税务。[②] 基于这样的原则，共管时期的苏丹政府最初只能按照土地、畜群和枣椰树的产量来规定征税额度，且明文禁止当地私征杂税。至于关税问题，在《英埃共管苏丹协定》的第七条中已有明文规定：

> 输入苏丹的来自埃及领土的货物不用支付进口税，但对来自埃及领土以外的其他地方的货物可以征收上述进口税；如果货物是在苏丹的萨瓦金，或红海沿岸的任何其他地方进口，所征收的税额不得高于当时对从外国输入至埃及的货物所征收的税额。对从苏丹输出的货物可以随时根据公告所规定的税率予以征收。

---

① ［苏丹］穆达斯尔·阿卜杜·拉希姆：《苏丹的帝国主义与民族主义》（بريطانية ال سودان ف ي وال قومية الامه），贝鲁特：白昼出版社1971年版，第47页。
② ［苏丹］穆达斯尔·阿卜杜·拉希姆：《苏丹的帝国主义与民族主义》（بريطانية ال سودان ف ي وال قومية الامه），第41页。

虽然这种低税收的政策需要获得其他的资金来抵消财政赤字，埃及方面也反对这样的财务安排，但克罗默不想重蹈土—埃时期苛捐杂税引发民众叛乱的覆辙，从一开始就有意尽量减轻苏丹民众的税负。1902年建立的戈登纪念学院，其经费就是由克罗默在圣诞节回国期间号召英国公众募捐得来。从实际运作来看，苏丹政府不仅从1913年开始持续地由埃及补充资金缺口，而且在财政预算平衡时期也继续依赖埃及的财政补贴。实际上，共管时期苏丹的税收始终被置于埃及财政部的监管之下，政府的年度预算必须经埃及部长会议批准，接受埃及后续的财政安排约束，财政缺口补贴由埃及财政部支付。① 早期的州级行政管理由调入埃及军队的英国军官负责，州以下地区则由埃及军官负责，所有担任苏丹行政管理的军官的薪水均由埃及国库拨付。② 这样的财政安排为埃及部长们干涉苏丹内政提供了借口，在1913年取得财政收支平衡之前尤其如此。

表1-1　　　　　英—埃共管时期苏丹财政收支情况　　　　　（英镑）

年份	岁入	支出
1899	126569	230238
1900	156888	331918
1901	242309	407335
1902	270226	516945
1903	462605	616361
1904	579113	628931
1905	665411	681881
1906	817921	827961
1907	975973	1012357
1908	979343	1163657
1909	1104599	1153519

① ［美］罗伯特·柯林斯：《苏丹史》，徐宏峰译，中国大百科全书出版社2010年版，第42页。
② ［苏丹］迈基·希贝卡：《独立的苏丹》，上海人民出版社1973年版，第776页。

第一章　近代苏丹的形成和治理探索（1821—1899）

续表

年份	岁入	支出
1910	1171007	1214676
1911	1311218	1350854
1912	1428605	1490668
1913	1654149	1614007
1936	4462309	4204917
1946	8288985	8207802
1956—1957	45869401	32698657

资料来源：［苏丹］穆达斯尔·阿卜杜·拉希姆：《苏丹的帝国主义与民族主义》(بريطانيا السودان في زوال قومية الام)，贝鲁特：白昼出版社1971年版，第53—54页。

在温盖特担任苏丹总督期间，前任总督的经济和税收政策在很大程度上被保留了下来。针对定居民主要征收土地税、进口税（按照货物价值的百分比纳税）、人头税。1901年，对公共的"进贡"税取代了针对游牧民的族群税收。这些税收通常以实物缴纳，核定和征收非常困难，政府主要通过威权来实现税收目标。房产税、市场税以及通行费也被纳入税收体系中。农业是苏丹经济的基础以及政府财政收入的主要来源，那些定居的农业居民是税收的主要承担者。

英国在苏丹的司法制度建设在很大程度上参照了殖民印度的政策，例如1899—1900年颁布的《刑法》和《刑事诉讼法》，就与英国人在印度颁布的法律相似，保证当地英国人的安全和维护英国的殖民统治。这些法律条文简明扼要，便于英国军官们了解和学习。1900年，《民事法》在苏丹北部开始生效。

苏丹的法庭分为三类：其一，刑事法庭。分大法庭和小法庭两种。大法庭由大法官和审讯团构成。小法庭只有一位法官，通常由英国军官担任。刑事案件根据严重程度分送大法庭或小法庭审理。其二，民事法庭。民事法庭也分为大法庭和小法庭，组成与刑事法庭类似。其三，沙里亚法庭。沙里亚法庭由雷金纳德·温盖特建立于1910年。法官由数名苏丹人和埃及人担任，在喀土穆大法官的监督下负责处理穆斯林的个人和家庭纠纷。1902年，英—埃共管政府宣布成立伊斯兰法庭，在上诉法庭、高级法庭和普通法庭中实行沙里亚法。喀土穆的戈登学院（喀土穆大学的前身）也设立了一个沙里亚法官培训学校。①

共管时期的司法程序迥异于土—埃时期和马赫迪时期，在审讯时更加细致和理性。一旦判决出现了失误，诉讼人可以通过申诉程序要求法庭重新判决。法庭会根据具体情况，重组审判团，重新审理案件。1900年3月28日，著名宗教学者穆罕默德·沙克尔（Muhammad Shaker）被任命为苏丹的第一任首席大法官。他的主要职责是构建苏丹的司法机关。1903年，沙克尔仿照埃及的法官条例，制定了苏丹的法官条例，其主要内容有三：其一，关于审判人员的条例有50条细则，主要规定各级法官的任职条件、权利和义务。其二，关于审判程序的条例，由124条细则构成。其三，关于司法仪式，由20条细则构成。②

现代苏丹法律的三大来源就是英—埃共管时期植入苏丹的英国法律、伊斯兰教法和苏丹土著部落传统习惯法。虽然伊斯兰教法是苏丹法律制度的基础，但英国法律对现代苏丹法律的影响是最为重要的。③ 共管时期英国的司法判例深刻地影响着苏丹的司法实践，现代苏丹的大多数律师和法官都接受过英式法律教育。苏丹独立后，曾多次举行关于是否需要改革或废除英国式法律体制的讨论。

温盖特的治理探索因为第一次世界大战的爆发而终止，征服达尔富尔是他任期内最后一件重要的事。阿里·迪纳尔（Ali Dinar）是穆罕默德·法德尔素丹的儿子，他在1898年曾被任命为达尔富尔地区名义上的素丹，但却因遭怀疑而被软禁在恩图曼。他在恩图曼战役开始前逃回了达尔富尔，并依靠沿途收聚的约2000名支持者平定了巴卡拉部落的骚动和叛乱，确立了对南方阿拉伯人的统治，重登素丹宝座，重建了富尔素丹国原有的行政机构，承认奥斯曼帝国为其宗主国，成为苏丹首个脱离马赫迪国家的

---

① 刘鸿武、姜恒昆编著：《苏丹》，社会科学文献出版社2008年版，第52页。
② 阿卜杜拉·侯赛因：《苏丹：自古代历史至埃及远征》قديم ال تاريخ من ال سودان（第二卷），开罗：信达维文化教育基金会2013年版，第134页。(ال مصرية ال به ثة رحلة إلى ال)
③ 刘鸿武、姜恒昆编著：《苏丹》，社会科学文献出版社2008年版，第168页。

地区。作为间接统治制度的早期尝试，英—埃共管政府并不希望在偏远的达尔富尔地区直接承担责任，因而承认了阿里·迪纳尔的素丹地位，条件是他每年都要向埃及的赫迪夫进贡且由英—埃共管政府代理涉外事务。1909年后，法国逐步占领了瓦达伊（Wadai）和达尔马撒利特（Dar Masalit）等地，渗透到了非洲的心脏，与富尔素丹国不时在边境上发生冲突。因为对英—埃共管政府政策的诸多不满，也因为对内地位逐渐稳固后开始尝试与外部世界进行更多联系，富尔国素丹阿里·迪纳尔积极响应奥斯曼土耳其政府的"圣战"号召，对英国的态度越来越具有挑衅性，与英—埃共管政府的关系不断恶化。1915年8月，总督温盖特发起了一场反对达尔富尔自治的运动，并积极组织军队准备终结富尔素丹国。1916年3月，温盖特集结了一支两三千人的队伍，由三架飞机支援，5月23日就占领了法希尔。阿里·迪纳尔装备落后的部队迅速溃败，素丹本人在9月6日遭遇伏击，被流弹打死，达尔富尔自治时期结束，开始归属苏丹政府管辖。[①] 1919年，英—埃共管政府和法国达成一项协议，收回了达尔马撒利特的部分地区。

三 间接统治和南北分治

1919年，埃及爆发革命，米尔纳（Alfred Milner, 1854—1925）被派往开罗，商议未来英国和埃及之间的宪政关系。为了避免苏丹受到民族主义的影响，尽可能地减少埃及人在苏丹担任职务，英国人从1920年开始就组建了一支完全由苏丹人担任士兵的军队，由埃及政府负担费用，而且逐步发展出一套内容丰富的间接统治制度。根据这套制度，英—埃共管政府的基层行政管理职能开始更多地转移到传统的部落首领手里，英国顾问们积极与当地主要部落或大家族的首领建立紧密联系，通过维护法律和现有的秩序以确保英国实际上的统治地位，尽量不去干预部落内部事务，尊重部落酋长们的具体管理举措和决定。间接统治制度在当时很受欢迎。对于英国来说，这项政策减少了行政官僚数量，减轻了政府的财政负担，是比

---

① ［苏丹］迈基·布贝卡：《独立的苏丹》，上海人民出版社1973年版，第792—796页。

较经济的政府管理制度。而在苏丹当地的开明人士看来，间接统治方式代表了苏丹农村居民真实的民族主义情感，因为部落是农村居民赖以生存的基本组织单位，很多村民只知其所属部落的首领，而对部落以外的世界并不感兴趣。

1922年，英—埃共管政府颁布《游牧部落酋长权力法令》，标志着间接统治制度的正式实施。在此后一年内，超过300个部落首领的司法权力得到了承认、加强和规范化。与此同时，时任总督李·斯达克还设想为受过教育的苏丹人提供更多的关键岗位，借此笼络北方有势力的家族。但遗憾的是，就在这一本土化设想准备推进之际，总督本人被埃及民族主义者刺杀身亡。

1926年，约翰·马菲爵士被任命为苏丹总督，他大力倡导间接统治制度，期望以最小的代价维护社会秩序，主要通过对本地传统首领的承认和支持保证英国的影响力，抵消正在崛起的传统教派和民族主义的影响力。1927年，英—埃共管政府颁布了《酋长权力法令》，把1922年赋予游牧部落首领的委任权力扩大至所有的传统部落首领和定居地区的农耕团体族长。《酋长权力法令》同时扩大了文职官员的权力，摧毁了苏丹原来按照地理区域单位划分的行政管理体制，确立了不管行政边界而按照不同部落族群进行治理的行政体制。

英—埃共管政府推动间接统治制度的另一重要举措，就是提升北方地区主要教派的政治和经济影响力。苏丹北方尼罗河沿岸的舍基亚、贾阿林和栋古拉三大阿拉伯部落，从1821年穆罕默德征服开始就一直是苏丹社会十分强势的本土势力，构成了殖民时代苏丹政治、经济、安全等重要机构的主流本土派势力，得到他们支持的哈特米亚教派和安萨尔教派也是苏丹社会主要的宗教势力。哈特米亚教派是米尔加尼家族稳固的政治权力基地，也是苏丹组织最严密、政治导向最强烈、势力最强大的苏菲派教团，其民众基础是舍基亚人以及东北部游牧部落，主要是喀土穆、北喀土穆和恩图曼三大城市中的新兴阶层。与米尔加尼家族及其领导的哈特米亚教派合作是英—埃共管政府早期建立秩序的重要选择。安萨尔教派的前身是马赫迪运动，虽然在马赫迪王国被推翻后一度坠入低谷，但其民众基础雄

第一章　近代苏丹的形成和治理探索（1821—1899）

厚，不仅涵盖了西非移民"穆哈基伦"（Muhajirun）、沿河两岸部落（栋古拉人、贾阿林人）、巴卡拉人以及部分贝贾人，而且得到除哈特米亚教团以外其他传统苏菲教团的支持，狂热的安萨尔信徒更忠于马赫迪的政治后代而不是马赫迪的宗教教义。[①] 出于重建秩序的现实考量，转入建设议程的英—埃共管政府逐渐放弃了敌视安萨尔教派的政策，在征服达尔富尔后就基本解除了对马赫迪遗腹子赛义德·拉赫曼的限制，不仅承认他是安萨尔教派的领袖，还提供津贴帮助其从事商业活动和对外贸易，在1908年赐予他阿巴岛和杰济拉的大片土地，以经济利益引诱教团领袖远离政治，督促其利用宗教影响引导改善信众对待政府和英国的态度。英国的政策契合了赛义德·拉赫曼的主张。作为安萨尔教派的领袖，赛义德·拉赫曼有着敏锐的商业头脑和娴熟的政治技巧，他本来就反对埃及独占苏丹，但同时认为以武力无法推翻英国统治，因而一直巧妙地将马赫迪主义的理想与民族主义的目标相结合以动员群众，呼吁信徒效忠政府，制止本派地方领袖的叛乱，在力争苏丹权力的基础上与英国人合作以取得最佳效果。赛义德的这些主张受到了英—埃共管政府的欢迎和支持，在白尼罗河流域拥有了大片土地，主要生产出口英国的棉花，是英国巴斯利银行中苏丹股份的最大拥有者，他本人也借助共管政府的支持牢固地掌控着安萨尔教派的领导权。

　　逐渐崭露头角的赛义德·拉赫曼不仅是"新马赫迪主义"兴起的标志，也是苏丹现代民族经济开始起步的一个标志。1923年，拉赫曼发表声明正式提出了独立问题，发起了"苏丹人的苏丹"运动，这也成为苏丹民族主义者的战斗口号。1936年，赛义德的年收入在1.5万—4万英镑，是苏丹当时最富有的人，同时还在阿巴岛拥有一支4500人的私人武装。[②] 1945年，拉赫曼创建乌玛党，用安萨尔教派和乌玛党相结合的形式来组织群众，成为反对党"民族阵线"的核心力量。1953年，拉赫曼就苏丹独立

[①] LaVerle Berry (ed.), *Sudan: A Country Study*, Federal Research Division, Library of Congress, 2015, p. 103.
[②] Tim Niblock, *Class and Power in Sudan: The Dynamics of Sudanese Politics*, 1898–1985, Palgrave Macmillan, 1987, p. 51.

问题发表声明，明确表示他和他的政党赞成在苏丹建立民主共和政体，确立了自己的民族领袖形象。

对于苏丹南方，因为部落非常分散，没有高度集权的领袖，间接统治制度是一套终结南苏丹人的传统政治组织形式的全新制度。丁卡人善于牧牛，牛群数量庞大，但没有具有权威的首领。为了推行间接统治制度，英国人花费了30年时间用于惩罚性巡逻，赤道军团直到1920年代末期才完成了对加扎勒河丁卡人的征服。上尼罗努维尔人的情况更让英国人头疼。努维尔人的预言家们常常带领一批追随者、牛群和女人四处游荡，根本无视苏丹政府，苏德沼泽和埃塞俄比亚的边界区域是他们的极佳藏身之地。英国人用武力征服了努维尔人，又不得不从中选出原本就不存在的部落酋长。英—埃共管政府还在南苏丹设立税务机关，但主要目的是希望"造成一种政府权威的印象"而不是获得财政收入。①

1922年，英—埃共管政府颁布《护照签发条例》，规定南方为"封闭区域"，并开始将苏丹南方的行政事务交由当地有关部门。英—埃共管政府此举的目的，首先是阻止来自北方的杰拉巴人进入南方区域，同时阻止南方人向外流动。其次，英—埃共管政府也试图借此限制伊斯兰教在苏丹南方的传播，帮助基督教传教士在南方开展活动。1922年，谢赫法庭在英国地区事务专员的监管之下成立，这是将苏丹南方酋长的行政权力制度化的标志性措施。

南北苏丹的教育政策也开始趋于不同。在北方，政府大力支持正统伊斯兰教育，费用被列入教授世俗课程的公立学校库塔布（Kuttabs），传统的伊斯兰小学哈尔瓦的数量随即在1918—1930年从6所增加到768所。1910年成立了由各级官员组成的乌勒玛委员会，负责清真寺的修建和《古兰经》的教授。阿拉伯语是苏丹北方学校学生的必修课程之一。在南方，教育由基督教传教士提供，他们坚持以英语为通用语言、教学用语和官方语言，阿拉伯语被全面抵制。从1926年开始，政府向传教士开办的学校提

---

① Robert O. Collins, *Land beyond the Rivers, the Southern Sudan, 1898 - 1918*, Yale University Press, 1971, p. 334.

供资助款。1928年,拉杰夫(Rejaf)会议选择了六种教学语言,英语既是南方的通用语和教学语言,也是政府公职人员晋升官阶的必备技能。阿拉伯语甚至普通的阿拉伯语词汇都被禁止使用。此后,南方使用地方语言教学的男子小学数量从1926年的4所增加到1930年的32所,使用英语教学的中学从1所增加到3所,中学的学生人数也从35名增加到177名。值得关注的是,苏丹北方在1920年已经有80所世俗化小学,但此后直到1929年却没有再创办一所小学。相应地,教育经费开支在国家预算中的占比呈下降趋势,从1915年的3.9%高点下跌到1926年的1.9%。

到1930年,以间接统治制度、"封闭区域"政策和英化教育政策为主体的"南方政策"基本成形。一方面,从整体上看,英—埃共管政府前期的南方政策实现了政策初衷,行政人员很少,统治成本低廉,维系了苏丹南方的基本秩序,使南方能够按照自身的轨迹和惯性发展,是间接统治成效显著的范例。但另一方面,无论是各地区与部族间的和解还是行政机构建立的完善程度,苏丹南方都远远落后于北方,封闭区域政策导致了南方的进一步滞后,扩大了南北方的差异。首先,封闭区域政策忽略社会经济发展,它排除北方的行政人员、贸易商并抵制阿拉伯语,不仅阻止了伊斯兰教的渗透,延续了南方地区发展滞后的原始状态,客观上形成南北不平等的发展格局。其次,封闭区域政策人为地扩大了南北方差异,既让英国的行政体制优势以及西方传教士普遍尊重教育和文化的特性得到了充分发挥,也让尼罗河两岸和城镇里的苏丹人因为南方的整体落后而强化了认同感,孕育了种族隔离和分离主义。[1] 事实上,因为在1940年代后南北方草率的统一过渡,加之苏丹独立后北方穆斯林的歧视性同化政策,南方政策最终催化了南北方之间本已存在的隔阂,并且在民族解放运动的话语体系里成为北方政策失误的替罪羊。

四 英埃关于苏丹地位的谈判

随着第二次世界大战的结束,苏丹地位问题再一次成为英埃两国的焦

---

[1] P. M. Holt and M. W. Daly, *A History of the Sudan: From the Coming of Islam to the Present Day*, Pearson Education Limited, 2011, p. 104.

点问题。1945 年 12 月 20 日，埃及正式向英国提出修改英埃条约，要求讨论英国和平时期从埃及撤军、埃及的英国军事基地和苏丹主权等问题。① 英国不承认埃及对苏丹的主权，反对埃苏统一，但认为埃及的谈判目的是控制尼罗河流域而不是苏丹主权，因而同意与埃及就修改条约问题进行谈判②，延宕 8 年的英埃谈判正式开始。1946 年 3 月，经过协调，一个包含所有政党的苏丹代表团前往开罗参与谈判，但代表团很快就四分五裂。乌玛党认为，苏丹在第二次世界大战中对英国和埃及做出了重大贡献，强烈要求取消共管并实现苏丹的完全独立③，所以当埃及坚持要承认埃及和苏丹联盟时，乌玛党及其盟友返回了苏丹，阿扎里领导下的联盟派选择留下，成为埃及唯一认可的苏丹代言人。

苏丹问题是英埃谈判进展迟缓的主要因素之一。6 月 5 日，英埃双方代表同意以议定书的形式解决苏丹问题，但在随后两个月的具体条款协商中，由于埃及对苏丹持续强硬的主权主张和要求，英国人逐渐改变了此前暂时搁置苏丹主权问题的态度。8 月，英国对埃及和苏丹的政策基本成形，不仅坚决抵制埃及对苏丹的主权要求，拒绝将任何暗示埃及主权的文字写入议定书，而且要渐进地推动苏丹自治进程。

面对英国的强硬态度，埃及采取了以退为进的谈判策略。10 月 3 日，埃及宣布仅象征性地要求"埃及王权治下的埃苏统一"，不干预苏丹的行政管理、防务和自治进程。10 月中旬，首相伊斯梅尔·西德基（Ismail Sidqi）率团飞抵伦敦，在一周之内与英国外交大臣贝文举行了五次会谈。英国有条件地认可埃及对苏丹的象征性主权，埃及则默许英国对苏丹的未来设计，双方最终在 10 月 25 日谈妥了《苏丹议定书》具体文本，规定埃及拥有苏丹的象征性主权，苏丹自治将在"埃及王权治下的埃苏统一框架内"进行。10 月 27 日，返回开罗的西德基高调宣布埃及已经恢复对苏丹的主权，埃及和苏丹将根据《苏丹议定书》实现在埃及国王统治下的永久联合，"埃及政府的意向就是始终要保护苏丹不被瓜分，创造条件让我们

---

① 参见 Note from the Egyptian Government, 20 Dec. 1945, *BDEEP Sudan*, p. 121.
② FO371/53252, No. 1824, 22 Apr. 1946, *BDEEP Sudan*, pp. 144 – 146.
③ FO371/53254, No. 3525, 10 Aug. 1946, *BDEEP Sudan*, pp. 159 – 162.

第一章　近代苏丹的形成和治理探索（1821—1899）

的苏丹同胞能在埃及国王统治下、在尼罗河流域的统一组织内，处理他们自己的事务"①。

埃及政府的声明让苏丹社会一片哗然，媒体和舆论纷纷强烈谴责英国"出卖"苏丹。乌玛党坚决反对英埃达成的协议，宣称苏丹人不会承认英埃的谈判结果，威胁将不再与英国合作，其支持者四处举行示威活动，引发骚乱，甚至与哈特米亚派信徒在喀土穆街头爆发冲突。② 总督赫德尔斯顿先是致信英国外交部表达了对西德基的极度不满和对苏丹局势的严重担忧，将1919 年因为拒绝华夫脱党而引起的埃及骚乱与苏丹当下局势做类比③，同时又强调苏丹将最终有权实现独立，派遣乌玛党领袖赛义德·拉赫曼访问英国阐明立场。④ 受苏丹国内高昂的民族主义情绪影响，本就对埃及首相西德基不太满意的英国首相艾德礼随即发表声明，批评西德基严重误读英埃此前的谈判结果，重申埃苏统一必须以苏丹的自决权为先决条件。11 月26 日，埃及议会批准了《苏丹议定书》草案，但英国以双方对"埃及王权治下的埃苏统一"存在不同解读为由拒绝签字，重申苏丹将实现独立。此前因为在谈判中向英国妥协的西德基首相被迫辞职，继任首相马哈茂德·努克拉什（Mahmud al-Nuqrashi）认为埃及和苏丹的团结将永远继续，没有哪个埃及人会同意苏丹独立，不仅坚决拒绝苏丹自决，还拒绝了英国提出的进一步谈判的要求。⑤ 1947 年1—3 月，英埃在《苏丹议定书》上的矛盾逐渐激化。英国坚持苏丹将逐步实现独立，埃及则坚持给予苏丹统一王国框架下的自治，英埃双方关于苏丹地位问题的谈判最终破裂。

由于1946 年关于苏丹地位问题的谈判未能取得实质性进展，大概也是看到英国当时深陷巴勒斯坦问题和希腊—土耳其危机，同时感觉能够得到苏联的帮助，从1947 年3 月开始，埃及越来越有意将英埃争端诉诸

---

① ［苏丹］迈基·布贝卡：《独立的苏丹》，上海人民出版社1973 年版，第814—815 页。
② FO371/53260, No. 4809, 31 Oct. 1946, *BDEEP Sudan I*, pp. 196–198.
③ FO371/53260, no 4860, 13 Nov 1946, *BDEEP Sudan I*, p. 217.
④ FO371/53260, No. 4859, 18 Nov. 1946, *BDEEP Sudan I*, p. 220.
⑤ FO371/53321, No. 5355, 17 Dec. 1946, *BDEEP Sudan I*, pp. 243–244.

联合国安理会,希望通过安理会途径来解决苏丹问题。① 1947年7月8日,努克拉什以埃及首相兼外相的身份正式致函联合国秘书长,要求安理会用决议的方式命令英国军队即刻从埃及和苏丹完全撤离,结束苏丹现行的英埃共管制度,允许埃及和苏丹实现统一。联合国安理会接受了埃及的请求并决定在8月5日的第175次会议上讨论此事,埃及受邀与会但没有投票权。②

英埃双方代表在联合国展开了激烈辩论。埃及代表的发言主要围绕埃苏统一的合法性、英国控制苏丹的非法性以及1936年《英埃条约》的无效性三点展开。其一,埃及与苏丹同属尼罗河流域,一衣带水,埃苏自1820年以来的统一实践是双方在共同利益、共同语言与共同文化基础上的必然结果。这一点被明确写入了1879年与1882年的埃及宪法,也得到了国际社会的广泛承认。埃及代表在此将穆罕默德·阿里对苏丹的征服解释成了埃苏两国的统一实践,也就从根本上否定苏丹的自治议题。其二,英国在殖民统治苏丹的半个世纪里制定了一套符合其自身利益的管理制度,不仅公然无视埃及与苏丹的合法权益,而且严重践踏埃及主权。其三,1936年的《英埃条约》是在胁迫状态下签订的,有悖《联合国宪章》精神,应属无效;英埃修约谈判破裂导致的中东局势紧张已经对世界和平与安全构成了威胁,安理会应该对英埃争端做出裁定以维护世界和平。

针对埃及的控诉,英国代表从1936年《英埃条约》的有效性以及联合国安理会的职能权限两方面做了回应。其一,1936年的《英埃条约》合法有效且未逾时限,其中第十一条明确规定"延续苏丹现行制度",而根据国际法中的"有约必守原则",安理会无权对埃及的要求采取行动。其二,英国已根据条约规定与埃及就苏丹地位问题展开谈判,英国给予苏丹民族自决权的政策符合《联合国宪章》精神,埃及政府拒绝承认苏丹民众自由选择其未来政治身份的权利,国际和平与安全并未因英埃争端而受到威胁,《联合国宪章》因而不适用于调解英埃争端,安理会也不具备讨论

---

① PREM8/1388/3, 3 Mar. 1947, *BDEEP Sudan I*, pp. 257-258.

② Department of Public Information, *Year Book of the United Nations*, 1947-1948, New York: United Nations, pp. 356-358.

第一章　近代苏丹的形成和治理探索（1821—1899）

苏丹问题的资格。

由于英埃双方各执一词，安理会最终未能就苏丹地位问题做出裁定，只能建议英埃恢复双边直接谈判，在《联合国宪章》框架内寻找其他和平解决争端的方式。埃及通过诉诸联合国安理会解决英埃争端的行动宣告失败。而在联合国为期近一个月关于英埃争端的讨论中，有三点情况值得注意。首先，这场讨论基本没有考虑苏丹方面的意见。苏丹政府曾试图联合所有民族主义政党组建代表团前往联合国参加讨论，但因为内部的派别政见分歧而未能如愿，最终在联合国出现了三个苏丹代表团，分别是以乌玛党为首的"独立派"代表团、以兄弟党为首的"统一派"代表团以及苏丹政府代表团，这导致安理会未能就英埃争端征询苏丹方面的意见。其次，第二次世界大战后开始兴起的民族独立浪潮整体上有利于苏丹的独立诉求而不利于埃及的统一诉求。安理会各成员国虽然普遍同情埃及提出的撤军要求，均对苏丹民众的真实意愿知之甚少，也不了解苏丹民众是否具有行使民族自决权的意识和意愿，但都赞同苏丹民众享有民族自决权，都支持苏丹人有权决定自己的未来，认为埃及只有在与苏丹充分协商的基础上才能完成尼罗河流域的统一。最后，英国的主张在相关辩论中得到了更多的响应和支持。英国代表认为，苏丹人有权选择自己的未来，反对埃及干涉苏丹事务，其反复标榜的苏丹民众福祉和自决权得到了安理会各成员国的肯定和强调，埃及代表关于当前英埃争端已对世界和平与安全构成威胁的说法仅得到少数国家的认同。

五　苏丹军队的成长和发展

苏丹现代意义上的正规武装部队始建于穆罕默德·阿里征服时期。进驻苏丹的埃及军队在1822—1823年强征了3万名成年黑人奴隶服役，每年从南苏丹和努巴山区为埃及输入约1万名黑奴。在1863—1867年，约446名苏丹士兵被法国征集到墨西哥参与战斗。1896年，为了推翻马赫迪王国和占领苏丹，英国人征募了7个营（约8000人）的黑人士兵，和英埃军队一起重新征服苏丹。这支新组建的苏丹军队的高级军官由英国人担任，中下级军官是埃及人，随后十年在维护苏丹国内安全上屡立战功，1903年与努巴山区的统治者穆罕默德·阿明（Muhammad al-Amin）作战，1908年镇压了青尼罗州的反叛者阿布·哈布巴（Abd al-Qādir Wad Habūba）。①

在第一次世界大战期间，苏丹军队获得了快速壮大。首先，军队规模扩大到了1.4万—1.5万人，分4个连队和1个炮兵分队，主要部署在首都喀土穆周边以及南苏丹地区。1916—1917年，英国人先后组建了以苏丹人为主的东阿拉伯军团、西阿拉伯军团和赤道军团，加强了驻扎在科尔多凡州的骆驼军团的建设，主要用于协助苏丹军队制止部族冲突、维持地方秩序、镇压地区叛乱。其次，苏丹军队保障了战争期间的苏丹边界安全。一部分给东非的协约国军队提供服务，以西奈半岛为基地保卫苏伊士运河，参加了达达尼尔（Dardanelles）和巴勒斯坦的战役，在尼穆莱（Nimule）以东建立阵地防止德国部队突袭乌干达，还有一些苏丹士兵给东非的德国军队提供服务。

1920年，为了阻断埃及民族主义运动的影响，英—埃共管政府建议埃及军队撤出苏丹。此后，因为在苏丹的埃及军队铁路营参与了1924年9月的示威活动，也由于斯达克总督在11月遇刺，驻苏丹的埃及军队被强令全部撤回埃及。1925年1月17日，英国人以原有的赤道军团、东阿拉伯军团、西阿拉伯军团和骆驼军团为基础组建了苏丹防卫部队（SDF），规模在此后的30年间始终保持在5000人左右。苏丹防卫部队接受埃及资助，由英国司令官指挥，被认为是一支训练有素、富有战斗力的非政治性力量。

第二次世界大战前夕，为了加强对苏丹的控制，英国给苏丹防卫部队全部换装，增设了6个机动连，还配置了大批英国军官负责训练，将之作为英国在东非地区的军事后备力量。战争爆发后，英国将苏丹防卫部队调至邻近埃塞俄比亚的边境驻守，协同驻扎在阿特巴拉、喀土穆和苏丹港的英军部队（2500人），在英国皇家空军的支援下，成功慑止住了意大利军队（10万人）的入侵意图，使其只能在苏丹—埃塞俄比亚边境开展小规模行动，稳固了东部边境地区。苏丹防卫部队随后驻防北非地区，阻滞了德

---

① LaVerle Berry (ed.), *Sudan: A Country Study*, Federal Research Division, Library of Congress, 2015, pp. 302 – 305.

第一章　近代苏丹的形成和治理探索（1821—1899）

军向埃及和利比亚的进军行动。

从20世纪初开始，英国人就开始在北方尼罗河流域的名门望族子弟中物色本土军官，参加基础选拔性考试和面试的条件是拥有四年制中学毕业证书和娴熟运用阿拉伯语。1924年埃及反英起义后，苏丹军队中的埃及中下级军官基本被解除职务，本土军官开始增多并逐渐参与指挥事务。在第二次世界大战期间及其到苏丹独立前的十年间，苏丹防卫部队因为战功卓著而备受尊崇，越来越被视为国家机构的一部分而不是外国控制苏丹的工具，苏丹化趋势越来越明显。更多受过基础教育的商业和行政人员进入防卫部队，更多本土军官因为英国军官的调离和退役而取得重要职位。

在1899—1955年，因为统治者的局外人身份，也因为有相对成熟的民主政治理念，英—埃政府能够超脱于苏丹内部的教派纠纷和地区矛盾，尝试建立文官制度和议会政体。苏丹防卫部队也能够保持中立，不介入政治斗争，无党派属性，声誉良好。但苏丹军队的中立本质上只是一种虚假的政治中立。在英—埃共管政府时期，英国人完全掌控苏丹防卫部队，垄断中央和地方政府的重要职位，英国军官在中央和各地方政府都曾担任高级职务，其殖民统治的基础就是军队和中央集权，给本就崇尚武力的苏丹人留下了武力与军队是解决社会问题最终办法的传统。①

1956年独立后，苏丹武装部队日益成为高度政治化的军队。首先，苏丹武装部队的本土化实际上演变为针对北方穆斯林精英的阿拉伯化/伊斯兰化，1981年的苏丹军队中只有5%—10%的候补军官来自南方②，武装部队内部产生了错综复杂的教派、政党、族群和区域矛盾与冲突。其次，因为内战的爆发和延续，所有18—30岁的公民都必须有两年服役期，苏丹武装部队的规模持续扩大，从5000人一路冲高到1.2万人（1959）、5万人（1972）、7.1万人（1991）、10.4万人（2003）、10.9万人（2010）和20万人（2020），对政治事务的介入程度越来越深，成为苏丹内部最具权势的国家机器。在此背景下，从高层到中下级的军官们也都热衷于介入全

---

① 刘鸿武、姜恒昆编著：《苏丹》，社会科学文献出版社2008年版，第334页。
② LaVerle Berry (ed.), *Sudan: A Country Study*, Federal Research Division, Library of Congress, 2015, p. 310.

局性政治，所有的政治势力都将军队干预视作解决政治危机与社会冲突的最终方案，都渴望以突破性的军事政变结束混乱低效的文官政府并强推变革和振兴计划。而正是因为存在着割裂化特色显著的高度政治化军队，苏丹的政治发展与转型才会陷入短暂议会制政府和长期军政府的破坏性循环中，整个国家的政治转型和发展都受到了严重影响。

苏丹军队是一支存在着严重割裂/对立的武装力量。其一，苏丹军队存在着北方和南方的地区性大割裂。由于根深蒂固的历史原因、悬殊的发展现状和英国殖民者的南北隔离政策，苏丹武装部队的主体是北方尼罗河流域骁勇善战的舍基亚等部族游牧民，英国人控制着对殖民地军队的绝对领导。南方人在军队中的地位比较低，主要集中在英国军官指挥的赤道军团，不允许参加北方的武装部队，南方军队也不能驻守北方地区。虽然英国曾希望通过招募南方人加入防卫部队参与国家进程，在苏丹的独立进程中也有意保护南方人的利益，但由于南方落后的教育系统几乎培养不出合格兵源，南方士兵大多不能流利掌握防卫部队通用的阿拉伯语，许多接受英语教育的南苏丹人在第一关就被淘汰，这导致进入防卫部队的南方人很少，能跻身军官序列的南方人就更少。赤道军团几乎全部由南方人员构成，但北方军官占据了英国军官撤离后的全部职位。1955年独立前夕，赤道军团的南方官兵由于失望和怨恨而发动兵变，在被弹压后转战丛林，开始了争取南方自治的长期斗争。苏丹政府随即解散了赤道军团，停止了当年招募南方人服役的计划，次年恢复招募后明确规定南方人必须在来自北方的军官手下服役。① 此后，苏丹的武装力量实际上分裂为政府军与反政府军两大部分。第一次内战时期的"阿尼亚尼亚运动"（Anya-Nya）和第二次内战时期的苏丹人民解放军（SPLA），就是代表性的反政府武装力量，二者主要活动在苏丹南部和西部地区，都在各自强盛时期将苏丹中央政府对南方的控制局限于几个重要的驻军城镇。苏丹武装力量的南北方地区性大割裂是苏丹内战长期化乃至南北最终分立的重要原因。

---

① LaVerle Berry (ed.), *Sudan: A Country Study*, Federal Research Division, Library of Congress, 2015, p. 311.

第一章　近代苏丹的形成和治理探索（1821—1899）

其二，割裂的南北方武装力量内部也存在着教派、政党、族群和区域割裂。在土—埃政权统治时期，当权者最倚重的武装力量是舍基亚人组成的非正规骑兵部队，舍基亚人因之在苏丹社会发展中始终占据着重要位置。[①] 在英—埃共管政府时期，以舍基亚人为代表的北方尼罗河流域游牧民继续选择与当权者站在一起，踊跃参军，基本垄断了苏丹本土军队中的高级军官职位，其主要派别地位一直持续到 1980 年代。从 1920 年代开始，随着安萨尔教派重获新生，达尔富尔地区和科尔多凡州骁勇好斗的民众开始进入苏丹军队服役，即便在入伍服役问题上一直受到限制，到 1980 年代初也占到了军队总人数的 60%，主要是普通士兵和下级军官，中高级别军官不多。[②] 也就是说，来自东北部和北方尼罗河流域的舍基亚人、栋古拉人和贾阿林人，不仅垄断着苏丹政府的所有重要职位，还掌控着苏丹军队领导权，他们与哈特米亚教团和米尔加尼家族有联系，政治上支持民主联盟党。普通士兵和下级军官基本来自西部边远的达尔富尔和科尔多凡地区，多是安萨尔教派信徒，整体上支持乌玛党和马赫迪家族。南方的反政府武装力量则按照人种分裂，第一次内战时期"阿尼亚尼亚运动"的主力是努维尔人，主要战场在赤道州；第二次内战时期苏丹人民解放军（SPLA）的领导者是丁卡族，当 SPLA 势力壮大时其他族群的民众就通过内讧和逃亡宣泄不满。

苏丹设有最高军事学院、参谋指挥学院和军官学院等军事院校，负责培训军官，但几乎没有自己的国防工业，军事装备与武器来源受外部因素影响很大，不同时期的武器来自不同的国家，军队武器装备高度多样化，购买资金大多由沙特等温和的阿拉伯产油国提供。独立之初，苏丹奉行亲西方政策，得到美国和西方国家的军事扶持。后因与苏联关系紧密而从苏联进口了大量的现代武器，1977 年同苏联的军事联系受挫后又转而从埃及、中国、西欧和美国获取武器。1989 年之后，由于苏丹政权明显的伊斯

[①] ［美］罗伯特·柯林斯：《苏丹史》，徐宏峰译，中国大百科全书出版社 2010 年版，第 15 页。

[②] LaVerle Berry (ed.), *Sudan: A Country Study*, Federal Research Division, Library of Congress, 2015, p. 311.

兰化倾向，美国在武器进口和军事合作等方面实行了制裁，包括在1993—2020年将苏丹列入"支恐国家"名单，1996—2017年对苏丹实施经济制裁等，苏丹很难从西方国家购买到武器。

第二章

议会制政府与军政府的轮替治理（1956—1969）

从1956年独立建国到1969年的"五月革命"，苏丹先后经历了两轮民主政府与军政府的交替执政，面临着多种发展问题，其主导意识形态在西方自由主义与阿拉伯社会主义之间摇摆。教派寡头掌控着议会制文官政府时期的国家权力和发展方向，阿布德军政府则相对有效地推动了国家发展；二者都是彼此的修正和纠偏力量，都代表着一种国家治理实践方向，但在某种意义上也都是苏丹国家发展的阻碍因素。从整体上看，文官政府时期的国家权力和发展方向由教派寡头掌控，派系斗争激烈，经济发展迟缓，社会平稳延续。军事强人主导着军政府时期的发展方向和节奏，国家治理举措相对有效，发展属性明显，但社会变革幅度大，高压下的社会稳定状态也难以持续。军事政变是文官政府和军政府交替执政的主要推力。虽然一系列的军事政变和哗变常常引发对民主进程倒退的担忧，通过政变夺权的军政府都曾经受到来自非盟等的外部制裁，但苏丹的军事政变整体上比较温和，或多或少都得到了民众的支持。新军事强人经常以腐败低效无能等理由推翻他不喜欢的现政府，对下台的执政者比较宽容，很多时候也都承诺组织选举还政于民，主要的血腥事件就是对新发生的未遂政变策划者的处罚，对民众的影响较小。

自1956年独立以来，苏丹的政治发展客观上陷入了"民主选举→文官政府→军事政变→军政府→军事政变→民主选举"的循环怪圈，苏丹的政治发展史就是文官政府和军政府的交替执政史。军事政变是个点，政治过渡是段线，国家治理是条河。苏丹的经济状况远落后于世界多数地区，整个社会泛政治化,民主观念已经被民众普遍接受,军人政权的合法性始终广受质疑,美国、欧盟和世界银行等主要援助国就谴责苏丹军方2021年10月25日发动的政变,并冻结各自的直接援助计划,直到恢复文官领导的过渡政府。从长远来看,国家政权最终要归政受监督的民选文官政府,其间面临的困难和坎坷相当艰巨。各方只有以国家和民族利益为重,在宪法和法律框架内表达诉求,避免诉诸暴力,坚持对话协商,最终达成妥善解决方案,避免无效的循环发展。国际社会在调解过程中要采取中立、平衡立场,从苏丹客观实际出发,尊重苏丹的选择,避免强加外部解决方案,帮助苏丹逐步脱离政治动荡和贫穷落后,最终实现政治文明、经济发展和生活富足。

第一节　第一届议会制政府的治理实践

一　派系权争与政局动荡

1956年1月1日,伊斯梅尔·阿扎里总理自豪地宣布建立苏丹共和国,但他的作用似乎也只是这样,因为随着传统教派政党的强势回归,他本人在苏丹政坛上已经不再重要且可有可无。[①] 1月底,阿扎里总理重组政府,让出4个部长职位给乌玛党。6月,联合政府的21名哈特米亚教派成员退出民族联合党,另组人民民主党(PDP)。7月5日,乌玛党和人民民主党联合倒阁,通过不信任投票解散了阿扎里的联合政府,乌玛党总书记阿卜杜拉·哈利勒(Abdallah Khalil)出任总理。[②]

乌玛党与人民民主党的联合是权宜之计,双方联手就是为了对抗世俗主义的阿扎里,新组建的联合政府因为教派纷争而低效无能。首先,联合政府在宪法问题上分歧严重。乌玛党坚持要本党领袖赛义德·拉赫曼成为国家元首及终身总统,哈特米亚教派和人民民主党高度警惕拉赫曼及其乌

[①] [美] 罗伯特·柯林斯:《苏丹史》,徐宏峰译,中国大百科全书出版社2010年版,第79页。

[②] Richard A. Lobban Jr., Robert S. Kramer, Carolyn Fluehr-Lobban eds., *Historical Dictionary of the Sudan*, The Scarecrow Press, Inc., 2002, pp. 206–207.

第二章 议会制政府与军政府的轮替治理（1956—1969）

玛党的政治野心，担心马赫迪王国复活。南方政党对北方政党严重不信任，有着深刻的被欺骗和被出卖感。其次，联合政府在经济发展战略上存在分歧。乌玛党主张大力吸引外国资本和援助，人民民主党则坚决反对。最后，因为在尼罗河水分配问题上的争执，苏埃关系不断恶化，埃及甚至暗示可能会支持反对哈利勒政府的政变。

正是由于上述多重因素的综合作用，尽管联合政府持续到本届议会结束，各派势力在议会闭会期间承诺在1958年的选举中继续保持联合，但始终无法就制定永久宪法、稳定南方局势、促进经济发展、改善与埃及关系等亟须解决的重大议题取得进展。在这一时期，移植自西方国家的竞争性政党政治与议会制度因为缺乏足够的历史文化基础与政治条件而变异变质，英国殖民者建立的还算有效的政府架构因为缺乏合格的操作者而陷于空转。

1957年，苏丹棉花丰收，但全球棉花市场萧条动荡，加之埃及禁止从苏丹进口家畜、骆驼和椰枣，苏丹的棉花出口量不断下降。持续低迷的经济困境造成了社会动荡，陷入困境的北方农牧民首先举行反政府示威游行。虽然如此，对于美国愿为苏丹发展计划提供财政帮助的表示，苏丹政府内部也是意见不一。哈利勒总理和乌玛党急于接受美国的财政援助，人民民主党则习惯性地持坚持拒绝的态度。经过一年多的争论，议会在1958年7月通过了接受援助的协议，与美国签订了《经济和技术援助协定》，但南方议员们的立场开始转变，为了避免民族联合党发动不信任投票，哈利勒总理主动宣布议会休会。

1956年，苏丹进行了首次全国性人口普查，并根据普查结果将全国的选区数从97个增加到173个。新的选区划分大大便利了农村地区的教派选民，尤其是达尔富尔、科尔多凡、南方诸省等盛行马赫迪主义地区的选民，对乌玛党有利，但却牺牲了城市世俗选民的利益，削弱了民族联合党的选举基础。这种调整也许更贴近苏丹的现状，从长远来看则不利于苏丹国家的现代化发展。1958年3月的议会大选是苏丹独立后的第一次大选，乌玛党赢得63个议席，人民民主党获得26个，民族联合党只获得喀土穆以及尼罗河沿岸城镇的44个议会席位。在选举结束后，乌玛党和人民民主党联盟迅速组建联合政府，哈利勒继任总理。两年来一直被排除在政府之外的民族联合党成为议会的主要反对派。

1958年夏末，喀土穆新闻报道称乌玛党与民族联合党就组成联合政府达成一致，并可能将哈利勒总理和人民民主党排除在外。面对可能来临的政治危机，哈利勒总理欲借助军队力量打破僵局，决定先发制人地发动一场政变以维持现状。① 1958年11月17日，陆军司令易卜拉欣·阿布德（Ibrahim Abbud）少将下令军队确保首都安全，宣布国家进入紧急状态，随后组成的军事武装最高委员会接管了国家的权力。这是苏丹独立后的第一次军事政变，政变后的最高权力机关是苏丹武装部队最高委员会，亲乌玛党的陆军副总司令艾哈迈德·瓦哈卜（Ahmad Abd al Wahab）控制着新组建的军政府。② 由于瓦哈卜的亲美政策引发了其他哈特米亚教派军官的不满，他在1959年3月的逼宫中被排挤出权力中枢，乌玛党对军队的影响力随即削弱，不仅失去了对军政府的控制，还遭到军政府的限制和打击。策划政变的哈利勒总理实际上最终并没有主导苏丹的政局演变，他和阿扎里都被迫退休，文官政府被军政府取代。此后，在处理了5月和11月的两次未遂军事政变后，阿布德逐渐确立了真正以他为首的军政府。苏丹进入了第一届军政府时期。

在高度政治化的普力夺（praetorian）社会，各派势力和团体的政治参与热情高涨，有政治性的教团领袖、政治性的大学、政治性的官僚、政治性的工会和政治性的法人团体，当然也有政治性的军队。所有这些特定的团体，尤其是代表着不同利益派别的政党，不仅积极参与牵涉到它们的特殊利益或组织的具体政治问题，高昂无序的参与热情导致政治发展缺乏自治性、连贯性和适应性；还都以舍我其谁的不妥协姿态频频插手牵动整个社会的全局性政治问题，钩心斗角，相互倾轧，内阁改组频仍，分配官职

---

① 1964年阿布德军政府被推翻后的相关调查显示，1958年11月的军事政变确实是一次文官和军官串通的联合政治事件。策划者哈利勒总理曾这样感叹道："经验告诉我，这个国家还不能实行民主，我决定将国家的统治权交给军队。"详见Joseph Oduho & William Deng, *The Problem of the Southern Sudan*, Oxford: Oxford University Press, 1963, p.37.

② Tim Niblock, *Class and Power in the Sudan: The Dynamics of Sudanese Politics*, 1898–1985, London: Macmillan Press, 1987, p.217.

第二章 议会制政府与军政府的轮替治理（1956—1969）

和决定政策的方式五花八门，整个国家除了动荡、无序和分裂外一事无成。① 在苏丹独立后的头三年里，民众基于国家独立的喜悦和激情很快就被混乱低效的政党政治消磨殆尽，身心疲惫却又找不到出路，传言可能会发生的军事政变，尤其是较少流血的军事政变似乎成了一件被期待的事情。事实上也确实如此。在苏丹这样高度政治化的前现代国家，军人干政常常标志着一连串政治暴动的终止。具体而言，当其他社会势力只能通过展示力量给政府施压的时候，军事集团的干预乃至军事政变不仅能通过颠覆政府来缓和爆发性的政治形势，让纷争不已的各派势力恶斗告一段落；还能通过组建新政府重建政治权威和秩序，阻止局势的进一步恶化，给被政治运动裹挟而身心俱疲的普通民众提供一种从无序到有序的希望和欣慰感觉。

二 政治和司法制度建构

1955年12月31日，苏丹议会通过临时宪法，确立了议会共和制下的内阁制。1955年宪法直接来源于宗主国英国的现代政治制度，具有明显的英国式政治制度的色彩。根据临时宪法，苏丹国家实行议会共和制，成立国家最高委员会、参议院、众议院、部长会议等机构，建立起了初具形态的议会制度、政党制度和文官制度。国家最高委员会是苏丹的最高权力机构，与参议院和众议院共同行使立法权，部长会议行使政府内阁职能。最高委员会可以根据众议院提出的人选任命总理；根据总理的提名任命各部部长；根据部长会议的建议和议会的批准任命最高审计长、最高首席法官和宗教大法官；经部长会议协商任命选举委员会。国家最高委员会还具有赦免权、对武装部队的最高统帅权等。由总理和部长组成的部长会议为国家的最高行政机构。总理由议会中多数党领袖担任，是国家最高领导人；部长人数为10—15人，部长会议对议会负责。司法机构自成独立体系，向国家最高委员会负责。② 另外，1955年宪法部分顾及了南方地区的权益，

---

① 关于政治化社会（普力夺社会）及其发展阶段的特征描述，详见［美］塞缪尔·亨廷顿《变化社会中的政治秩序》，王冠华等译，上海人民出版社2008年版，第160—162页。
② 刘鸿武、姜恒昆编著：《苏丹》，社会科学文献出版社2008年版，第155—156页。

规定给南方代表保留 2 个部长职位,但比例远低于占全国人口 1/4 的南方地区黑人应得的政治权益。1955 年宪法是苏丹现代史上的第一部宪法,具有鲜明的英国制度色彩,是苏丹国家存在时间最长的宪法,在推动民主政治建设和发展方面所起的作用重大。

在英埃共管时期苏丹现代化的初步发展中,教派领袖、部落酋长、商人及其为他们服务的专业技术人员,逐步成为苏丹社会的经济精英阶层。反过来,经济地位的崛起又促使上述精英阶层积极参与苏丹政治事务,并在独立后最终成为苏丹国家的统治阶级。从部族角度来看,苏丹国家的精英阶层主要来自贾阿林、舍基亚和栋古拉三个北方河岸部落,从内阁部长到最下级的公务人员,他们在苏丹独立之后的 50 年间始终垄断着政府中的绝大部分职位。[①] 这一方面是苏丹国家政治统治力量稳定的基础,另一方面也构成了苏丹国家认同形成的主要障碍。在苏丹 1881—1969 年的本土政治参与中,教派领袖是全局层面最有话语权重的决定性力量,部落酋长是地区层面最有话语权重的决定性力量,二者大多亦政亦商,与商人阶层紧密结合。为社会服务的专业技术人员算是精英阶层,各类专业工会组织在独立后的历次社会变革中都发挥了重要作用,虽然整体上具有依附性和脆弱性,但其生存空间比较广泛,他们对美好生活的向往客观上造成了苏丹专业人才的大量流失。1980 年代,苏丹的文盲率高达 80%,但同期却有 40% 的医生和大学教师以及 30% 的土木工程师和农业专家移居西方国家或阿拉伯产油国。[②] 苏丹民间也普遍有这样的观点:"一个人的价值只有在他离开后才会被发现,那么多已经移居国外的人才就是证明。"

苏丹司法体系是长期历史演进的产物,司法行政被看作政府最重要的职能,主要法律依据有伊斯兰教法、部落习惯法、英—埃共管时期的成文法等。在英—埃共管政府统治之前,司法的监督权完全掌握在统治者手中,所有针对政府的罪行均由统治者亲自审理,并根据其法律顾问大穆夫提(grand mufti)的建议做出判决。关于所有涉及个人身份的案件,例如

---

① [美] 罗伯特·柯林斯:《苏丹史》,徐宏峰译,中国大百科全书出版社 2010 年版,第 10 页。

② 兰英:《警惕发展中国家的人才流失》,《北京观察》2003 年第 1 期。

结婚、离婚、遗产和家庭纠纷等，北方穆斯林占主体的居住区适用伊斯兰教法，由沙里亚法庭的伊斯兰法官卡迪（qadi）做出判决；在南方部落地区则适用传统的部落习惯法，由部落酋长/首领负责审理，这些部落习惯法已经受到沙里亚法和英国司法制度的影响。宗教法庭和传统法庭主要审理诸如土地所有权、放牧权以及部族之间纠纷的案件，还审理涉及居民个人权益的部分案件。

20世纪上半叶，苏丹的司法实践基础依然是伊斯兰教法，但因为多年的殖民统治，加之大多数苏丹律师和法官均在英国接受培训，英国的司法判例对苏丹影响深远，英国式法律遗产与伊斯兰教法的关系错综复杂。1956年独立后，苏丹就改革或废除继承自英国的法律体系有过多次讨论，尼迈里时期甚至试图引入部分基于埃及法律的新的民事、商业和刑法等，最终逐渐形成了相互独立的两部分司法体系，即首席大法官主导的民事部分和首席伊斯兰大法官主导的沙里亚法部分。民事法庭审理所有的刑事和绝大多数民事案件，而由经过伊斯兰法培训的宗教法官组成的沙里亚法庭裁定诸如遗产、婚姻和家庭关系等穆斯林个人事务问题。[①] 值得一提的是，英国的司法体系和司法实践对苏丹影响很深，苏丹的司法体系具有独立精神，苏丹律师协会在1956年之后的政治发展中多次发挥了重要作用。

三　经济概况和制度建设

独立初期苏丹经济基础相当薄弱。英—埃共管政府主要关注农业，棉花种植得到了快速发展，外国资本大量涌入。这一方面导致了苏丹城镇经济和部分农村经济（棉花种植业）的殖民化，另一方面也推动了苏丹与世界市场的融合，客观上有利于民族资本的兴起。为棉花种植提供灌溉的杰济拉工程是这一时期的重要经济举措，在旱地农业方面出现了数量有限的机械化耕作。[②] 苏丹的工业基础相当薄弱，几乎没有成规模的现代工业企业，制造业占GDP的比重甚至不足1%，主要是一些小规模的制造业和食

[①] 刘鸿武、姜恒昆编著：《苏丹》，社会科学文献出版社2008年版，第171页。
[②] 刘鸿武、姜恒昆编著：《苏丹》，第214页。

品加工业，绝大部分集中在苏丹北部。制造业中以食品加工、饮料加工和棉花加工为重，食品加工业的产值占制造业总产值的40%左右。由于整体上的落后和封闭状态，加之英埃殖民者的分而治之政策，苏丹南方长期处于落后状态。

苏丹的主要交通运输线有铁路、内河航运、公路和航空。其中铁路最重要，负担着国内主要客运和货运任务，1961年的货运量是246.5万吨，基本垄断了苏丹的进出口贸易运输。1920年代修建的杰济拉铁路长期以来一直是非洲最大的轻便铁路。苏丹的公路大部分是简易公路，全长4.8万公里。中部和西部的公路，雨季不能通行。南方仅重要城市之间有公路联通，交通运输极不方便。尼罗河是苏丹的主要内河航道，能通航的河道长为4068公里。白尼罗河全年可以通航，青尼罗河基本不能航行。由政府与私营公司组成的河运公司长期控制着内河航运，公司效益不佳，亏损严重。苏丹港是苏丹唯一的港口，在独立后经历了多次扩建和改造，1961年的货物吞吐量为225万吨。苏丹航空公司是国营公司，在喀土穆与各州首府开设定期航班，1959年开辟了喀土穆—开罗—雅典—罗马—伦敦国际航线。

农牧业在苏丹国民经济中占据重要地位，1956年农牧业从业人口约占全国从业人口的92%，出口商品中90%以上是农产品，其中2/3是棉花和棉籽，其余为阿拉伯胶、牛、羊、皮革和高粱等。长期以来，苏丹逐步形成了三种土地经营管理方式。第一，对于从英—埃共管政府当局接收的大型农场，苏丹政府采取了直接经营的方式，因而出现了很多规模宏大的国营农场。在杰济拉、卡什和陶卡等地，政府直接经营的植棉场规模很大，总面积达到200万费丹，接近全国可耕地面积的1/8。这些大型农场的经营管理沿袭了英—埃共管时期的三方合伙分成制，政府、农场管理机构和佃户对农场经营有着各自不同的义务，并因此按照42%、10%和42%的比例分配利润，另有4%被当作佃户储备金和社会发展基金，2%交地方政府。佃户在国营农场上生产的棉花必须全部交给管理机构，还需担负雇用临时工和摘棉工的费用，只有玉米和牧草可以自由支配，因而实际上只能获得利润的21%，在每年生产时还需贷款支付生产费用。

第二，苏丹私人农场在第二次世界大战后发展很快，1939—1960年其

第二章 议会制政府与军政府的轮替治理（1956—1969）

数量从200多个迅速发展到2185个，耕种面积达到120多万费丹。根据1960年的资料，在私营农场方面，占地50费丹以下的农场接近60%，占地50—500费丹的中等农场占总数的31%，占地500—5000费丹的大农场有177个，为农场总数的7.8%。占地5000费丹以上的超大农场共有6个，其中最大农场的耕地面积超过8万费丹。在农场经营和利润分配方面，私营农场和国营农场差不多，农场主占有净收入的58%，佃户得到42%且需负担主要的生产成本。

第三，主要是分布在东北部的卡萨拉、中部的科尔多凡和西部的达尔富尔的游牧或半游牧地区土地经营模式。这类土地虽然名义上为国有，但实际上为部落酋长及贵族所有。部落酋长和贵族掌握着较肥沃的土地和大量牲畜，普通部落成员耕种3—5费丹的土地。部落成员每年必须向酋长和贵族缴纳牲畜、皮毛和农产品，他们参加运输劳动所得的工资也要缴一部分给部落首领。[①]

独立初期苏丹相关的经济治理涉及多个方面。第一，积极扩展农业生产，主要是在青尼罗河流域修建了许多大型抽水工程，完善农田水利灌溉系统，扩大现代化机械化棉花种植。1956—1961年五年发展计划的主要建设项目都是青尼罗河流域的水坝、水电站和灌溉工程，著名的朱奈德（Junayd）工程可以灌溉耕地8万费丹，当地游牧民因此获得新的生计来源，可以选择种植棉花、甘蔗等经济作物。[②] 第二，积极建立和发展国有资本和金融体系。国有资本的主要来源是接收殖民时期的铁路、港口、农田水利工程、农场和邮电、自来水等公用事业，同时投资了一些小型的轧棉厂、纺织厂和锯木厂等。1957年4月8日，苏丹发行与埃及镑等值的本国货币苏丹镑，确定其含金量为2.55187克，法定汇率为1苏丹镑等于2.87156美元和1.025英镑。[③] 1957年，苏丹农业银行成立，主要向农业发展项目提供贷款等。第三，颁布法规吸引外资，采取对外开放的经济政

[①] 宗实：《苏丹》，世界知识出版社1965年版，第50—55页。
[②] [美]罗伯特·柯林斯：《苏丹史》，徐宏峰译，中国大百科全书出版社2010年版，第80页。
[③] 杨期锭、丁寒：《苏丹》，上海辞书出版社1985年版，第141页。

策。1956年、1958年，苏丹先后颁布了《优惠企业法》和《优惠工业法》，提出的优惠措施包括减免营业税和所得税、减少原材料进口税、降低铁路运输费等，为外国聘用人员的入境提供方便。第四，持续投资长绒棉种植，政府一度设置了近50万费丹的棉花种植目标，推动苏丹成为世界仅次于埃及的第二大长绒棉出口国，1960年代的长绒棉出口量占出口总量的50%以上。但不幸的是，世界棉花市场的波动远超苏丹政府的控制能力，棉花种植和出口计划并未能改变苏丹窘迫的经济状况。1957年，世界棉花市场需求下降，苏丹政府继续维持棉花最低价格，造成棉花大量积压，严重影响了苏丹的出口贸易和外汇储备。

四 亲西方的外交政策

独立后，苏丹迅速加入了联合国和阿拉伯国家联盟等国际组织，同时宣布遵循和平中立和不结盟政策，同一切国家友好，不同任何阵营或集团结盟，不参与任何形式的条约。就其实际的外交表现来看，苏丹政府一般性地表示反对帝国主义和殖民主义，支持亚非民族独立运动，同社会主义国家保持不同程度的友好关系。例如，公开反对法国的殖民政策，支持阿尔及利亚的民族解放战争，支持突尼斯要求法国撤军等，但整体上采取的是亲西方的外交政策，同美英两国关系很深。[1]

曾经的宗主国英国对苏丹有重大的政治影响。在独立初期，英国顾问继续帮助苏丹训练军队，苏丹陆军也继续采用英式装备和指挥体系，刻意培植的安萨尔教派、乌玛党和文官体系是英国在苏丹的政治支柱。1956年的苏伊士运河战争虽然为双方政治关系蒙上了一层阴影，但苏丹对英国的经济依赖却始终存在。众多的英国财团和公司，例如以巴克莱银行为中心的英国财团、英资吉拉塔莱·亨基公司、英资苏丹商业公司、博克萨尔公司、马克尔·科茨公司、英国壳牌石油公司等，都在苏丹的工业、农业、外贸、城市建设等领域有较多投资。著名的杰济拉灌溉计划虽然在1956年就交给了苏丹政府，但一直由英国资本运营。直到1974年，英国资本仍是

---

[1] 宗实：《苏丹》，世界知识出版社1965年版，第93—94页。

第二章　议会制政府与军政府的轮替治理（1956—1969）

苏丹重要的资本来源，英国是苏丹最重要的贸易伙伴，1963年英国资本兴建的苏丹纺纱厂和喀土穆纺织有限公司是当时苏丹最大的纺织工厂。

与美国的关系始于民族独立运动时期。美国1952年在喀土穆设置联络处，1956年后升格为大使馆。1957年，美国副总统尼克松和特使查理斯访问苏丹，要求在苏丹红海沿岸建立军事基地和开发南苏丹，但遭到拒绝。1958年，苏丹与美国签订经济和技术援助协定，美国资本以援助、贷款和赠予等方式开始进入苏丹。此外，联邦德国也向苏丹提供了大量贷款和投资，在苏丹的十年计划中承包了大量工程项目。从总体上看，西方援助虽然有助于苏丹政府实施发展计划和缓解经济困难，但伴随的附带要求也导致了多次政治危机，苏丹政府内部因接受美国援助而产生的分歧就是哈利勒政府垮台的重要原因之一。

1956年1月7日，苏丹与苏联建交，愿意接受苏联政府一切形式的援助，苏联对此作出积极响应。随后，苏丹与同属社会主义阵营的保加利亚、捷克斯洛伐克、波兰、罗马尼亚和南斯拉夫等国相继建交，双边的贸易关系随即展开，其中与捷克斯洛伐克的贸易额较大。1959年2月，铁托访问苏丹，两国关系从公使级升格为大使级，此后南斯拉夫与苏丹开展了文化交流与经济合作，合作项目有航运业、修建纸板厂、水泥厂等。

埃及对苏丹影响很深，与埃及的关系是苏丹最重要和复杂的双边关系。20世纪上半期，苏丹政治精英们逐渐形成了亲英和亲埃两派。亲英的主要力量是安萨尔教派和乌玛党，主张苏丹独立建国，与埃及保持距离。亲埃的主要政治势力是哈特米亚教派及其支持的民族联合党，深受大埃及民族主义思想影响，坚持"尼罗河流域的统一"[①]。1952年后，纳赛尔领导的埃及最终放弃了对苏丹的主权要求，这是苏丹1956年得以独立的重要外因之一。在1956年的苏伊士运河战争中，苏丹大力支持埃及，除提供武器装备外，还派出志愿军参战。

苏丹与埃及的矛盾焦点主要有两个。其一是尼罗河水分配问题。苏丹经济以农牧业为主，但其雄心勃勃的农业灌溉计划因为1929年英国主导签

---

① 杨灏城、江淳：《纳赛尔和萨达特时代的埃及》，商务印书馆1997年版，第29页。

署的《尼罗河用水协议》的制约而进展迟缓，加之与埃及围绕阿斯旺大坝建设淹没的瓦迪哈勒法地区存在移民和赔偿争议，苏丹多次要求重新协商修订1929年《尼罗河用水协议》。其二是哈莱伊卜领土争议问题。1899年的英—埃共管协定规定英埃边界以北纬22°为界，但英国在1902年以管理方便为由将北纬22°线以北的哈莱伊卜地区划给苏丹，这引起了埃及的不满。1958年2月，埃及突然出兵占领哈莱伊卜地区，双方战事一触即发，阿扎里总理甚至要在联合国对埃及提出控诉。虽然在多方协调下埃及于次月撤军，但双方并未就哈莱伊卜地区的归属达成协议，始终心存芥蒂，在乌玛党执政时期尤其如此。

苏丹和邻国埃塞俄比亚存在历史旧怨和现实矛盾，并因此而互相支持对方的反对派。在埃塞俄比亚的海尔·塞拉西一世（1930—1975年在位）执政时期，苏丹与埃塞俄比亚关系全面恶化。苏丹长期支持埃塞俄比亚北部厄立特里亚的解放阵线，而埃塞俄比亚则同情并支持苏丹南方的反政府武装。埃塞俄比亚是苏丹南北内战扩大和持续的主要外部因素之一。

第二节　阿布德军政府的治理实践

在政治现代化过程中的早期阶段，有组织的军官集团，例如影响巨大的"自由军官组织"等，就在促进埃及和苏丹等国的现代化和进步方面起了很大的作用。发动政变的军官们在夺权过程中可能很少或者根本没有考虑过军队应该如何治理国家，军官们本身也都与传统的教派势力有联系，实际上并不具备有效统治国家的能力；但作为苏丹社会最现代和最有内聚力的部分，他们在接管权力后会本能地按照自身的理解建立秩序，整体上更关心如何运转国家而不是推行激进的经济和社会变革，客观上对苏丹社会发展的推动比文官政府更大一些。具体而言，阿布德军官集团解散了此前混乱低效的议会，改变了文官政府的一些不切实际的做法，激烈抨击教派寡头们的浪费、落后和腐化，批评政党沦为野心家的个人工具而将之取缔，向社会宣传秩序、效率和效忠国家等现代观念，部分解决了与埃及围绕尼罗河地位问题的争端，大力推进南方社会的阿拉伯化并压制当地的基

第二章 议会制政府与军政府的轮替治理（1956—1969）

督教势力，缓慢地推动了经济发展。

一 阿布德政府的挑战和因应

在政变成功后，阿布德军政府迅速地采取多种措施巩固权力。首先，解散在独立后取代总督的国家委员会，暂停过渡宪法，解散政党、内阁和工会组织，承诺在6—12个月内恢复民主政体。其次，建立由13人组成的军事武装最高委员会，其执行机构是包括7名军官和5名平民在内的部长委员会，阿布德担任重要的武装部队最高委员会主席和国防部长职位。[①]

发动政变的军官主要属于哈特米亚教派和安萨尔教派，彼此间激烈的权力斗争导致苏丹在1959年先后发生了三次军事政变。1959年3月2日，两位被排除在核心权力之外的将军——东部军区司令穆希·阿卜杜拉（Muhay al-Din Abdallah）准将和北部军区司令阿卜杜·山南（Abd al-Rahim Shannan）联合发动政变。他们率军进逼喀土穆，围困阿布德居所并迫使其免除了亲乌玛党的艾哈迈德·瓦哈布（Ahamad Abdel al-Wahab）的职务，重组一个包含他们在内的10人最高委员会。此后，阿布德任命1958年11月政变的主要发动者——哈桑·纳斯尔（Hasan Bashir Nasr）准将为陆军副总司令兼参谋长，阿卜杜拉和山南对此不满，于5月22日再次发动政变，调东部军区两个营进入喀土穆，逼迫纳斯尔下台。因为军官马格布尔·阿明（Magpur Amin）的临阵动摇，纳斯尔将军得以迅速采取措施镇压了这场政变，逮捕了阿卜杜拉和山南，军事法庭以"煽动叛乱罪"将二人收监至1964年十月革命后才被释放。11月，阿里·哈米德（Ali Hamid）上校率领五月政变中受牵连的军官，在恩图曼步兵学校中组织了一次更激进的政变，但因处事不密而被镇压。参与政变的军官被当众施以绞刑，这令习惯于宽容对手的苏丹人极度震惊。[②]

1960—1962年，在首席大法官朗宁特（Abu Rannant）的规划下，军政府先后颁布了《州级行政法案》《中央委员会法案》和《地方政府法

[①] Edgar O'ballance, *Sudan Civil War and Terrorism 1956 – 1999*, Macmillan Press, 2000, pp. 11 – 13.

[②] 宗实：《苏丹》，世界知识出版社1965年版，第78—79页。

案》，建立了从农村到地方再到中央的咨询委员会。阿布德政府此举的目的就是绕过那些传统政党，通过咨询机构实施金字塔式的新民主政策。① 咨询机构是阿布德政府重要的统治工具，中央咨询委员会类似于议会，但实际权力很小。这样的治理思路有利于巩固军政府的统治和建立秩序，但却遭到了各党派的反对。

阿布德政府面临着几方面的严峻挑战，首先是应付来自乌玛党的反对。阿布德发动政变得到了哈特米亚派的支持，但乌玛党领导人赛义德·拉赫曼对此疑虑重重，尤其是当安萨尔教派的瓦哈布因为1959年3月初的军事政变被逐出政府后，乌玛党对阿布德政府的敌意进一步加深。赛义德·拉赫曼是一位伟大的教派领袖和苏丹民族主义运动领导人，他挽救了由于马赫迪运动失败而濒临被解散的安萨尔教派，缔造了苏丹政坛温和而有世俗色彩的乌玛党，他本人自第一次世界大战后长期在苏丹政坛上处于主导地位，其毕生事业的顶峰是推动苏丹独立，他于1959年3月22日的不幸去世是安萨尔教派半个多世纪以来政治影响力减弱的标志。赛义德·拉赫曼的继任者是其子赛义德·西迪克（Sayyid Siddiq），他利用民众的不满情绪并联合其他党派继续挑战阿布德军政府，但明显没有了其父拉赫曼在世时的影响力和感召力。1960年11月，安萨尔教派联合其他反政府力量发表联合宣言，公开提出结束军人专政，恢复议会民主的主张。1961年9月，赛义德·西迪克去世，安萨尔派因为权力之争而陷入分裂，其弟哈迪（Hadi al Majub）继任安萨尔领袖，其子萨迪克继续完成其未竟的政治遗愿，暂时还无力挑战阿布德政府。

其次是各种激进的政治反对派日益活跃。迅速发展的苏丹共产党（SCP）是阿布德政府的重要威胁。1958年政变后，阿布德对左翼政党进行了残酷镇压，逮捕了很多共产党和工人党领导人。但基于当时全球范围内左派思潮的兴起，苏丹共产党在逆境中仍然获得很大发展，与工会保持着紧密的联系，党员人数不断增加，地下出版物大量涌现。1959—1964

---

① P. M. Holt and M. W. Daly, *A History of the Sudan: From the Coming of Islam to the Present Day*, Pearson Education Limited, 2011, p. 120.

第二章 议会制政府与军政府的轮替治理（1956—1969）

年，苏丹共产党组织了多次罢工和示威，加强了与工人、农民、民族小资产阶级的联合。党员人数从1958年的750人增加到1965年的10000人左右，大多数党员是律师、教师等知识分子，并继续推行受工人和农民欢迎的灵活的宗教政策，扩大在工农阶级中的影响。[1] 苏丹共产党坚决反对阿布德军政府的"新民主"政策，反对苏丹接受美国援助。

再次是以苏丹穆斯林兄弟会（穆兄会）为代表的政治伊斯兰势力的崛起。苏丹穆兄会于1950年代初期正式成立，但很多在埃及学习和生活的苏丹人在1930年代就加入了埃及穆兄会，苏丹国内在1940年代已经有很多穆兄会名义的小团体，埃及穆兄会在1945年曾申请在苏丹建立分支机构（被拒）。[2] 1954年，拉希德·塔希尔（Rashid Tahir）律师担任苏丹穆兄会总书记，他将多个穆兄会分支机构整合为"伊斯兰宪章阵线"（Islamic Charter Front，ICF），致力于在苏丹实施伊斯兰宪法，希望通过回归伊斯兰教的基本价值观以及成立伊斯兰政府来铲除政治腐败。苏丹穆兄会在教育系统中发展了一些具有献身精神的追随者，其中大部分是来自西部贫困地区的加里卜人（al-gharib），在苏丹的影响逐渐扩大。1959年，塔希尔因涉嫌参与军事政变而被捕，苏丹穆兄会群龙无首，转向与苏丹共产党合作，罢免塔希尔的职务，建立集体领导。1964年，哈桑·图拉比（Hassan Turabi）结束在法国的留学生涯返回苏丹，在喀土穆大学法学院工作，他积极参与穆兄会的活动。1964年，塔希尔获释后正式辞去穆兄会总书记职务，图拉比被推荐为新任总书记。以伊斯兰宪章阵线为主流派别的苏丹穆兄会开始在苏丹政坛上崭露头角。

最后是南方以自治为目标的叛乱活动由丛林中的游击队扩大到苏丹政界的南方政治精英。阿布德政府坚持强硬的南方政策，在南方大力推进阿拉伯—伊斯兰化，强制推行非基督教化。1962年5月，阿布德政府颁布了针对南方基督教团体的《传教士社团法令》。根据该法令，在南方地区的所有基督教组织和传教士个人，如果没有经部长会议准予的许可证就不能

---

[1] Cecil Eprile, *War and Peace in Sudan* 1955–1972, London: David & Charles, 1974, p. 126.
[2] 涂龙德、周华：《伊斯兰激进主义》，时事出版社2010年版，第169页。

从事宗教活动；部长会议可以拒绝颁发或更新许可证，也可以修改许可证的相关条款或者废除许可证。1964年2月，苏丹政府采取措施将所有外国传教士驱逐出苏丹，理由是外国传教士利用宗教的名义在南方人中间传播仇恨和灌输恐惧，鼓励了南方州的独立运动，危及国家的完整和统一。① 从整体上看，阿布德军政府的强硬政策虽然暂时稳定了社会秩序，但却引起了南方人的强烈不满，南北方之间此前基于国家独立憧憬而形成的脆弱的团结景象也几近于无。很多南方籍的政府雇员和教师加入了叛乱者的行列，部分南方籍的政治家也正式提出了与北方决裂的政治主张，二者合流的标志就是出现了有系统组织的武装抵抗力量"阿尼亚尼亚运动"。

二 经济治理的初步推进

阿布德政府对激进的经济社会变革兴趣不大，夺权后迅速以国家强制力推动经济发展，标榜"专家治国"，要用新的经济治理模式改善国家的经济状况。② 从整体上看，苏丹经济在阿布德政府时期取得了较大发展，经济与金融蓬勃发展，社会进入一段稳定的发展时期。

第一，清理棉花库存并扩大种植面积。1959年，为解决棉花严重滞销问题，军政府废除了文官政府时期不切实际的棉花最低价收购政策，采取了一系列措施清理积压库存，包括与多个社会主义国家签订了长绒棉贸易协定，同时拒绝购买不进口苏丹棉花国家的货物等，两个月内迅速处理了长期积压的棉花库存。这一举措立竿见影，即时改变了贸易状况，1959年的对外出口总值从上年的4470万苏丹镑迅速增加到6800万苏丹镑，实现出超，经常性预算出现盈余，同时因为获得了大量的双边援助，苏丹1959—1962年的净转移支付盈余为2250万苏丹镑。③ 1962年，苏丹的出口总值为7970万苏丹镑，农产品占出口总值的65.4%，花生和芝麻占

---

① Francis Mading Deng, *Tradition and Modernization: A Challenge for Law among the Dinka of the Sudan*, Yale University Press, 1971, pp. 235 – 237.

② Edgar O'ballance, *Sudan Civil War and Terrorism 1956 – 1999*, Macmillan Press, 2000, pp. 11 – 13.

③ [美]罗伯特·柯林斯：《苏丹史》，徐宏峰译，中国大百科全书出版社2010年版，第88页。

第二章　议会制政府与军政府的轮替治理（1956—1969）

16.6%，其他的重要商品还有阿拉伯树胶、牛、羊、皮革和高粱等。在进口商品中，消费品进口额约占进口总额的40%，工农业原料占33%，资本货物（包括铁路设备、机器和机动车等）占22%。

第二，兴建水利设施改善农业生产。阿布德军政府果断地与埃及政府签订了《1959年尼罗河水资源协定》，不仅将苏丹每年可以使用的尼罗河水从40亿立方米增加到185亿立方米（1990年代的实际年均用水量大约是140亿立方米），而且确立了与埃及在水利建设计划外取水的平等分配原则。与此同时，阿布德政府强力压制劳工运动，横向扩张杰济拉计划，修建完成的多个大坝项目有效扩大了农业生产的水泵提灌面积。受此影响，杰济拉工程的西南延伸计划于1962年启动，耕作灌溉面积一再提升，从1950年代的107万费丹增加到1990年代的202万费丹。

第三，制定和实施政府主导的经济发展规划。基于落后的经济发展现状、有限的私人资本和外来投资，拥有强大执行力的军政府坚定地认为，不可能靠私人资本来推动对国民经济有重大影响的制造业发展，而应由政府来主导国民经济的观点逐渐成为主流。阿布德政府在1959—1962年用于发展经济的预算费用达到了6800万苏丹镑，并从1962年9月开始实施苏丹历史上的第一个"十年经济与社会发展计划"，重点是农牧业、工业和交通运输，设计了260多个项目，总投资额高达5.65亿苏丹镑（当时约合16亿美元），其中期望的外援和私人投资分别占到了26%和40%。发展计划目标设置过于庞大，具体实施时间一拖再拖，主要靠政府的预算投资推动，政府内部严重缺乏有经验的筹划者，实际上并没有得到完全有效的执行，最终仅完成了喀什姆（Khashm al Qirbah）水库、玛纳齐勒（Manaqil）扩展工程、琼莱运河工程和罗塞利斯（Roseires）水坝等项目。1961年投产的制革厂是苏丹政府创建的首个国营企业，加上此后陆续建成的制糖厂、罐头厂、牛奶厂、蔬菜加工厂等，食品加工业逐渐占到了苏丹工业总产值的一半左右，从业人员占工人总数的2/5。纺织业是仅次于食品业的第二大工业部门，所有国营工厂均由政府设立的工业发展公司来经营。[1]

---

[1] 刘鸿武、姜恒昆编著：《苏丹》，社会科学文献出版社2008年版，第261页。

1964年开工的苏丹港炼油厂是由外国人投资和建造的最大私营企业。

第四,完善金融系统与基础设施建设。1960年2月,苏丹成立了中央银行和商业银行,加上1961年成立的专门性苏丹工业银行,苏丹的金融系统初步确立。1958—1961年,世界银行及其附属机构国际发展协会,向苏丹提供了8750多万美元的贷款。1963年,世界银行向苏丹提供800万苏丹镑的贷款,用来修建从喀土穆到苏丹港的铁路线。与此同时,苏丹的交通基础设施建设也有很大进步。1962年3月,连接科尔多凡和加扎勒州的铁路干线正式通车,大大便利了南北方的交流。① 苏丹港是苏丹唯一的港口,1962年的吞吐量为225万吨,接纳商船1248艘。1962年,苏丹与南斯拉夫合股成立国营轮船公司,结束了苏丹没有本国商船队、对外转运主要依靠英国船只的历史。

阿布德政府的经济短暂繁荣背后也隐藏着多重危机。其一,经济发展战略和政策的重大失误导致苏丹对外债务增长迅速,负债程度大,长期陷于债务危机。1940—1950年代,苏丹经济逐渐与国际经济发生联系,对外贸易开始增长,农产品是苏丹最主要的出口商品,占出口总值的2/3左右,国家外汇收入的90%以上来自各种初级农业产品。同时期政府财政收入很少,但由于英—埃共管时期和独立初期都实行西方的小政府体制,公共开支也有限,财政收支大体上能保持平衡。进入1960年代,国际农业初级产品市场的剧烈波动严重影响了苏丹国内经济的稳定。在1962年和1963年,苏丹的棉花种植面积接近100万费丹,占全国耕地面积的1/6,但棉花生产歉收,产量从20万吨下降到16万吨,同期的外汇支出却因为食糖价格上涨而多支出700多万苏丹镑,外贸逆差从1961年的1960万苏丹镑增长到1964年的2490万苏丹镑。与此同时,随着对社会经济越来越广泛的支配和干预,政府机构日益庞大,政府收不抵支现象逐渐明显,阿布德政府不仅采取措施禁止资金外流,通过加征新税和提高糖价来缓解财政危机,还被迫向外举债来解决财政困难。②

---

① P. M. Holt and M. W. Daly, *A History of the Sudan: From the Coming of Islam to the Present Day*, Pearson Education Limited, 2011, p. 121.

② 宗实:《苏丹》,世界知识出版社1965年版,第44—45页。

第二章　议会制政府与军政府的轮替治理（1956—1969）

其二，相关政策和决定缺乏长远科学规划，经济发展缺乏活力且浪费严重。阿布德政府将大约93%的灌溉地区纳入政府修建和管理的国有工程，包括著名的杰济拉项目，很多民生领域的私有企业被收归国有，导致整体生产效率低下。很多水利工程和大型项目建设缺乏合理规划，造成了资源的严重浪费。为因应纳赛尔水库建设移民而开建的系列工程，大多演变为新的贫民区和工程废墟。最高时可灌溉46万费丹的新哈勒法工程在建成数年后便萎缩了40%，已经无法提供足够的工程灌溉用水。[1]

其三，军官集团利用国家机器为自身服务，好大喜功地兴建军队项目并从中牟利，不仅影响了国家的经济发展，使得政府的信誉受到损害；而且长远地损害了军队的专业性，强化了军队在国家政治生活中经济话语权重，加剧了苏丹国家文官政府和军政府的恶性循环，影响国家的发展进程。

三　不结盟的中立外交

阿布德政府对外政策的主要特点是不结盟和面向非洲。这一时期，苏丹坚持不结盟、反对军事集团、清除外国基地和谴责军备竞赛的基本政策，没有加入两大阵营的争夺，与美苏均保持一定的距离，竭力避免与他国发生意识形态冲突，努力消除威胁非洲的外国影响，积极参与泛非主义运动。

苏丹与英法的关系出现波折。苏丹与英国的矛盾主要集中在两个方面：一是英国支持失势的乌玛党及安萨尔教派与军政府进行斗争；二是英国同情和支持南苏丹的分裂势力，导致南方的分裂活动从1963年开始不断加剧。1962年5月，阿布德政府开始限制基督教在南方的活动，并以不延续签证的方式驱逐了200多名西方传教士，理由就是他们进行颠覆活动，这种做法导致了英国政府的严厉批评。[2] 尽管如此，英国仍是苏丹当时最大的贸易对象。1961年，法国在撒哈拉沙漠进行核爆炸试验，苏丹政府进

---

[1] 刘鸿武、姜恒昆编著：《苏丹》，社会科学文献出版社2008年版，第237—239页。
[2] 宗实：《苏丹》，世界知识出版社1965年版，第94页。

行了强烈抗议,一度召回了驻法大使。

苏丹与美国的经济联系极为紧密。1958—1963 年,美国先后向苏丹提供了 7040 万美元贷款,主要用于苏丹的发展计划、技术援助、人员训练和进口支出等。1964 年 2 月,苏丹政府驱逐了 50 多名美国传教士,两国关系一度陷入紧张。另外,苏丹政府对刚果内战的态度也深受美国影响,支持 1960 年联合国关于出兵干涉刚果的决议,提供 1 个营的军队加入联合国警察部队,封锁与刚果的边境,阻止亚非社会主义国家通过苏丹援助刚果。①

苏丹与苏联的关系也有一定的发展。1960 年,苏联报刊载文纪念苏丹独立四周年,称赞苏丹政府实行独立的外交政策,赞扬苏丹经济取得的巨大成就。1961 年 7 月,阿布德总统访问苏联,苏联同意提供 2000 万卢布(约合 800 万苏丹镑)的长期贷款和技术援助。10 月,苏联派贸易、经济和技术代表团先后访问苏丹。11 月,勃列日涅夫访问了苏丹。受政治回暖带动,苏丹与苏联的经贸关系也有一定进展。1958—1962 年,苏丹向苏联出口的商品价值从 4000 苏丹镑增加至 358.9 万苏丹镑,进口商品价值从 16.6 万苏丹镑增加至 292.6 万苏丹镑。②

苏丹与南斯拉夫关系比较密切。1959 年 2 月,铁托访问苏丹,双边关系从公使级升格为大使级,苏南双方随后签订了文化、经济、科学和技术合作等多项协定。1960 年 7 月,阿布德总统回访南斯拉夫。1962 年 2 月,铁托再次访问苏丹。1962 年 4 月和 6 月,苏丹武装部队前副总司令和宣传劳工部长先后访问南斯拉夫。1963 年 12 月,南斯拉夫联邦执行委员会副主席韦尔科·泽科维奇访问苏丹。③

苏丹与埃及关系在阿布德政府时期取得了较大突破,标志性事件就是《1959 年尼罗河水资源协定》的签订。出于对《1929 年尼罗河水资源协议》的不满,苏丹自独立以来一再主张重新修订该协议。1956—1958 年,苏丹多次谴责埃及修建阿斯旺大坝,要求重新修订 1929 年协议,甚至以不

---

① 苏联科学院非洲研究所编:《非洲史:1918—1967》,上海人民出版社 1974 年版,第 332 页。
② 宗实:《苏丹》,世界知识出版社 1965 年版,第 56 页。
③ 宗实:《苏丹》,第 96 页。

第二章　议会制政府与军政府的轮替治理（1956—1969）

执行1929年协议回应埃及停止资助鲁塞里斯大坝的修建。1959年3月，阿布德政府开始与埃及谈判，11月签署《1959年尼罗河水资源协定》。根据该协定，埃及提供1500万美元弥补苏丹因为瓦迪哈勒法移民所造成的亏损；苏丹每年的尼罗河水额度从40亿立方米增长至185亿立方米，埃及则从480亿立方米增长到555亿立方米；如果将来出现其他国家针对尼罗河水资源的诉讼，苏埃两国将以联合体的形式共同与之谈判。①

1959年签订的用水协定导致了两个严重后果：其一，埃及提供的移民赔偿款杯水车薪，苏丹被迫大幅缩减对外迁5万多名努比亚移民的安置费用，导致发生暴力示威游行。其二，1959年协定将尼罗河水分为苏埃两国使用及自然损耗三部分，开启了两国在河水分配上的长期互惠关系，鲁塞里斯大坝和阿斯旺大坝的修建分别得到对方的支持，苏丹的鲁塞里斯大坝于1966年完工。但1959年协定没有包含其他沿岸国家的利益关切，也没有为气候、人口增长和经济变化留出修正空间，导致尼罗河流域新独立国家的不满。埃塞俄比亚首先发难，强调对自己领土上的尼罗河水享有权利，并开始与美国合作开发其水资源。

四　十月革命与阿布德政府的终结

苏丹1956年的独立是南北方妥协的结果，在双边关系中占据主导地位的北方却不仅未能在独立后兑现成立联邦政府的承诺，反而基于历史惯性和现实地位而毫不掩饰对南方的蔑视和优越感。和此前的议会制政府一样，阿布德政府同样认为，他们能够通过实施严格的同化政策实现民族融合和国家统一，因而延续了此前议会制政府针对南方的阿拉伯—伊斯兰化方案，不仅坚决禁止基督教传教士设立新的学校或者在教堂之外从事活动，那些去国外休假的传教士因为签证得不到续签而被迫离开苏丹；而且强硬推行阿拉伯身份和阿拉伯语、实施针对非穆斯林民众的伊斯兰化措施，开办了6所中级伊斯兰学院（学校），建造清真寺并将安息日由周日

---

① Robert Collins, "History, Hydro Politics and the Nile: Myth or Reality?" in Howell and Allen, eds., *The Nile: Sharing a Scarce Resource*, Cambridge University Press, 1994, p.121.

改至周五等。1962年5月，阿布德政府颁布《传教士社团法令》，规范基督教社团的活动。多数南方民众陷于痛苦的沉默，许多南方政治家以及赤道州受过教会培训的南方人逃亡到乌干达，于1961年创立了苏丹基督教协会（SCA）。整个南方处于动乱升级的前夜，但北方的官员们对此却麻木不仁，没有做出任何努力以抚慰阿拉伯—伊斯兰化带给南方人的屈辱和愤怒，原本规划在南方实施的很多发展项目被取消或者转移至北方。[①] 1963年，阿尼亚尼亚运动兴起，南方开始对北方进行零散的武装袭击。

1964年9月，阿布德政府组建委员会调查南方动荡原因并寻求解决办法，邀请各界广泛参与讨论。10月中旬，南北方的紧张关系愈演愈烈，民众对阿布德政府的不满逐渐加深。10月21日傍晚，大学联合会学生开会讨论南方问题，猛烈抨击阿布德政府，认为它不可解决南方问题。阿布德政府随即决定取消后续会议。10月22日，愤怒的学生在校园中开会，遭到警察镇压，数名学生受伤，其中一名学生伤重不治，当晚死于医院。次日，愤怒的学生抬着死亡学生的尸体上街游行，有超过3万人的示威游行队伍为其送葬。喀土穆爆发了大规模的示威与暴动，工人罢工，商人罢市，军队和警察难以控制秩序。

全国专业人士阵线的成员主要是教师、学生和律师等知识分子阶层，它计划于10月25日组织的大规模游行示威得到了高等法院的正式批准。一些工会组织迅速跟进，号召工人进行总罢工，示威活动很快从喀土穆波及许多州级城镇。在这一过程中，传统的宗教政党处于被取缔和打压状态，苏丹共产党积极联合其他政党的文官政治家，组建了带有鲜明左翼色彩的"全国联合阵线"（UNF），并与持不同政见的军官们建立联系。因为在游行示威中又有20人被打死，军队在镇压民众示威游行的态度上出现分歧，下级军官同情人民，高级军官坚持无限制地投入部队进行武力镇压，阿布德总统对民众运动的立场相对比较克制。10月26日，阿布德宣布解散最高委员会，开始与全国联合阵线谈判。10月30日，双方在激烈谈判

---

① ［美］罗伯特·柯林斯：《苏丹史》，徐宏峰译，中国大百科全书出版社2010年版，第89—90页。

第二章　议会制政府与军政府的轮替治理（1956—1969）

后达成协议，成立过渡政府，由阿布德担任总统，喀土穆职业技术学院院长及南方教育委员会前代理副秘书长希尔·哈利法（Sirr al-Khatim al-Khalifa）担任过渡总理。过渡内阁共有14名成员，其中专业人士阵线成员7名，南方人2名，乌玛党、民族联合党、人民民主党、穆兄会、苏丹共产党各1名。11月15日，阿布德总统告老去职，"全国联合阵线"领导人和军队指挥官们选举希尔·哈利法作为过渡政府总理。由此，苏丹进入了第二届文官政府执政时期。

1964年的十月革命，是一场不流血的民众革命，在苏丹民主化进程中具有标杆意义。十月革命是一场由学生、市民和中产阶层为主体的民主运动，是阿布德政府上台以来参加人数最多、规模最大、冲突最激烈的一次民主势力与威权势力的对抗，但是斗争方式相对和平，市民和军队、警察的暴力均控制在很小的范围内，实现了政权平稳转型，影响深远。"记住十月革命"成为1985年不流血地推翻尼迈里军政权的战斗口号，并且在以后苏丹社会的历次政治动员中发挥着重要作用。[①]

第三节　第二届议会制政府的治理实践

第二届议会制政府按照1956年颁布的过渡宪法运作，开放党禁，重开议会，试图通过建立一个南北方各界联合的政府来结束内乱和冲突。但是在实际的运作过程中，第二届议会制政府不仅从建立之初就陷入了复杂的权力斗争中，表现出比第一届议会制政府更鲜明的派系政治特征。所有的政党都有教派、种族和地域背景，北方的穆斯林政治精英们极力强化阿拉伯—伊斯兰因素的政治优势，有势力的教派家族以及部落领袖继续主导着苏丹政坛，因之展开的复杂的派系政治争斗再次成为苏丹政治发展的基本色调。

一　派系政治导致政府更迭频繁

第二届文官政府时期共有四任总理，分别是希尔·哈利法

[①] [美]罗伯特·柯林斯：《苏丹史》，徐宏峰译，中国大百科全书出版社2010年版，第93页。

(1964.10—1965.6)、穆罕默德·马哈古卜（Muhammad Ahmad Mahgoub，1965.10—1966.7）、萨迪克·马赫迪（1966.7—1967.5）、穆罕默德·马哈古卜（1967.5—1969.5）。

哈利法总理是哈特米亚教派信徒，但与安萨尔教派联姻，被认为是安全的候选人。[1]他领导着一个过渡联合政府，15个部长职位中的8个被分配给全国专业人士阵线，两个部长职位给了无党派的南方人士。所有的传统政党和教派因为在推翻军政权的过程中没有发挥多大作用，总共只占据了5个部长职位。[2]此后，随着开放党禁，苏丹国内的政党日益活跃。在北方，传统政党和教派，无论是安萨尔教派的乌玛党，还是哈特米亚教派支持的民族联合党和人民民主党，都因为拥有基于宗教和部落纽带的较多民众支持而重新获得对苏丹政治发展的话语权。南方地区出现了主张在统一国家范围内实现南方自治的温和派政党，有代表性的两个分别是"苏丹非洲民族联盟"（SANU）和"南方阵线"（SF），前者主要在难民营和游击队中活动，领导人是威廉·邓（William Deng）和天主教牧师拉胡尔（Saturino Lahura）；后者主要在南方各地公开活动，领导人是帕亚萨玛（Stanislaus Payasam）。[3] 1965年2月初，乌玛党发动大量安萨尔派民众涌入喀土穆，他们占据街道，高唱战歌，呼吁举行直接选举。过渡政府内部也因为意见分歧而趋于瓦解，苏丹共产党的代表过于关心自身利益而不是改革进程，工程师和医生代表的专业人士阵线与政府渐行渐远。1965年2月18日，内阁请辞，总理哈利法一周后重组内阁，由乌玛党、民族联合党以及新成立的伊斯兰宪章阵线控制了新内阁。

新内阁首先对选举制度进行改革，废除了主要由谢赫和部落酋长们把持的参议院，授予妇女投票权并把投票年龄降至18岁，南方地区因为实行紧急状态而暂不进行选举。苏丹当时登记在案的政党有15个，各自的政治

---

[1] W. J. Berridge, *Hasan al-Turabi: Islamist Politics and Democracy in Sudan*, Cambridge University Press, 2017, p.73.
[2] 刘鸿武、姜恒昆编著：《苏丹》，社会科学文献出版社2008年版，第128—129页。
[3] 南方地区同时也出现了一些激进派组织，如"阿扎尼亚解放阵线"（Azania Liberation Front）等，主要在乌干达等邻国活动，其群众基础是流亡海外的苏丹人，对苏丹内政的实际影响并不大。

第二章 议会制政府与军政府的轮替治理（1956—1969）

倾向与 1958 年基本相同。马赫迪主义盛行的达尔富尔、科尔多凡、南尼罗河诸州的农村地区是乌玛党的稳固阵地，民族联合党在北方尼罗河流域的沿岸城镇根基深厚。预定的全国大选时间是 1965 年 3 月，后来因为南方安全环境的恶化而决定在所有可以投票的地方进行选举。人民民主党拒绝接受该决定并抵制了这次选举。1965 年 4 月底，投票正式进行，投票人很少，选票上的候选人也很混乱。根据投票结果，乌玛党获得了 76 个席位，民族联合党获得了 54 个席位，伊斯兰宪章阵线获得了 5 个席位，共产党获得了 8 个席位，有 24 个无党派人士当选，抵制大选的人民民主党获得了 3 个席位（有 3 个代表私自参选）。在议会选举后，乌玛党和民族联合党控制了议会的大多数，二者联合组建新一届政府，乌玛党领导人穆罕默德·马哈古卜担任总理，哈特米亚派支持的民族联合党领袖伊斯梅尔·阿扎里成为最高委员会的永久主席和国家元首。[①] 苏丹恢复了 1956—1958 年实行的议会民主制。

马哈古卜是乌玛党的重要领导人，法律专业毕业，外交手腕娴熟，但敏感而虚荣，拒斥不同意见。马哈古卜推崇阿拉伯—伊斯兰文明，主张泛阿拉伯的统一，将国家整合理解为用战争手段消除南方的抵抗，主张对南方采取歧视和高压政策，认为苏丹南方的非洲人唯一能听懂的语言就是武力，因而在很多时候被看作北方阿拉伯主义的象征。[②] 在出任总理后，马哈古卜加速推行阿拉伯—伊斯兰化进程，将在南方进行的战争看作反对分裂企图的战争，不惜大肆举债增加军饷扩充军备，指令军队全力镇压南方叛乱，清剿叛军营地，焚毁庄稼、家畜、教堂和民房，关闭学校，朱巴和瓦乌遭到了严重破坏。[③] 与此同时，马哈古卜粗暴地对待北方的其他政党，例如抵制议会选举的人民民主党和主张激进的苏丹共产党等。1965 年 10 月，乌玛党和民族联合党因为争夺对外交事务的主导权而导致联盟崩溃。

[①] P. M. Holt and M. W. Daly, *A History of the Sudan: From the Coming of Islam to the Present Day*, Pearson Education Limited, 2011, p.126.

[②] Francis Mading Deng, *War of Visions: Conflict of Identities in the Sudan*, Washington, Brookings Institution Press, 1995, p.353.

[③] LaVerle Berry (ed.), *Sudan: A Country Study*, Federal Research Division, Library of Congress, 2015, p.35.

1965年11月，穆斯林兄弟会要求取缔苏丹共产党，议会随即通过一项宪法修正案，宣布共产主义不合法，取缔了苏共并将其财产充公，议会中的11个苏共议员也被罢免。①

自负的马哈古卜总理强硬地处理南方事务，粗暴地对待其他政党，却忘记了他只是乌玛党的重要领导人之一而非绝对领袖。事实上，马哈古卜总理遇到了更有资格和能力的竞争者，即乌玛党的新领导人萨迪克·马赫迪。萨迪克是马赫迪的曾孙，拥有家族传承的深厚宗教背景和人脉，既被传统的苏丹民众所接受，又得到城镇知识精英阶层的认可，加之他在十月革命中的积极作用，在当时几乎就是现代苏丹人的典范。1965年12月，萨迪克年满30岁，具备竞选议员资格，很快在青尼罗州补选中获胜。在担任议员后，萨迪克与民族联合党合作，对马哈古卜总理的批评逐渐增多。1966年7月，因为马哈古卜拒绝下台，萨迪克与民族联合党一起在议会发起了对内阁的不信任案，最终以126票赞成、30票反对、15票弃权获得通过，马哈古卜被迫下台。7月27日，萨迪克正式组阁，成为联合政府的新总理。②

萨迪克的总理任期很短，仅仅维持了10个月，但充分展示了一个有作为年轻政治家的远见卓识。首先，萨迪克反对宗教宗派主义，突破了苏丹政治家惯有的狭隘的利益局限，任命一批年轻而有能力的人才担任部长职务，力图通过发展经济来减少地区差异，这为他在非乌玛党派以及某些南方的政治家中间赢得了尊重甚至崇拜。其次，虽然萨迪克也认为苏丹南方根本就不存在文化，认为南方人必须接受阿拉伯—伊斯兰化③，但他愿意承认南方各省自治，建议通过设立总统和由南方人担任副总统来取代最高委员会，利用他对南方领导人的个人亲和力来策划同反叛

---

① P. M. Holt and M. W. Daly, *A History of the Sudan: From the Coming of Islam to the Present Day*, Pearson Education Limited, 2011, p. 126.

② [美]罗伯特·柯林斯：《苏丹史》，徐宏峰译，中国大百科全书出版社2010年版，第102页。

③ Dunstan M. Wai, *The African-Arab Conflict in the Sudan*, London: African Publishing Company, 1981, p. 117.

第二章　议会制政府与军政府的轮替治理（1956—1969）

者达成和平协定。① 最后，萨迪克首次提出了超越教派传统的国家议程，谋求制定一部永久宪法来代替1955年颁布的久拖不决的过渡宪法，任命的宪法起草委员会42名成员中有7名是南方人。② 新起草的宪法是带有伊斯兰倾向的混合宪法，提出了一条较少争议的中间道路，提交给计划于1968年1月15日召开的制宪国民代表大会通过。

1967年3月，苏丹在此前被延期的36个南方选区举行小规模的议会选举，萨迪克领导的乌玛党赢得了15个席位，拥护联邦制的苏丹非洲民族联盟获10个席位，民族联合党占5个，剩余的席位被统一和自由党以及无党派人士获得。虽然萨迪克总理的诸多施政举措有利于苏丹的长远发展，民众也通过选举投票表明了支持态度，但限于苏丹社会发展多重内在因素的制约，在当时却激起了联合政府内部的激烈内斗，最终动摇了他本人在议会中的地位。首先，乌玛党的公开分裂和激烈内斗削弱了萨迪克的支持基础。萨迪克·马赫迪是乌玛党的官方领导人，伊玛目哈迪·马哈吉卜（Hadi al Majub）是乌玛党的保护人，乌玛党的多数派效忠于年轻的萨迪克，马哈古卜领导的传统派则以伊玛目哈迪为精神领袖，另有一小部分人支持图拉比的伊斯兰宪章阵线。因为萨迪克主张通过立宪来保障宗教信仰自由，拒绝宣布苏丹为伊斯兰国家，哈迪领导的乌玛党传统派借此公开反对萨迪克。其次，萨迪克在政治、经济和社会问题上的渐进执政理念和具体施政措施也受到了其他势力和政党的反对。苏丹共产党等左翼组织和工会要求建立社会主义国家，在1966年12月联合部分军官发动未遂政变。1967年5月，阿扎里领导的人民民主党反对萨迪克对南方的让步，宣布退出联合政府，与乌玛党哈迪派联手在议会发起不信任投票。风华正茂且很有想法的萨迪克总理被迫于1967年5月15日下台，他在当时被寄予厚望、多年后也被证明很有必要的许多举措随即中断，他本人也日益沉浸于苏丹社会根深蒂固的派系政治泥潭而无法自拔。

---

① LaVerle Berry (ed.), *Sudan: A Country Study*, Federal Research Division, Library of Congress, 2015, p. 36.
② P. M. Holt and M. W. Daly, *A History of the Sudan: From the Coming of Islam to the Present Day*, Pearson Education Limited, 2011, p. 126.

马哈古卜再次出任联合政府的总理，领导着由民族联合党、人民民主党、三个南方党派以及乌玛党传统派组成的联盟，但权力基础并不巩固。占议会多数席位的乌玛党萨迪克派极力阻挠马哈古卜政府施政，双方斗争激烈，甚至出现总理解散议会而议会拒绝解散的两个政府同时运作情况。1968年初，应军方高层要求，苏丹最高法院开始干预同时运作的两个政府，裁决解散马哈古卜政府并在1968年4月举行新议会选举。

1968年4月的议会选举结果导致了新的权力格局。阿扎里早在1967年12月就将民族联合党和人民民主党合并组建成民主联盟党，趁着乌玛党的内部分裂而获得议会选举胜利，赢得了101个席位。乌玛党因为内部纷争而大幅落败，乌玛党哈迪派获得了36个席位，乌玛党萨迪克派只赢得30个席位，萨迪克本人也因为选举失败而丧失了作为乌玛党传统派竞争对手的地位。南方各党派的表现差强人意，苏丹非洲民族联盟和南方阵线总共获得25个席位，与它们宣称的期望选票严重不符。由于毕业生选区再次被废止，伊斯兰宪章阵线表现糟糕，只赢得了代表喀土穆的3个席位。

因为都没有达到议会多数，所以由民主联盟党同乌玛党传统派联合组阁。乌玛党传统派得到了总理及4个部长职位，马哈古卜继续出任总理。联合政府的施政纲要包括改组政府部门，同阿拉伯世界建立密切联系以及重新努力发展经济，尤其是南方各州的经济，同时接受了苏联的军事、技术及经济援助。乌玛党萨迪克派组成了一个很小的议会反对派，当它拒绝参与完成已经延期了10年的宪法草案时，政府以查封其报纸并禁止亲萨迪克分子在喀土穆举行示威游行来进行报复。1968年底，乌玛党的两个主要派别同意支持伊玛目哈迪参加1969年的总统选举，民主联盟党则推出党魁阿扎里参加竞选。共产党和其他左翼组织团结一起支持前大法官巴比克尔·阿瓦达拉（Babikr Awadallah）竞选总统，因为后者曾否决了苏丹政府将共产党定为非法组织的要求。①

宪法问题始终是困扰第二届议会制文官政府的难题。独立后的苏丹继承了英国殖民统治时期的宪政制度遗产，历届文官和军人政府也都把宪法

---

① 刘鸿武、姜恒昆编著：《苏丹》，社会科学文献出版社2008年版，第132页。

第二章　议会制政府与军政府的轮替治理（1956—1969）

制定放在突出位置，先后制定过五部宪法，但出发点都是巩固自己的统治而不是寻找国家共识，宪法制定和实施的稳定性很差，各部宪法间的传承关系复杂多变，军人执政时期往往就是宪法对国家政治生活规定与影响的实质性中断期。1958 年的军事政变停止了 1955 年临时宪法，国家最高委员会也被解散，将武装部队最高委员会规定为苏丹最高权力机构，具有全部的立法、司法和行政权，并对武装部队具有最高统帅权。1963 年，有名无实的中央咨询会议成立。1964 年 10 月，阿布德军政权被推翻，过渡政府宣布实施经修改后的 1955 年临时宪法。① 1968 年 5 月 27 日，制宪会议召开，民主联盟党主席阿扎里当选最高委员会主席。北方穆斯林精英们控制了制宪会议，南方人、非穆斯林及非宗教政党的利益被忽视。1969 年 5 月 17 日，乌玛党和民主联盟党发表联合声明，就拖延已久的宪法问题达成了政策性和原则性共识，宣称苏丹宪法即为伊斯兰教法，新的永久宪法将于 6 个月内颁布。

这个联合声明似乎让宪法问题面临转机，但它实际上却是一场新革命的导火索。其一，联合声明将伊斯兰教法定义为宪法，这激起了世俗主义者、南方民众以及其他左倾势力的强烈反弹，他们迅速掀起全国性的抗议声浪。其二，联合声明再次引发了民众对苏丹文官政府混乱、腐败和低效的强烈不满。苏丹政治的派系特性很强，教派、部族、地域等因素深刻融入了国家政治生活，各方的贪婪权欲、个人野心及利益争夺整体上恶化了苏丹的政治氛围。教派领袖世袭且受过良好教育，兼有传统与现代的二元性。但他们的政治主张保守，不愿意采取果断措施变革社会，组成的政府也软弱不堪。议员们热衷于钩心斗角和幕后操纵，企图用票数优势压制少数群体，对国家面临的紧迫问题并不关心。苏丹社会普遍渴望出现一个强有力的军人政权，用装甲车的轰隆声扫除政坛的混乱和龌龊，甚至来一场革命扫除所有的腐弊。② 而事实上，因为认定无能低效的文官政府不能真正解决国家的经济和地方问题，无力制定一部国家的永久宪法，以加法

---

① 刘鸿武、姜恒昆编著：《苏丹》，社会科学文献出版社 2008 年版，第 156 页。
② Abdel Wahab El-Affendi, *Turabi's Revolution: Islam and Power in Sudan*, Grey Seal, 1991, p. 91.

尔·穆罕默德·尼迈里为首的年轻军官们决定按照自己的理解给出解决方案，于1969年5月25日发动军事政变并夺取了政权，改国名为苏丹民主共和国。第二届文官政府结束，苏丹进入了第二届军人政权统治时期（1969—1985）。

二　迟缓的经济和社会发展

在1960年代，苏丹的社会经济继续缓慢发展，国内生产总值增长了大约44.6%，民众平均收入从1960年的86美元增至1969年的104美元。首先，政府大力兴修水利、鼓励种植等措施扶植农业生产，同时重点推动棉花出口。这些措施效果明显，政府财政收入从1964—1965年的7400万苏丹镑增长至1967—1968年的9200万苏丹镑，1969年的农产品出口收入占总收入的97.2%。[①] 其次，苏丹政府颁布经济法规，通过国有化等手段发展以农牧产品为主要加工对象的轻工业，期待改变廉价原料出口和高价商品进口的不利局面。1965年，苏丹创办工业发展公司，负责管理政府投资。1966年，政府回购了苏丹国营轮船公司中的南斯拉夫股份，将轮船公司收归国有。1967年，政府颁布《工业企业与促进投资法案》，大力吸引和鼓励国内外的私人投资。1968年，政府开始着手管制境内的外国公司，初步实现国有化，在金属冶炼和水泥生产等领域有所发展。

农业是苏丹的经济支柱，农业人口超过全国总人口的80%，1960年代的苏丹农村逐渐形成了一个金字塔状的农村经济结构。处于最上层的是国家政治权贵和各地的地方领袖，他们大多居住在首都喀土穆和各地大城镇，利用权势在加达里夫东部地区、青尼罗河流域以及科尔多凡等地占有或者租赁了大片土地，聘请专业管理者确保农场运转，通过机械化耕作创造了可观的财富，成为富裕的"外居地主"阶层。紧随其后的新土地所有者是地方行政官员以及拥有充足资本的商人，他们从市场上购置了白尼罗河和青尼罗河两岸的大片土地，添置抽水工程，雇用农民种植棉花从中谋

[①] P. M. Holt and M. W. Daly, *A History of the Sudan: From the Coming of Islam to the Present Day*, Pearson Education Limited, 2011, p. 128.

第二章 议会制政府与军政府的轮替治理（1956—1969）

利。还有一些新土地所有者是当地的农民，大约相当于农村人口的1/3，他们用做小生意以及跑运输积攒的储蓄购买600费丹大小的小型农场，带领全家共同劳作，其中大部分依赖自然降雨，只有一小部分有抽水工程。大约1/2的农村人口处于这个金字塔体系的最底层，他们拥有30—60费丹的小块田地，大多是贫苦农民，过着延续了几个世纪的传统生活。

自独立以来，尼罗河沿岸的栋古拉人和贾阿林人在苏丹社会的商业化过程中一直就发挥着重要作用，形成了颇具影响力的"杰拉巴"商业社团。这些商人们大多定居在喀土穆和其他一些重要城市，利用在财政和商业部门中同族人较多的便利条件获得了更多的商业许可和利润来源，进而将他们的商业利润通过向次一级的商人提供融资扩展为实质性的投资。不仅如此，这些商业社团精英还主动与有权势的中央和地方首领联姻，形成了具有血缘性、种族性、联姻性等特点的家族企业集合体，其中每一个企业都忙于从市场这块蛋糕中分得更大份额，利用各种手段获得竞争优势。①

发展资金匮乏是苏丹经济发展的最大障碍，这导致许多发展项目难以为继。1968年，苏丹国有企业整体亏损3100万苏丹镑，资本外逃5200万苏丹镑。更致命的是，由于南方的叛乱和随之而来的长期惨烈内战，政府的经常性支出远超收入，1965—1969年的外汇储备从6500万苏丹镑迅速下降到1400万苏丹镑。政府财政捉襟见肘，只能依靠扩大财政赤字和举借外债维持运转，虽然缓解了燃眉之急，债务水平却从1965年的390万苏丹镑提高到1969年的4600万苏丹镑，不仅带来了巨额财政负担，还导致国家经济易被外国资本渗透与控制，加剧了经济的不稳定性。②

苏丹兼具阿拉伯国家和非洲国家双重属性，这一时期的外交相对积极。整体上是亲欧美资本主义国家，但逐渐与社会主义阵营开展军事与经济合作，面向中东和非洲的倾向越来越明显。首先，积极参与阿拉伯国家事务。1967年6月，第三次中东战争爆发，苏丹在战争期间大力支持埃

---

① ［美］罗伯特·柯林斯：《苏丹史》，徐宏峰译，中国大百科全书出版社2010年版，第104—105页。
② Dunstan M. Wai, *The African-Arab Conflict in the Sudan*, London, African Publishing Company, 1981, p. 117.

及，因为不满西方国家支持以色列而宣布与美国断交（1972年复交），战争结束后在首都喀土穆主办第四次阿盟首脑会议，推动埃及首次与沙特和约旦等国站在一起，主张用政治手段解决阿以冲突，共同提出了阿拉伯国家对以色列政策"不承认、不和解、不谈判"的"三不政策"。也门内战（1962—1970）是也门国内共和派与王室派之间的战争，因为埃及和沙特的介入而带有国际色彩。苏丹一直积极参与调停也门内战。1963年，苏丹在调停埃及与沙特撤军方面做出了一定贡献。在1967年8月的喀土穆会议上，苏丹推动纳赛尔和费萨尔就实现也门和平达成协议。[①] 其次，倡导泛非主义。泛非主义是非洲的民族主义，既是一种思想理论，又是一种政治运动。苏丹第二届文官政府在理念上认同泛非主义运动。1969年4月16日，苏丹等14国在赞比亚首都卢萨卡召开东非和中非国家会议，明确反对南非的种族歧视，呼吁用和平方式解决非洲问题，表明了反对种族主义统治的决心，同时也得到了国际社会的广泛支持。[②] 最后，苏丹政府把支持邻国的分离主义势力当作外交博弈手段，同时却坚决反对邻国对一国内南方分裂势力的支持，这导致其与周边邻国关系一直比较紧张，与乍得和埃塞俄比亚甚至一度发生武装冲突。从整体上看，苏丹外交政策的初衷是营造良好的周边和国际环境，然而，由于对南方反抗势力的镇压和对立矛盾的外交政策，苏丹这一时期的外部环境并不理想。

三 南北内战和圆桌会议

苏丹的独立喜悦夹杂着南方人的不满和叛乱隐患，但阿扎里政府（1956.1—1956.7）既未满足南方人建立联邦制国家的政治诉求，也未给予南方人平等参与国家管理的权利，反而大力推动南方的阿拉伯化，用恐吓、监禁、公开处决和任意逮捕等高压措施清算叛乱分子，强行将一套阿拉伯化方案纳入南方的国民教育体系。北方军队开始代替南方军队驻扎在南方各要塞，赤道军团的番号在1955年10月被撤销，南方的北方籍教师

[①] Asher Orkaby, *Beyond the Arab Cold War: The International History of Yemen Civil War*, 1962 - 1968, Oxford University Press, 2017, pp. 107, 197.

[②] 舒运国：《泛非主义史（1900—2002）》，商务印书馆2014年版，第166—167页。

第二章 议会制政府与军政府的轮替治理（1956—1969）

配备了枪械，南方无辜的百姓遭到了肆意恐吓、拷问和杀戮。① 南方籍官员动辄被怀疑并身陷囹圄，北方军警在南方肆意妄为却拒绝接受传统法庭的审判。1957 年，约有 1 万座房屋被苏丹安全部队焚毁，赤道州伊耶镇在一天之内就有 700 多间民房被焚毁。南方政治家生活在深深的恐惧中，民众则大量向邻国逃亡。托里特（Torit）兵变揭开了第一次南北内战的序幕。

阿布德政府（1958.11—1964.10）将第一届文官政府的阿拉伯化政策演进为阿拉伯—伊斯兰化。在政治上歧视南方人，从中央到地方各级政府中很少有南方人任职。在经济上重北轻南，南方获得的水利和公共事业预算额是北方的 1/9，北方人掌握着主要工商企业的领导权。在文化教育上采取同化政策，强制在南方推行阿拉伯—伊斯兰化，大力扩建伊斯兰教经学院，强迫南方黑人学习阿拉伯语，绝大部分初等、中等学校都集中在北方，南方一所高校也没有。北方人几乎垄断了所有就业机会，南方人只能在城市中从事繁重的体力劳动。

1962 年，阿布德政府颁布《传教士社团法令》，限制南方基督教的发展。1963 年，阿布德政府在南方到处搜寻和打击反政府势力和危险分子，南方各州笼罩在恐怖的气氛中，包括妇女和儿童在内的 600 多名南方人遇害，100 多人被逮捕。仅上尼罗州和赤道州就有 300 多个村庄的 5000 户房屋被烧毁。② 1964 年 2 月，阿布德政府开始驱逐南方传教士并镇压南方宗教人士，在国外度假的传教士无法返回苏丹，南方籍国会议员的活动受到限制。8 月，上尼罗州的科多克（Kidok）成为恐怖统治中心，当地的教师遭受讯问，许多人受伤或丧命。1965 年，政府在朱巴和瓦乌大开杀戒，波及知识分子、普通群众甚至儿童。

从 1962 年开始，越来越多的南方籍政府职员、教师潜入丛林开展反抗斗争。这些新的反抗者大多受过初等或中等教育，他们与先前的赤道兵团叛乱者一起组成了阿尼亚尼亚运动，主要斗争目标是通过武装斗争解放南

---

① Scopas S. Poggo, *The First Sudanese Civil War*: 1955 – 1972, Palgrave Macmillan, 2009, p. 53.
② 宗实：《苏丹》，世界知识出版社 1965 年版，第 89—90 页。

方地区。阿尼亚尼亚游击队在成立时装备简陋，仅有从南方逃兵、警察手中获得的枪支。1962—1963年，游击队主要采取小规模袭扰战术，孤立的警察局是其主要袭击目标。1964年1月，一支阿尼亚尼亚武装袭击了加扎勒河州府瓦乌，杀死了10多名士兵，缴获了大量的自动武器。这是阿尼亚尼亚游击队对南方州府城市发动的第一次真正攻击，标志着遍布整个南方地区零星的但缺乏协调的攻击的开始。1964年底，阿尼亚尼亚游击队总人数已达5000人，拥有100支来复枪和一支火箭筒。[1]

1961年，苏丹基督教协会在乌干达成立，协会领导人是萨托尼诺·洛赫尔（Saturnino Lohure）神父和拉图卡族教师约瑟夫·奥杜哈（Joseph Oduha Aworu），后来吸收了来自加扎勒河州的丁卡族官员威廉·邓。1962年，流亡国外的南方政治家成立了苏丹非洲封闭区民族联盟，1964年与苏丹基督教协会合并组建苏丹非洲民族联盟。苏丹非洲民族联盟的主要目标是主张南方完全独立，采取的斗争手段有两种：一是采取各种手段推动苏丹问题国际化，包括向联合国（包括后来的非统组织）提交请愿书、接受新闻采访和分发印刷品等；二是在南方组织游击队袭击北方军队。[2]

1964年10月，在乌干达首都坎帕拉（Kampala），苏丹非洲民族联盟召开第一次国民大会，选举阿格雷·杰登（Aggrey Jaden）为主席，菲利普·雷思（Phillip Pedak Leith）任副主席，约瑟夫·拉古（Joseph Lagu Yakobo）被任命为阿尼亚尼亚运动总司令，授予上校军衔。落选的约瑟夫·奥杜哈另立山头，创建阿扎尼亚解放阵线（Azanian Liberation Front, ALF）。苏丹非洲民族联盟是当时最有影响力的南方政治组织，完全在苏丹国外运转，在苏丹国内未设组织和执行机构，与苏丹国内的南方地下基层抵抗组织没有联系，最终完全沦为流亡政客们争权夺利的斗争场所。事实上，也正是因为没有在南方建立可靠的政治组织，许多阿尼亚尼亚游击队军官严重猜忌和不信任这些受过教育的南方政治家，认为他们在浴血奋战

---

[1] Edgar O'Balance, *Sudan, Civil War and Terrorism, 1956 – 1999*, Macmillan Press, 2000, pp. 37, 43.

[2] Dunstan M. Wai, *The African-Arab Conflict in the Sudan*, London, African Publishing Company, 1981, p. 71.

第二章 议会制政府与军政府的轮替治理（1956—1969）

争取自治或者独立，政治家却在国外高谈阔论享受战斗成果。

平心而论，大多数南方政治家们能力有限，个性自负，视野狭窄，没有确定而清晰的南方前景宏图，沉迷于内部分歧、种族忠诚及思想混乱之中，钩心斗角和分裂是他们的通病。威廉·邓领导的境内苏丹非洲民族联盟主要在难民营和游击队里活动，主张走议会道路，在统一的国家内部以联邦的形式解决南方问题，但这完全是他的个人政治舞台。南方阵线由生活在喀土穆的受过教育的南方人创建，以大流士·巴希尔（Darius Bashir）和克莱门特·姆博罗（Clement Mboro）为代表，主要公开活动于南方各州，在1965年6月正式登记成为一个政党组织。南方阵线发行的时事杂志《警醒》（The Vigilant）有趣而出色，在报道朱巴和瓦乌大屠杀事件之后曾被查禁了6个月，是整个南方运动中很有影响力的宣传平台。

1964年12月6日（星期日），内政部长姆博罗从南方巡回访问归来的飞机延误到达，于是有谣言说是北方人害死了第一位担任重要内阁职务的南方人，喀土穆的南方人随即冲上街头，袭击他们见到的任何一个北方人，最终酿成了导致近百人死亡的种族骚乱。"黑色星期日"事件后，虽然穆斯林精英们因为正在觉醒的民族主义而坚决反对分裂以及南方独立，依然坚持用阿拉伯—伊斯兰化实现国家统一，但喀土穆的许多民众开始认为苏丹北南之间的差别不可调和，如果没有南方，北方的情况会更好，希望从政治上迅速解决南方问题的时机已经到来。12月10日，在"黑色星期日"事件四天后，身为无党派教育家的哈利法总理开始改变前任的高压政策，他在答复苏丹非洲民族联盟的提案中宣布赦免所有1955年1月之后离开国家的苏丹人，确认南北传统与文化的差别不能以暴力解决，同意召开涵盖广泛的圆桌会议解决南方问题。①

经过三个月的紧张筹备，圆桌会议最终于1965年3月16日在喀土穆召开。这是南北双方第一次互相表达主张并有对方倾听的会议，几乎所有的南方政治组织都被邀请与会，包括互为对手的境内外苏丹非洲民族联

---

① ［美］罗伯特·柯林斯：《苏丹史》，徐宏峰译，中国大百科全书出版社2010年版，第94—96页。

盟、南方阵线和其他持不同意见的南方人团体，但最具实际战斗力的阿尼亚尼亚运动未被邀请。所有的北方主要政党都派代表出席了会议，此外，还有来自乌干达、肯尼亚、尼日利亚、坦桑尼亚、阿尔及利亚、埃及和加纳的观察员。

圆桌会议的主要分歧有七项，其中关键的三点是：南方三州是否应该被看作统一的整体，南方是否能够拥有独立的武装力量，南方的议会代表是否有足够权力捍卫南方的自治地位。而事实上，围绕着统一的苏丹应该建立怎么样的国家政体，与会的各方代表，无论是北南之间、南南之间还是北北之间，展开了激烈而复杂的博弈。一方面，当时能左右苏丹形势的北方政党忙于竞选争权，无心和谈，反对任何形式的自决权，要求建立单一制政府，拒绝南方的主张。苏丹共产党支持多样性统一，主张给予南方自治地位。人民民主党态度消极，其领导人拉赫曼（Ali Abdel Rahman）时常缺席会议，导致会议难以进行。伊斯兰宪章阵线认定南方问题就是伊斯兰教和基督教之间的冲突，其领导人哈桑·图拉比的能言善辩和熟谙法律几乎能够推翻任何决议。还有一些政党因为担心参加会议可能被政敌攻击而态度暧昧。另一方面，从主张南方完全独立到呼吁建立联邦制并获得自治权，南方各派意见也不一致，充满猜忌、派系纷争以及个人分歧。苏丹非洲民族联盟主席阿格雷·杰登在致开幕词后直接离开会场返回坎帕拉，未被邀请与会的阿尼亚尼亚运动拒绝和谈。3月25日，被寄予厚望的圆桌会议在10天的谈判后无果而终，随后由南北方代表对半组成的12人委员会也未取得任何实质性成果。圆桌会议的召开为南方自治奠定了基础，成为与1947年朱巴会议一样的历史传说。第二届文官政府（1964.10—1969.5）的南方政策此后也从缓和趋向收紧。

1965年4月，新上台的马哈古卜总理态度强硬，主张用武力镇压南方叛乱，有意回避南方的政治诉求，完全抛弃了过渡政府追求和解的目标。南方局势迅速恶化，数以千计的南方人逃亡至乌干达和刚果，大量的警察、监狱看守、猎场看守人和军队逃兵加入了阿尼亚尼亚游击队。由于得到了溃逃的刚果辛巴军（Simbas）大约6000件（套）自动武器和大量弹药，阿尼亚尼亚游击队成长为拥有现代武器的武装力量，在南方多地建立

第二章 议会制政府与军政府的轮替治理（1956—1969）

营地。1965 年 7 月，阿尼亚尼亚游击队和政府军在朱巴发生大规模武装冲突，政府军宣称有 1018 人丧生（朱巴当时有 4 万人口），阿尼亚尼亚游击队宣称有 3000 多座棚屋被毁。11 月，阿尼亚尼亚的一支小分队偷袭瓦乌的政府军营地，致使 70 名游击队员丧生，政府公布的数字为 250 名。1966 年初，政府军组织 1.5 万兵力扫荡瓦乌的游击队营地，平民成为政府军打击的主要目标。许多村庄被毁，民众纷纷逃往丛林或国外避难。1966 年 5 月，政府对赤道州的阿尼亚尼亚游击队营地进行了大规模扫荡，游击队得知情报后提前撤离，政府军一无所获。①

1967 年 5 月，马哈古卜再次成为联合政府总理，继续对南方施行歧视和高压政策，同年发生的托里特大屠杀和政府空军大规模南下作战令战局更加复杂。马哈古卜政府启动了一项"集体化"政策，以微不足道的补偿将赤道州的农村人口集中到 33 个城镇周边的"和平村"，阻断阿尼亚尼亚游击队从其亲属处获得食物、庇护和支持的途径。在加扎勒河州和上尼罗州，当地政府积极组织民兵武装，利用历史上的种族间对抗来削弱阿尼亚尼亚游击队的力量。这一战略成为南北内战期间政府十分有效的工具之一。②

1967 年 8 月，阿格雷·杰登在昂格迪里（Angurdiri）召开大会，组建苏丹南方临时政府（SSPG）。这是南方举行的首次大型会议，吸引了大量的南方人、阿尼亚尼亚士兵以及政治官员参加，与会者谴责了政治家们无聊的个人纷争，决定建立统一战线。

1967 年底，阿盟喀土穆会议通过了对以色列的"三不"政策，这使得苏丹南北内战越出了苏丹范围，成为沙特、利比亚、埃塞俄比亚和乌干达等国的博弈焦点之一。以色列开始越来越多地为南方提供武器和训练士兵。③ 非统组织和阿拉伯国家联盟积极支持苏丹政府，维护国家统一和领土完整。非统组织拒绝承认南苏丹，坚决反对苏丹南方的分离运动。阿盟

---

① Edgar O'Balance, *Sudan, Civil War and Terrorism*, 1956 – 1999, Macmillan Press, 2000, pp. 38 – 39.
② [美] 罗伯特·柯林斯：《苏丹史》，徐宏峰译，中国大百科全书出版社 2010 年版，第 99 页。
③ Mansour Khalid, "External Factors in the Sudanese Conflict," in Fancis M. Deng & Prosser Gifford eds., *The Search for Peace and Unity in the Sudan*, The Wilson Center Press, 1987, p. 115.

积极支持苏丹镇压南方地区的分裂组织，沙特阿拉伯、埃及等国向苏丹提供了武器和财政援助。

第四节 军事政变与泛政治化社会发展透视

一 苏丹政治发展中的军事政变因素

非洲是全球发生军事政变频率最高的大陆，长期以来也是军人掌控国家政权最多的大陆，1980年代曾有20多个国家的政权为政变军人所控制。始自1990年代的第三波民主化浪潮推动了52个非洲国家的多党制，实现了"选举民主"的基本目标，通过选举方式获得政权逐渐成为被普遍认可的政治规则，武装政变被贴上了"反民主"的政治标签，整个1990年代的军事政变不到10起。[①] 然而，自2000年以来，无论是此前通过政变执掌权柄的军事强人还是通过选举上台的民选领导人，总体上的执政绩效都不高，既无力解决发展严重滞后所造成的贫困化和分配不当所导致的贫富不均等问题，又有破坏宪法原则寻求集权、世袭等不民主行为，加上外部势力经常插手其内部事务，非洲国家解决矛盾冲突的武力习惯和传统越来越浓厚，沉寂十多年的军事政变态势开始上升，军事强人主导的威权政治再次回潮。

非洲有10个阿拉伯国家，摩洛哥实行君主立宪制，索马里处于军阀长期混战的无政府状态，科摩罗的四个岛屿高度自治，其余七国在2010年前后都处于超长的强人统治状态，突尼斯（2002）、苏丹（2002）、阿尔及利亚（2008）和吉布提（2010）还通过修宪取消了总统连任次数限制。这是导致"阿拉伯之春"运动爆发的重要原因。而在运动发生10年后的2021年，只有突尼斯（2014）和阿尔及利亚（2020）的新宪法规定总统任期不得超过两届，其他国家或已经进入强人政治时代，例如埃及；或因全面内战和激烈动荡而呼唤强人政治出现，例如利比亚。埃及是阿拉伯世界的领头羊和风向标，塞西总统于2013年7月发动军事政变，2014年6月任职总

[①] 王洪一：《解析非洲政变年》，《国际问题研究》2004年第3期。

第二章　议会制政府与军政府的轮替治理（1956—1969）

统，2018年6月连任，2019年修宪后从理论上讲可以任职到2030年。

苏丹是军人干政和军政府统治的典型。自1956年独立以来，议会制文官政府治理仅10年左右（1956—1958、1964—1969、1986—1989），军事强人统治长达53年，分别是阿布德时代（1958—1964）、尼迈里时代（1969—1985）和巴希尔时代（1989—2019）。军事政变是推动文官政府和军政府交替执政的重要推手，每一届军政府的建立都是军事政变推翻文官政府的结果，每一届军政府也都终结于民众抗议中发生的又一次军事政变。政变发动者包括各类政治寡头和军事强人，结果有成功也有失败。其中一些政变是政治领袖联手军官集团发动的。1958年11月17日，哈利勒总理与军队内部的亲乌玛党势力联手发动政变，但政变后被排挤出权力中枢，乌玛党对军队的影响力也被削弱。[①] 著名的伊斯兰主义者图拉比是1989年6月"救国革命"的总设计师和策划者，更是1990年代巴希尔军政府的精神领袖和意识形态提供者，推动苏丹进入全面伊斯兰化时代。但更多的军事政变是由军官们发动的，各种级别、教派和部族的军官都有，而且很多是未遂政变。1969年5月25日，陆军上校尼迈里率领320人的小规模军队成功发动政变，在其后16年间至少挫败了22起未遂军事政变，最终在1985年4月的民众抗议和军事政变中黯然下台。[②]

军人干政始终是苏丹政治发展的基础与核心，军事政变的最终和最高目标就是建立军人政权和军政府统治。究其原因，其一，落后的政治文化传统和失效的文官政府治理是军人干政乃至建立军人政权的根本原因，军人们想要将国家从文官政府的腐败无能和低效中拯救出来。苏丹经济滞后，政治分裂，社会复杂，部族和教派势力密切交织，民众的家园观念至上，部落认同高于国家认同。与此同时，独立后的苏丹继承了英—埃共管政府时期的政治框架，有来自西方现代民主政治理念的宪法与议会政体，有竞争性的政党制度与文官制度，就政治文化而言可以视作"阿拉伯世界

[①] Joseph Oduho & William Deng, *The Problem of the Southern Sudan*, Oxford: Oxford University Press, 1963, p. 37.

[②] [美]罗伯特·柯林斯：《苏丹史》，徐宏峰译，中国大百科全书出版社2010年版，第107—178页。

苏丹国家治理现代化的历史考察（1956—2023）

和非洲的民主国家"，民众骨子里也有英国式民主政治的基因。① 然而，由于缺乏娴熟的政治技巧和妥协意识，也因为身份和视野局限所导致的派系斗争窠臼，苏丹的社会精英们并没有与时俱进地从传统部族社会迈入现代民族国家，不仅没有尽快给从殖民者手中继承的现代国家体制赋予必要的合法性，治理能力还在历史惯性的推动下日趋倒退。具体而言，独立后的苏丹政府既无力解决经济发展的沉疴痼疾，是联合国认定的世界最不发达国家；又让战争充当了民族国家构建的主要力量，在国情复杂的苏丹强制推广阿拉伯—伊斯兰化运动，导致国家构建与民族构建同时陷入困境和停滞。②

其二，泛政治化的社会环境给军人干政乃至建立军政府提供了现实可能。当代苏丹部族林立，派系繁多，1956 年的国家独立具有一定的"躺赢"性质，整个国家缺少现代思想启蒙，较少经历革命和救亡考验，现代国家形式与传统社会原生态并存，有政治性的教团领袖、政治性的大学、政治性的官僚、政治性的工会和政治性的党派，当然也有政治性的军队及各类武装团体。所有这些派系势力不仅积极参与关联它们特殊利益的具体政治问题，高昂无序的参与导致政治发展缺乏自治性、连贯性和适应性；还把所有社会问题都归咎于政治权力分配，以舍我其谁的不妥协姿态频频插手牵动整个社会的全局性政治问题，幻想通过权力更迭实现国家的从地狱到天堂。③ 在此背景下，曾经有效的英式民主体制异化为激烈的政治斗争平台，整个国家经常性地陷入动荡、无序和分裂中；民众因为混乱低效的政党政治和长时间的街头斗争而身心疲惫，能终止混乱和动荡的军事政变，尤其是较少流血的军事政变似乎成了一件被期待的事情。事实上，往往就在派系斗争的高潮时刻，强大而有组织的军官集团就会积极地介入国家政治生活，不仅通过政变将腐败低效的政府赶下台，维系自身的强大权

---

① John O. Voll (ed.), *Sudan: State and Society in Crisis*, Bloomington: Indiana University Press, 1991, p. 6.

② 相关理论阐释，参见 Mostafa Rejai & Cynthia H. Ealoe, "Nation-States and State-Nations," *International Studies Quarterly*, Vol. 13, No. 2, 1969, pp. 150 – 151.

③ 关于泛政治化社会及其发展阶段的特征描述，详见［美］塞缪尔·亨廷顿《变化社会中的政治秩序》，王冠华等译，上海人民出版社 2008 年版，第 160—162 页。

第二章 议会制政府与军政府的轮替治理（1956—1969）

势，同时满足于干政冲动和实际需求，还抱着"政治属于政治家，祖国属于军人"的救世主义心态，按照自身理解重塑国家和社会，打造"没有政治生活的政治，没有政治家的政治"①。

二 文官政府在泛政治化社会里的发展限度

对极度落后且高度泛政治化的苏丹而言，虽然包容性政府才是社会转型过渡并持久发展的关键，但关于军事政变的争议也始终没有停歇过，例如究竟是以暴易暴、保障民主还是藐视宪政、践踏民主等。

首先，苏丹自独立以来始终缺乏有全局视野和责任担当的政党/政治家，始终没有建立起有序、有效、长久的政治秩序。各主要政党及其政治家，包括那些改穿西装的将军们，都有着浓厚的部族、教派、种族和地域色彩，因之产生的联系纽带和社会动员能力，尤其是根深蒂固的部族和教派忠诚，造就了民众对政治生活的深度持久参与。然而，历经数十年的国家治理实践，各主要政党和政治人物从未超越其种族、部落、教派和地域局限，从未超越狭隘的集团利益的拘囿，钩心斗角，相互倾轧，内阁改组频仍，分配官职和决定政策的方式五花八门。一方面是高水平的民众政治参与，另一方面是低水平的政党及政治体系，二者的巨大落差直接导致了苏丹文官政府时期的政治紊乱、发展迟滞和社会分裂。同样的情况也发生在军政府常态化的中后期阶段。

乌玛党前领袖萨迪克是文官政府领袖的代表，其成长和坠滑轨迹是苏丹政治精英们的缩影。萨迪克有家族传承的领袖光环，又熟谙西方民主政治，是当时苏丹年轻人的偶像。1966年7月，萨迪克初次出任总理，任贤用能，锐意改革，愿意承认南方各州自治，展示了有作为年轻政治家的远见卓识，但他的总理任期仅仅维持10个月就被其他派系所取代。经过此后20年的辗转求生，萨迪克成为乌玛党及安萨尔教派无可争议的领导人和精神领袖，1986年4月再次出任政府总理时被普遍寄予厚望，期望他能够超

---

① [苏]格·伊·米尔斯基：《第三世界：社会、政权和军队》，商务印书馆1980年版，第273页。

越教派传统施政，终结苏丹的饥荒、内战、教派冲突和低效政府。但实际上，萨迪克总理此次执政的高光时刻仅仅只有刚开始的三个月，随即就完全陷入了派系政治泥沼，主要政党因为权力分配和政策分歧而互相拆台，政治进程迟缓，经济状况恶化，超过一半的经常性开支依赖外援，军费开支高达国民收入的 1/4，1988 年的内战和饥荒导致南方 25 万人非正常死亡。① 1980 年代末期的萨迪克，已经从有理想的青年政治家蜕变为老谋深算的政客，始终没能在制定宪法和定位沙里亚法等重大问题上采取果断行动，应对危机的唯一选项就是改组政府，在三年任期内 6 次改组内阁，与除苏丹共产党之外的所有党派势力都合作过，只有得失算计，没有政治建树。1989 年 6 月后，萨迪克的政治生涯基本进入了衰退期，蝇营狗苟，去而复还，被部分民众看作失败无能的文官政府的代名词。②

其次，苏丹的专业人士及其行业协会领导了历次推翻军政府的民众运动，但在随后的政治过渡和秩序重建中往往无力长久有效地运作政府，其作用发挥必须依附掌控暴力机器的军官集团或有民众基础的派系势力。第一，苏丹的行业协会在维护从业者权益方面比较积极，得到了大量中产阶层的信任与支持，在危机时期总能很快组建反对派联盟，借助对旧政权的共同敌意和微弱模糊的民主信念成功发动民众抗议示威。无论是 1964 年推翻阿布德军政府的"全国专业人士阵线"，1985 年推翻尼迈里政府的"救国联盟"，还是 2019 年推翻巴希尔政府的"自由与变革力量"，各行业协会在推翻旧政权的第一阶段都很快成为民众街头运动的重要领导力量，也在随后的过渡政府中占据一定的位置。然而，在建设新制度的第二阶段，因为缺乏切实的经济基础和权控手段，缺乏有魅力和远见的核心领袖，民众基础薄弱，诉求多元的政治联盟在失去共同目标后开始分裂，逐渐从组织群众运动转变为争权夺利和派系斗争，最终让出了革命的领导权和控制权。第二，组建技术官僚内阁是专业人士作用发挥的另一个重要途径，但所推出的由独立的专业人士组成的内阁往往陷入空转或被取代。技术官

---

① Ofcansky, Thomas P., *Sudan: A Country Study*, Library of Congress, 2015, pp. 43–44.
② Nesrine Malik, "Sudan Election Didn't Need Fraud," *The Guardian*, April 24, 2010.

第二章 议会制政府与军政府的轮替治理（1956—1969）

僚内阁在文官政府和军政府时期都多次出现过，在成立初期因为其专业技能和独立身份而被寄予厚望，例如在 1964 年 10 月至 1965 年 6 月的文官政府内阁、1971 年 9 月至 1975 年 1 月的军政府内阁里，但随后要么因缺乏党派和民众支持而被架空，要么被强大的派系势力取而代之，只是昙花一现，其作用微乎其微，是文官政府和军政府交替轮回的零星点缀。

实事求是地讲，在现阶段的苏丹，无论是民众的成熟程度还是社会精英们的能力视野，都不足以支撑议会制文官政府和常态化军政府的有效顺畅运转；一个负责任的"现代助产士"或有战略眼光的"正确独裁者"更适应苏丹国情，更能推动民族团结和国家发展。综观非洲国家政治发展史，大多数政变策划者最初并没有对未来道路的明确规划和设计，军政府成立后的显著特征就是施政路线激荡变动。而在军事政变后的秩序重建中，军官集团如果没有立即建立独裁政府而是需要合作伙伴的话，那也大多是军官集团＋专业技术官僚，军官集团＋文官政府的联合体制并不常见。

第三章

尼迈里军政府的纵横与黄昏
（1969—1985）

第二次世界大战后的国际政治中有一个引人注目的奇特现象，就是在非洲大陆出现了众多自称社会主义的国家和党派。虽然这些国家的政府大多压制本国的共产党组织和团体，不认同苏联式社会主义制度，政治主张也与西方的马克思主义相去甚远，但却代表着在长期殖民背景下落后国家的一种治理路径探索。由政变上台的尼迈里军政府承诺实施阿拉伯社会主义，将意识形态热情转化为激动人心的社会凝聚力，通过国有化等非常措施增强政府的控制力和执行力，短期内就在结束内战、经济发展、社会和解等方面取得进展。

革命是一切"被压迫者和被剥削者的盛大节日"①，组织和发动革命的魅力型领袖基本都是克里斯玛型权威。② 在新政权早期，这些威权领袖大多肩负着民族国家的历史使命，借助军队、政党等现代政治工具将其理想付诸实践并建立了某种秩序，其人格魅力和丰功伟绩吸引着民众长期追随，也比较注意廉政、效率及革新，治下政府生机勃勃。但革命易，建设难，随着社会发展从凯歌高进的宏大革命主题转入复杂琐碎的建设主题，新政权及其领袖曾经的革命特质逐渐消磨殆尽，"一切新形成的关系等不

---

① 列宁：《社会民主党在民主革命中的两种策略》，《列宁选集》（第一卷），中央编译出版社1995年版，第616页。
② 克里斯玛型权威（Charismatic authority）是从早期基督教观念中引入政治社会学的概念，意指建立在个人超常品质及其所体现的特定使命信仰基础上的权威，其建立前提是克里斯玛威权型人物的出现及其对政治生活的控制［参见［德］马克斯·韦伯《经济与社会》（上卷），商务印书馆1997年版，第241页］。

第三章　尼迈里军政府的纵横与黄昏（1969—1985）

到固定下来就陈旧了，一切等级的和固定的东西都烟消云散了，一切神圣的东西都被亵渎了"①。威权领袖自己也往往被歌舞升平的繁荣景象所迷惑，不仅对变革的要求反应迟钝，把向民众妥协和让步视为软弱和背叛，通过压制舆论、其他派别和民间组织来巩固统治；而且常常贪权恋栈，大搞个人崇拜和权力游戏，逐渐抛弃了最初的建国理想，转而寻求长期执政、终身执政乃至权力世袭，一些人甚至在权力春药的诱惑下从天使堕落成魔鬼。尼迈里总统的后期执政轨迹，清晰地显示了后现代国家威权领袖的这一历史发展局限。

第一节　五月革命与尼迈里政权的建立

一　五月革命

独立初期的苏丹在发展阶段上基本都处于前现代时期，必须实施赶超型现代化发展战略，以政治变革引导经济变革，全面推动国家和社会的现代化。由于在联系日益广泛的现代世界的同时确立了多重的发展目标，苏丹的现代化建设不得不多头并进，同时面临着集权与分权、政治与经济、投资与福利、环保与发展、民族化与国际化等诸多困境。为了防止这些矛盾和冲突演变成社会动乱，同时也为了给经济高速增长创造稳定的政治环境，加之传统文化中根深蒂固的威权政治基因，苏丹社会运转确实需要强有力的中央政府引领。而作为苏丹国家内部最具现代形式和意识的强大组织力量，在国家政治体系因为从传统向现代的转型不畅而陷入停滞或空转时，军队就是维系国家稳定、转型和发展的可靠力量。

第二次世界大战后，在第三世界国家普遍出现的军人干政与军人政权现象，包括以国家名义实施的武力弹压和民间各派系间爆发的暴力冲突，其实是这些国家社会现代化危机的产物，是这些国家政治不

---

① 马克思：《共产党宣言》，《马克思恩格斯选集》（第一卷），人民出版社1972年版，第254页。

稳定的结果而非原因,是病态社会症候群中的症状之一而不是一种孤立的疾病。① 事实也确实如此。1969 年,因为不满意苏丹政坛上的传统教派主义和腐败的议会政治,认定它们对内没有搞好经济建设和改善人民生活,对外没有搞好同阿拉伯国家的关系,不可能解决苏丹的经济发展、南方骚乱和农业生产等重大问题,不关心武装部队面临的武器装备更新、改善生活条件等问题,年轻的苏丹中下级军官又一次勇敢地走上政治前台,在多次失败后最终以军事手段推翻了执政五年之久的阿扎里政府。这是苏丹独立 15 年来取得成功的第三次政变和第二次军事政变。

1969 年 5 月 25 日凌晨,以陆军上校加法尔·尼迈里为核心的 6 名军官,领导着一支由 250 名伞兵和 170 名装甲步兵组成的武装力量发动了一场不流血的政变,在军队及苏丹人民中间获得了广泛支持。前任首席大法官巴比克尔·阿瓦达拉是事先得到政变消息的唯一一位文职官员,他在政变当日出任政府总理兼外交部长,任命的 21 名内阁成员中只包括两名军人,即国防部长尼迈里少将和内政部长法鲁克·哈姆达拉(Faruq Hamdallah)少校,至少有 8 名部长和 4 名革命指挥委员会成员是苏共党员或者左派人士,另外还有 1964—1965 年过渡政府的几名成员、两名南方人士以及来自知识界和商界的其他精英。阿瓦达拉总理力图改变人们对新政权是政变建立的军事独裁统治的看法,扩大与社会主义者和阿拉伯国家的联系,组建的政府内阁具有浓厚的亲纳赛尔和亲共产党色彩,苏丹共产党是唯一被允许公开活动的政治团体,其他政党则被宣布解散和取缔。但实际上,苏丹政府权力的真正主宰是尼迈里上校及其领导的革命指挥委员会(RCC),由 21 人组成的内阁对革命指挥委员会负责。在革命指挥委员会的 10 名成员中,除了为吸引民众支持而特意吸收的巴克尔·阿瓦达拉外,其他人都是参与政变的自由军官组织成员。② 出于策略考量,老道的尼迈

---

① Lyle N. MacAlister, "Changing Concepts of the Role of the Military," in Ramon Eduardo Ruiz, ed., *Interpreting Latin American History: From Independence to Today*, Holt, Rinehart and Winston, 1970, p. 396.

② P. M. Holt, M. W. Daly, *A History of the Sudan: From the Coming of Islam to the Present Day*, London, Pearson, 2011, p. 130.

第三章 尼迈里军政府的纵横与黄昏（1969—1985）

里在军事政变后长时间躲在幕后，以致被舆论看作一位没有主见的人，是一双"谁穿都行的草鞋"①。

苏丹的自由军官组织可以追溯到 1950 年代。埃及的纳赛尔曾于 1939—1942 年在苏丹服役，但因为他本人的民族主义思想及其后来的自由军官组织都还在酝酿和萌芽期，纳赛尔的这段驻军经历似乎并没有在苏丹军队产生多大影响。② 1948 年巴勒斯坦战争爆发后，受埃及"自由军官组织"和"七月革命"的影响，苏丹的年轻军官们虽然立场各异，对许多社会问题有不同的看法，但整体上希望仿效埃及纳赛尔建立军人政权，拯救自己的国家，因而也创立了成分复杂的"自由军官组织"，针对文官政府发动了多次政变，但都被镇压。

尼迈里 1952 年毕业于苏丹军事学院，崇拜纳赛尔及其主张的泛阿拉伯主义，在 1953 年加入了"自由军官组织"。尼迈里 1955 年任北部军区重武器连连长，1957 年参与创建装甲部队，后因参加反政府活动而被开除军职，1959 年春季恢复军职。此后，尼迈里虽然因为未遂的军事政变而两度被捕入狱（1964、1966），但在军队的地位却不断攀升，1961 年任喀土穆警备队步兵营副营长，1964 年任格达雷夫（Gedarev）东部军区副司令，1966 年任赤道州托里特市警备司令，是自由军官组织未公开承认的领导人。③ 1967—1969 年，尼迈里负责杰拜特（Gebeit）训练学校的组织领导工作，这为他招募年轻学员加入自由军官组织以及谋划成功的军事政变提供了理想场所。

军事政变早在 1968 年秋末就已经开始筹划，具体的实施方案在 1969 年 3 月已经起草完毕。1969 年 4 月，虽然自由军官组织内部的 14 人核心小圈子多半认为应该推迟发动政变，但尼迈里等 6 人坚持按计划发动政变，并谴责多数派的畏惧和胆怯。事实上，此次军事政变的过程非常顺利。参与政变的装甲学校及伞兵部队士兵被分作四队，第一队负责截断通信联络

---

① 刘宝莱：《记苏丹前国家主席尼迈里访华》，《阿拉伯世界》2004 年第 2 期。
② 赵之援：《试论自由军官组织在埃及民族解放运动中的作用》，《西亚非洲》1984 年第 3 期。
③ 吴春秋主编：《外国军事人物辞典》，世界知识出版社 1996 年版，第 447 页。

并占领飞机场,其他三个小队负责逮捕高级军官,在不到三个小时的时间里就顺利接管了国家权力,宣布成立独立自主的苏丹民主共和国,推行"阿拉伯社会主义"。

纳赛尔是尼迈里的精神导师和政治偶像,埃及1952年的七月革命是尼迈里发动政变(或称"五月革命")的直接效仿对象和行动指南。在政变前,革命指挥委员会不仅决定邀请受人尊敬的阿瓦达拉法官出任新政府领导人,而且吸纳与苏丹共产党有联系的巴比克尔·达哈卜(Babikr al-Dahab)中校、法鲁克·哈姆达拉少校和本身就是苏共党员的哈希姆·阿塔少校(Hashim Muhammad al-Ata)进入革命指挥委员会,有效巩固了自由军官组织内部的团结,最大限度地组织力量确保政变成功。在政变成功后,尼迈里采取了一系列权力巩固措施,包括废止1964年临时宪法,解散内阁和制宪会议,禁止一切政党活动和游行示威,逮捕了前政权中所有63名文职领导人,迫使包括武装部队总司令和参谋长在内的21名高级军官退役,让9名已经退伍的军官重回武装部队服现役,在喀土穆开设两个军事法庭审判反对新政权的人,将许多企业、商店和银行迅速国有化,很快恢复了社会秩序。在政变发生一周后,苏丹政府准许七家报纸复刊,取消了关于示威游行的禁令。

在政变成功后,尼迈里军政府决定效仿埃及实行阿拉伯社会主义,包括对以英国为代表的外国银行和公司实行国有化,发展民族资本,建立一党专政等。由于以色列公开支持南方的分离主义运动,苏丹和欧美等西方国家的关系趋于恶化。与此同时,尼迈里军政府积极扩大与社会主义者和阿拉伯国家的联系,与埃及和利比亚就组建阿拉伯共和国联邦签订了《的黎波里宪章》,承认东德政府并与之建交,苏丹代表团频繁出访东欧、苏联、中国和朝鲜等国,得到了大量的长期低息贷款。1969年9月29日,革命指挥委员会宣布所有的进口货物都必须来自那些与苏丹达成贸易协定的国家,包括大部分东欧社会主义国家,苏丹的对外贸易此后急剧地从西方转向东方。

与传统教派政治家的空谈和自私不同,尼迈里军政府切实致力于推动苏丹的经济和社会改革,查封苏丹的私营企业并将之国有化,具体的实施

第三章　尼迈里军政府的纵横与黄昏（1969—1985）

者就是内阁中的那些激进的社会主义者和左派部长们。五月革命后，为了取代外国投资、限制私有企业以及与社会主义国家和阿拉伯国家建立密切的经济联系，阿瓦达拉总理宣布对所有进出口商品实行国家控制，随后成立了第一批对进口商品进行控制的国营企业。在五月革命一周年之际的1970年5月，苏丹政府颁布《查封法令》，将几乎所有的大型和小型公司都国有化，包括17家盈利状况最好的苏丹公司、所有的银行和保险公司。强力推进的国有化运动显著增加了政府对社会和经济的掌控能力，使之能够迅速调动资源按照预定轨道推动社会变革。1970年11月，苏丹通过立法赋予职工更大权力，慷慨地对杰济拉地区承租人的债务和租金给予补贴，初中与高中学校的学生人数大幅度增加。但雄心勃勃的尼迈里军政府并不真正了解如何管理复杂的私营部门和国际公司，那些被委任管理国有企业的官员们只是政治立场正确，拙劣的企业管理带来了严重的资源浪费和沉重的财政负担，雄心勃勃的《工业发展计划》执行得很糟糕，远低预期，例如规划的炼油厂成了没有尽头的烧钱黑洞，建成的纺织厂从未赢利过，进口的卡车并不适合苏丹国情等。

二　血洗阿巴岛

在苏丹，苏菲教团首领的影响和势力远超传统的乌里玛阶层，苏丹的各类政党与苏菲教团也有着密切的关系。民族联合党得到哈特米亚教团的支持，其群众基础是北方尼罗河流域城镇的居民和农民。乌玛党则以安萨尔教派为政治基础，在达尔富尔、科尔多凡等马赫迪主义盛行的地区影响深厚。哈特米亚教团在政治上历来主张谋求与埃及的统一，在殖民统治时期极力支持埃及以及其后的英—埃统治当局，在民族主义高涨时期主张民族独立后与埃及合并。乌玛党的意识形态基础是马赫迪主义，由安萨尔教团成员组成，在殖民统治时期的主导面是反对英—埃统治，在民族主义高涨时期积极争取苏丹的完全独立。[1] 根据1951年英—埃共管政府颁布的《地区政府法》，独立后的苏丹有着从中央到地方完整的议会机构，伊斯兰

---

[1] 金宜久、吴云贵：《伊斯兰与国际热点》，东方出版社2002年版，第193页。

政党凭借自身的宗教联系和民众基础控制了议会与内阁。

从苏丹议会民主制的具体实践来看,苏丹的政党斗争不仅有着明显的教派冲突因素,而且与带有世俗倾向的民族主义者相互纠缠,议会政治一直受制于有野心的个人、自私的党派及集团之间的恩怨和斗争,混乱腐败低效,经常处于瘫痪状态,难有作为。乌玛党的马哈古卜曾这样评价道:"马赫迪和米尔加尼的联盟是苏丹政治的灾难。由于对权力的贪婪、个人的野心及利益的争夺,双方之间的斗争持续恶化。他们应当退出政治舞台。"①

在1968年4月的议会选举中,民主联盟党和乌玛党虽然成为压倒性多数,但因为彼此间根深蒂固的不信任,组建的联合政府对亟须解决的重大问题毫无办法。这也是尼迈里等人发动军事政变的诱因之一。在军事政变成功后的三个月内接连发生了两件事:一是曾经两次担任联合政府总理的马哈古卜心脏病发作,丧失了行为能力。二是曾在1956年升起新苏丹国旗的伊斯梅尔·阿扎里去世,享年六十九,被轻蔑地看作缺乏建设性的政治掮客。② 随着这两个政坛老手的离去,民主联盟党对于现政权的任何直接威胁全部消失了,乌玛党/安萨尔教派开始成为尼迈里政府着力打击的主要敌人。

乌玛党内部四分五裂。具有进步思想的保守派支持党魁萨迪克,传统的保守派尊奉伊玛目哈迪(Hadi),一小部分人支持哈桑·图拉比的伊斯兰宪章阵线。作为乌玛党领袖和曾经执政10个月的政府总理,萨迪克拒绝苏共进入苏丹新政府,在6月6日被捕。当时的图拉比还没有多大影响力,1969—1976年的大部分时间都是在监狱里度过的。③ 伊玛目哈迪继任乌玛党党魁,他毫不掩饰对尼迈里和革命指挥委员会的敌视,非但没有表现出与尼迈里军政权和解的诚意,反而和幕僚们退至马赫迪

---

① Gabriel Warburg, *Islam, Sectarianism and Politics in Sudan since the Mahadiyyd*, London: Hurst & Company, 1988, p. 146.

② P. M. Holt, M. W. Daly, *A History of the Sudan: From the Coming of Islam to the Present Day*, London, Pearson, 2011, p. 131.

③ W. J. Berridge, *Hasan al-Turabi: Islamist Politics and Democracy in Sudan*, Cambridge University Press, 2017, p. 50.

运动的发祥地阿巴岛，在整个1969年冬季都一直要求结束革命指挥委员会的高压统治，回归议会制民主，要求剥夺苏丹共产党的权力，号召信徒采取暴力行动予以对抗，希望勇敢无畏的安萨尔派信徒能够像以往那样改变/阻止尼迈里政府。

1970年3月初，伊玛目哈迪派出信徒进入喀土穆举行大规模抗议活动，公然挑战尼迈里政府，遭到了军队的强力弹压，造成了重大生命和财产损失。随后，因为外交部长阿瓦达拉和国防部长阿巴斯（Khalid Hasan Abbas）的极力推动，加之苏共的勉强支持，尼迈里政府组织了一支大型船队，沿白尼罗河上溯阿巴岛，扬言要用军事手段镇压安萨尔教派。3月27日，因为伊玛目哈迪拒绝直接对话，也不理睬尼迈里发出的最后通牒，政府军在空中力量的支援下向阿巴岛发起了进攻。3万多名安萨尔信徒凭借防御工事勇猛抵抗，但终因武器落后而不敌，1.2万人战死。伊玛目哈迪逃离阿巴岛，3天后在试图越过苏丹与埃塞俄比亚边界时被杀。伊玛目一职此后长期空缺，直到1983年尼迈里自封伊玛目。萨迪克逃出苏丹，流亡国外。另一说是萨迪克被流放到埃及，纳赛尔承诺要好好看管他，阻止他继承其叔父哈迪的伊玛目位置。1970年8月，马赫迪家族与米尔加尼家族的不动产和其他资产均被政府没收。尼迈里军政权对阿巴岛的进攻虽然暂时消除了安萨尔教派有组织反抗的潜在威胁，也警示了其他被取缔的政党，但其暴力程度却招致大部分苏丹民众长久的不满，尼迈里政权失去了主要宗派群体的支持。

三 镇压苏丹共产党

苏丹共产党（SCP，简称"苏共"）前身是1944年苏丹留学生在埃及开罗建立的"苏丹民族解放运动"，1946年改称苏丹共产党，在苏丹独立后提出了通过议会斗争建立民族民主国家、和平过渡到社会主义的主张。[1]苏共是阿拉伯世界中最有力量的共产党组织，列入名单的正式党员约有6000名，另外还有大量的同情者。首先，苏丹共产党虽然整体上受苏联的

---

[1] 蓝瑛主编：《非洲社会主义小辞典》，华东师范大学出版社1992年版，第137—138页。

影响比较大，但与阿拉伯世界的其他共产党组织相比，它没有全盘接受苏联的意识形态，能够主动适应苏丹民众强烈的伊斯兰情绪，具体政策照顾了苏丹和阿拉伯的实际国情，例如在举行大会时通常先读《古兰经》吸引民众。其次，对于地区事务，苏丹共产党也有着自己的观点，包括批评苏联在1947年对联合国关于巴勒斯坦分治的支持态度，在1950年代是唯一支持泛阿拉伯主义的阿拉伯共产党组织，在1960年代同情巴勒斯坦解放组织的游击斗争。再次，苏丹共产党在苏丹军队中有一定影响。从1964年10月全国专业人士阵线推翻阿布德政权起，苏共就将反对高级军官镇压民众意愿的初级军官当作重点联系对象，党的领导人阿卜杜勒·马哈吉卜（Abd al-Khaliq Mahjub）吸纳了大量的中下级军官入党。苏丹自由军官运动核心圈有14名成员，其中一半成员与苏丹共产党有着不同程度的联系。最后，苏共在大学和社会上的青年人中间有广泛的同情者，即便在1971年之后的低潮期也是喀土穆大学校园里仅次于穆兄会的第二大势力。这主要是由于苏共的党员标准比较宽泛，强调对问题的看法而不是立场。任何人只要认为苏丹需要调整其社会和经济制度，赞同苏丹应该是世俗化的、非教派的社会主义国家，苏共都愿意与其建立联系。在组织发动五月军事政变的革命指挥委员会中，阿瓦达拉是苏丹共产党的有力盟友，他曾经以首席法官身份否决了制宪会议禁止共产党活动的决定，甚至在他的裁决被推翻时以辞职表达抗议。

　　苏共内部对待尼迈里军政府的态度也存在分歧。强硬派把军事政变看作小资产阶级性质的，认为尼迈里的军事政变实际上"冻结革命"，主张苏共应该同军队中的下级军官结盟，采取直接行动夺取政权。但苏共领导人马哈吉卜认为，苏共必须通过耐心的政治游说来获取民众的支持，利用军队以及社会其他力量推动苏丹最终走上革命道路，因而支持尼迈里发动的军事政变，鼓励苏共党员去政府部门任职。6月2日，苏共与苏丹工会联合会在喀土穆联手组织了大规模的政治集会，庆祝政变成功，支持新政权。

　　尼迈里集团与苏共的合作从一开始就充满着猜忌和互相利用，前者早在与安萨尔派摊牌之前就着手遏制政府内部的苏共影响力，只是因为需要

第三章 尼迈里军政府的纵横与黄昏（1969—1985）

对付共同的传统教派势力和保卫新政权才维持着表面上的团结。为了遏制苏共，精明的尼迈里非但不与苏共领导人马哈吉卜协商就吸纳非共产党及反马赫迪的其他党派成员入阁，而且蓄意利用苏共内部的矛盾纷争，有意批准苏共内部反对马哈吉卜领导的穆阿维叶·易卜拉欣派别（Muawiya Ibrahim）的多项提议，任命该派成员为经济部长和劳工部长。1969年11月，苏共要求成立人民阵线政府并允许苏共作为平等伙伴参与政权，阿瓦达拉总理宣称没有苏丹共产党的支持，现政权将无法维持，这在苏丹内外引起轩然大波。尼迈里强硬出手，接替阿瓦达拉出任政府总理，同时兼任国家元首。阿瓦达拉被留任外交部长，充当政府同左翼组织联系的纽带，同时被解职的其他5个部长中有4个是苏共党员。12月，苏共强烈批评尼迈里政府签署《的黎波里宪章》，反对苏丹与埃及和利比亚组建统一的"阿拉伯共和国联邦"，主要原因是纳赛尔和卡扎菲都残酷地摧毁了各自国内的共产党组织。

在消除了安萨尔教派的反对后，尼迈里开始着手镇压苏丹共产党，双方的分歧日益公开化和敌对化。1970年11月16日，尼迈里突然解除了他在5月25日政变当天亲自吸纳的三位亲苏共人士在革命指挥委员会中的职务，指控他们被苏共灌输了独立行事的思想，成为"外来利益的代理人"，破坏了革命指挥委员会的团结和统一。1971年春天，尼迈里公开呼吁苏丹人民自发地采取敌视共产党的行动，并发誓要摧毁苏丹共产党，逮捕了苏共领导人马哈吉卜，勒令喀土穆大学关闭，接管苏共控制的苏丹工会联合会，禁止与苏共有联系的学生联合会、青年联盟和妇女联盟等组织开展活动。苏共则组织学生举行游行示威，借黎巴嫩和伊拉克等国媒体攻击尼迈里政府独裁，同时秘密策划推翻尼迈里政府。被革命指挥委员会开除的哈希姆·阿塔少校等三人认为尼迈里处事不公，秘密联络其他自由军官团体，决定伺机发动政变。事实上，从1969年5月到1971年7月，苏丹的安全状况确实不稳定，尼迈里的安全部队至少挫败了9起试图将其推翻的政变阴谋。

1971年6月29日，苏共领导人马哈吉卜从监狱里逃出，潜入保加利亚驻苏丹大使馆，喀土穆开始传言军队中有人试图颠覆现政权。尼迈里随即大

· 149 ·

肆逮捕共产党人和左翼分子，并公开吹嘘苏丹已经摆脱了共产主义影响。7月19日下午3点，因为亲信部队赴苏伊士运河换防路过喀土穆，8个月前被从革命指挥委员会解职的阿塔少校突然发难，利用午睡时机开动坦克包围了总统府和电台，逮捕了正在开会的尼迈里、革命指挥委员会成员和其他亲尼迈里军官，将他们扣押在人民宫的地下室。此次政变得到了总统府卫队和第三装甲团的帮助，迅速控制了国防部、武装部队司令部、共和国宫、电台、电视台等要害部门，整个过程用时仅45分钟。阿塔少校在电视台发表声明，指责尼迈里专制独裁，排斥异己，不重视改善人民生活和军队待遇；未搞好同苏联社会主义大家庭的关系；要求全国人民包括各行各业支持"7·19"革命等。① 随后，阿塔少校指定了7人组成的革命委员会，委员会主席是达哈卜中校，他本人出任委员会副主席和苏丹武装部队司令，远在英国的哈姆达拉少校也是委员会成员之一。革命委员会发布一系列命令，包括解散尼迈里政府的安全机构，释放被投入监狱的49名政治犯，废除了对4个亲苏共团体的取缔令，商议组建以哈姆达拉为总理的新政府，同时要求政府各部门的副部长主持工作，宣布成立广泛的新民族民主阵线，要让苏丹摆脱"外国资本主义和当地资本主义之间的联盟"，成为独立的民主共和国。

"7·19"军事政变开局顺利，后续发展却因为阿塔少校的一些致命失误而以失败收场。首先，阿塔少校仓促地单方面发动了政变，既未经另两位同谋者达哈卜与哈姆达拉的同意，也没有得到苏丹共产党政治局的批准，前者当时正在伦敦，鞭长莫及，只能在国外为政变争取舆论支持；后者则大感意外，措手不及，只能组织群众集会和拍发电报表示支持，帮助阿塔少校组建革命委员会，政变后的领导力量不足。其次，阿塔少校没有切实争取苏丹民众和军队的支持，通过电台宣布的社会主义经济发展举措在农村地区的反应逐步发展为公开的敌意，对苏丹武装力量的争取有些流于形式，仓促出台的各类指令和声明也毫无章法。驻扎在尚迪的北方防卫部队团虽然表面上支持新政府，背地里却听从尼迈里政府国防部长的指挥，宣誓忠于尼迈里并准备向首都进发。最后，新政府同时面临不利的内

---

① 刘宝莱：《苏丹"七·一九"未遂政变始末》，《阿拉伯世界》2004年第1期。

第三章　尼迈里军政府的纵横与黄昏（1969—1985）

外环境。阿塔少校允许支持者上街举行大规模示威游行，挥舞红旗，高喊共产主义口号，明显的左翼倾向既在苏丹国内激起了人们对苏丹共产党潜在的、不易察觉的敌意[①]，也表明它准备放弃与埃及和利比亚根据1969年《的黎波里宪章》建立的紧密联盟，激起了周边邻国对苏丹社会可能共产主义化的担忧。

伊拉克的复兴党政权是最早承认政变新政权并保证给予全力支持的阿拉伯国家，最早有关"7·19"军事政变的消息也都发自巴格达，伊拉克甚至组织高级别代表团前往苏丹表示祝贺，但代表团乘坐的专机在沙特吉达机场附近上空发生爆炸，三名伊拉克高级官员被炸死。相反，太多的阿拉伯邻国对苏丹"7·19"军事政变持反对和怀疑态度，尤其是埃及和利比亚直接出手帮助尼迈里恢复权力。萨达特总统本来对苏丹军事政变保持克制，一度禁止埃及报纸对政变发表任何评论，但在深思熟虑后选择支持尼迈里恢复权力，守卫贾巴尔·奥利雅（Jabal Awliya）大坝的埃及军队向喀土穆进发，驻扎在苏伊士运河的苏丹精锐部队被投送至紧邻喀土穆的瓦迪·赛义德纳（Wadi Saidna）空军基地。卡扎菲对共产主义素无好感，与阿塔少校存在私怨，迫使达哈卜与哈姆达拉乘坐的英国航班在的黎波里着陆，将两人逮捕并很快移交给尼迈里。

阿塔少校的政变也没有得到武装部队的真正支持。喀土穆郊区坦克兵学校的士官生们秘密联络北喀土穆的伞兵营起事。7月21日深夜，忠于尼迈里的军队通过恩图曼电台发表声明，强调武装部队将根据尼迈里主席的意志继续前进。22日下午，来自沙迦（Shagara）的装甲部队炮击共和国宫南门，部分看守被击毙。尼迈里趁机逃出共和国宫，指挥军队攻占电视台和各要害部门，解救了革命指挥委员会其他成员，还派遣空军轰炸阿塔少校的指挥部大楼。重新掌权的尼迈里身着一套很不合体的军装通过广播电台和电视台向全国发表讲话，他回忆了苏丹政府在五月革命后所取得的成就，揭露阿塔少校一伙贪污和要官的不法行为，谴责政变是卑鄙的阴

[①] [美]罗伯特·柯林斯：《苏丹史》，徐宏峰译，中国大百科全书出版社2010年版，第115页。

谋，要求苏丹民众配合武装部队和警察，采取更加严厉的措施合作打击共产党人和各种左翼分子；同时向利比亚和埃及政府通报情况并表示感谢，宣布与伊拉克断绝外交关系，驱逐大部分在苏丹的苏联军事专家，批评苏联把援助当作干涉苏丹内政的通行证。

持续了72小时的政变最终流产，虽然喀土穆直到7月24日仍不时有零星交火。阿塔少校和他的三名助手被特别军事法庭判处死刑，在7月23日被处决。在政变失败后10天内，坚决否认事先知道政变计划的苏共领导人马哈吉卜，被控参与策划政变的南方事务部长约瑟夫·加朗（Joseph Garang），亲苏共的苏丹工会领袖沙菲·谢赫（al-Shafi Ahmad al-Shaykh），还有被利比亚卡扎菲移交的达哈卜和哈姆达拉等人，都被迅速地处以绞刑。另外还有数十名苏共党员或遭逮捕，或被击毙，大约3000名左派人士被拷问或监禁。在血腥镇压苏丹共产党主流派别的同时，尼迈里还刻意保护此前被他吸纳进内阁的苏共易卜拉欣派党员。尼迈里宣称苏丹政府中除了前南方事务部长约瑟夫·加朗外没有任何共产党员，被任命为经济部长、外交部长和劳工部长的易卜拉欣和苏莱曼等人很早就同意政府取缔苏共，从1969年五月革命后就断绝了与苏共的组织联系。

苏丹民众虽然不满尼迈里对政变失败者的秘密审判和即时处决，不满尼迈里在政治生活中滥用暴力，对1964年推翻阿布德军政府的不流血革命深感自豪，但这种同情主要还是针对民众基础深厚的安萨尔教派而不是苏丹共产党。苏共长期通过与其他非共产党左派的结盟来掩盖其权力诉求，也经常高估自己的力量，但其自1964年十月革命以来的活跃表现令很多苏丹人震惊并进而产生反感。实际上，苏丹民众可能是对某个苏共党员抱有好感，但并不认同在苏丹建立苏联式社会主义，这不仅是苏共在1964年10月至1965年2月期间领导权忽得忽失的原因，也很好地解释了尼迈里的个人地位为何在"7·19"军事政变后会得到巩固。也正因为如此，虽然苏共在马哈吉卜被处决两个星期后选出了新的领导人，设法度过了反政变的艰难岁月，但由于许多同情者以及知识阶层开始转向新成立的苏丹社会主义联盟（Sudan Socialist Union, SSU），苏共新领导易卜拉欣·努古德（Ibrahim Nuqud）的工作成效不大，除了参加过1975年和1976年的两次

第三章　尼迈里军政府的纵横与黄昏（1969—1985）

未遂军事政变外，主要的工作就是指责尼迈里独裁，苏共再也没有恢复到曾经的强大。①

至此，尼迈里彻底清除了来自传统宗教势力的右翼挑战和来自苏共的左翼挑战，他的个人威望和政治地位也得到了巩固，开始推动军政府向文官政府转型。1971年，尼迈里进行了"组织革命"，即选举总统，建立人民议会，制定永久宪法。9月15日，400万苏丹人开始投票选举总统，投票时间从6天延长到15天，唯一的候选人尼迈里最终获得了98.6%的赞成票，以总统取代革命指挥委员会，任期六年。随后，尼迈里总统采取了一系列措施加速新政府的建立和运作，用中立而有经验的技术官僚取代了内阁中的苏共同情者，组建全国性政治组织——苏丹社会主义联盟以替代所有政党，动员公众参与政府管理，苏丹国家随即进入了新阶段。

第二节　尼迈里将军的英雄时代

一　苏丹南方抵抗运动

1967年，阿格雷·杰登组建了苏丹南方临时政府，自任主席，任命埃米迪厄·塔芬（Emedio Tafeng Odongi）为南方武装力量总指挥，这是自苏丹内战爆发以来南方人成立的第一个政治军事组织。因为被降级为总参谋长，阿尼亚尼亚运动的实际军事指挥官约瑟夫·拉古（Joseph Lagu）不仅拒绝听命塔芬的指挥，日益蔑视纠缠于私人恩怨的南方政治家，而且尽量避免介入苏丹南方不同部族之间的武装冲突，专注于阿尼亚尼亚军队的指挥、招募与训练。更重要的是，由于阿拉伯国家在1967年底的喀土穆会议上通过了对以色列不承认、不谈判，不缔约的"三不政策"，精明的拉古写信给以色列总理列维·艾希科尔（Levi Eshkol），表示他本人以及阿尼亚尼亚战士愿意为以色列效劳，在苏丹南方开辟对抗阿拉伯人的第二战场，希望以色列能够提供武器。拉古的提议受到了以色列人的欢迎，尤其

---

① ［美］罗伯特·柯林斯：《苏丹史》，徐宏峰译，中国大百科全书出版社2010年版，第114—116页。

是当南方临时政府在 1968 年 8 月因为阿格雷·杰登的突然离开而垮台后，失望的以色列人开始单独同拉古打交道。1967 年 12 月和 1969 年 1 月，拉古两次访问以色列，就开展包括空降计划在内的军事训练项目进行协商，获得了大量活动资金，控制着以色列经过埃塞俄比亚和乌干达空运输入的武器的分配工作，巩固了其对阿尼亚尼亚的指挥权。也正是因为牢牢掌握着对阿尼亚尼亚运动的指挥权，无论是戈登·马延（Gordon Muortat Mayen）建立的尼罗河临时政府还是埃米迪厄·塔芬组建的昂尼伊迪（Anyidi）临时政府机构，最终都臣服于拉古的领导权威。1971 年 1 月，拉古将阿尼亚尼亚游击队重新命名为苏丹南方解放运动（SSLM），同时创设委员会专门负责组织分配以色列提供的武器。南方各地的游击队指挥官前往位于奥威尼凯巴尔（Owiny-Ki-Bul）的拉古司令部宣誓效忠，换取枪支等武器装备。也就在这一时期，拉古逐渐放弃了阿格雷·杰登关于建立统一的多种族民族军队的观念，重组了阿尼亚尼亚游击队。此后，巴里阿尼亚尼亚留在中赤道地区，丁卡阿尼亚尼亚留在加扎勒河地区，努维尔阿尼亚尼亚留在上尼罗地区，拉古则凭借对以色列输入武器的分配权掌控着各地区的阿尼亚尼亚运动。

1968 年之前，由于南方各抵抗力量一直比较分散，也由于自身的装备落后，阿尼亚尼亚的军事行动主要是零散袭击政府军的分散哨所，趁夜色偷袭大城镇的外围地区，在偏僻公路上伏击政府军运输车队等。1968—1969 年，阿尼亚尼亚指挥机构得到了初步统一，获得了来自以色列的武器、训练以及信号设备，尤其是配备了大功率无线电通信网络和反坦克火箭筒等先进装备，拉古能够统一指挥遍及南方各地的武装力量，针对政府军的偷袭行动得到了更好的协调。在赤道地区，巴里阿尼亚尼亚在主要道路上布下了大量地雷，用大炮袭击朱巴，对战略重镇莫特（Morta）发动定位进攻。1970 年 9—10 月，政府军与巴里阿尼亚尼亚在莫特城展开激战，双方均损失惨重，政府军的数架苏制直升机坠毁，莫特城的控制权几度易手，但阿尼亚尼亚最终控制了莫特城。1971 年，配置苏制米格战斗机和直升机的政府军大举进攻赤道地区，虽然一度占领了拉古位于奥威尼凯巴尔的司令部，但位于西赤道地区诺波（Naupo）的陆军基地被摧毁，军

第三章　尼迈里军政府的纵横与黄昏（1969—1985）

事上陷入困境。在上尼罗地区，努维尔阿尼亚尼亚不再局限于在州府马拉卡勒附近伏击水上交通船只，开始协调军事行动。1971年初，经过一个月的激烈战斗，努维尔阿尼亚尼亚占领了波查拉（Poehalla），击毙政府军150多名士兵，缴获了大量武器、弹药，包括数门82毫米火炮，赢得了自成立以来的最大胜利。在加扎勒河地区，丁卡阿尼亚尼亚也在通往瓦乌的公路上大量布雷，伏击政府军的装甲部队，破坏了通往瓦乌的铁路。

在1969年5月25日的全国讲话中，无论是尼迈里还是阿瓦达拉均未提及南方问题。1969年6月9日，尼迈里军政府发表声明，承认苏丹南北间的历史文化差异，认为南方人有权发展自己独特的文化和传统，苏丹政府准备在统一的社会主义国家框架内给予南方诸州自治权。[1] 这是苏丹政府独立后首次公开承认南北方差异并且承诺给予南方自治。但这仅仅是个口头宣言，革命指挥委员会中只有两名成员曾经在南方担任军官，而且都主张为军队提供更多优良武器来镇压南方的叛乱。苏共党员约瑟夫·加朗被任命为南方事务部长，他一直主张南方自治，但约瑟夫部长及其领导的南方事务部基本只是个摆设，实际工作毫无进展。1970年10月，供给与贸易部长阿贝勒·阿利尔（Abel Alier）起草了一个发展规划，宣称南方问题是政治问题而非军事问题，最好通过与阿尼亚尼亚谈判协商解决，尼迈里对此不置一词。"7·19"军事政变失败后，尼迈里将不断恶化的南方问题简单地归咎于约瑟夫·加朗，依凭外援继续加大对阿尼亚尼亚运动的军事围剿，在苏丹南方部署2万军人和武装警察。但此时的阿尼亚尼亚战士人数逐渐增加到1.3万人，政府军在南方三州的军事行动严重受阻，实际上已经无法征服南方。尼迈里总统没有其他选择，也没有尝试以新方式处理南方问题，加之"7·19"政变后与苏联关系恶化，他转而与美欧国家交好，寻求政治方案解决南方问题。

值得注意的是，在20世纪70年代，非洲国家整体上对分离主义运动持公开敌视态度，这也是苏丹南北双方和解的时代背景。事实上，苏丹南

---

[1] Abel Alier, *Southern Sudan: Too Many Agreements Dishonoured*, Exeter, Ithaca Press, 1990, p.49.

方确实有很多同情者,包括正在与厄立特里亚分裂运动进行斗争的埃塞俄比亚国王海尔·塞拉西(Haile Selassie),但很少有国家支持苏丹南方的独立主张,包括已经获得独立的黑非洲国家。刚果与阿尔及利亚对本国分裂主义运动的残酷镇压,就得到了非洲统一组织(OAU)的坚定支持。事实上,强烈反对分裂的非洲统一组织就坚持维护苏丹现状,认为苏丹南方的分离主义运动有损非洲人的利益,有悖非洲统一的目标,而任何一次成功的分离都是可能导致非洲大陆"巴尔干化"的前奏。① 虽然流亡在伦敦的南苏丹政治家们往往忽视这一点,也一直有人批评苏丹南方解放运动的和谈立场,但以拉古为首的军事指挥官们和苏丹南方解放运动却深刻认识到他们自身的不足,认识到周边国家对他们的支持限度,无法获得同苏丹政府军相匹敌的军事援助,无法在当时的情况下取得对政府军的决定性胜利。拉古希望用相对强大的实力寻求更多的新让步,他这样阐述南北和谈的重要性:"我们不是暴乱分子,我们在为自己的事业而奋斗。这如果能够通过谈判来实现的话,我们就没有理由不欢迎和谈。"②

二 《亚的斯亚贝巴协定》与南北和解

1971年1月,面对陷入僵局的军事状态,北南双方都表现出了和谈的愿望,尼迈里首先下令单方面停火,拉古领导的苏丹南方解放运动随即也向阿尼亚尼亚战士施压,说服他们与政府会谈。7月,深孚众望且来自南方的阿贝勒·阿利尔出任南方事务部长,受命与苏丹南方解放运动开启对话。上任之初,阿贝勒首先去西方国家巡回演讲,与世界基督教联合会(WCC)等关注苏丹南方事务的西方人道主义机构洽谈,为南方难民募集救济资金。8月,阿尼亚尼亚的古老圣物"命运之矛",从位于喀土穆的国家民族博物馆返回格沃尔勒(Gwalla),这有效舒缓了丁卡人对尼迈里政府的敌意。为了推动和谈取得实质性进展,北南双方都精心挑选了参加谈

---

① Dunstan M. Wai, *The African-Arab Conflict in the Sudan*, London, African Publishing Company, 1981, p.127.

② Dunstan M. Wai, *The African-Arab Conflict in the Sudan*, London, African Publishing Company, 1981, p.153.

第三章 尼迈里军政府的纵横与黄昏(1969—1985)

判的代表人选。尼迈里亲自指派阿贝勒·阿利尔率领政府代表团,其他的成员要么同情南方,要么是拉古在军事学院的同学。作为回应,拉古也剔除了代表团内部坚持独立的强硬分子,预先排除了任何关于分裂的讨论,寻求在苏丹统一框架下的地区自治基础上达成解决方案。

1972年2月27日,得益于海尔·塞拉西皇帝的调停与支持,南北双方代表经过14天的谈判终于达成了具有历史意义的《亚的斯亚贝巴协定》。该协定实际上是关于一系列具体问题的解决方案,具体包括南方诸州自治协议、南北停火协议、过渡时期行政安排,涉及大赦、赔偿、救济、战争恢复、重新安置以及南方武装力量的临时组成等。《亚的斯亚贝巴协定》还有两个附录,分别是基本人权和自由法、南方财政与援助法。

尼迈里对《亚的斯亚贝巴协定》表示满意,在协定达成一周后就签署批准,命令军队停火,将每年的3月3日定为国家统一日。拉古领导的苏丹南方解放运动虽然一度要求延期执行协定,但因为来自各方的压力,在得到整合进苏丹军队的南方人肯定是阿尼亚尼亚游击队员的保证后也表示同意签字,拉古本人被授予苏丹军队最高的少将军衔,负责将阿尼亚尼亚游击队整合进苏丹军队。3月27日,北南双方代表在埃塞俄比亚王宫签署了《亚的斯亚贝巴协定》。

《亚的斯亚贝巴协定》规定了南方的自治地位,朱巴是南方政府首府,有选举产生的议会和由总统任命的高级执行委员会(执委会),《南方诸州自治法》成为1973年永久宪法的一部分。高级执行委员会代表总统,具体规定南方各部门的职责,协调南方与中央各部门机构的关系,负责维护南方的公共秩序、内部安全和行政管理,发展社会经济文化等事业,也算是南方的地区过渡政府。执委会主席是南方地区的最高领导,对总统和地区议会负责。中央政府负责国防、外交、货币、交通、通信、关税和对外贸易等事务。南方地区有独立的预算,财政收入主要是地方税收及中央政府为缩小南北差距而划拨的特别资金。南方的宗教现状得到承认。阿拉伯语是官方语言,英语被确定为南方地区的主要语言,南方学校遵循教育阶梯的升序级别,教学语言分别为本地方言、英语和阿拉伯语。

1972年4月24日,阿贝勒领导的执委会开始运作。虽然执委会的能力饱受质疑，11 名部长中有 7 名是流放国外的政治家，对赤道州籍公务员的偏爱引发其他两州的不满，围绕贪腐问题的起诉与反诉几乎导致团队解散。地区议会经 1973 年 11 月的第一次选举产生，有 60 名代表。议员们认真履行宪法赋予的监督管理职责，出于嫉妒和报复心理而频繁提出责难动议，在激烈的争论中通过了地区政府运作的例行立法，也解决了一些可能具有爆炸性的重大问题。就苏丹当时的时代背景而言，南方地区议会运作的特点就是无休止的争论，议会本身的存在意义胜过它制定和通过的立法。

《亚的斯亚贝巴协定》的本质，就是对苏丹国家的未来宪法、税收、引渡、难民安置和战后重建等重大事项做出具体安排。南方的高级执委会和地区议会确实在上述几方面做出了一定的成绩，尤其是在遣返和救济 100 多万名战争难民方面取得了出人意料的成功，但在如何妥善安置数万名阿尼亚尼亚战士方面进展迟缓。而事实上，由于《亚的斯亚贝巴协定》承诺的社会和经济福利难以落实，那些未能得到妥善安置的前阿尼亚尼亚游击队战士，无论是始终拒绝接受协定的强硬分裂分子，还是在短暂安置后又被迫失业的生活艰难者，日益成为威胁南北和平的重要利益群体。

将两支长期敌对的军队整合成统一的国家军队是项艰难的任务。苏丹军队的主体是北方人，普通士兵大多来自西部的达尔富尔、科尔多凡等地，军官们主要是来自北方河流沿岸部落的舍基亚人、栋古拉人和贾阿林人。作为苏丹社会最具现代意识的国家机构，以北方人为主体的军队面对现实愿意接受南方自治，愿意由阿尼亚尼亚战士取代在南方工作的大约 3000 名北方的警察和狱警，愿意让他们进入公路、林业和农业等政府部门工作（其中大部分于 1974 年在过渡时期专用基金耗尽时被遣散回乡），但却不愿意将这些他们长期蔑视的阿尼亚尼亚战士整合进国家武装部队。对于《亚的斯亚贝巴协定》中关于 5 年内完成武装部队整合的规定，不同的群体有不同的理解。南方人担心那些被整合的阿尼亚尼亚战士可能会被随意处置。更多的北方人，尤其是北方的军官们，倾向于认为该协定将于 5 年后自动解除，吸收南方人进入南方司令部的整合过程届时将终止，已经被整合进来的阿尼亚尼亚士兵将通过遣散、退休和辞职而逐渐消失。也正

第三章 尼迈里军政府的纵横与黄昏(1969—1985)

因为如此,拟议中的南方司令部直到 1976 年才整编完毕,成为一支拥有 1.2 万人的武装力量,其中 6000 人是南方人,另外 6000 人来自南方之外地区,分属 6 个阿尼亚尼亚步兵营和 5 个旧军队步兵营。被整合进来的阿尼亚尼亚战士得到了必要的武器使用、后勤和战术方面的培训,一些人甚至被送到国外接受训练。在这一过程中,拉古少将充分利用他作为阿尼亚尼亚前总司令的威望和现任将军的绝对权威,多次化解矛盾,消除危险,在各方都缺乏热情的情况下艰难地推进武装部队的整合。

1972 年的尼迈里总统是一个真正的国家领导人,能够接受所有的苏丹人而不论其种族、文化、血缘和宗教背景。他针对南方的和解政策,无论是在镇压安萨尔教派和苏丹共产党之后想利用南方人作为其政治权力基础、利用南方人的支持来制衡他在北方的反对者,还是为了向非洲乃至全世界表明他是苏丹和平的缔造者,在实践中都为一个饱受战争蹂躏的国家带来了难得的和平,受到了国际社会的一致赞誉。当时的尼迈里总统沉浸于各种奉承与提名诺贝尔和平奖的传言之中。①

《亚的斯亚贝巴协定》的签订,主要依赖三方面因素在 1972 年前后的良性互动,分别是尼迈里总统解决南方问题的决心、拉古少将通过和平手段结束战争的意愿和阿贝勒部长以法学家身份发挥的桥梁作用。② 对国家治理和社会发展都严重滞后的苏丹来说,签署协定往往只是通往和平的第一步,更艰巨的挑战是在协定签署后立即随之而来的,包括如何将昔日的两支敌对武装力量整合成统一的国家军队,如何建立有效合理的中央和地方关系,如何实现南方乃至整个国家的可持续发展等。

《亚的斯亚贝巴协定》的达成在很大程度上是苏丹政治精英合作的产物,该协定的权威性和有效性主要来自苏丹政府的联合委员会,在重要的协定执行环节上几乎没有任何的制度或体系保障,该协定最终能否履行取决于尼迈里总统和拉古少将的个人意愿,尤其是尼迈里总统的意

---

① [美]罗伯特·柯林斯:《苏丹史》,徐宏峰译,中国大百科全书出版社 2010 年版,第 128 页。
② 刘辉:《民族国家构建视角下的苏丹内战研究》,中国社会科学出版社 2011 年版,第 99—100 页。

愿。而实际上，一方面，随着权力基础的不断巩固以及与昔日主要政敌乌玛党的和解，加之1970年代阿拉伯产油国的经济崛起和伊朗伊斯兰革命的感召，尼迈里总统越来越轻视来自南方的政治支持，越来越有意愿在苏丹全境实施伊斯兰教法（沙里亚法）。这在事实上摧毁了南北双方1972年的和解基础，将苏丹重新拖入内战乃至最终南北分立的境地。另一方面，拉古少将曾经为《亚的斯亚贝巴协定》的签署做出了重大贡献，但在进入苏丹政坛后也难免流于世俗，与执委会主席阿贝勒钩心斗角，政治目标日益集中于获得副总统职位，越来越失之于他担任阿尼亚尼亚运动总司令时的高度。那些坚定的分裂分子实际上从该协定签署初期就轻蔑地认定他们的总司令已经被喀土穆收买，于1974年12月和1975年3月先后在朱巴和阿科博发动过未遂兵变，鼓动一支装备齐全的阿尼亚尼亚连队从瓦乌驻地逃离并试图重新进入丛林发动暴动。所有这些都预示了《亚的斯亚贝巴协定》实施起来并不会那么顺利，例如在1974—1982年进入军事学院学习的南方学员不到总人数的5%，远低于《亚的斯亚贝巴协定》所规定的1/3，签署该协定本身也许就是双方能够达到的最高程度。

三　宏大的社会发展计划

为了增强权力合法性，尼迈里总统积极开展他自己认可的经济和社会改革方案，热衷于用大型发展项目推动经济发展，其早期的相关治理举措大致包括如下几个方面。

首先，利用国家权力开展国有化运动，迅速掌控主要经济资源，大力推行以国有企业为主体的进口替代型工农业发展战略，进行倾向性明显的社会分配。五月革命胜利伊始，社会主义者和左翼人士占主导的内阁迅速开展国有化运动。截至1970年6月底，几乎所有的大中型公司都被国有化，其中包括马赫迪家族与米尔加尼家族的不动产和其他资产、17家盈利状况最好的苏丹公司、所有的银行和保险公司等，但政府为此提供的补偿却微不足道。在1970年代的经济建设中，无论是新兴的糖厂、棉纺厂、水泥厂、化肥厂、印刷厂、水电供应等基础设施、主要商业银行、大型旅

第三章 尼迈里军政府的纵横与黄昏（1969—1985）

馆，还是农业土地和一些现代化的种植园，均掌握在政府手中。与此同时，尼迈里政府还成立了控制商品进出口贸易的国营企业，限制私有企业发展，与社会主义国家和阿拉伯国家密切联系以寻求经济援助，例如从中国获得1亿元人民币（约合4000万美元）长期无息贷款等。作为一种修正，尼迈里政府在1973年后逐步放松了经济干预，放弃了带有左翼色彩的社会政策，1973年将此前被强行没收的31家公司与银行归还给原主，为了吸引来自阿拉伯国家的投资，从法律层面保证不再进行新的国有化运动，通过了新税法等若干新的立法保护私人投资。

其次，尼迈里政府依靠苏联专家帮助制订了"经济和社会发展五年计划"（1970—1974），企图通过"社会主义的"经济方式实现"五月革命"的主要目标，即建立独立的国民经济、稳步实现繁荣及进一步发展文化、教育和公共医疗卫生服务事业。"五年计划"的重点是大力发展面向国内市场需要的进口替代项目，重点是扩大甘蔗种植以及满足国内市场需要的榨糖、纺织、农产品加工业，此外还有支持现代农业生产的化肥、水泥等行业发展。因为内战因素而被搁置了两年的"五年计划"被分解为两个《临时行动纲要》（1973—1974，1976—1977），进一步强化了政府对经济的主导作用，1973—1977年的年度财政支出增加到10亿苏丹镑，公共投资从原计划的2.15亿苏丹镑增至4.63亿苏丹镑。[①] 新纲要在以"金三角"著称的中部地区实施了几个大型农业和工业消费项目，同时利用西方和阿拉伯产油国的外来投资开展基础设施建设，涉及铁路系统、苏丹港码头、主要交通干线等。拉哈德（Rahad）项目计划投资1.8亿苏丹镑，由阿拉伯经济与社会发展基金（AFESD）与科威特、沙特阿拉伯及美国政府提供资助，通过80公里长的水渠将拉哈德河与青尼罗河连接，使30万英亩的棉田与花生作物得以浇灌。科纳纳（Kenana）糖厂是苏丹政府与英国罗荷公司（Lonrho）创立的合资企业，计划在库斯提（Kosti）建成世界上最大的甘蔗种植园，年产精制食糖30万吨，满足苏丹国内的食糖需求。琼莱运河项目早在1901年就开始酝酿，在1974年正式提出

[①] 刘鸿武、姜恒昆编著：《苏丹》，社会科学文献出版社2008年版，第215—216页。

时的合同造价是5200万苏丹镑，另有1800万苏丹镑用于运河区的当地发展项目。琼莱运河项目兼有必要性和可行性，建成后既可以增大尼罗河向北方和埃及的流量，又能够避免赤道地区的淡水资源在苏德沼泽白白蒸发。

再次，远苏亲美，为发展经济营造良好的外部大环境。尼迈里在执政初期承诺实施阿拉伯社会主义，苏丹代表团出访了大部分东欧国家，尼迈里本人曾在短期内两度访问苏联，同苏联签订了军事援助、贸易、文化和科学等协定，从苏联得到了1.24亿美元的援助（其中军事援助占9600万美元），延续了双方独立以来的友好关系。然而时间不长，因为认定苏联涉嫌策划苏丹共产党发动军事政变，尼迈里先是在1971年下令驱逐苏联大部分军事专家，1977年更是进一步驱逐苏联全部军事专家90人，同时勒令苏联驻喀土穆外交人员减半并在一周内离境，双边关系迅速降至一般关系。[1] 与此同时，尼迈里逐步改善与美国和埃及的关系，二者成为苏丹当时重要的外交伙伴。1972年，苏丹与美国重建因1967年阿以战争而中断的外交关系，其后的苏美双边关系虽然也曾紧张，例如1973年3月尼迈里将在喀土穆杀害美国驻苏丹外交官的凶犯移交给巴勒斯坦解放组织等，拒绝美国提出的在苏丹红海沿岸建立军事基地的要求，但基本稳固的苏美关系一直延续到尼迈里政权解体。1976—1985年是苏丹和美国关系最密切的时期，尼迈里总统6次访问美国，美国向苏丹提供的贷款和其他援助共计18亿美元，包括向苏丹出售武器和提供军事援助。1972年后，美国成为苏丹最大的双边援助来源，苏丹是美国在非洲排在埃及之后的第二大援助对象国。[2] 尼迈里时期的苏丹与埃及的关系整体上还算紧密。1974年2月，苏丹与埃及实施"经济与政治整合"计划，1977年签订双边防御条约。1978年后，尼迈里政权因为是唯一支持埃及与以色列签订和平条约的阿拉伯国家而被国际社会瞩目。1982年，埃及和苏丹签订《整合宪章》，建立不同的统一机构和有预算的高级会议。这是迄今为止向尼罗河联盟理想迈

---

[1] 刘鸿武、姜恒昆编著：《苏丹》，社会科学文献出版社2008年版，第413—421页。

[2] Susan Turner, *Sudan Economy*, *The Sub-Saharan Africa* 1986, Routledge Taylor and Francis Group, London and New York, 1986, p.962.

第三章 尼迈里军政府的纵横与黄昏（1969—1985）

出的最大一步。在尼迈里政权垮台前夕，埃及驻守喀土穆的空军大队因为"技术原因"而撤回国内。① 事实上，尼迈里在国内已经发生大规模反政府游行的 1985 年 4 月依然出访美国以寻求更多援助，而埃及则在他被民众推翻后给他提供了慷慨庇护。

最后，尼迈里的善政愿望赶上了阿拉伯产油国经济崛起的好时候，苏丹因而经历了一个开局美好的经济发展时期。通过 1970 年代的石油危机，阿拉伯产油国突然拥有了巨大的投资能力，它们将拥有辽阔土地、廉价劳动力和丰沛水源的苏丹设想为中东的"面包篮子"，试图借此缓解对西方的食品依赖，强化自身粮食安全。沙特和科威特成为苏丹援助的新来源。1976 年，阿拉伯经济与社会发展基金（AFESD）制定了为期 25 年的《苏丹农业发展基本纲要》，计划在随后十年里对苏丹的 2500 万亩耕地建设投资 60 亿美元。与此同时，来自西方国家和国际社会的双边和多边援助也稳步增多。1971—1985 年，苏丹接受的净官方开发援助和外国政府援助总额从 0.89 亿美元上升到 11.3 亿美元。从整体上看，来自阿拉伯产油国和西方国家的投资满足了尼迈里政府对发展资金的渴求，国际援助成为苏丹1970 年代经济建设的主要资金来源，1973—1976 年，苏丹获得了 2.78 亿、4.33 亿和 6.66 亿和 10 亿苏丹镑的发展资金，许多与农业相互联系的发展项目开始实施。

在 1970 年代，尼迈里总统解决了南方问题，创建了超党派的苏丹社会主义联盟，组建了有专长的技术官僚内阁，吸引了大量外资流入苏丹，发起了一系列迫切需要并得到广泛宣传的开发计划。从五年计划的发展实践来看，虽然激进的国有化运动阻碍了国内外私人投资的活力，少量的私人投资也只能进入国家不会接管的服务业、房地产业、传统农业和手工业领域，几个重大项目的最终结果都不尽如人意。但各个项目在计划初期都给民众展示了美好的发展前景，铺设了从喀土穆到苏丹港的柏油公路，借助配有卫星通信的微波网络工程部分解决了各地区之间的通信与电信设施问题，雪佛龙公

---

① P. M. Holt, M. W. Daly, *A History of the Sudan: From the Coming of Islam to the Present Day*, London, Pearson, 2011, pp. 137 – 138.

司在南科尔多凡、上尼罗州以及红海沿岸的石油勘探初步发现了石油储藏，苏丹一度被期待成为阿拉伯世界的"面包篮子"。处于中心地带的首都三镇首先享受到了这一波经济发展成果，民众对未来普遍持乐观态度。尼迈里总统也因为不断增长的个人威望与整个国家对其政权的广泛支持而怡然自得。

第三节　尼迈里总统的理想与现实

一　1973年宪法和苏丹社会主义联盟

苏丹在1956年独立时制定过一部临时宪法，此后也对宪法做过多次修订，但都未能解决苏丹的国家身份认同和宗教信仰问题。这两个问题是导致南北长期内战的根本原因。在《亚的斯亚贝巴协定》签署后，随着南方问题的暂时缓和，踌躇满志的尼迈里总统打算制定一部永久宪法，解决苏丹社会的这两大难题，也借机巩固他的统治地位。1972年8月，尼迈里召开国家制宪会议，组建以制宪会议成员为主的新内阁，借机剔除了那些曾经反对解决南方问题或者有亲埃及倾向的阁员。1973年4月11日，制宪会议提交了永久宪法草案，因之展开的激烈辩论将苏丹社会分裂为互相对立的两个阵营。支持者欣喜若狂，认为宪法彻底清除了苏丹的两大社会难题；反对者沮丧愤怒，认为宪法应当坚持将伊斯兰教的价值观与沙里亚法作为立法渊源。1973年5月8日，经议会通过和尼迈里总统批准，永久宪法正式实施，这就是苏丹的1973年宪法。

1973年宪法以1968年被搁置的临时宪法修正案为基础，借鉴法国、印度、阿尔及利亚、突尼斯和埃及等国宪法，条款多达225项。根据宪法的规定，苏丹是统一的、民主的社会主义共和国，是阿拉伯和非洲两个实体的一部分，支持南方地方自治；伊斯兰教是苏丹的官方宗教，基督教是许多苏丹公民的信仰，国家对各种宗教信仰者一视同仁；总统是国家元首和武装部队最高统帅，由社会主义联盟提出候选人经全民选举产生，任期6年，可连选连任；总统有权任免副总统、总理、部长、军官、外交使节、法官、总检察长等，有权给予免刑或减刑、宣布紧急状态，总统享有豁免权；苏丹社会主义联盟是唯一合法的政治组织，人民议会设250个席位，

第三章 尼迈里军政府的纵横与黄昏（1969—1985）

其中125名议员通过投票选举产生，100名议员由与苏丹社会主义联盟有关的职业和专业团体指派，总统直接任命其余的25名议员。[①]

1973年宪法是苏丹独立后制定和实行的第一部宪法，对总统权力设置了许多限制条款，如第106条、第107条、第111条和第118条等，将《苏丹南方自治法案》纳入了宪法第8条，在第16条中规定了宗教信仰自由原则，似乎解决了苏丹社会颇具争议的身份问题和信仰问题。然而，因为历史上从未有过宪政传统，缺乏强大而独立的政党、立法机构和司法机构的制约，苏丹的军事强人们总是以自己的方式解读宪法甚至修改宪法，军人执政时期往往也是宪法对国家政治生活规定与影响的实质性中断期。尼迈里基本无视宪法对总统权力的限制条款，频繁运用第106条规定的临时总统命令进行立法，极大地削弱了议会的权力和威望。1973年宪法的权威性从一开始就备受挑战，立宪总统制最终退化为尼迈里个人的专制统治。

1970年代上半期，尼迈里意气风发，对苏丹的未来发展有着自己的宏伟规划，不仅要通过永久宪法彻底解决南方问题和国家的发展方向问题，还试图建立群众基础广泛的社会联盟取代此前的一切政党，超越所有部落、教派、区域和意识形态界限，彻底终结此前苏丹政坛腐败低效的教派政治泥沼。为了实现这一美好愿景，尼迈里先后镇压了右翼的安萨尔教派和左翼的苏丹共产党，经过近三年的酝酿，在1974年11月召开了苏丹社会主义联盟成立大会，尼迈里任主席兼总书记。

苏丹社会主义联盟是一个巨大的金字塔结构，与现行政府机构并列甚或直接嵌入。苏丹社会主义联盟的中央机构为全国代表大会和中央委员会、政治局、总书记处，地方组织分为大区、州、地区、县四级代表大会和委员会，各个层级的委员会数量分别是10名、34名、325名和1892名，共同管辖着6381个基层委员会。[②] 苏丹社会主义联盟每一级委员会的代表都由下一级委员会选举产生，全国代表大会选举产生主席，主席任命总书

[①] 刘鸿武、姜恒昆编著：《苏丹》，社会科学文献出版社2008年版，第156页。
[②] [美] 罗伯特·柯林斯：《苏丹史》，徐宏峰译，中国大百科全书出版社2010年版，第132页。

记和中央委员会的半数成员，其余半数成员由代表大会选举产生。苏丹社会主义联盟的职能与控制范围虽然有过数次调整，始终拥有庞大的官僚机构和很多正式权责，成员最多时曾达 614 万名，但它从来都不是一个真正的政党。①

尼迈里的苏丹社会主义联盟设想源于苏联的党政关系，定位是一个特别而独立的民主对话场所，期望既能够集思广益地制定相关政策，减少决策失误，又能够在政策制定后有效动员民众参与执行。1977 年 1 月，苏丹社会主义联盟召开第二次代表大会，通过了 1978—1983 年经济和社会发展六年计划。1980 年 1 月，苏丹社会主义联盟举行第三次全国代表大会，修改基本章程，强调民族和解，决定在全国实施地区管理和非中央集权制。1984 年 5 月，为加强贯彻伊斯兰法，尼迈里任命穆兄会成员穆罕默德·奥马尔为苏丹社会主义联盟第一书记。1985 年 4 月 6 日，苏丹社会主义联盟及其附属组织被新成立的过渡军事委员会（TMC）解散。

从总体上看，苏丹社会主义联盟在当时确实发挥了一定的团结和鼓舞人心的作用，但整体上的作用比较有限。首先，苏丹社会主义联盟本质上就是与现行政府机构并列的咨询机构。从体制和实际运作来看，苏丹社会主义联盟既不是独立有效的民意表达渠道，也不是变革苏丹国家传统政治生活的有效工具，它更多的是代表着政府的另一个补充性质的管理机构，在一些地方甚至就是学校与健康咨询诊疗室等机构的翻版，很多人同时也在政府机构和相应级别的苏丹社会主义联盟委员会任职。对尼迈里总统而言，苏丹社会主义联盟在很多时候就是他用来平衡不同派系力量的政治工具。② 其次，苏丹社会主义联盟对传统的地方秩序产生了一定的冲击。苏丹独立后的国家治理模式承袭了英国殖民者的间接统治体系，由谢赫、纳齐尔、乌姆达与酋长等组成的传统权威主导着当地政府，依靠不成文的惯例解决社会争端。苏丹社会主义联盟的出现结束了传统的地方管理模式，客观上限制了谢赫们的福利分配权力及其对

---

① P. M. Holt, M. W. Daly, *A History of the Sudan: From the Coming of Islam to the Present Day*, London, Pearson, 2011, p. 136.

② 蓝瑛主编：《非洲社会主义小辞典》，华东师范大学出版社 1992 年版，第 138—139 页。

第三章 尼迈里军政府的纵横与黄昏（1969—1985）

民众的影响，削弱了家族政治传统的内聚力，加速了部落社会的解体和传统权威的衰落，但取而代之的地方议会却没有建立起有效的社会管理体系。第二次内战中的巴卡拉民兵组织就是这种混乱和失序所导致的最大恶果。

二 民族和解的初衷与歧变

尼迈里总统的后期执政开始于 1975 年。1 月底，尼迈里总统突然解散以财政部长曼苏尔（Ibrahim Moniem Mansur）为代表的技术官僚内阁，开始重用身边的小团体，绕过金融与贸易协定的例行程序大肆寻求国外贷款。这一事件被人民议会宣布为五月革命的转折点。随后发生的两场未遂军事政变严重影响了尼迈里总统的后期执政。

1975 年 9 月 5 日，一群心怀不满的伞兵，其中大多数是西部的加里卜人，在哈桑·侯赛因（Hasan Husayn）上校的领导下发动兵变，攻占恩图曼电台，拘捕了一些高级军官，尼迈里因为临时决定入住其位于军营内的官邸而毫发无损。在得知兵变消息后，尼迈里选择暂时离开喀土穆，命令第一副总统兼陆军参谋长巴希尔（Muhammad al-Baghir）指挥平叛。这次兵变本身微不足道，仅仅持续了两个钟头就被镇压。

另一起更大规模的军事政变由流亡国外的前总理萨迪克和利比亚联合策划，同时得到了伊斯兰宪章阵线和苏联的帮助。此次事件由在利比亚接受苏联顾问训练和武器装备的安萨尔信徒具体实施，他们事先将武器埋藏在恩图曼外围的沙漠，然后以季节性临时工身份潜入喀土穆，行动开始前在苏丹穆兄会的帮助下拿回埋藏的武器并进行重新整编，计划于 1976 年 7 月 2 日凌晨在喀土穆和机场同时起事，重点是在喀土穆机场将出访美法归来的尼迈里总统及迎候的政府高官一网打尽。这本来是一次组织周密的暴力事件，前期的各项准备工作进展顺利，第一副总统巴希尔率领部长们也如期在喀土穆机场迎候，成功在望。然而，由于总统专机出乎意料地提前半小时抵达，欢迎会在例行的问候之后很快解散，尼迈里及其政府官员们随即转入了安全区域，喀土穆机场的军事行动按计划在 5 点发动时已经失去了目标。在危急关头，第一副总统巴希尔再次挺身而出，受命赶回人民宫组织抵抗，在通信被切断的情况下利用苏丹通讯社与驻守瓦迪·赛义德纳（Wadi Seidna）、尚迪和达马津的政府军取得联系。十多个小时后，随着越来越多的部队从北方及青尼罗河流域涌入喀土穆，萨迪克精心组织的军事行动基本宣告失败，零星的抵抗持续了两三天。溃逃的安萨尔武装分子遭到追捕或被击毙，政府军在喀土穆杀死了 700 名叛乱分子①，另有许多无辜民众被杀害，财产损失不计其数。萨迪克和谢里夫·辛迪被缺席判处死刑。

萨迪克在苏丹政府军血洗阿巴岛之后开始流亡国外。1975 年，萨迪克联合谢里夫·辛迪（Sharif al-Hindi）创立国民阵线，主要基础是乌玛党、民主联盟党、苏丹统一党（SUP）和伊斯兰宪章阵线，同时团结苏丹共产党等其他政党和组织。卡扎菲不满尼迈里拒绝将达尔富尔纳入利比亚的要求，埃塞俄比亚人深信苏丹是厄立特里亚叛乱的主要支持者，苏联则因为苏丹共产党发动的政变失败以及苏联顾问被驱逐而反对尼迈里政权。1976 年 7 月的未遂军事政变，实际上是苏丹内外各种反尼迈里政权势力合作的产物，显示了苏丹反对派在长期沉寂后日益复苏的力量。

两次未遂的军事政变都没有达到预定目标，尼迈里将这两次幸运归因于真主的眷顾，尤其相信是真主让他在 1976 年 7 月的军事政变中提前半个小时到达机场，也越来越坚定地认为他就是真主的代言人，也只有他才能够代表苏丹民众的整体利益。在此背景下，尼迈里积极推动人民会议通过了宪法第 82 条修正案，允许总统根据自己的直觉和意愿做出有法律效力的决定和行为，从而彻底突破了宪法中本就微弱的权力约束条款。对于尼迈里明目张胆的扩权之举，一些人深感震惊，进行了大胆批评；但更多的民众则无动于衷，听之任之，置若罔闻。这不仅因为尼迈里总统的扩权举动符合他们的传统认知和生活习俗，而且因为他们不习惯、不适应甚至不喜欢低效混乱的议会制政府和技术官僚们建立的复杂体制，实际上更习惯和适应强人领导的威权体制，也更希望看到出现有着高超统治技巧的政治强人。

1976 年的尼迈里政权已经完全摆脱了革命初期的左派色彩，那些曾

---

① 刘鸿武、姜恒昆编著：《苏丹》，社会科学文献出版社 2008 年版，第 138 页。

第三章 尼迈里军政府的纵横与黄昏（1969—1985）

给右翼宗教政党带来恐慌的革命性言辞已经随风飘散，加之尼迈里本人由于在数次军事政变中的幸运因素而越来越相信神启，因而很容易接受国内外要求政府与国民阵线和解的呼声。1976年底，尼迈里伸出了和解的橄榄枝，由在阿联酋的苏丹两大望族牵线与萨迪克·马赫迪实现了初步和解。1977年7月7日，尼迈里和萨迪克在苏丹港举行第二次会谈。此时的萨迪克因为未遂的军事政变而大伤元气，不可能再发动一次军事冒险，同时还必须通过和解缓和追随者在国内的窘迫处境，因而几乎没有其他选择，只能接受苏丹社会主义联盟的执政党地位，认可苏丹社会主义联盟比原来低效的多党制更适合苏丹国情，但要求苏丹社会主义联盟应当更加开放和更具代表性。1977年9月，尼迈里宣布实行"民族和解"，任命回国的萨迪克为苏丹社会主义联盟政治局成员，恢复了许多萨迪克支持者在行政机构的职务，赦免流亡在外的穆兄会和苏丹共产党成员，成功地将反对派分成愿意返回苏丹参与政权和选择依然流亡在外两个阵营。就苏丹社会的复杂国情和严重滞后的发展现状而言，民族和解确实是有着重要意义的政治举措，有助于纠偏既往陷于派系政治泥沼中的观念，凝聚全民力量一心一意谋发展，是件值得期待的正确事情。至少在当时，虽然萨迪克从未就任尼迈里任命的职务或者参与议事，因为反对尼迈里支持埃以和谈还辞去了苏丹社会主义联盟政治局职务，但他的回归确实削弱了苏丹反对党的力量，谢里夫·辛迪和其他人要求实施更多改革的呼声日益微弱。

1978年2月，苏丹举行新一届人民议会选举，乌玛党、民主联盟党和穆兄会支持的候选人赢得了304席中的80个席位，独立人士赢得了60个席位。1978年9月，萨迪克返回苏丹，与图拉比等人一起进入了苏丹社会主义联盟中央政治局。1978年末，因为不满尼迈里总统公开支持埃及和以色列的《戴维营协议》，萨迪克开始怀疑尼迈里是否会坚持在苏丹港会谈时做出的承诺，于是退出政治局，再次离开苏丹开始了流亡生活。1980年，安萨尔派联合抵制议会选举，和解过程受挫。1982年，萨迪克宣告民族和解失败，他本人随即被监禁进而被逮捕，但这反而更彰显了萨迪克的反对派立场，也帮其重树了威望。

除了乌玛党领袖萨迪克的犹豫和矛盾心态外,反对派阵营对待"民族和解宣言"还有另外两种态度。民主联盟党领袖谢里夫·辛迪从一开始就持反对态度,也没有打算回国。伊斯兰宪章阵线领导人图拉比则展示了一个有远见政治家的深谋远虑。图拉比首先说服追随者支持他的长期计划,公开表示效忠尼迈里政权,以高级官员的身份加入了苏丹社会主义联盟。而借助新获得的总检察长的职位和权力,图拉比逐步建立起基于伊斯兰教法的更广泛的组织机构,稳步复兴由于《亚的斯亚贝巴协定》及1973年宪法而日渐式微的伊斯兰教法。

1976年开始的所谓"民族和解"终结了尼迈里总统带有理想主义色彩的前期执政,最终将苏丹引入了另一个发展方向,这在当时确实是尼迈里政治生涯的又一次胜利。他分化和瓦解了主要的反对派联盟,将曾经的改革承诺置之脑后,将境外归来的国民阵线,尤其是图拉比的伊斯兰宪章阵线当作继苏丹共产党、技术官僚内阁之后的又一个支持力量,并借此压制苏丹社会主义联盟中不同意和解的保守派势力,而他本人则依旧是苏丹局势的最终掌控者和仲裁者。换言之,原本试图超越所有部落、教派、区域和意识形态界限的苏丹社会主义联盟,至此完全沦为一个不具有实质内容的组织形式。尼迈里政府步入了充满派系斗争色彩、无理想、无格局的后期执政阶段。

三 与埃及的一体化尝试

苏丹和埃及山水相连,历史上联系密切,多次成为统一的国家,语言、宗教、风俗习惯和文化背景相同,与埃及联合建立尼罗河王国曾是苏丹独立进程中的一个重要选项。1956年独立后,在阿拉伯民族主义蓬勃发展的大背景下,两国的一体化实践多次萌动。1959年,苏丹和埃及签署《尼罗河水资源协定》,开启了两国在水资源分配上的长期互惠关系,客观上形成了下游国家与上游国家两大阵营。1971年7月的未遂军事政变后,尼迈里指责苏联在幕后策划,分裂阿拉伯国家和非洲国家的团结,双方相互召回大使,关系趋冷。与此同时,埃及总统萨达特也希望借助美国遏制以色列,于1972年7月驱逐了在埃及工作的1.7万名苏

第三章 尼迈里军政府的纵横与黄昏（1969—1985）

联军事专家和顾问，需要邻国苏丹的支持和配合。由于共同的弃苏亲美外交趋势和互补的内部需求，苏埃两国的一体化实践从1970年代前期开始逐渐升温。

1974年2月11—22日，尼迈里率领庞大的苏丹代表团出访埃及，其间提出的一体化建议得到了埃及总统萨达特的积极响应，联合发布了《苏丹和埃及的政治行动和经济一体化计划》（下文简称"一体化计划"），不仅就加强和促进两国在政治、经济、军事、文化等领域的联合行动达成共识，同时还确定了与之配套的相关机制。部长级委员会下设经济、文化、运输等若干专门技术委员会，具体处理一体化的有关事宜，每六个月开会一次，向双方总统做工作汇报，负责研究建议、确定项目，并提出实施这些项目的具体办法等。

1974年4月2—9日，尼迈里总统前往埃及海滨城市亚历山大，以休假为名与萨达特总统商谈"一体化计划"的执行措施。3日晚，尼迈里出席在亚历山大大学举行的埃及学联第十次代表大会并发表演说，不仅宣称"苏丹是埃及的纵深，埃及是苏丹的延伸，两国是并肩战斗的孪生兄弟""埃及是苏丹的榜样，苏丹是埃及的一股力量""在一体化的道路上，尼罗河畔的两国人民是阿拉伯民族的支柱"，还盛赞萨达特是"埃及的英雄，阿拉伯民族的英雄"。萨达特也对苏埃"一体化计划"持积极态度，在大会上不吝赞美之词，例如"埃及的命运注定与苏丹紧密联系在一起，苏丹的边界即是埃及的边界，任何对苏丹的侵略将被看成是对埃及的侵略"等。4月8日，尼迈里在亚历山大会见苏丹侨民，称赞苏埃一体化的一些前奏项目，包括开发琼莱运河，修建阿斯旺到瓦迪哈勒法的铁路线和苏丹—苏伊士公路，兴办内河航运公司、努巴湖捕鱼公司、打井公司及一些重大的合资项目等。

1975年，苏埃两国组成了执行"一体化计划"的最高委员会、尼罗河谷会议及六个下属专门委员会，随后多次举行相关会议。1977年10月，苏埃两国议会在开罗举行第一次联席会议，进一步讨论实施一体化的有关问题，并再次成立新的一体化最高委员会，下设外交和国际事务委员会、援助和经济一体化委员会、社会服务和公共事业委员会、立法委员会。从

1978年起,苏埃两国的"一体化计划"开始启动。

1979年1月,苏丹和埃及两国议会在喀土穆召开第二次联席会议,讨论了两国"一体化计划"进展情况及今后的发展规划。此次会议确定的合作项目资金总额为10亿埃镑(约为27.4亿美元),主要包括下列内容:(1)开凿琼莱运河,为两国的农业发展提供有效的灌溉。全部工程由法国等外国公司承建,预计耗资7000万苏丹镑(约合1.76亿美元)。(2)建立两国经济一体化区,联合开垦农业耕地,居民自由来往,涵盖范围从埃及南部的阿斯旺州和苏丹的北方州扩大至两国的红海沿岸地区。(3)发展跨国的交通运输,修建从阿斯旺、经苏丹北部瓦迪哈勒法至喀土穆的苏丹—苏伊士公路,全长970公里,预计费用为1.72亿美元,拟向阿拉伯和非洲的一些基金组织申请援助。(4)协调对外政策,加强联合防御,在非洲局势和红海地区安全问题上统一立场,呼吁阿拉伯民族的内部团结,主张中东问题的全面和公正解决,反对外国势力插手和干涉非洲事务,强化两国的军事同盟关系。此外,此次联席议会还决定扩大两国在科学教育、医疗卫生等领域的合作,共同采取措施逐步统一两国的投资法、民法、劳动法,积极推动双方经贸关系的进一步发展,扩大贸易额,减免关税等。

苏埃两国的一体化,主要参照了西欧和西非国家搞共同体的模式,试图通过共同努力实现经济一体化,实行货币通用,取消关税,其前景十分鼓舞人心。然而,由于各自出发点不同,底子薄和发展不平衡等问题突出,两国的一体化合作整体上虚多实少。埃及对一体化的考虑偏重于集中资源,发展经济,希望挖掘苏丹的农业潜力,解决埃及的肉类、粮食和油料供应问题。苏丹则重视政治和军事领域的合作,希望埃及停止支持苏丹国内亲埃的阿拉伯民族分子,把与埃及的政治和经济一体化看作防御外来侵略,尤其是防止苏联侵略的战略实体。正因为双方诉求错位,截至1979年1月,苏埃两国一体化最高委员会虽然召开了七次会议,双方的高层互访也多次谈及"一体化计划",但真正付诸实施的项目为数寥寥。

尼迈里和萨达特对一体化计划的高层推动收效不大。1982年6月1

日，尼迈里和穆巴拉克在埃及的库巴宫进行会谈，商讨采取步骤，推动两国"一体化计划"。10月12日，埃及总统穆巴拉克访问苏丹，签署《埃苏一体化宪章》，宣布成立总统委员会、尼罗河流域联合会议、总秘书处、联合基金会，期望在10年内实现两国外交、防务和经济政策的全面协调。[①] 1983年1月22日，穆巴拉克访问苏丹，出席两国一体化最高委员会第一次会议，会议决定成立计划、财政、经济、生产、公共服务、宪法和立法、群众组织等委员会。4月6日，两国一体化最高委员会决定成立人民组织委员会、生产委员会、计划和财经委员会、福利委员会、宪法和立法事务委员会五个专门委员会，具体处理与一体化相关的事宜。但大多数措施均未得到有效实施。

1985年4月，苏丹发生政权更迭，外出访美的尼迈里被迫降落开罗，埃及不同意苏丹新政府的引渡请求，苏埃两国关系出现隔阂，趋于冷淡，《埃苏一体化宪章》被搁置。1987年2月，苏丹总理萨迪克访问埃及，签订《埃苏兄弟宪章》取代原来的《埃苏一体化宪章》，两国的一体化实践至此基本结束。[②]

四　尼迈里总统的执政限度

尼迈里总统在初期执政中有抱负，有视野，其执政理念和意志对苏丹国家发展产生了深远影响。虽然在具体的施政过程中也有过反复，有过政治算计，甚至被质疑对南方的和解动机不纯，认为他只是在利用南方对付北方的反对派，从来都不愿意真正履行签订的和平条款[③]，但尼迈里总统对苏丹和平、稳定和发展方面的贡献不容否认。然而，在后期执政中，因为缺乏系统的思想体系，也因为苏丹社会的高度复杂而导致国家治理和建设任务艰巨，擅长政治操控的尼迈里总统几乎用尽了各种意识形态，拉拢过所有的势力派别，也不可避免地陷入了派系政治的泥沼，在最后阶段甚至滑落到他曾经反对的教派政治泥沼中，推动了民族主义与宗教极端主义

---

① 萧木：《埃及苏丹一体化》，《世界知识》1983年第2期。
② 黄苏：《苏丹和埃及〈一体化计划〉回顾》，《阿拉伯世界》1996年第6期。
③ John Garang, *The Call for Democracy*, Kegan Paul International, 1992, p. 11.

的合流，基本否定了前期的革命初衷和执政成果。在长达16年的执政时期里，尼迈里为了保住权力而不择手段，诡异多变，先后与共产主义者、阿尼亚尼亚、传统苏菲派政党、伊斯兰宪章阵线、部落酋长与谢赫都合作过，也都在目标实现后抛弃或背叛了合作伙伴，导致国家发展停滞，战端再起。精于算计的尼迈里总统最终沦为权力场上彻头彻尾的机会主义者，他将自己定位于唯一能够保持国家团结的核心人物，先后拥有过总统、陆军元帅、最高统帅与伊玛目等头衔，但最终被民众和其他政治势力，包括他所倚重的军队所唾弃。尼迈里总统的政治发展过程不仅是他本人从英雄领袖到民族罪人的滑落轨迹，而且折射了一个前现代国家威权领袖治理国家的善政愿望和能力限度。

尼迈里总统时期的苏丹行政体系越来越臃肿、越来越官僚化和政治化，执行层级的中下级官员们甚至不愿意做出最普通的决定，绝大多数问题和矛盾都被推诿给部长或总统府。1976年，苏丹全国人口约1500万人，但公务员队伍高达25万人，其中12万人在中央政府，13万人在地方政府。另有10万苏丹人在大约60家国营公司上班，他们通常没有什么技能，获得工作岗位主要是因为其背后的社会关系。这些日益增长的新官僚主义和沦落为腐败温床的60家国有企业，既是尼迈里总统因为寻求专权而日益集中的决策过程的倒影，反过来又和正在逼近的经济和社会危机一起，严重打压了尼迈里总统的执政空间和执政信心，影响和制约了他后期的执政理念和方向。

激动人心的经济绩效是威权领袖们政治合法性的主要来源，苏丹在1970年代早期宏大的经济发展规划就是明证。然而，从较长的历史时段来看，因为苏丹社会极度落后的发展现状，加之1970年代全球性经济危机导致的市场价格浮动和出口需求暴跌，尼迈里总统的善政愿望和施政举措收获寥寥。大多数被委任的官员们实际上并不了解如何运作复杂的公司管理，苏丹的整体经济状况在国有化后变得糟糕混乱，许多曾经盈利的企业开始严重亏损，造成了沉重的财政负担和巨额外债，最后发展到使整个国家处于近乎破产的地步。被寄予厚望的科纳纳糖厂因管理不善，建设成本从1975年的2975万美元上升到1981年的7.5亿美元，生产成本远超进口

第三章　尼迈里军政府的纵横与黄昏（1969—1985）

费用，只能依赖政府的大量补贴勉强运转。琼莱运河项目因为南方地方政府的内部权争而被夸张地渲染为沙漠化环境灾难，甚至被恶意地看作为了安置200万名埃及农民，项目最终成为内战的牺牲品，无果而终。至于雪佛龙公司在南科尔多凡州和上尼罗州进行的石油勘探，苏丹北方的政治家们并不怎么热心，根本就没有将之明确列入发展计划。[①] 正因为如此，苏丹1974—1977年超过10%的经济快速增长不仅没有能够持续下去，而且很快便失去了动力，经济在1978—1984年持续出现2%以下的低速增长乃至负增长。1985年，苏丹的人均国民年收入下降到680.9美元，是独立以来的最低点。

　　导致苏丹经济状况难以改善的原因有如下几点。首先，苏丹的国民经济以农业为基础，可耕作土地多，但地处生态过渡带，极易遭受旱灾、水灾和沙漠化等气候灾害，农业技术落后，生产率低下，实现自给自足的难度很大，要成为海湾产油国的"面包篮"并借之产生贸易顺差不太现实。事实上，因为粗放经营的大规模机械化农场运动，苏丹土地退化严重，加上战争影响，传统出口产品棉花的产量从1973—1974年的174万包急速下降至1983—1984年的55万包。其次，低水平的国有化运动及其因之形成的国营企业成为制约经济发展的严重障碍。和农业相联系的众多工业和基础设施项目，例如科纳纳糖厂等，表面上使得苏丹国家的工业资产附加值在1970—1975年从0.67亿苏丹镑增加到1.43亿苏丹镑，但因为建设延期、支出超额和管理不善等因素，企业的产品根本没有竞争力，亏损严重。铁路运力从1971年的280万吨急剧下降到1983年的150万吨。在1975—1980年，苏丹国营或部分国营工业企业占苏丹全国企业总数的65%，平均每年亏损5000万美元，成为政府日益沉重的负担。[②] 最后，南方地区的滞后发展状态基本没有改变。备受瞩目的琼莱运河项目和高调宣传的石油勘探计划实际上进展不大，本来安排在南方地区的项目不是被取消就是被转移到北方，1972—1977年给予南方

[①] ［美］罗伯特·柯林斯：《苏丹史》，徐宏峰译，中国大百科全书出版社2010年版，第140页。

[②] 中国社会科学院西亚非洲研究所编：《北非五国经济》，时事出版社1987年版，第93页。

· 175 ·

的特殊发展经费实际上只下拨了20%，喀土穆大学1984年的1637个学生名额只分给了南方9个。①

政府主导下的经济发展成效并不理想，反而带来了巨大的资源浪费和社会发展不平衡，因之产生的财政赤字、巨额外债和畸高通胀率使得苏丹更难应对连年的饥荒和干旱。1978年，苏丹经济没有任何增长，财政赤字却持续高企，外债压力越来越重，1977年初公布的"经济和社会发展六年计划"（1977—1982）被迫放弃。也就是从1978年起，苏丹政府已无力支付到期的债务和利息，只能依靠债权方的大规模减免维持外汇资金供应，每年获得的国外资金大部分用于国际收支的短期贷款还款付息，能够用于经济发展的资金少之又少。1978年，德国、英国和荷兰三国免除的苏丹债务额分别是2.18亿英镑、1010万苏丹镑和1900万美元。② 截至1984年底，苏丹已经无力偿还其90亿美元的巨额外债，只能依靠西方和阿拉伯产油国的财政和军事援助勉强维持生存。尼迈里1983年底的五国之行长达35天，主要目的就是寻求同情和援助。

尼迈里的宏大经济发展规划催生了两类富裕阶层，主要是商业新贵和粮食大亨们。商业新贵们以土耳其裔沙特商人艾南·卡修基（Adnan Khashoggi）为代表，利用尼迈里的急于求成的心理，避开专业人士组成的政府，代表苏丹参与了大量国际贷款谈判，通过不正当手段掠夺了大量财富。这类人虽然数量不多，在1981年时大概有20人左右，但过分自信，喜欢摆阔，被许多苏丹人看作只会夸夸其谈、投机取巧的谄媚者。粮食大亨们则利用人们找寻"中东粮仓"的机会迅速崛起，他们成立机械化耕作公司，平整林地，集中耕作的农田超过900万费丹，但基本上属于粗放式经营，破坏了当地的脆弱生态，很多地区在耕作数年之后变成了干旱尘暴区。严重的土地退化，加之不时肆虐的干旱疫情，导致苏丹粮食连年歉收，粮价飞涨，大批苏丹人不得不背井离乡，讨饭逃荒。来自南部和西部

---

① P. M. Holt, M. W. Daly, *A History of the Sudan: From the Coming of Islam to the Present Day*, London, Pearson, 2011, p.134.
② Ali Ahmed Suliman, *Sudan Economy*, The Sub-Saharan Africa 1980, Routledge Taylor and Francis Group, London and New York, 1980, p.985.

第三章　尼迈里军政府的纵横与黄昏（1969—1985）

农村的大量失地农民和贫困人口涌入城镇，住在鼠害肆虐的贫民窟，饱受饥饿、疾病流行之苦。在欧拜伊德等西部城镇周围，处处可见饥民们破旧不堪的帐篷。喀土穆的人口每年以6.5%的速度增长，1983年达到了134万人，私自搭建的棚屋宿营地串联成难民聚集的"黑色地带"，到1990年代几乎已经将喀土穆合围。[①] 首都三镇的大街上挤满了失业者和无家可归者，被称作只有太阳没有屋檐的"沙摩挲"（Shamasa）人，在对饥饿的恐惧和绝望中度日如年。[②] 众多的城市中产阶级专业人士本来已经对商业新贵和粮食大亨们自私自利的暴富极度不满，此时更因为大量逃荒者和无家可归者的突然涌入而矛盾激化爆发。

苏丹的劳工运动力量自1971年7月后一直很微弱，罢工被定为叛国行为，1981年6月的铁路工人联盟罢工就被残酷镇压，4.5万名铁路工人被从政府雇佣人员名单中删除。在此背景下，以中产市民为主的专业人士集体罢工成了对尼迈里政权的最大威胁。1983年夏天，由于工作条件恶化，工资被削减，在司法部的领导下，法官、医生、工程师和大学教授等专业人士开始拒绝工作。司法部门和律师协会领导的集体罢工持续了3个月，尼迈里总统最终不得不恢复了一些法官的工作，安抚性地提高其工资和福利待遇。得到启发的医生们也集体辞职，尼迈里政府再次退缩，释放了被逮捕的医生并满足其所提要求。为了防止再次爆发类似的专业人士罢工事件，尼迈里在1984年4月30日发布总统令，宣布实施戒严，直到一年后他被推翻才得以解除。

第四节　尼迈里时代的落幕

一　《亚的斯亚贝巴协定》的破产

1977年的民族和解对话后，尼迈里总统的主要执政思路就是通过实施新的行政区划来巩固权力。1979年3月，尼迈里开始筹划在苏丹北方实行

[①] ［美］罗伯特·柯林斯：《苏丹史》，徐宏峰译，中国大百科全书出版社2010年版，第172页。

[②] 刘鸿武、姜恒昆编著：《苏丹》，社会科学文献出版社2008年版，第195页。

区域划分，采取类似于南方地区政府的区域自治制度，安抚西部人和努巴人。1980年2月，苏丹社会主义联盟全国代表大会批准了尼迈里的区域化计划，人民议会随即通过了《1980年地区政府法案》，将苏丹北方设置为五个地区，分别是北部地区、东部地区、中部地区、科尔多凡和达尔富尔。各地区设立经选举产生的议会，总统从议会提出的三名候选人中选任一名地区长官，地区长官任命地区部长，负责管辖地区的治理和发展事务。

此后，尼迈里总统的工作重心，就是持续地精心改组内阁和选择地方官员，大力宣扬苏丹的"新开始"，越来越沉迷于个人权力。大张旗鼓地宣扬所谓地方区域自治也只是个形式，中央政府并没有真正下放权力，地方的教育、医疗等基础项目完全依赖中央政府资助。越来越多的苏丹人开始相信，无论是曾经的"民族和解"还是新的行政区划，本质上都是尼迈里总统为了强化自身权力地位的手段和工具，他们的总统越来越类似于昔日在苏丹的英国总督而不是美国总统。[1] 事实上，此时的尼迈里总统比此前的阿布德政权更加认同阿拉伯与伊斯兰宗教极端主义，新的行政区划和随之而来的阿拉伯—伊斯兰化运动一起，不仅颠覆了来之不易的《亚的斯亚贝巴协定》和平成果，将苏丹拖入内战状态，而且将苏丹引入了持续近30年、最终导致南北分立的激进的阿拉伯化—伊斯兰化道路。

苏丹南方的第一届地区议会成立于1973年，它的四年任期代表了南方人的初次行政管理尝试，是《亚的斯亚贝巴协定》的最主要和平成果和实施保证。虽然地区议会的存在和完成任期本身就是一种进步和成功，也确实做了不少工作，但它远不是成熟的议会政治实践。因为种族、意识形态、地区以及个人情感等因素，议会议员和执委会的部长们结成了各种不同的政治团体，议会辩论的最大特色就是报复性的人身攻击以及子虚乌有的诽谤性指控。执委会主席阿贝勒及其追随者主导着南方地区议会，被视为"丁卡人集团"。赤道州人士对此深感不满和恐慌，自然而然地集合到

---

[1] ［美］罗伯特·柯林斯：《苏丹史》，徐宏峰译，中国大百科全书出版社2010年版，第149页。

第三章　尼迈里军政府的纵横与黄昏（1969—1985）

南方军司令部拉古少将旗下。尼迈里总统对此洞若观火，乐见两派的争权夺利并借此维系平衡。在1977年的议会选举中，尼迈里秘密说服阿贝勒退出竞选，在保证拉古出任执委会主席的同时迅速解除其在军队的职务。苏丹军队中的北方军官们因为总统为他们摆脱了这位"南方人"少将而欢欣雀跃。

拉古主席出身行伍，缺乏前任阿贝勒的个性魅力和政治技巧，在北方也缺乏有影响力的盟友和工作伙伴。拉古设置了一系列薪水可观的部长职位，任职者都是支持他的赤道州人士。阿贝勒领导的"丁卡人集团"为此一直指控拉古贪腐和滥用贷款，最后甚至发展到攻击拉古团队的每项施政举措。1979年末，"丁卡人集团"的24名议员共同指控拉古篡夺议会权力，违反宪法，请求尼迈里总统解除其主席职务。此时的尼迈里总统因为糟糕的经济状况和对埃以媾和的支持而内外交困，需要用实际举动换取来自海湾产油国的援助，更由于不满意拉古对本提乌—苏丹港原油管道一事的暧昧态度，他顺势于1980年2月解除了拉古的主席职务，下令解散议会并重新举行选举。

第三届地区议会选举工作在1980年5月举行，阿贝勒以压倒性多数当选执委会主席。阿贝勒新内阁的初期施政重点是扩展此前已经开始的技能培训、农业技术推广服务、教育和初级卫生保健等项目，实践中也确实为南方的发展争取到了一些发展资金，例如苏丹银行同意在朱巴开设分支机构并拨出900万美元用于恢复赞德植棉计划。但不幸的是，因为尼迈里施政重心的转变，南方地区政府的关注点也很快转变成了关于统一或分权的激烈争论。1980年夏，南方地区政府组织出版了一本特意用英文撰写的小册子《团结书》，不仅阐释了为什么要拒绝重新划分南方地区，而且猛烈抨击尼迈里总统及其北方官员，认为南方受到了不公正的对待。尼迈里对此大为恼火，中央政府的高级官员也极其愤怒。

1980年10月4日，就在南方民众围绕统一或分权而激烈争吵时，尼迈里突然下令解散南方地区议会与高级执行委员会，任命南方穆斯林吉斯马拉·拉萨斯（Gismallah Abdullah Rasas）将军为地方过渡政府主席，意图为南方的重新分区扫除障碍。由于这一举动明显违宪，也未曾与南方政治家协商，南方的反应强烈而迅速。在科尔多凡，学生们走上街头举行游行示威，抗议解散地区议会以及对拉萨斯的任命，但抗议活动并没有明确地反对尼迈里本人。面对意料之中南方人的强烈反应，尼迈里总统泰然处之，相信能够得到中央政府各官僚机构、伊斯兰宪章阵线、约瑟夫·拉古等多派势力的支持，因而抱着投机和试探的心理随机应变。1980年底，尼迈里政府不顾南方人的不满和抗议，正式决定将南方本提乌的原油通过输油管道运往北方，管线北端也从库斯提延伸到能够直接出口国际市场的苏丹港。南方地区议会和执委会虽然愤怒地谴责这一决定，声称没有炼油厂的大本提乌地区将永久处于不发达状态，但无法促使尼迈里改变决定，只能屈辱接受。至此，北方和南方在石油勘探和开采上的意见分歧变得更为尖锐且不可调和。1982年2月初，为了平息南方的愤怒和国内因为物价上涨而引发的抗议活动，尼迈里不仅指令已经关闭的大学延期开学，防止以投掷石块表示抗议的大学生"投石党"们的抗议示威，而且解除了22名中高级军官的职务以稳定形势，宣布推迟做出任何有关在南方重新分区的决定，同时要求南方举行新的地区议会选举。

在1982年春季的议会选举中，南方人围绕是否分治问题分裂为截然不同的两派。赤道州知识分子中央委员会（ECCT）支持重新进行区域划分，他们得到了约瑟夫·拉古的资助。另一派的领军人物是阿贝勒·阿利尔，坚决主张南方地区的统一，苏丹南方统一委员会（CUSS）是其主要组织。在选举过程中，因为从乌干达返回的大量赤道州难民将他们的生活困顿归咎于"丁卡人的统治"，也因为南方司令部、喀土穆政府和伊斯兰宪章阵线的支持，加之纠缠不清的历史恩怨，例如丁卡人在1960年代的大洪水期间侵入赤道地区放牧而引发的公开冲突等，主张地区分治的意见在议会选举中占据上风，支持地区分治的约瑟夫·坦布拉（Joseph James Tambura）成为高级执行委员会的主席。1982年6月，支持南方地区分权的约瑟夫·拉古被任命为苏丹第二副总统，这是他长期以来梦寐以求的职位。

二 第二次南北内战爆发

1982年12月，尼迈里总统巡视南方，遭遇了充满敌意的示威游行。

第三章 尼迈里军政府的纵横与黄昏（1969—1985）

伦拜克中学的学生们起哄并投掷石块，这与他1972年和1975年作为和平缔造者南巡时所受到的欢呼形成了鲜明对比。尼迈里总统很生气，当晚即召集高级执行委员会少数成员开会，要求他们立即提出议案，将南方分为三个州。由于这涉及单方面修正被纳入宪法的《南方地区自治法案》，执委会当即对此严词拒绝，一个月后召开的苏丹社会主义联盟南方地区代表大会也以压倒性票数通过决议，维持《亚的斯亚贝巴协定》与南方的统一。尼迈里被迫推迟做出决定，但对南方人的敌意耿耿于怀，因而在1982年底命令南方司令部第1师的三个营驻守北部及西部地区。

1983年5月24日，尼迈里第三次宣誓就任总统，他在历时12天的公民投票中获得了99.6的支持率。6月5日，尼迈里总统突然颁发共和国第一号命令，将南方地区分为加扎勒河州、赤道州和上尼罗州三个州，用三个权力有限的州议会取代了南方地区议会，南方人不能再质询中央政府，甚至不能就国家立法进行辩论；南方地方行政长官由总统任命而不再经由选举产生，南方官员的财政权力被剥夺，所有的金融和经济权力都集中到中央政府；阿拉伯语成为苏丹唯一的官方语言，英语降为地方方言。所有这些举措不仅终结了《亚的斯亚贝巴协定》赋予南方的人事权和财政自主权，而且取消了《亚的斯亚贝巴协定》精心设计的安全措施，尤其是取消了南方人在武装部队员额中的法定比例。南方部队今后将处于当地军事指挥官、国防部与最高军事长官总统的直接指挥之下。由于尼迈里早在1977年7月的"民族和解"会谈中已经承诺修订《亚的斯亚贝巴协定》，图拉比领导的伊阵已经清楚地表明他们的支持取决于修订《亚的斯亚贝巴协定》并实行伊斯兰宪法，所以共和国第一号命令的最主要意图，就是通过变革南方的行政体制和运作方式废除《亚的斯亚贝巴协定》，为总统及那些谋求恢复伊斯兰教法的人们干预立法扫清了宪法障碍。[1]

尼迈里十分蔑视南方的政治家们，认为他们只会钩心斗角，更重视追求他们自身的生存与财富，不会为了地区利益而牺牲个人利益，这也是他

---

[1] ［美］罗伯特·柯林斯：《苏丹史》，徐宏峰译，中国大百科全书出版社2010年版，第155—156页。

敢于废弃《亚的斯亚贝巴协定》、在南方进行区域划分并实行伊斯兰教法的原因之一。事实上，南方政治家们确实没有能力反制尼迈里，他们沉溺于权位的钩心斗角中，拉古领导的阿尼亚尼亚游击队看起来似乎是一群乌合之众。但新生的力量正在悄然崛起。随着20世纪六七十年代民族解放运动浪潮的冲击和熏陶，加之十多年和平时期的建设和培养，苏丹军队中受过培训的年轻的南方军官们开始觉醒，他们和五月革命时期的尼迈里上校一样，鄙视惯于空谈的政客，按照自己的理解开始规划苏丹南方的未来。对于尼迈里单方面取消南方自治地位和废除《亚的斯亚贝巴协定》等举动，他们的应对是精心策划军事叛乱，要用手中的武器将加法尔·尼迈里逐出苏丹。这些年轻军官中的代表人物就是约翰·加朗上校，他曾在1972年之后被送到美国接受培训，后来成为苏丹人民解放运动/军的主要领导人。

南方司令部第1师下辖第105营、第110营和第111营三个营，主要兵员是整编的前阿尼亚尼亚运动战士。因为在编入苏丹军队后没有达到预期的愿望，所受的教育及训练与正规官兵们不能相提并论，第1师官兵们对尼迈里政府素有积怨，在1976年后对很多议题都表现得比较敏感。共和国第一号令变相废除了《亚的斯亚贝巴协定》，这最终点燃了南方官兵的不满和怨愤。南北之间战端再起。

动乱始于南方军队被调防北部及西部地区的1982年底。从1983年1月到5月，驻守在博尔的第105营始终拒绝执行命令，与前来弹压的苏丹军队发生激战，最后在克鲁比诺·博尔（Kerubino Ktxanyrn Bor）少校带领下于5月16日夜晚离开军营遁入丛林。截至1983年7月，南方司令部有超过2500名士兵叛逃到位于埃塞俄比亚境内贝尔帕姆（Belpam）的游击基地，另有500多人散布在加扎勒河州的丛林之中。后来的史实证明这确实是一个重大事件的开端，但尼迈里总统当时并未给予太多考虑，将之视作又一场普通的南方士兵哗变事件，不仅按计划发布了解散南方地区政府的共和国第一号令，彻底激化双方矛盾至无可挽回的余地，而且错误地指派时任恩图曼参谋学院院长的约翰·加朗上校解决博尔哗变事件。后者不仅是第105营士兵叛逃事件的幕后策划者，而且是严重影响苏丹发展方

第三章 尼迈里军政府的纵横与黄昏（1969—1985）

向的第二次南北内战的南方指挥核心。

约翰·加朗接受过完整的学校教育，在瓦乌和伦拜克读完小学和初中，借助奖学金进入美国艾奥瓦州的格林奈尔学院（Grinnell College）获得经济学学士学位。1969年，大学毕业的加朗积极参加非洲大学生革命阵线，与后来成为乌干达总统的约韦里·穆塞韦尼（Yoweri Museveni）成为密友。1971年，加朗加入了阿尼亚尼亚运动，虽然没有参加过任何战斗或者经历过丛林中的艰苦生活，但因为是受教育程度最高的游击队战士，不仅在当时就被授予上尉军衔，其军中地位还因为《亚的斯亚贝巴协定》签署后的军队整编而稳步上升，1974年在美国佐治亚州的美国陆军步兵学校（GFBIS）接受军事培训，1977—1982年离开军队在艾奥瓦州立大学攻读农业经济学博士学位，博士论文的研究对象是琼莱运河。1982年回到苏丹后，加朗被任命为恩图曼参谋学院院长。

1980年代的约翰·加朗是一个有理想、有格局的政治家。他以改造苏丹社会为己任，致力于消除地区之间、部门之间的不平等，实现宗教多元，拒绝种族主义和部落主义，消除国家政治生活中长期以来的家族政治、教派主义和军人政权，建立一个对所有人来说公正、平等的新社会，能够将种族各异、文化多元的社会塑造成自由、世俗、民主、统一的社会。[1] 为了这个崇高的目标，加朗不仅幕后策划了第105营士兵叛逃事件，而且在1983年4月6日创立了苏丹人民解放运动，7月31日公开发表了《苏丹人民解放运动宣言》，搁置了有关统一与分裂的争议，组建广泛的团结阵线和争取外援，将来源复杂的苏丹人民解放军打造成一支不同于阿尼亚尼亚运动、有纪律的新型军队。

加朗还是一个有能力、有手段的实干家。在具体的斗争过程中，加朗充分利用了各种内外矛盾寻求外援并巩固自身地位。苏丹与东边邻国埃塞俄比亚和西边邻国利比亚的关系一直不好。对于东邻埃塞俄比亚，苏丹一直支持厄立特里亚分离主义者，埃塞俄比亚则支持苏丹南方的分离主义运

---

[1] 刘辉：《民族国家建构视角下的苏丹内战研究》，中国社会科学出版社2011年版，第119—127页。

动，这导致双方关系长期恶化。对于西邻利比亚，苏丹拒绝加入《的黎波里宪章》，对乍得内战持有不同立场，不满利比亚对达尔富尔的领土要求，双边关系长期紧张，大多数苏丹人把性格怪异的卡扎菲看作一个小丑。①敌人的敌人就是朋友。深谙此道的加朗极力用统一的苏丹理想安抚邻国对分离主义运动的担忧，积极争取和接受来自埃塞俄比亚和利比亚的武器和其他支持。而在反政府联盟内部，加朗用苏丹人熟知的各种权变手段打压最高领导层其他成员的挑战，利用南方各派别间的对抗打击那些顽固的分裂主义者，将不信任的军官调至偏远的部队。在1985—1991年的6年里，苏人解的最高领导层几乎未开过全体会议，偶尔的会议也只是批准加朗预先确定的议事日程。上述做法确实有违加朗的革命初衷，但客观上最大限度地巩固了他作为军事政治强人的领导地位和权威。

1983—1990年，加朗领导苏丹人民解放军利用突袭和小范围交火对政府军发动多次袭击，阻止了在南方的石油勘探和琼莱运河项目，稳固地占据了赤道州的博马高原（Boma Plateau）并将其作为苏丹人民解放军的总部，显示了苏丹人民解放军日益增长的力量和影响。1984年2月，苏丹人民解放军袭击了尼罗河上的一艘游轮和驳船护卫队，造成大约1500人在交火中丧生或者溺水而亡，南北方的水路和铁路交通被中断。② 半年后，苏丹人民解放军小分队伏击了索巴特河上的一艘军船，导致274名士兵丧生。1985年，苏丹人民解放军炮轰博尔城，政府守备军指挥官身亡。此后，在埃塞俄比亚的支援下，加朗的军队在赤道州、上尼罗州、南科尔多凡州和青尼罗州发动多地多点进攻，接连占领了皮博尔城（Pibor）和托里特，整个南方几乎都被苏丹人民解放军占领。值得一提的是，加朗及其领导的苏丹人民解放军主要专注于没有民众普遍参与的军事行动，对于被解放地区的社会与经济恢复重建和发展规划没有兴趣。③

---

① ［美］罗伯特·柯林斯：《苏丹史》，徐宏峰译，中国大百科全书出版社2010年版，第204页。

② Edgar O'Balance, *Sudan, Civil War and Terrorism, 1956-99*, London: Macmillan Press LTD, 2000, p.134.

③ ［美］罗伯特·柯林斯：《苏丹史》，徐宏峰译，中国大百科全书出版社2010年版，第232—233页。

第三章 尼迈里军政府的纵横与黄昏（1969—1985）

三 九月法令的出台及其实施

因为在1969—1985年躲过了至少22次未遂军事政变，尤其是侥幸地躲过了1971年和1976年的两次军事政变，加之在1979年后因为严重的心血管疾病而开始关注死亡等哲学命题，执政多年的尼迈里总统逐渐变得不稳定和非理性。他将宗教看作所有社会制度与政治制度的基础，将他的数次奇迹般幸存解读为真主的指引，认为来自西方的政治、教育、经济与价值观导致了苏丹伊斯兰社会的衰落，因而必须消除西方价值观的影响，寻求文化独立，重塑伊斯兰教的正当性。在这种近乎极端主义的宗教理念指引下，加之沉重的债务压力、频发的专业人士抗议、汹涌的国内难民潮以及南方的有组织叛乱等，尼迈里在1983年9月8日突然宣布废除旧刑法，执行根据伊斯兰教法制定的新刑法，即所谓的"九月法令"，不仅要在全苏丹无差别地实施伊斯兰教法，恢复断手、鞭笞、绞刑等传统刑罚，对无视新刑法者一律按照新法治罪；而且效仿百年前的马赫迪自封为伊玛目（教长），试图独揽宗教和世俗大权，要求政府高级官员向他宣誓效忠。尼迈里发动五月革命的初衷本来是清除教派政治的泥沼，但在十多年的探索实践之后却重回教派政治窠臼，且有过之而无不及。

在1983年9月至1985年4月的18个月里，尼迈里将在苏丹确立伊斯兰教权威视为自己先知般的"使命"。他发表言辞犀利的系列演讲，虔诚地引述《古兰经》经文，批评晚间娱乐活动是亵渎神灵，训斥杰济拉州的民众好色放荡，告诫遭受洪灾的卡萨拉州民众冒犯了真主，谴责罢工的人们"有违主道"。当英国驻苏丹大使警告说禁酒令可能会让2000名在苏丹的英国专家离开时，尼迈里这样回答道："我们请的是技术专家，不是饮酒专家。如果专家们一定要饮酒才能工作，那就请离开苏丹。"[1] 但事实上，尼迈里本人也喜欢喝酒，他在1970年访华前夕曾到中国驻苏丹大使馆做客，在品尝中餐时就很兴奋地"喝了不少茅台酒"[2]。

---

[1] 《苏丹首次按伊斯兰法对二名偷盗犯行断手刑》（上），《参考资料》1983年12月30日。
[2] 刘宝莱：《记苏丹前国家主席尼迈里访华》，《阿拉伯世界》2004年第2期。

在新刑法颁布后，苏丹政府宣布犯罪率迅速下降了30%，但民众反应迥异。在北方的城镇里，很多市民因为许多娱乐方式被禁而失望沮丧，进而担心会受到审讯和惩罚。有饮酒嗜好的男人则公开表示不满，家庭妇女们因为禁酒令能够节约开支而表示支持。众多的农村居民是虔诚的穆斯林，他们十分希望强制实行沙里亚法，认为这可以洁净首都的奢侈生活，消除宗教腐败，延续了一个世纪前马赫迪运动的未竟事业。但对南方人来说，九月法令严重侵犯了1973年宪法规定的平等原则，是对《亚的斯亚贝巴协定》的致命一击，他们不再支持尼迈里。当然，至少在当时，尼迈里觉得南方人没有反抗的政治、经济和财政手段，而且他已经不再需要南方人的支持了。

当时的苏丹权力体系已经不可能对尼迈里总统构成制约，曾经的专业人士内阁已不复存在，九月法令迅速在全国范围内实施。穆兄会发动喀土穆大学的学生上街游行庆祝新刑法实施，高呼"不要东方，不要西方，只要伊斯兰共和国"等口号。苏丹社会主义联盟中央政治局也组织媒体反击国内外对实施伊斯兰教法的指责。推土机在人民宫与青尼罗河之间的埃尔尼林大道上将大量酒瓶碾轧成碎片，数千加仑的烈酒被倒入尼罗河，酒精类饮料的酿制和消费被严格禁止。仓促设立的"正义裁决法庭"通常由一名穆兄会成员主审，超过150人被判处当众处决或遭受断手、鞭笞等刑罚，包括政府部长在内的大批观众被刻意召集起来目睹行刑过程。9月29日，为了效仿先知饶恕陷害他的麦加人，尼迈里发布大赦令，释放了考伯尔（Kober）监狱中全部的1.3万名囚犯，并给每人发放100苏丹镑（60美元）帮助他们开始新的生活。考伯尔监狱随后被改造成执行沙里亚法的行刑场，后来一度成为专门关押政治犯的地方。

1983年12月，苏丹首次对两名偷盗犯施行断手的刑罚，割断偷盗犯的右手腕关节，并用汽车将断手掌展示给数万名现场观众看。在随后的18个月内，有50多名偷窃犯被砍手，一名科普特基督教徒因持有外币而被绞死，也有贫穷的家庭主妇因销售啤酒而被殴打。1985年1月18日，因为公开要求废止伊斯兰教法和恢复公民自由，76岁的苏丹共和兄弟党领袖马哈茂德·塔哈（Mahmud Muhammad Taha）和4名追随者在考伯尔监狱被

第三章 尼迈里军政府的纵横与黄昏（1969—1985）

处以绞刑，尸体被丢弃在恩图曼以西的沙漠里。这是苏丹实施沙里亚法后首次以"信奉异端邪说"罪名处死穆斯林，让国际社会和媒体大感意外和愤慨，因为苏丹刑法禁止处决70岁以上的老人，而且此前尼迈里刚刚赦免了209名被控"搞阴谋活动"的基督徒。虽然穆兄会称赞尼迈里对塔哈的绞刑处决，整个社会反对尼迈里的活动也有所收敛，但更多的苏丹人将之看作残酷的、攻击性的和不必要的报复行为，是尼迈里政权结束的先兆。①

四 尼迈里政权的坍塌

1980年代的苏丹经历着剧烈的政治和经济动荡。首先，国民经济全面崩溃。因为外债沉重和出口下降，更因为1983年后每天高达上千万苏丹镑的战争费用，苏丹镑在1978—1984年贬值13次，基本食品和基础物资供应严重匮乏，只能依靠外援维持生存，为了得到援助而实施的紧缩政策招致了民众的普遍不满。其次，1983—1985年，苏丹和埃塞俄比亚同时遭遇了严重旱灾，西部法希尔地区有记录的年度降雨量只有平均水平的1/3，曾经的农牧业高产地萨赫勒地区和南苏丹连年歉收。每年的粮食供应缺口达到200万吨（美国国际开发计划署为苏丹提供了74.8万吨），引发了饥荒、难民潮和大量人死亡。1985年，苏丹超过60%的人受到旱灾影响，国内300万人流离失所，220万人营养不良。达尔富尔地区有9.5万人被饿死，超过5万人进入恩图曼以西的难民营。② 最后，同期的苏丹周边国家动乱频仍，来自厄立特里亚、埃塞俄比亚、乌干达、乍得等国的难民，尤其是进入苏丹的大约100万名埃塞俄比亚难民，使苏丹经济雪上加霜，而苏丹政府拒绝国际人道主义机构援助的做法更加重了国家的经济灾难。也就是说，那些曾经给苏丹民众带来希望的宏伟发展规划，仅仅在十年之后就演变为完全失控的经济灾难。

经济上破产的尼迈里在政治上也山穷水尽。从共产主义者到穆兄会，从阿尼亚尼亚游击队到传统部落首领，尼迈里几乎与每一个政治团体都合

---

① ［美］罗伯特·柯林斯：《苏丹史》，徐宏峰译，中国大百科全书出版社2010年版，第169页。

② ［美］罗伯特·柯林斯：《苏丹史》，徐宏峰译，第176页。

作过，维持了当时苏丹政坛持续最久的执政，被称作"伟大的幸存者"。从1977年的民族和解开始，尼迈里通过对伊斯兰教的日益重视赢得了大量的群众支持，分化了传统宗教政党的群众基础，同时任命哈桑·图拉比出任司法部长，全面实施沙里亚法。这虽然疏远了世俗主义者、南方人和那些不接受沙里亚法的穆斯林民众，但凭借穆兄会的支持，尼迈里继续维持着政局平衡和体系运转。对于尼迈里执政后期政治信仰的转变，苏丹的宗教政党有着各自不同的看法和反应，其理念和实践影响了苏丹20世纪最后20年的发展走向。

传统的宗教政党，以萨迪克和他的安萨尔教派为代表，还有哈特米亚教派和苏菲派兄弟会，虽然认同伊斯兰教应该作为立法的主要来源，应当在苏丹社会中发挥核心作用，国家与社会机构也应当伊斯兰化，但同时也主张伊斯兰化不是对《古兰经》和沙里亚法的生硬解释和机械模仿，应当将法学家的作用与伊斯兰法律制度结合起来，由法学家按照沙里亚法的灵活性根据现实情况执行判决。从较长的历史时段来看，萨迪克的观点也许更客观，也更适合苏丹现实，在第三届议会制政府时期一度被寄予厚望，但其差强人意的政治表现，后期因为迷恋权力而和尼迈里一样与各种派系做交易，优柔寡断，进退失据，清楚地折射了理想和现实之间的距离。

与萨迪克及其安萨尔教派的犹豫不同，哈桑·图拉比多年来一直以其卓越的领导才能持续地向苏丹社会主义联盟、学校以及伊斯兰银行进行渗透，借助民族和解之机出任苏丹总检察长，既是尼迈里总统伊斯兰化运动的主要推手和执行者，也是苏丹伊斯兰化的主要受益者。伊斯兰宪章阵线恢复和扩大了自身的影响，在人民议会选举中赢得了大量席位，直接控制着喀土穆大学学生会。与此同时，图拉比领导穆兄会编织了一个复杂的金融网络，向海湾阿拉伯国家、国外的苏丹侨民、富裕的苏丹商人和伊斯兰银行募集捐款，所有这些国家、团体、个人和机构均赞同成立专门的领导机构负责伊斯兰教育问题。而凭借这些捐助，图拉比向学生们提供支持，扩大和重组穆斯林兄弟会，在喀土穆大学附近新修建了一个大清真寺，在恩图曼创办伊斯兰大学并使之成为苏丹穆兄会的活动中心。1980年，图拉比实施了一系列有深远影响的举措，他从中学以上的各类学校中招募了新

第三章　尼迈里军政府的纵横与黄昏（1969—1985）

成员，希望这些未来的中学教师、大学教授、律师、医生、工程师、公务员以及军事学校学员能够推动苏丹的伊斯兰事业。平心而论，与萨迪克的宗教观念相比，图拉比的政治伊斯兰理念确实有着严重缺陷，但他老谋深算，政治技巧娴熟，主导了苏丹国家一段时期的政治发展。

图拉比及其政党影响的持续渗透和扩张，不仅引起了萨迪克等传统宗教党派的警惕或者嫉妒，而且引发了习惯在派系间维系平衡的尼迈里总统的担心，他被作为苏丹所有问题症结的替罪羊。1985年3月10日晚，尼迈里在国家电台发表长达30分钟的讲话，指控图拉比领导的伊斯兰宪章阵线从一个准宗教组织演变为准军事组织，接受外国武器阴谋推翻政府，宣布取缔。几乎在尼迈里发表讲话的同时，苏丹安全部门逮捕了哈桑·图拉比等9名知名人士，随后逮捕的宪章阵线成员超过1000名。3月下旬，尼迈里政府残酷镇压了伊斯兰宪章阵线组织的两场大型反政府游行示威活动，宣布国家进入紧急状态，强化已经执行了一年的戒严令，在"伊斯兰正义"的名义下创设新罪名，同时重审此前由宪章阵线控制的"正义裁决法庭"所做的全部裁决。虽然一连串的高压政策引发了国内民众的反感和国际社会的普遍谴责，大多数人似乎预见到了政府将要走到尽头，在西方出版的阿文刊物已经公开讨论谁会是军事政变的发动人，但尼迈里总统自恃有军队支持，自认为没有哪个政党、利益集团或者个人会站出来挑战他的权威。[①] 3月16日，尼迈里放弃了此前一直由他兼任的国防部长职务，任命武装部队副总司令阿卜杜勒·达哈卜（Abd al-Rahman Muhammad Siwar al-Dhahab）少将担任国防部长，同时任命检察长拉希德·贝克尔（Rashid Tahir Becker）出任负责政治和法律事务的第三副总统。3月27日，尼迈里登上总统专机对美国进行为期16天的访问，向国际货币基金组织及美国寻求更多的援助和贷款，同时向他的美国医生们进行咨询。尼迈里总统多次在发生重大危机的时候出国访问，除了想表明他的宽容和掌控局面的能力外，还想证明他是唯一能够确保苏丹稳定和秩序的人，从而增

[①] P. M. Holt, M. W. Daly, *A History of the Sudan：From the Coming of Islam to the Present Day*, London, Pearson, 2011, p. 141.

加向国际社会寻求援助的筹码。

　　尼迈里总统专机离开苏丹数小时后，已经持续了两天的暴乱开始升级。大约两千多名示威者试图冲击美国大使馆，防暴警察和士兵逮捕了大约1400名示威者，其中300人被立即审讯，另有数以千计的外来无业人口被驱离喀土穆。3月30日，600名医生开始集体罢工，罢工活动集中在喀土穆大学的医院里。被取缔的苏丹警官协会散发秘密传单，宣称警察将不会采取行动制止针对尼迈里的任何革命行动。一个从未有人知晓的"自由军官组织"在报纸上刊登公报，要"武装支持人民反饥饿、反疾病、反愚昧的斗争"。苏丹社会主义联盟中央政治局将骚乱归咎于苏丹阿拉伯复兴社会党，指责9名被逮捕的医生属于某个"共产党组织"，在总统府前组织了亲政府的民众游行。4月3日，苏丹的十几个专业工会联合举行反政府示威活动，他们升起五月革命前的苏丹国旗，呼吁举行总罢工，要求尼迈里总统下台。4月4日的总罢工使整个国家陷入停顿，喀土穆与外界的电讯联系中断，普遍认为苏丹会发生军事政变。4月6日晚，国防部长达哈卜少将领导部分高级军官采取行动，宣布在苏丹全境实施军事管制，封闭领空和边界，关闭喀土穆机场并用车辆封锁了机场跑道。居住在喀土穆的数十万民众自发走上街头，欢呼军队推翻尼迈里政府，一些士兵举枪庆祝，与游行民众相互致意。其他城市也有类似的大规模群众游行。

　　4月7日，尼迈里突然中断访美行程，试图返回苏丹恢复权力和秩序，但他的飞机被迫改变航线飞往埃及。在开罗机场，尼迈里与前来迎接的穆巴拉克总统先是秘密会谈了50分钟，然后两人一起走向尼迈里的专机，但因为机组人员突然阻止尼迈里登机，两人在登机舷梯边站立5分钟后又回到贵宾室。根据埃及媒体的报道，穆巴拉克一直在努力说服尼迈里不要返回喀土穆，不要同发动政变的军事领导人会晤。随后，尼迈里乘坐直升机前往曾经收留伊朗国王的埃及总统府，在提出避难要求后入住地中海城市亚历山大郊区的一处别墅。虽然有民众在埃及驻苏丹使馆附近示威要求埃及交出尼迈里，乌玛党领袖萨迪克多次明确要求引渡尼迈里，达哈卜将军在1985年10月访问埃及时要求引渡尼迈里接受审判，但穆巴拉克始终不愿意交出埃及在阿拉伯世界最忠实的盟友。此后，尼迈里在亚历山大度过

第三章 尼迈里军政府的纵横与黄昏(1969—1985)

了 14 年的流亡生活,这也是他在执政后期每年夏天都至少要待一个月的地方。1999 年,尼迈里应邀回国参加总统选举,仅获得 9.6% 的选票,他的人民劳工党从未受到过重视。2009 年 5 月 30 日,尼迈里去世,苏丹军队在恩图曼为其举行葬礼。

第四章

国家治理的伊斯兰路径探索
（1985—2000）

以"九月法令"为代表的伊斯兰化政策，不仅结束了尼迈里总统执政前期的和平局面和发展势头，导致尼迈里政权的坍塌；围绕"九月法令"存废的斗争以及随后数年苏丹政坛政治斗争的主题，不同的政治派别从各自的立场出发对之做出了不同的反应。从较长的历史时段来看，尼迈里总统执政晚期强力推动的全面伊斯兰化运动，非但没有随着其统治地位的坍塌而结束，反而经过一段时期的动荡调整后因为各种因素而再次全面推进，严重影响了苏丹国内政治发展进程，也推动了国际伊斯兰运动重心从西亚向北非的蔓延。

在长达四年多的第三届议会制政府时期，虽然大多数人都认为，如果不废除"九月法令"且继续实行严苛的沙里亚法，南北之间已经爆发的内战将继续和逐步升级，但废除"九月法令"和制定世俗宪法却并非易事。过渡军事委员会虽有机缘、有能力，但将军们不愿意放弃在伊斯兰教基础上实现国家统一，因而冠冕堂皇地将之留给了民选的议会制政府。萨迪克是一位有现代观念的政治领导人，有世袭宗教领袖的独特优势，一度被寄予厚望，然而情随事迁，物是人非，三年多的执政实践没有展现出其丝毫的卓越领导人的迹象，不仅在推动民主发展、结束南北战争、发展国民经济等方面毫无建树，而且最终沦为无所作为、贪恋权位、计较派系利益的传统政客，还让激进的全国伊斯兰阵线最终主导了一段时期的苏丹政治发展。图拉比是一个深谋远虑的政治家，他的伊斯兰实验应该是苏丹发展路径探索的一种实践，契合部分苏丹民众的认知，与当时阿拉伯世界的某些

第四章　国家治理的伊斯兰路径探索（1985—2000）

思潮相吻合，甚至引领了 1990 年代早期国际伊斯兰运动的发展方向，但整体上脱离了冷战后和平与发展的时代主题。图拉比本人最终在苏丹政坛上被边缘化，这标志着苏丹社会全面伊斯兰化时代的式微甚或结束。

第一节　四月革命与过渡军事委员会

一　四月革命

1985 年的"四月革命"大致分两个阶段。在推翻旧政权的第一阶段，革命的领导力量是医生、律师、会计师、航空公司雇员及工程师等专业工会组织。他们在首都三镇联合举行声势浩大的反政府示威活动，组建"救国联盟"（NASC）协调行动。这是一个松散的反对派领导联盟，涵盖十多个职业协会、工会组织，每一个组织都有自己的议程，政治诉求五花八门，联盟的主要基础是对尼迈里政权的共同敌意以及微弱模糊的民主信念。在革命初期长达 10 天的示威、骚乱和罢工活动中，军队曾和苏丹安全机构一起打压示威民众，先后拘留了 2600 多人。此后，随着街头伤亡的增多和军队内部的分裂，也为了避免更大规模的街头民众革命，以国防部长达哈卜少将为首的军官集团发动政变，逮捕了副总统和几十名内阁部长等高官，在数小时内就迫使尼迈里总统下台。4 月 7 日，31 个专业人员工会组织民众进军苏丹军队总部，达哈卜少将回应了示威者结束罢工的要求，同意将权力最终移交给文官政府，同时下令解散臭名昭著的苏丹安全机构，没收其武器和通信设备，由军队接管其治安功能。苏丹安全机构拥有 4.5 万名成员，是尼迈里政权的主要支柱之一，在革命期间一直严酷处置示威民众。对安全机构最高领导人第一副总统乌马尔·塔伊卜（Umar al-Tayib）的审判持续了 6 个月，他在 1984 年摩西行动中收受美国中央情报局 200 万美元酬金的事情也被曝光。[1] 尼迈里政府的其他主要官员也遭到拘捕并被公开审判。

---

[1] ［美］罗伯特·柯林斯：《苏丹史》，徐宏峰译，中国大百科全书出版社 2010 年版，第 180 页。

苏丹国家治理现代化的历史考察（1956—2023）

在建设新制度的第二阶段，因为缺乏切实的权力控制手段，缺乏有魅力和远见的核心领袖，民众基础狭窄薄弱，专业工会组织以及苏丹共产党等反对派联盟失去了共同目标，开始陷入分裂和清谈。4月8日，领导罢工的"救国联盟"经过多次长时间的辩论和协商，最终以《救国联盟宪章》的形式表达了自身诉求，具体包括设定不超过三年的过渡期，修订1964年通过的宪法并进行公民投票，保障人民的基本自由，恢复南方的区域自治等。苏丹法官联合会还要求释放全部政治犯，取消尼迈里政府实行的一切紧急法律，制定新宪法。达哈卜将军虽然拒绝了关于军方立即交权的要求，但保证在短期内将权力移交给文官政府，专业工会组织联盟随即结束了几乎每天举行的示威活动，工作重点逐渐从轰轰烈烈的群众运动转移到后台操作，转向旧的派系政治运作，最终让出了革命的领导权和控制权。[①] 发动政变的军官集团牢固地掌控着整体局势发展，禁止在喀土穆举行未经批准的示威活动，批评继续罢工者是革命的叛徒。恩图曼电台一再宣读救国联盟要求工会会员复工的声明，参加罢工的民众开始返回工作岗位，喀土穆街头秩序逐渐恢复。[②] 4月12日，苏丹同外界的电信联系逐步恢复，喀土穆机场重新开放，尼迈里的专机被送回苏丹。

二 过渡军事委员会

4月9日，达哈卜将军成立了15人组成的过渡军事委员会（简称"过渡委"），他本人在4月11日宣誓就职过渡委主席。过渡委成立的初衷是实现民族团结和解决问题，通过与专业工会和其他政党的协商在一段过渡时期后将权力移交给文官政府。过渡委的15名成员有着不同的意识形态和政治立场，达哈卜本人是哈特米亚教派成员，其他成员则分别支持尼迈里、图拉比和救国联盟，另外有两人是南方基督徒。过渡委宣布国家进入

[①] P. M. Holt, M. W. Daly, *A History of the Sudan: From the Coming of Islam to the Present Day*, London, Pearson, 2011, p. 143.

[②] 根据1985年4月7日军方与救国联盟讨论的结果，救国联盟的声明主要包含如下内容：(1) 充分信任武装部队管理国家事务；(2) 尽快把权力移交给人民；(3) 立即复工和提高产量；(4) 停止街头示威活动；(5) 组成专业人员工会和协会；(6) 谋求新闻自由和出版自由。

第四章 国家治理的伊斯兰路径探索（1985—2000）

紧急状态，中止1973年宪法，解散苏丹社会主义联盟及其各级组织，解散苏丹人民议会和地方人民议会，恢复多党制，暂停实施沙里亚法，释放了大约350名政治犯，其中包括苏丹穆兄会领导人哈桑·图拉比。事实上，此前的民众示威活动已经攻陷考伯尔监狱并释放了全部政治犯。与此同时，过渡委承认苏丹西部地区粮食紧缺，呼吁国际社会援助，大规模的"苏丹生命线行动"随即展开。[①] 从整体上看，由于举措得当，达哈卜领导的过渡委既得到了国内的广泛支持，也得到了埃及和沙特等主要地区盟友和美英等西方国家的支持。

4月22日，经过与专业工会组织和一些政党长达12天的艰难谈判，过渡委任命了不带政治色彩的文官看守内阁，同意将过渡期设定为新政府成立后的12个月，过渡期结束后举行全国大选。看守内阁总理是尼迈里时期曾被监禁的医疗协会主席贾祖里·达法拉（Gazuli Dafallah），国防部长是一名过渡委的代表，其他人都是非军事人员，没有传统教派政党的代表，也没有穆兄会的代表。新内阁没有立法权，任期只有12个月，其核心任务是选举制宪委员会，通过制定永久宪法恢复民主制度，为一年后的自由选举做准备。

至此，过渡时期的苏丹权力体系初步形成：军事委员会行使国家首脑和立法机构职能，掌控全局；看守内阁主要处理国家日常事务，对军事委员会负责。达法拉是一位来自南方的工会积极分子，曾在迫使阿布德将军还政于民方面起过突出作用，救国联盟希望他能够监督和制衡军事委员会。一年的过渡期是各方谈判妥协的结果，多个政党希望是6个月，专业工会组织则坚持18—36个月。文官看守内阁也是各派力量谈判妥协的结果。

达哈卜将军是一位有操守、有能力的职业军人，为了避免流血冲突而发动政变，从政变伊始就坚持在一段过渡时期后还政于民，主张实行多党制和议会民主，尊重领导罢工的专业工会组织和政党，对前政府官员的审

[①] P. M. Holt, M. W. Daly, *A History of the Sudan: From the Coming of Islam to the Present Day*, London, Pearson, 2011, p. 146.

判基本遵循司法原则。达哈卜将军不愿意长期把控国家权力，坚持归政文官政府，愿意为一个新的民主制政府奠定基础，这在当时确实推动了苏丹的秩序建设和民主政治发展。然而，在一个高度分裂和庞杂的国家，经济发展严重滞后，社会发展处于从传统向现代的转型之中，政党及政党体系的稳定和强大取决于其制度化水平和政治参与水平，强有力的政党领导必须有高水平的政治制度化和高水平的群众支持。① 达哈卜将军的善意善举因为错误的时代而效果不彰。他的谨慎和保守直接催生了苏丹第三届议会制政府，但萨迪克政府的差强人意和痴迷权力从反面坐实了达哈卜将军和过渡委的缺憾。

苏丹的传统政党有着浓厚的宗派、教派、种族和区域特色，因之产生的联系纽带，尤其是凭借根深蒂固的教派忠诚，造就了民众对政治生活的高参与度。然而历经数十年的现代民主政治实践，苏丹的传统政党不仅从未超越与生俱来的宗派、教派、种族和地区限制，从未超越狭隘的利益集团限制，由最初有着广泛民众基础和善政意愿的政治组织蜕变成没有底线的权力掮客，更由于高水平民众参与和低水平政党制度之间的不匹配，导致了国家的政治紊乱、分裂和社会暴力。历史的发展不能假设，但从前两次议会制政府的运作实践来看，从过渡期结束后萨迪克政府犹豫蹒跚的艰难执政来看，一个负责任的"助产士"或有战略眼光的"正确独裁者"也许更适应苏丹国情，更能推动苏丹的民族团结和国家发展。

事实上，过渡委的缺憾从政变伊始就暴露无遗。由于军事委员会和看守内阁在过渡期后都将结束使命，对于苏丹独立以来每一届政府都必须面对的棘手问题，例如宪法、沙里亚法以及南方问题等，这两个机构都以充分的理由和拖延的姿态刻意回避，要将之留给经选举产生的继任者。1985年10月颁布的过渡性临时宪法，就基本采用了经过1964年修订的1956年临时宪法，尼迈里总统强制实施的行政区域划分同过渡时期特别立法一道被保留。对于导致尼迈里政府垮台的"九月法令"，过渡委本来有条件有

---

① ［美］塞缪尔·亨廷顿：《变化社会中的政治秩序》，王冠华等译，上海人民出版社2008年版，第225—226页。

第四章 国家治理的伊斯兰路径探索（1985—2000）

能力彻底废除，然而，由于以达哈卜为首的将军们发自内心的抵触，认为在南方推广伊斯兰教是一种先进文化分享而非侵略，不仅不愿意放弃作为苏丹共和国基础的沙里亚法，还希望以此为基础实现南北方完全统一。在此背景下，对军事委员会负责的看守内阁也放弃了对这一有争议问题的责任，不仅共同将对"九月法令"的最后决定权留给新成立的制宪会议（Constituent Assembly），也逐步耗尽了民众的支持和热情，将革命初期的激昂状态蜕变为不求有功但求无过的得过且过。① 对于已燃起战端的南方问题，军事委员会试图继续在地区自治的框架下解决，例如废除了将南方分为三个地区的法令，逮捕了尼迈里任命的南方三州州长，为南方政界人士预留三个内阁席位，坚持在过渡期内对南方实行军事管制等，但此种举措已经不足以吸引处于上升状态的苏丹人民解放运动的兴趣。苏人解领导人约翰·加朗批评过渡委是"没有尼迈里的尼迈里主义"，明确拒绝加入看守内阁，要求过渡委在7天内将权力转交给文官政府，在短暂的停火后宣布恢复与政府军的军事作战行动。②

1985年11月，军事委员会与看守内阁联合起草了《选举法案》，制宪会议选举开始进入操作阶段。达哈卜主席和达法拉总理采取了一系列措施保证大选正常进行，甚至解除了过渡委内部企图发动政变的四名将军的职务。1986年4月，在尼迈里政权倒台一周年之际，制宪会议选举正式开始，持续了12天，大约450万名苏丹人在2.8万个站点投票选举了264名议员。加朗呼吁南方民众抵制选举，苏人解士兵杀害了两名参加竞选的南方候选人，南方37个选区的选举因之推迟举行。从整体上看，选举结果体现了苏丹传统的教派政治格局，没有无可争议的赢家。萨迪克领导的乌玛党以37.9%的得票率获得99个席位，米尔加尼家族支持的民主联盟党以24.2%的选票赢得63个席位。图拉比本人在大选中遭遇了失败，但依靠来自沙特和伊朗的支持，同时通过操纵选民登记和复活毕业生特别选区将触

---

① [美]罗伯特·柯林斯：《苏丹史》，徐宏峰译，中国大百科全书出版社2010年版，第183页。

② P. M. Holt, M. W. Daly, *A History of the Sudan: From the Coming of Islam to the Present Day*, London, Pearson, 2011, p. 142.

角伸向了南方各州，全国伊斯兰阵线赢得了 51 个席位，取得了喀土穆 31 席中的 13 席和 28 个毕业生特别选区席位中的 23 席，成为不容忽视的政治力量。虽然大多数南方人拒绝参加投票，但图拉比通过诡异的政治操控却让强烈主张实施伊斯兰化的全国伊斯兰阵线成员成为南方各州的议员代表，甚至在朱巴还有一个席位，这被讥讽为是对"毕业生"特别选区的嘲弄和对民主进程的亵渎。其他小党派获得的席位都是个位数，人民进步党获得 10 个席位，苏丹非洲人民大会获得 7 个席位，苏丹共产党获得 3 个席位，对制宪会议组成的影响微乎其微。达哈卜将军言而有信，在短暂的一年过渡期结束后解散了军事委员会与看守内阁，拒绝了一些政党的延期交权请求，如期在 4 月 26 日向总检察长递交辞呈，将权力移交给了萨迪克担任总理的民选政府，光荣退休。①

在短暂的政治过渡期内，达哈卜将军以仁慈军官的形象实现了苏丹国家的政治过渡和社会稳定，包括阻止民众起义的激进要求，解散尼迈里政权臭名昭著的安全机构，依法起诉尼迈里政权的坚定支持者，通过谈判尝试结束苏丹内战等。但达哈卜不仅设法保护了与尼迈里政权结盟的全国伊斯兰阵线，帮助它从民众运动怒火中全身而退，他本人也从 1987 年开始担任伊斯兰宣教组织主席，并在 1989 年 6 月 30 日救国革命中发挥了重要作用。② 伊斯兰宣教组织由图拉比在 1980 年成立，其使命是通过教育、慈善福利等社会活动在非洲语言和文明交叉地区传播伊斯兰教，在巴希尔政权时期享有关税豁免、国内免税等特权，其旗下不仅拥有上市公司，还建有本科以下各级宗教教育培训机构以及卫生机构、俱乐部系统等，是非洲撒哈拉沙漠以南政治伊斯兰势力扩张的大本营，与该地区一些极端组织的发展壮大有着千丝万缕的联系。③

全国伊斯兰阵线（简称"伊阵"）成立于 1985 年 5 月 9 日，从表面上

---

① P. M. Holt, M. W. Daly, *A History of the Sudan: From the Coming of Islam to the Present Day*, London, Pearson, 2011, p. 144.

② Magdi El-Gizouli, Counterrevolution in Sudan: A History of Military Coups And Mass Struggle, Nov. 7, 2021. https://spectrejournal.com/counterrevolution-in-sudan/?fbclid=Iw AR1ZH1vafd J181 Wm_ 00w0QVcmr Ql1u_ Tw GSx48Q7f6Um Wo34Ou QVt TAWS4Y.

③ 涂龙德：《苏丹过渡期政治转型的三大趋势述评》，《阿拉伯世界研究》2021 年第 6 期。

第四章 国家治理的伊斯兰路径探索（1985—2000）

看是尼迈里政权垮台后为了选举而新成立的政党，但它在制宪会议选举中的异军突起却有一定的必然性。首先，伊阵渊源深厚。伊阵前身是伊斯兰宪章阵线，是苏丹穆兄会的一支，主张建立以伊斯兰教法为基础的、政教合一的伊斯兰国家。其民众1964年10月曾参与推翻阿布德军政权，1976年参与乌玛党策划的未遂军事政变，多次参加过苏丹议会选举。其次，伊阵总书记哈桑·图拉比是个意志坚定、目标明确的政治家，有着不凡的适应能力、冷静和耐心。在1977年的民族和解过程中，哈桑·图拉比积极靠拢尼迈里政权，从1978年起担任苏丹社会主义联盟政治局委员和国家总检察长，1983年积极推动和支持尼迈里实施伊斯兰法，推动伊斯兰宪章阵线在知识分子、学生及经济界取得广泛影响。1985年3月，伊斯兰宪章阵线被尼迈里总统当作替罪羊而被取缔，但此举反而提升了图拉比及其追随者的影响力。新成立的全国伊斯兰阵线迅速成为议会第一大反对党，在1987年同乌玛党组成联合政府，在1989年6月30日领导了巴希尔军人集团发动"救国革命"。在1990年代，全国伊斯兰阵线成为苏丹国家事实上的执政党。总书记图拉比是苏丹国家发展的总设计师和导师，副总书记阿里·塔哈（Ali Uthman Muhammad Taha）1995年出任外交部长，伊阵成员控制了政府机关、外交、教育、新闻、司法等部门和妇女、学生、青年等群众团体。

第二节 围绕"九月法令"的存废斗争

一 萨迪克政府的执政理念和限度

在1986年4月的议会大选后，获得席位最多的乌玛党领袖萨迪克受命组阁。此时的萨迪克年富力强，有资历，有学历，既是乌玛党及安萨尔教派无可争议的领导人和精神领袖，也是被寄予厚望的政治明星/救星。南方人赞赏萨迪克对不同宗教信仰的包容态度，北方人把萨迪克看作生来就是要行使权力的伊斯兰学者。萨迪克在1960年代的短暂总理任期内创造了多项第一，这次以政治领导人兼教派领袖的双重身份出任总理，很多苏丹人，尤其是救国联盟中的专业人士，普遍期望他能够超越教派传统大胆改革，终结苏丹的饥荒、内战、教派冲突和低效政府。

在沉寂政坛20年后，踌躇满志的萨迪克试图组建超党派的民族团结政府，要对所有党派敞开大门。经过复杂的谈判和讨价还价后，萨迪克拒绝了伊阵代表的极端主义势力，选择与得票第二多的民主联盟党联合执政，苏丹新一届政府终于成立。5月6日，相当于国家元首集体的最高委员会宣誓就职，哈特米亚派的二号人物艾哈迈德·米尔加尼（Ahmad al-Mirghani）担任委员会主席。5月15日，萨迪克政府的内阁名单公布，萨迪克兼任总理和国防部长，乌玛党成员出任司法、财政等8个部长职务，民主联盟党成员出任副总理和外交、内政等6个部长，其余的部长名额分配给4个小党派。新政府的重大改革举措是设立了和平与制宪事务部，专门负责通过谈判解决棘手的南方问题。议会的主要反对派是伊阵和苏共，前者威胁要对任何修改、停止和废黜沙里亚法的行为开展圣战，后者则要求彻底废除沙里亚法。以努巴人为主的苏丹民族党（SNP）拥有8个议席，没有得到部长职位，但表示不加入议会反对党，要求公共部门在国家经济生活中发挥主导作用。

理想很丰满！组阁成功后的头3个月是萨迪克总理生涯的高光时刻！他推出了一系列鼓舞人心的政策和议程，承诺废除"九月法令"，暂缓实施断手的惩罚，支持和平与制宪事务部与约翰·加朗讨论解决南方问题，责成司法部研究对伊斯兰法的全面彻底改革，严查行政部门、银行系统以及工商业界的腐败，增加对军队的装备投资，在对外关系上奉行不结盟政策。7—8月，无论是萨迪克与加朗在非洲统一组织（OAU）首脑会议上举行会谈，还是随后举行的救国联盟25人代表团与苏人解31人代表团会谈，都乐观地认为会谈是结束双方分歧的良好开端。备受期待的萨迪克针对苏丹社会提出了自己的施政要点，尽管并未涉及如何恢复不断下滑的经济，但还算是直面问题，即便是普通民众也对此表示欣慰和乐观。

但现实很骨感！萨迪克很快就受到了来自内外两方面的掣肘和攻击，联合内阁因为不同意见和政策分歧而陷于瘫痪，他的所有政策无一取得实质性进展。乌玛党是一个致力于在苏丹复兴伊斯兰教的宗教政党，将阿拉

第四章 国家治理的伊斯兰路径探索（1985—2000）

伯—伊斯兰主义看作行动的准则和文明的特征。作为马赫迪的继承人和乌玛党领袖，萨迪克曾经因为反对尼迈里的"九月法令"而入狱，但他只是认为法令实施的不合时宜而不是反对沙里亚法成为国家法律，废除沙里亚法从来不是他的政治选择。萨迪克希望结束内战和保留沙里亚法的两个政治目标，既不可调和也无法兼得。1986年8月后，随着沙里亚法日益成为政府同苏人解谈判的中心议题，加之制宪会议中南方各派和苏丹民族党的退出，萨迪克废除"九月法令"的决心已经烟消云散，时机也越来越渺茫，数次宣布的改革期限最后都无奈落空。

萨迪克是含着金汤匙出生的世家子弟，幼承家学，珠辉玉映，是命中注定的安萨尔教派领袖和领导的乌玛党继承人；又在坎博尼（Camboni）学院、喀土穆大学和牛津大学接受过系统的世俗教育，谙熟西方文化。萨迪克从政的主要基础是家族传承和派系支持，他本人也很享受这种荣宠，自诩是"觉醒的伊斯兰"的领导人，要在宗教和世俗之间寻找平衡，对内希望在实现伊斯兰化问题上取得一致意见，对外试图同时赢得阿拉伯国家、伊朗、美国和俄罗斯的同情和支持。然而，由于乌玛党和民主联盟党都是有地区和宗教背景的传统政党，多年来一直相爱相杀，萨迪克政府的运作受到教派分歧、利益纠葛、个人恩怨等旧政治恶习的严重影响，加之南北方之间由来已久的深刻怀疑和不信任，领导的联合政府蹒跚、脆弱，能够维持顺畅运作且有所作为已属不易，要借此成为有作为的全民领袖几乎是不可能实现的政治目标，既没必要，也超出了他的能力限度。实际上，萨迪克既没有其曾祖开天辟地建立马赫迪王国的勇气和能力，也无其祖父在危难之际挽救安萨尔教派的见识和技巧，他在万众期待中出任苏丹最高行政首长，1988年3月以辞职威胁从议会获得了不容置疑的权力，在三年多的执政期内他一直犹豫动摇优柔寡断，始终没能在制定宪法和定位沙里亚法等问题上采取果断行动。萨迪克因为担心疏远支持者和分裂乌玛党而不愿在议会就沙里亚法举行不信任投票，因为未能及时推出适当的伊斯兰法律取代1983年的"九月法令"而阻碍了南北方达成和平协议，他领导的内阁空谈无实，坐废迁延，其摇摆和犹豫态度既疏远了世俗主义者，使得南方人对他不再信任，最终也激怒了伊斯兰极端主义者。

二 政党权争与政治乱象

1987年初,面对南方叛军咄咄逼人的冬季攻势和政府军的一再失利,萨迪克总理改变策略,开始放弃此前与其他一些政党在埃塞俄比亚会谈并达成的《科卡达姆协议》(Koka Dam Agreement),转而允许政府军武装骁勇好战的巴卡拉族年轻人,给他们提供自动武器、苏制AK—47冲锋枪等,利用巴卡拉人和丁卡人在北加扎勒河和南科尔多凡争夺牧场的传统,放纵巴卡拉人抢劫掳掠南方的丁卡族平民,借此削弱苏人解的民众基础。[①] 这是一项致命的决定,直接将加扎勒河地区的草场转变成针对丁卡族平民的杀戮场,遭到了国际人权组织的多次谴责,但萨迪克政府对此一直予以否认。6月,萨迪克推出了用来替代沙里亚法的一套新法律制度,要调和实行沙里亚法和非穆斯林民众之间的矛盾,在苏丹实行"更美好,更人道和更进步的伊斯兰法律"。新法令在议会以138票对52票获得通过,但各方都不满意。南方的政治家们认为"九月法令"的备选方案不会带来和平。北方的世俗主义者和律师协会认为该方案毫无新意。全国伊斯兰阵线则极力反对,议会里到处是其"不许替代神的法律"的呼声,几乎淹没了萨迪克废除"九月法令"的承诺。[②] 8月,萨迪克指责民主联盟党造成了政府瘫痪,解除了多位民主联盟党成员的部长职务。民主联盟党对此极为愤怒,宣布退出政府,联合政府解体。经过讨价还价,萨迪克再次与民主联盟党组建了联合政府,伊阵依旧是主要的议会反对派。11月,苏人解攻占了边境城镇库尔穆克(Kurmuk),处于执政低潮的萨迪克政府进行了夸张的战争动员,转移公众对政治混乱和政府执行不力的责难,暂时打破了政治僵局。

自1988年伊始,乌玛党和民主联盟党围绕安全机构的控制权、部长职位分配、总理权力等问题互相指责,萨迪克政府再次陷入了争权夺利的泥沼。也许因为与民主联盟党的争斗让他愤怒无奈,久拖不决的南方战事让

[①] [美]罗伯特·柯林斯:《苏丹史》,徐宏峰译,中国大百科全书出版社2010年版,第200页。

[②] [美]罗伯特·柯林斯:《苏丹史》,徐宏峰译,第189页。

第四章 国家治理的伊斯兰路径探索（1985—2000）

他沮丧迷惘，也可能因为经济好转无望，外债急剧增加，由旱灾导致的饥荒灾情无情蔓延，倍感挫折的萨迪克总理调整了执政思路，联合伊阵共同对付心怀鬼胎的民主联盟党。3月15日，借助与伊阵结盟获得的足够支持，萨迪克总理要求制宪会议授予他更大的权力，以便实施其政治纲领。5月15日，萨迪克组建了乌玛党、民主联盟党和伊阵三党联合的政府，任命哈桑·图拉比为总检察长，让这位"九月法令"的主要设计者负责草拟可以替代"九月法令"的法律。

被排挤的民主联盟党开始反击。首先，米尔加尼指示本党议员投票反对9月19日图拉比的新沙里亚法，使之退回提交委员会做进一步研究。其次，米尔加尼利用自己的最高委员会主席身份，在亚的斯亚贝巴与苏人解直接谈判，11月16日在埃及撮合下达成了结束战争的《全国和平宣言》，其内容包括双方同时停火，废除与埃及和利比亚的所有军事协定，结束实施了3年多的紧急状态，停止实施沙里亚法，在1988年底召开全国制宪会议等。这份和平宣言得到了西方国家和喀土穆民众的支持，但伊阵指责其对南方妥协太大，尤其是在伊斯兰法方面作了无法容忍的让步。[①] 12月14日，萨迪克对和平宣言表示了个人支持，向议会提出拟于1988年12月31日召开全国制宪会议的动议，但指责宣言是埃及对苏丹内政未经授权的干预，拒绝签署已经达成的和平宣言，同时撤销了对民主联盟党的谈判委任状。民主联盟党在无力阻止后宣布退出政府，同时要求萨迪克政府取消涨价令，取消新增的税赋，组建有明确权责和计划的民族联合政府执行和平宣言。

1989年2月1日，萨迪克组建了伊斯兰色彩浓厚的联合政府，内阁部长中有10名来自乌玛党，8名来自伊阵，其他4名留给南方，努巴人的苏丹民族党获得了有史以来的第一个部长职位。政府重组的最大受益者是全国伊斯兰阵线。图拉比被任命为副总理兼外交部长，伊阵的其他成员也得到了重要的内政、司法等部部长职务。但这次政府重组非但未能平息政党间的权力斗争，还惹恼了因为战事失利而希望通过和谈维护声誉和保存实

---

① 罗小光：《苏丹政府再度更迭》，《世界知识》1989年第4期。

力的军队。2月20日，恼怒于萨迪克总理一贯的政治手腕和拖延做法，国防部长阿卜杜勒·哈利勒（Abd al-Majid Hamid Khalil）突然辞职，抗议政府不愿和谈，同时指责伊阵控制了政府决策。2月21日，继任的陆军总司令向萨迪克送达了由150名高级军官共同签名的最后通牒，要求总理组建基础广泛的民族救国政府，扭转日益恶化的经济形势，最终结束内战。3月6日，48个政党和工会组织联合发表宣言，要求政府接受民主联盟党与苏人解达成的《全国和平宣言》。这几乎是又一次的街头民众运动。萨迪克被迫要求议会就《全国和平宣言》进行辩论。3月11日，迫于军队和工会组织的压力，迈赫迪正式递交辞呈，解散了运作仅40天的政府，最高委员会接受了辞呈，但要求萨迪克组建下一届新政府。3月22日，"全国统一阵线"政府成立，包括除伊阵外的所有主要政党，迅速通过了民主联盟党与苏人解达成的《全国和平宣言》，同时派遣代表团到埃塞俄比亚与苏人解谈判。被排挤出政府的伊阵随即持续发动支持者展开暴力示威，反对和平宣言。4月1日，议会暂时中止了关于沙里亚法的辩论，再次提交的方案也被搁置起来。

三　萨迪克时代落幕

新成立的全国统一阵线政府依然无所作为，无法平息民众对政府的不满。1989年上半年，喀土穆一度盛传埃及正在密谋入侵以便使前总统尼迈里重新执政，尼迈里本人也不时公开露面谴责萨迪克政府和表达重获权力的愿望，苏丹政府一度认真排查国内被认作与尼迈里有联系的军官，萨迪克总理亲自宣布废除已经名存实亡的《苏埃联合防御条约》。1989年6月中旬，迫于议会的压力和南方战事的失利，也可能是寻求外援受阻与加朗出访大获成功的鲜明对比，多方执政探索无果的萨迪克总理终于意识到结束内战和保留沙里亚法是两个不可调和的政治目标，他似乎变得更加果决或者更加冒险，迅速推出了一系列被期待很久也被耽搁很久的政策，包括下令政府军停火，结束紧急状态，冻结"九月法令"，确定在9月召开全国制宪会议等。6月29日，萨迪克正式草签了法律，宣布停止实施"九月法令"，并将于次日及7月1日分别提交部长理事会以及制宪会议审核批

第四章　国家治理的伊斯兰路径探索（1985—2000）

准，萨迪克甚至计划于7月4日前往亚的斯亚贝巴与约翰·加朗确认10月会议的最终安排。但两方面的因素导致这些充满希望的安排无果而终。首先，在3月下旬的政府改组之后，萨迪克的政治信用已经破产，他的任何设想和政策，无论真假对错，都已经被先入为主地看作为了避免陷入困境、继续执掌政权的又一个伎俩，无论是北方人还是南方人，几乎没有人相信萨迪克实施这些政策的决心和能力。其次，诚如萨迪克一直担心和顾虑的那样，这些被外界看好的政策确实引起了苏丹国内反对者的巨大反弹。对一些保守激进的年轻军官和伊阵成员来说，没有什么事情比中止执行沙里亚法和停止实施伊斯兰法更危险，他们必须采取果断行动制止萨迪克政府的错误政策，避免"九月法令"被冻结或废除。

萨迪克在1989年6月的一系列举动，无论是他在众叛亲离时的断臂求生还是深思熟虑后的果断施政，都代表了苏丹社会的一个方向，甚至是被期待的一个方向。但它也只是一个方向，能不能被接受以及会引起怎么样的反应则是另外一回事。事实上，历史的发展总是有着惊人的相似，萨迪克的这些果断或冒险举动，与1969年5月17日乌玛党和民主联盟党发表的联合声明类似，都是议会制文官政府在一段国家治理实践后的探索性总结，都是另一场重大的社会革命的导火索。第三届议会制政府实际上长期陷入政治僵局而不能自拔，三个主要政党因为权力分配和政策分歧而互相拆台，经济状况继续恶化，军费开支高达国民收入的1/4，高达一半的经常性开支依赖外援，国家债务从90亿美元增加至128亿美元，逾期债务超过40亿美元，通胀率高达80%，1988年的内战和饥荒导致了南方25万人非正常死亡。原本期待萨迪克能够推进民主、废除沙里亚法、结束内战、改善经济状况的支持者们，尤其是由专业工会组成的"救国联盟"倍感失望，嘲讽萨迪克政府根本不知道如何治理国家，应对危机的唯一选项就是改组政府。南方的苏人解指责苏丹是马赫迪和米尔加尼两个家族统治的国家。

在第三届议会制政府时期，不时有未遂军事政变的消息传出，1989年2月就发生了几近逼宫的最后通牒式威胁。孱弱的萨迪克文官政府风声鹤唳，草木皆兵，6月18日曾以试图发动政变名义逮捕了14名军官，包括6

名准将和6名少将。但高级军官们本就是权力执掌者，并不愿意接手文官政府留下的烂摊子，军事政变的真正威胁实际上主要来自心怀不满的中下级军官。这个群体人数众多难以预防，是非洲国家政治生活中的一种普遍现象，很多默默无闻的校级军官就因此而闻名全球。1989年6月30日晚，巴希尔率领伞兵旅与工兵部队发动军事政变，迅速占领了总理府、内阁办公楼、恩图曼电台等战略要地，推翻了萨迪克领导的民选联合政府。

1989年初，将来自显赫家族传承的民族领袖光环挥霍殆尽的萨迪克，日益成为宗教领袖而不是世俗的国家领导人，日益成为北方阿拉伯人的战士而不是民族调解人，日益沦为利用政治与宗教偏袒和保护家族与党派利益的传统政客，他本人甚至被部分民众看作"政治僵尸"，是失败和无能的文官政府的代名词。治理复杂落后的苏丹确实是一项艰巨的任务，需要协商、探索、包容和耐心，萨迪克总理固然缺乏胆识和魄力，未能镇压南方的起义，经济治理毫无作为，但他在废除"九月法令"上的顾虑和担心也有一定的道理，拖延做出决定也是为了维持政府运转和避免分裂，但他的批评者们却不这么认为。他们激烈地指责萨迪克囿于部族和宗教偏见，是披着现代政治外衣的宗教极端主义者，贪权恋栈，为了权力不惜与任何派系结成同盟，严重破坏了议会制政府的民主进程，最终被军事政变赶下总理宝座。

古来世事难两全！舞榭歌台，风流总被雨打风吹去。1967年之后的20年是萨迪克作为主要反对派领导人辗转求生的20年，也是一个有理想青年政治家蜕变为老谋深算政客的20年。威施不可使仰，萨迪克在1986—1989年的三年任期内六次改组内阁，与苏共外的所有政党开展合作，具体执政实践只有政治算计而没有政治建树，被颠覆下台后的政治生涯基本就进入了衰退期，蝇营狗苟，驱去复还；年光耗尽，慷慨生哀。1989年被推翻后留居北喀土穆住所，部分乌玛党领导班子流亡国外从事反政府活动。1996年逃亡厄立特里亚和埃及，成为反对巴希尔政府的"全国民主联盟"的骨干。2000年离开民族民主联盟结束流亡，返回喀土穆但拒绝进入政府。进入21世纪，乌玛党分裂成了5个"乌玛"系政党，萨迪克忙于修复乌玛党的分裂和内斗，在2005年被禁止参加任何政治活动并因之反对

《全面和平协议》。2010年，萨迪克回国参加总统选举，但仅获得1%的选票，选举失败后流亡国外拒绝参政。2011年后，萨迪克受邀加入民族和解政府，推动其子阿卜杜勒·拉赫曼·马赫迪（Ahdul Rahman al-Mahdi）出任总统助理。虽然萨迪克本人在2014年退出"全国对话"，重返反对党联盟阵营，组建了囊括人民大会党外主要传统政党的"苏丹呼声力量"，他儿子却一直担任总统助理。然而，这个被寄予厚望的精心安排在2019年4月巴希尔政权被颠覆后成了弄巧成拙的政治阴影。因为《宪法宣言》的相关条款禁止受邀加入过巴希尔政权晚期民族和解政府的人士参加后过渡期选举，萨迪克只能仓促将女儿玛尔亚姆·马赫迪（Marim al-Mahdi）推向了前台，先是在过渡期伙伴委员会中担任发言人，继而在改组后的过渡政府中出任外长，以期快速积攒政治资本。[①] 2020年11月，萨迪克因感染新冠病毒去世，享年八十四，过渡政府总理哈姆杜克（Abdalla Hamdok）等高官出席了葬礼。

第三节　哈桑·图拉比的"伊斯兰实验"

一　救国革命

在1986—1989年的三年间，萨迪克总理始终在实现和平、废除沙里亚法等问题上举棋不定，一再地错失机遇直至被赶下台；图拉比领导的伊阵一直在稳步扩大影响，最终借力军事政变登上权力巅峰，按照他们的理解将苏丹引向了新的发展道路。

1989年6月30日的军事政变，背后的精心策划者是图拉比及其领导的伊阵，巴希尔等政变军官是伊阵在军队里发展的分支成员。该分支在政变前的领导人是哈桑（Osman Ahmad Hassan）准将，其性格刚烈，坚持政变后由军人执政，伊阵只能从外部保障政权稳定，不得直接干涉军政大权。而根据伊阵的夺权计划，军人在政变中的作用只是"临时的、功能性的、有限的"，只负责"夺取政权"，政变成功后按原计划还政于伊阵领导

[①] 涂龙德：《苏丹过渡期政治转型的三大趋势述评》，《阿拉伯世界研究》2021年第6期。

人，由伊阵来"掌权"。双方斗争的结果是伊阵领导层弃用哈桑准将，代之以刚从南方战场抵达喀土穆、根基不稳的巴希尔，以便等待时机成熟后直接掌权。在政变发生前的6月初，巴希尔会晤了伊阵副总书记阿里·塔哈，二人共同策划了军事政变的具体细节。在政变发生后，军政府禁止政党活动，为了迷惑苏丹国内和国际社会，伊阵领导人图拉比也被关进监狱，但大量的伊阵成员或亲伊阵分子出任巴希尔军政府的高级官员、主要民间团体负责人、军队高官等。值得一提的是，哈桑准将在政变成功后曾出任苏丹救国革命指挥委员会成员，他明确反对伊拉克入侵科威特，加上政变前就被巴希尔取代的失意，因而很快就辞去了委员职务。①

巴希尔上校1945年出生于尚迪附近的乡村，家境尚可，1950年代末期随全家搬到喀土穆，高中毕业后进入了苏丹军事学院，拥有苏丹指挥学院和马来西亚军事学院的硕士学位，在1973年的阿以战争期间转入步兵旅。1975年，巴希尔被派到阿联酋担任武官，回国后出任驻军司令官。1981年，巴希尔调任装甲和跳伞部队指挥官。1988年，巴希尔晋升旅长，指挥第八步兵旅在南方同苏丹人民解放军作战。1989年6月初，巴希尔离开其位于南科尔多凡的司令部前往喀土穆，表面上的理由是准备参加开罗纳赛尔军事学院的学习，实际上则是在接下来的3个星期里策划夺取政权。

6月30日夜，巴希尔带领一批经过挑选的中下级军官们开始起事，行动由精锐的伞兵旅士兵具体实施，并且得到了陆军装甲部队的支持。政变军官们组成了15人的"救国革命指挥委员会"（RCC，简称"革指委"），分安全、宣传、政治和经济四个委员会，将此次军事政变称作"救国革命"。当时驻苏丹的埃及大使认为，这次政变是由"自由军官"发动的一场"民族革命"，埃及总统穆巴拉克在政变次日即率先承认巴希尔政权的合法性，随后还亲赴苏丹访问表示支持。流亡埃及的苏丹前总统尼迈里发表公开信，赞扬政变是反对苏丹分裂和宗教统治的"勇敢和爱国尝试"，同时敦促政变军人们坚决反对政治上的敌人。

在政变发生后，革指委接连发布命令，包括宣布全国处于紧急状态，

---

① 周华：《试论政治派系斗争对当代苏丹政局的影响》，《阿拉伯世界研究》2008年第2期。

第四章 国家治理的伊斯兰路径探索（1985—2000）

中止执行宪法并取消最高委员会以及内阁，取缔一切政党、工会和非宗教协会并没收其财产，勒令除武装力量之外的所有报刊关闭停业，限制食糖、面包、肉和其他主要商品的价格，严厉打击黑市商人、走私者和囤积居奇者，处死工会积极分子和重要的罢工参与者。与此同时，革指委在军队和政府部门内部展开大规模清洗，50多位重要的政府领导人和大约100名高级军官被逮捕并监禁在考伯尔监狱，其中包括总理萨迪克、最高委员会主席米尔加尼及主要政党领袖，萨迪克总理担任内政部长的堂弟在搜捕中被打伤。

7月3日，巴希尔将军会见了埃及记者，不仅攻击前政府的空谈和拖延弊端，指责萨迪克总理无法结束每天耗资100万美元的战争，在家族被没收财产已经返还并补偿300万美元的情况下还营私舞弊；同时允诺取消对报刊和工会的禁令，通过公民投票决定"九月法令"的存废，建立持久和平，改善民众生活，把苏丹建成"无瑕疵的社会"。7月10日，由21人组成的苏丹新内阁宣誓就职。巴希尔担任总理和国防部长，他的军队袍泽们担任了副总理和其他部长职位，外交部长和财政部长由专业人士担任。与此同时，革指委挑选神学观点正确的穆斯林组成了过渡国民议会，给军政府的各项政策披上合法外衣；改变此前由现任法官选举产生首席法官的传统方式，直接任命伊阵成员贾拉勒·鲁特非（Jalal Ali Lutfi）出任首席法官，后者按照图拉比的指导迅速在苏丹强制推行伊斯兰司法体制，通过教法学家们确保实施议会通过的法律。

但在当时，很多苏丹人和外国观察者都没有认真看待下级军官们发动的这起政变。其原因之一是，政变军人们最初的各项行动基本符合人们对传统的新军事政权的认知和预期，看惯了军事政变的苏丹人想当然地认为这是下层军官们的又一次情感发泄。军政府在这方面实施的措施包括审判被颠覆的政治人物并处以各种刑罚，迅速镇压各类抗议示威活动，采取措施治理政府官员的贪腐，硬性规定大宗基础商品价格，用酷刑严厉惩处各类异见分子，甚至未经审判就随意拘捕无辜民众、营造恐怖气氛等。其原因之二是，新政府中包括前政府官员、世俗主义者和南方人士，核心人物的权力分配不透明，革指委与伊阵之间的关系模糊不清，并没有表现出明显引起民众反感的意识形态倾向。但人们普遍低估了新军事政府的韧性，也高估了传统政客们的反抗能力，甚至认为新政府由于缺乏民意基础而不可能维持6个月以上，当然更想不到这是现代非洲第一个建立伊斯兰国家政府的前奏。

政变之前的巴希尔上校默默无闻，无从得知其明确的政治立场。革指委初期发布的声明和命令也没有明确阐释政变意图，军事政变看起来似乎就是一伙心怀不满的下级军官在争夺权力。但能够确定的是，行伍出身的巴希尔将军不喜欢苏丹传统的宗教政党，自诩他不属于任何狭隘的部落、党派和种族组织，没有政党属性，也不为任何政党工作。① 事实上，无论是马赫迪家族的安萨尔教派及其乌玛党，还是米尔加尼家族的哈特米亚教派及其支持的民主联盟党，都被看作有害无益的西方世俗势力残余而给予了严厉打击，其领导人或被软禁或流亡国外。1990年上半年，马赫迪家族在阿巴岛的资产再次被没收，近70名乌玛党领导人及400名安萨尔教派成员被逮捕，其在恩图曼的联合企业也被国有化。1991年，军政府没收了米尔加尼家族的个人财产，1992年正式解散了哈特米亚教团并没收其全部财产。②

打击政党只是为了削弱传统教派、政党的经济和政治影响，并不意味着政变军官们就没有自己的意识形态和精神武器。1989年10月，革指委正式采用"伊斯兰主义者"（Islamist）这一称谓概括自身的政治主张与神学理论，既将新政权与其他的极端主义者相区分，也与共产主义者、阿拉伯复兴社会党（Baathists）及其他民主主义者等世俗派政党划清了界限。③1989年12月，图拉比走出了有最低保障的单人牢房，成为外交部巡回特使兼巴希尔主席的私人代表，所有的革指委成员都向其宣誓效忠。苏丹前第一副总统佐贝尔曾多次坦言："我们只是一介武夫，是穆兄会把我们团

---

① Diana Childress, *Omar al-Bashir's Sudan*, Minneapolis: Twenty-First Century Books, 2010, pp. 51 – 53.

② Ann Mosely Lesch, *The Sudan Contested National Identities*, Bloomington: Indiana University Press, 1998, pp. 142 – 156.

③ [美]罗伯特·柯林斯：《苏丹史》，徐宏峰译，中国大百科全书出版社2010年版，第215页。

结在一起,我们才有今天。只要组织做出决定,我们随时准备交出手中的权力。"这证实了此前外界的猜测,即巴希尔在苏丹军政府中处于没有决策权的"配角"地位,更多的时候是在听候图拉比"传达"伊阵的决定;图拉比及其领导的全国伊斯兰阵线才是伊斯兰革命的设计师、思想引领者和幕后操纵者。

二 非洲的第一个伊斯兰主义政府

从尼迈里的"九月法令"到巴希尔的"救国革命",苏丹在1980—1990年代一再泛起的伊斯兰化运动,其背后的关键性因素就是哈桑·图拉比及其领导的伊斯兰主义组织,这在本质上也是苏丹穆斯林精英们基于对国情认知和自身知识视野而进行的国家治理探索实践,属于1970年代末全球性宗教复兴浪潮的一部分。1989年的"救国革命"及其随后建立的巴希尔军政府,开辟了世界现代史上由单个伊斯兰团体实现夺权的先例,缔造了世界上第二个由伊斯兰宗教极端势力执政的政权,并成为当代伊斯兰世界首个逊尼派宗教极端主义组织掌权的伊斯兰政权。根据2000年图拉比与巴希尔分裂后公开的资料,伊阵从幕后走上前台大致分三步:第一阶段把政变打扮成"民族革命",淡化伊斯兰宗教色彩;第二阶段视政权的巩固程度,宣布实施伊斯兰法,并逐步把伊阵领导人推向前台执政;第三阶段则由伊阵领导人全面取代军人直接执政。负责实施政变的伊阵军人曾起誓遵守这一方案。[①]

在军事政变后,苏丹政府的权力机构是"革指委",但其主要决策实际上出自神秘的"捍卫革命委员会",通常被称为"四十人委员会"。"四十人委员会"由全国伊斯兰阵线的主要成员、青年军官以及革指委成员组成,主席是伊阵的副总书记阿里·塔哈。塔哈言语谦恭,洁身自好,有头脑,有能力,有长期从事组织工作所积累的经验,几乎所有关于军事政变的声明都出自塔哈之手,是1989年军事政变的总协调人。在1989年下半年,"四十人委员会"引导新政府有组织有系统地在苏丹推广伊阵的政治

---

① 周华:《试论政治派系斗争对当代苏丹政局的影响》,《阿拉伯世界研究》2008年第2期。

理念与神学规范。这是一场各取所需的合作,共同建立了非洲第一个伊斯兰政府,将苏丹带入新的发展阶段。伊阵有理念、有规划但缺乏强大的实施手段,需要借助军事政变整合国内政党林立的派系势力,借助年轻军官们的激情暴力强制实行阿拉伯—伊斯兰意识形态,复兴伊斯兰主义,同时通过暂时性地退居幕后而避免自身遭遇其他世俗和传统势力的集体围攻。年轻的军官们则需要用伊阵的理论武装自己,弥补自身缺乏民众基础和执政经验的短板,尽快稳定国内局势,巩固权力基础。至少在当时,伊阵和军官集团都坚定地认为,南方人讲英语和各种部族方言,信奉基督教和泛灵的原始宗教,整体上处于令人怜悯的落后蒙昧状态;将先进神赐的阿拉伯—伊斯兰文化推广到南方地区不是歧视也不是侵略,而是一种拯救、恩赐和分享。事实上,如果让他们放弃这一神圣使命,允许打破第二次世界大战后形成的民族国家边界而让南方独立,无论是对苏丹军人还是伊斯兰主义者来说不仅是一种侮辱,也是一件不可想象的事情。这实际上是整个非洲国家在冷战期间对待分裂主义的态度。

图拉比是 1989 年救国革命的总设计师和策划者,也是政变军官们的精神导师和意识形态提供者。对图拉比领导的伊斯兰主义者和巴希尔领导的政变军官们来说,在苏丹全面推进伊斯兰化运动,既是他们基于自身认知而对苏丹国家治理道路的探索实践,也是对新政权合法性的一种建构,客观上巩固了一个根基不稳的军事政权。事实上,在相互合作的十年里,巴希尔掌握军政大权,不兼任宗教首领,但遵循图拉比的思想治国,把图拉比的伊斯兰复兴主义思想作为国家的指导思想。图拉比在幕后起着至关重要的核心主导作用,推动苏丹成为介于政教分离与政教合一的政教不分的国家。①

为了捍卫革命成果、扭转战争颓势以及配合伊斯兰化进程,伊阵和军政府全面整顿和清洗苏丹武装力量。首先,安排伊阵成员在军队中大力推行伊斯兰法,吸收大量的失业人员进入军队,首次实行征兵制度。苏丹军队规模迅速增加到 7.8 万人,1989—1990 年度的国防预算高达 21.5 亿苏

---

① 王联:《论哈桑·图拉比与苏丹的伊斯兰化》,《西亚非洲》2010 年第 1 期。

第四章 国家治理的伊斯兰路径探索（1985—2000）

丹镑（4.782亿美元），另外还有4.5亿苏丹镑（1.05亿美元）用于内部安全开支。急速扩军造成了严重的经济困难，但军队的战斗力并未有明显提升。其次，图拉比认为，职业军官的世俗化阻碍了苏丹军队的伊斯兰化，因而仿效伊朗实施"小型常备军＋大型民防军"的武装力量结构，强力施压革指委组建准军事性质的民兵武装"民防军"，数量最多时达到15万人（1991年）。民防军主要征募青壮年男性，由政府军教官传授武器的基本使用方法，但更多的是进行宗教思想灌输。伊阵高级成员经常去民防军营地开展伊斯兰教讲座。只是由于在战场上注定失败的军事悲剧，政治可靠的民防军后来被移交给地方政府充当治安警察和地方性民兵组织，主要作用是镇压平民或学生的示威游行活动，保卫现政权和扩大伊斯兰信仰。最后，苏丹军队重组得到了伊朗的大力支持。在政变后不久，伊朗主动提出向苏丹派遣军事顾问和军事教官，苏丹政府公开承认接受了伊朗的石油、食品和军车等援助物资。1991年12月，伊朗总统拉夫桑贾尼率领200人的庞大代表团访问苏丹，代表团中包括了伊朗的经济部长、内政部长、革命卫队司令等重要人物。到1992年初，在苏丹的伊朗军事专家大约有800人，他们中一部分人集中在苏丹东部的几个营地，帮助训练苏丹武装人员。苏丹政府甚至同意伊朗租借苏丹港25年以建立海军基地。[①]

新政府虽然在农村和城市都不被看好，但凭借其高昂的宗教热情和各种强制手段，还有图拉比老谋深算的幕后指挥，新生的伊斯兰政权逐渐趋于稳固。首先，军政府借助严密的情报系统粉碎了多起军事政变图谋，牢固地掌控着军队。在1989年下半年，巴希尔政府成功挫败了五次政变阴谋，先后有600名军官遭解雇或被迫退休。在1990年斋月期间，苏丹接连发生了两起未遂的军事政变，军政府严惩涉嫌政变的军官和政治家，在粉碎第二次军事政变的次日直接处决了参与政变的28名军官。其次，军政府夯实了权力基础。在政变发生后一年内，军政府实现了政府改组，调整了地方行政长官，重新任免了全部的大学校长，控制了高校的学联和一些工会组织，在物资供应上首先满足军队需要。伊阵成员控制了包括国家安全

---

① 肖宪：《美国为何要把苏丹列为恐怖主义国家》，《国际展望》1993年第17期。

部队、军事情报部门、警察部队及对外安全机构等在内的主要政府部门。再次，大力整肃政府行政部门和国有公司。陪审团、行政部门和外交使团内部实行大规模清洗。向来引领政治活动浪潮的喀土穆大学被大幅调整。以政府部门以及以铁路公司为代表的国有公司普遍大规模裁减员工，仅1989年下半年就有1.4万名内务人员及国有企业职员遭解雇，其中大多是不认同伊阵政治和神学理念的人。最后，严格实行党禁和新闻管控，推动和引导形成拥戴新政府的社会舆论环境。所有政府能够支配的部门和机构，从各级政府行政机构到所有的大学和国有企业，都对示威游行和罢工活动严阵以待，都表态谴责每一次被镇压的军事政变，都大规模宣传新政权对伊斯兰教和沙里亚法的尊重和遵守。

1989年12月，军政府任用巴克里·萨利赫（Bakri Hasan Salih）上校重建情报系统，并通过《国家安全法案》使其制度化，苏丹各地遍布着各种令人畏惧的安全部队。新的情报机构分国内安全局、国外安全局和苏丹安全局三块，分别负责监控国内民众抗议活动、监控苏丹流亡人士和搜集军事情报，工作手段残忍而血腥，几乎没有限制地使用恐吓、虐待、模拟处决以及使用毒品、电击和谋杀等酷刑，其中尤以国内安全局下设的拘留中心"鬼屋"最臭名昭著。国内安全局（IS-SOR）的成员大多是伊斯兰狂热分子，主要负责监控有违《古兰经》和沙里亚法的不端行为，打压各种现实或潜在的抗议活动，活跃的专业工会组织领导人和坚持无神论的苏丹共产党人是被监控的重点。作为配套设施，专门设立的伊斯兰特别法庭负责审判那些被起诉的民众，审判程序简单粗暴，也不允许上诉，审判结果特别是公开鞭笞的处罚会被立即执行。1990年9月，有70名法官因为在判决中未有效采用沙里亚法而被解职，他们的位置随即被伊阵的支持者们取代。①

三 伊斯兰主义的国内实践

图拉比1932年出生在苏丹东部的卡萨拉城（Kassala），其先祖是哈特

---

① 刘鸿武、姜恒昆编著：《苏丹》，社会科学文献出版社2008年版，第172页。

第四章 国家治理的伊斯兰路径探索（1985—2000）

米亚教派的创始人之一，父亲是保守的伊斯兰法官。图拉比1951年进入喀土穆大学法学院学习，1961年从英国伦敦大学获得法律硕士学位，同年与维萨丽·马赫迪（Wisal al-Mahdi）结婚，后者来自显赫的马赫迪家族，是萨迪克的姐姐。1964年，图拉比从法国索邦大学（Sorbonne）获得法学博士学位，他的博士论文谴责了民主国家政府对紧急权力的滥用。1965年，图拉比返回苏丹，被任命为喀土穆大学法学院院长。因为学识渊博，信仰虔诚，谈吐幽默，加之有马赫迪家族联姻的平台，魅力超群的图拉比很快就赢得了众多追随者，也很顺利地从毕业生选区进入议会，开始了波折多彩的政治生涯。[1]

图拉比在1955年加入了穆斯林兄弟会，1964年成立了伊斯兰宪章阵线，同时担任苏丹穆兄会领导人。1969年"五月革命"后，穆兄会被镇压，图拉比被监禁。1974年，图拉比领导的伊斯兰宪章阵线与乌玛党、联合民主党等组成了反对政府的国民阵线，1975—1976年曾参与民族阵线发动的两次未遂政变。1976年后，图拉比转向同尼迈里政府合作，积极参加全国和解，先后出任过苏丹社会主义联盟新闻、外事助理书记、国家总检察长、总统外交政策助理等职，是尼迈里政府后期官方伊斯兰化政策的主要制定者，也是著名的"九月法令"的主要起草者。1985年3月，尼迈里总统指责伊斯兰宪章阵线图谋推翻政府，逮捕了图拉比及其追随者300余人，但随着尼迈里的下台，继之而起的过渡委员会释放了包括图拉比在内的全部政治犯。1985年5月9日，图拉比将伊斯兰宪章阵线改组为全国伊斯兰阵线，并在1986年4月的制宪会议选举中通过各种手段异军突起，成为议会第三大党和第一大反对党，是影响萨迪克总理针对"九月法令"决策的主要因素。1988年5月，伊阵开始参加萨迪克政府，图拉比出任总检察长，负责草拟替代"九月法令"的法律。1989年2月，图拉比出任副总理兼外交部长，其他伊阵成员占据了内政、司法和社会事务部部长等要职，但仅仅一个月后就成为政府重组中唯一被排除的主要政党。为了阻止

---

[1] W. J. Berridge, *Hasan al-Turabi: Islamist Politics and Democracy in Sudan*, Cambridge University Press, 2017, p.73.

总理萨迪克在制宪会议的压力下彻底废除"九月法令",图拉比借力中下级军官的军事政变联合夺取了政权,实现了宗教政党与国家政权的结盟。在1990年代上半期,图拉比逐步从幕后走上前台,开始自上而下地在苏丹推行"伊斯兰国家"理念,涉及苏丹内政外交的各个方面。

社会生活伊斯兰化是图拉比"伊斯兰实验"的起点和重点。1991年1月,苏丹政府宣布在除南方三州外的全国范围内实行伊斯兰法,以《古兰经》和圣训作为制定各项方针和政策的基本准则。政府在各类学校增设伊斯兰课程,强调伊斯兰的教育方向,并利用来自阿拉伯产油国的资金大力同化因战争和饥荒而流亡到北方的南部和西部民众。[1] 与此同时,军政府设立了专门的人民警察部队,强制在经济、文化、社会生活等诸多领域推行伊斯兰化。1991年,苏丹通过了两部法律,年初的《刑法》明确规定对任何主张叛教的穆斯林处以死刑,尽管他可以通过公开认错、迅速改过自新以挽救自己;年末的《人民警察部队法》意在敦促苏丹女性成为维护自己声誉,照顾丈夫、孩子和家庭的虔诚穆斯林,明确要求妇女在公共场合穿着传统的服装长袍(Robe),将整个身体和头部都遮盖起来并且禁止穿裤子,禁止卖淫、色情及用于商业目的的女性身体展示,逮捕"行为不检点"或者"穿着不得体"的女性并施以鞭笞等处罚。1992年,苏丹颁布了一系列新宗教法律。对于偷窃的处罚是初犯砍下一只手,再犯砍掉另一只手。对通奸者的处罚是乱石打死,对卖淫者的处罚是当众鞭笞。苏丹政府推动社会生活伊斯兰化的顶峰是1996年颁布实施的《公共秩序法》。该法细化了伊斯兰教法的执法规范,按照中世纪伊斯兰教法的部分规定严格限制社会公共秩序和民众日常生活,期望借此"纯洁社会风气",引导国民"回归伊斯兰正道"。《公共秩序法》对苏丹穆斯林女性的限制尤为严苛,除要求女性恪守伊斯兰妇道之外,对她们的衣着举止都做了明文规定,不少苏丹女性因之受到违法指控,被施以鞭刑乃至监禁。[2]

---

[1] S. O. Fahey, "Islam and Ethnicity in the Sudan," *Journal of Religion in Africa*, Vol 26, Fasc 3, August 1996, p. 263.

[2] Gáspár Bíró, *Situation of Human Rights in the Sudan*, UN Commission on Human Rights, 1997, pp. 13–14.

第四章 国家治理的伊斯兰路径探索（1985—2000）

一方面，新兴的伊斯兰主义政府以结束南方战争、实现国内和平与发展经济为施政纲领，由个人道德清白、神学观点正确的议员组成的"过渡国民议会"取代了饱受诟病的传统教派政党，逐步在广袤的农村地区建立基于协商与共识基础的政治架构，其极端化的伊斯兰化运动目标鼓舞人心，措施整齐划一，效果立竿见影。惩治贪腐、打击囤积居奇以及控制外汇等举措，不仅在高昂的革命时期能够吸引民众眼球，也确实打击了部分的政治贪腐和不轨经济行为，在一定程度上净化了社会风气。伴随着伊斯兰化运动而实施的诸多社会措施，例如迅速在全国成立成人扫盲教育中心、用阿拉伯语取代英语、禁止卖淫和色情活动、保护女性的荣誉和继承权等，也满足了民众的部分期许。这些都符合政治伊斯兰思潮在现代社会作为反对派斗争武器的初衷，也是哈桑·图拉比多年来倡导建立伊斯兰国家所需的先决条件。

但另一方面，空洞激进的目标口号和疾风暴雨式的社会运动解决不了社会积弊沉疴和经济发展难题，自上而下的强制伊斯兰化运动造成了严重的经济和社会后果，让苏丹一再成为国际社会的关注和谴责对象。首先，伊斯兰化运动严重荡涤了苏丹一个多世纪来微有进展的现代化成果，在世俗化和人权方面退步明显，沙里亚法的严厉实施尤其给1/3的苏丹非穆斯林造成了非常严重的困境。一些人因为制造、拥有或者是消费含酒精饮料而受到当众鞭笞的惩罚，也有人因为私藏海洛因或者来源不明的外币而被公开处决，许多走出家门参加工作的女性员工因为抵制"伊斯兰风格"的穿着而被解雇。伊斯兰化运动对妇女在平等就业等方面的公开歧视引起了国际社会和人权组织的广泛谴责。其次，伊斯兰化运动严重改变了苏丹社会的传统政治生态和多元化状态。政治流亡者和异见者的亲属首先被羁押和拷问，被勒令未经允许不得离开限定区域。医生、律师、新闻记者和大学教授等专业人士被任意监禁、处决或失踪。一些政治活跃分子被反复拘禁和释放以达到恐吓目的。[1] 这些带有恐怖色彩的极端化政策破坏了长期

---

[1] ［美］罗伯特·柯林斯：《苏丹史》，徐宏峰译，中国大百科全书出版社2010年版，第217页。

以来苏丹公共事务中的言论自由和相互宽容传统，使许多苏丹人特别是知识分子忧心忡忡、噤若寒蝉，社会发展失去了纠偏力量。

压抑而充满困惑的社会发展带来了两方面严重后果。其一，苏丹出现了全球范围的大规模对外移民浪潮。事实上，随着救国革命后越来越多的专业人士移居海外，尤其是1992年的《工会法》剥夺了从业人员组织或者参加工会的权利，长期在苏丹政治中比较活跃的专业人士及其组织力量变得越来越微弱。1990年代初期，大约有40%的医生、大学教师及30%的土木工程师和农业专家移居西方国家或阿拉伯产油国。[1] 1992年5月，图拉比出访加拿大，遭遇苏丹籍空手道高手哈希姆（Hashim Bedreddin Mohammed）袭击，因而受伤，后者联合流亡加拿大的苏丹人成立了"哈希姆之友运动"，其共同立场就是反对图拉比的"伊斯兰实验"。

其二，苏丹棘手的债务问题在1990年代进一步恶化。1989年7月，苏丹的债务估计在130亿美元左右，预算赤字相当于其国内生产总值（GDP）的25%，通货膨胀率高达80%—100%，港口、铁路和工厂的开工率不足20%，每年用于战争的开支占国家预算的1/4甚或1/2。1990年9月，国际货币基金组织（IMF）向苏丹发出了"不合作"的严重警告。1993年，世界银行终止了向苏丹的所有贷款，国际货币基金组织中止了苏丹的成员资格。动荡的国内局势和沉重的债务负担导致了严重的通货膨胀。1994年夏天，苏丹镑与美元的比价从1∶17骤降至1∶300—500，外汇储备几近于无，基本生活用品严重匮乏。民众和新政府的蜜月期转瞬即逝，为求生存的示威游行呈现日常化。[2]

四　伊斯兰主义的国际实践

图拉比和霍梅尼都是怀有救世之心的伊斯兰理想主义者，但两人的思想理论和斗争实践存在显著区别。首先，图拉比的伊斯兰主义立场较为温和，倡导宗教对话，主张宗教宽容，在不少问题上与霍梅尼的态度有所不

---

[1] 兰英：《警惕发展中国家的人才流失》，《北京观察》2003年第1期。
[2] [美]罗伯特·柯林斯：《苏丹史》，徐宏峰译，中国大百科全书出版社2010年版，第270页。

第四章　国家治理的伊斯兰路径探索（1985—2000）

同，伊斯兰化的具体执行过程也比较注重实际，没有伊朗那样极端化。其次，苏丹是全球极不发达的少数几个国家之一，处于阿拉伯—伊斯兰世界的边缘地带，体量和影响力远不如伊朗，图拉比积极鼓吹伊斯兰主义的目标，本质上也只是与埃及穆兄会争夺地区伊斯兰事务的主导权。事实上，长期内战和严重饥荒导致的人道主义灾难抵消了图拉比"伊斯兰实验"的国内效果，除了数个恐怖事件和广泛的严重饥荒外，苏丹并没有其他重大事件被国际社会关注，实际影响力没法与伊朗伊斯兰革命相提并论。

但既然已经是阿拉伯世界乃至非洲第一个实现了"伊斯兰统治的革命桥头堡"，踌躇满志的图拉比也与伊斯兰革命初期的霍梅尼一样，认为苏丹有义务"帮助"其他阿拉伯和非洲国家的伊斯兰事业，因而在苏丹境内设有专门为各国伊斯兰宗教极端主义组织培训人员的营地，由苏丹人进行思想教育，伊朗人负责军事训练。受此影响，苏丹周边的几个北非阿拉伯国家首先感受到了苏丹伊斯兰革命输出的压力。埃及的宗教极端主义分子得到了苏丹政府的支持。1990年10月暗杀议长马哈古卜的凶手就被指在苏丹接受过培训，被埃及政府通缉的"伊斯兰圣战者"组织领导人奥马尔·拉赫曼教长在苏丹接受政治避难，苏丹穆兄会的武装人员甚至进入上埃及参与当地伊斯兰极端主义分子发动的骚乱，埃苏两国部队1993年初在边界地区一度发生了武装冲突。阿尔及利亚的"伊斯兰拯救阵线"组织成员在遭到打压后纷纷逃到苏丹，经过学习和军事训练后又返回阿尔及利亚开展反政府的武装斗争。"伊斯兰复兴党"是突尼斯最大的宗教极端主义组织，其头目拉希德·盖努西常住苏丹，甚至还持苏丹护照活动于其他国家。此外，巴勒斯坦哈马斯等组织的成员也频繁出现在苏丹。这些做法使阿拉伯国家的世俗政权深感不安，也使巴希尔政权面临着空前的国际压力。[①]

图拉比"伊斯兰实验"更具影响力的国际表现，就是参加和主办一系列国际会议宣传他的宗教主张。1990年12月，图拉比出席在芝加哥召开的伊斯兰国际会议，会晤了许多著名的伊斯兰运动领导人，开始尝试创立

[①] 周华、黄元鹏：《政治合法性与苏丹巴希尔政权的倒台》，《阿拉伯世界研究》2019年第5期。

某种机制,实现此前伊斯兰会议组织与阿拉伯民族主义者都未能完成的宏伟目标,即阿拉伯民族的统一和伊斯兰信仰的全球化。1992 年,图拉比出访欧美多个国家,热情阐释他的政治和宗教观点,实现伊斯兰世界"终极理想"的信心日益高涨。1993—1995 年,图拉比先后在喀土穆主持召开了三届宗教对话会议,他身穿白色长袍,头缠白色头巾,面带微笑,温文尔雅,理性而激情地敦促与会代表进行对话,寻找伊斯兰教和基督教的共同基础,消除西方文明与阿拉伯—伊斯兰文明之间的隔阂。

"阿拉伯与伊斯兰人民代表大会"(PAIC),是图拉比宗教思想国际化的巅峰之作。1991 年 4 月 25—28 日,第一届"阿拉伯与伊斯兰人民代表大会"在喀土穆举行,这次会议的主旨是反对美国介入海湾事务,呼吁阿拉伯伊斯兰世界团结起来,消除逊尼派和什叶派之间的分歧,迫使外国"十字军"离开穆斯林的土地。[①] 这次会议不仅有来自伊朗伊斯兰共和国的高级代表团,还有来自欧亚非三大洲 55 个国家的众多伊斯兰政治组织,如巴勒斯坦解放组织、哈马斯、阿尔及利亚伊斯兰拯救阵线、突尼斯的伊斯兰反对运动、阿富汗伊斯兰组织、黎巴嫩真主党等。此次会议通过的宣言认为,"无论美国和西方在海湾战争之后显得多么强大,真正伟大的仍然是真主";为了获得对西方圣战的胜利,为了在各国建立伊斯兰政府,穆斯林采取任何斗争方式都是正当的。此外,与会代表还同意创立"国际伊斯兰武装",图拉比担任会议秘书处总书记。这次会议被西方分析家看作"伊斯兰宗教极端主义国际"诞生的标志,而苏丹是这个国际性运动最重要的根据地,是世界各国激进政治伊斯兰分子的避风港。[②]

1993 年 12 月 2—4 日,第二届"阿拉伯与伊斯兰人民代表大会"在喀土穆召开,与会者大多是阿拉伯国家激进的宗教政治反对派。500 多名代表热烈讨论了"世界新秩序"、宗教在伊斯兰世界的领导作用、穆斯林少数族裔在欧美受到的压制、西方文明对伊斯兰教的挑战等议题。在第二届大会结束时,自信的图拉比认定"大会"体现的宗教意识形态已经融入了

---

① Judith Miller, "The Challenge of Radical Islam," *Foreign Affairs*, Vol 72, No 2, Spring 1993, p. 44.

② 肖宪:《美国为何要把苏丹列为恐怖主义国家》,《国际展望》1993 年第 17 期。

第四章 国家治理的伊斯兰路径探索（1985—2000）

苏丹的政治社会发展进程，全世界的穆斯林最终都将生活在一个统一的伊斯兰国家里，愚昧、无知、贫穷、破碎的苏丹将因之成为伊斯兰世界伊斯兰运动的领导者，成为苏联解体后世界新秩序中具有影响力的中心，成为伊斯兰发展史上的一个界标。[①]

1995年3月30日至4月2日，第三届"阿拉伯与伊斯兰人民代表大会"在喀土穆召开，与会的300名代表来自全球80多个国家，包括真主党、哈马斯、基地组织等全球十分活跃的伊斯兰组织。与会代表们一度出现了分歧，非阿拉伯国家代表认为，大会名称中的"阿拉伯"字眼有歧视和种族主义意味，但图拉比很快调解了这一分歧。此次大会宣言同意全球的"伊斯兰主义者"自1995年夏天开始反对世俗的阿拉伯国家政权，同意"在巴基斯坦、苏丹和伊朗等地培训更多战士……以便部署到埃及和必然升级的伊斯兰武装斗争中去"[②]。

除了举办一系列国际性会议外，图拉比做出了展现其宗教思想的另一个重大事件，就是邀请本·拉登（Usama bin Ladin）及其领导的"基地"组织进入苏丹。1990年3月，苏丹政府宣布允许所有的阿拉伯兄弟免签证进入苏丹进行投资，同时在总统办公室设立专门机构帮助消除投资中所遇到的障碍，这为阿富汗—阿拉伯圣战者们在苏联从阿富汗撤军后寻找避风港以及与伊斯兰恐怖组织建立联系提供了条件，甚至就是对全球的伊斯兰激进运动和宗教极端主义者敞开了国门。[③] 1991年9月，图拉比访问了巴基斯坦和阿富汗，他的文章、录音磁带、录像和广播在伊斯兰世界迅速传播。12月，拉登受邀来到喀土穆，与伊阵副总书记塔哈比邻而居，图拉比专门举办了盛大的欢迎招待会。拉登支持图拉比的政治目标，支持苏丹政府与南方的原始宗教和基督教分离主义作战，新成立的两家公司修筑从喀土穆到苏丹港的干线公路，向"阿拉伯与伊斯兰人民代表大会"提供500

[①] Mohamed Elhachmi Hamdi, *The Making of an Islamic Political Leader*, Conversations with Nasan al-Turabi, Westview Press, 1998, p. 36.

[②] [美] 罗伯特·柯林斯：《苏丹史》，徐宏峰译，中国大百科全书出版社2010年版，第246页。

[③] [美] 罗伯特·柯林斯：《苏丹史》，徐宏峰译，第223页。

万美元资金,迎娶图拉比的侄女为第三任妻子。作为回报,图拉比为拉登的公司进口建筑设备和轿车提供免税优惠,简化基地组织成员进入苏丹的手续并允许其持有苏丹护照,基地组织的一些特殊成员甚至拥有苏丹外交护照。巴希尔担任主席的革指委对拉登在喀土穆建立恐怖分子训练营没有提出异议,并安排专门的情报联络官负责与拉登及其基地组织的相关事务。

得益于图拉比提供的庇护,本·拉登得以在苏丹安全自由地指挥抵抗运动,利用"阿拉伯与伊斯兰人民代表大会"掩护其国际行动,苏丹也很快成为阿拉伯圣战者训练中心。在位于索巴(Soba)附近的大型农场里,本·拉登每周四都定期组织聚会并对下属们发表演讲。喀土穆周围的半沙漠地带迅速建立了19个阿拉伯圣战者训练营地,本·拉登个人资助了其中的三个营地,沙特的十多个宗教慈善机构辗转为其他营地提供支持,用于训练、购买武器和策划海外行动。1992年,苏丹政府开始为索马里激进的伊斯兰团结党(al-ittihad al-islami al-Somalia)提供武器和食品,本·拉登派出两名助手进入索马里直接指挥当地的激进组织和抵抗运动。1993年2月26日,纽约世贸中心发生爆炸,袭击行动由埃及的"伊斯兰运动"组织实施,苏丹驻联合国外交使团人员提供协助。

第四节 图拉比时代的坠滑与谢幕

一 "伊斯兰实验"的困境及溢出效应

图拉比是一个有缺陷的革命者,他胸怀改革人类社会的理想,不仅将自己视作穆圣之后伟大神学家的当然继承人,把自己想象成为逊尼派和什叶派之间、基督教和伊斯兰教之间的神学调解人;[①] 而且通过在苏丹建立神权国家进而在伊斯兰世界建立统一的穆斯林乌玛社团。图拉比的崛起及其毕生推动的伊斯兰化运动,上承伊朗伊斯兰革命,下启"基地"和"伊

---

① [美]罗伯特·柯林斯:《苏丹史》,徐宏峰译,中国大百科全书出版社2010年版,第226页。

第四章　国家治理的伊斯兰路径探索（1985—2000）

斯兰国"代表的宗教暴恐势力，是全球范围内伊斯兰复兴运动的一部分和重要阶段。

图拉比的伊斯兰思想是一个完整的体系，涉及政治、国家和社会等诸多方面，其主要内容如下：（1）推崇伊斯兰教，鼓吹普世主义，认为伊斯兰教是社会前进的动力，伊斯兰教能够推进伊斯兰世界的统一。（2）反对民族主义，反对世俗化，主张泛伊斯兰主义，提倡穆斯林共同体，提倡全世界信仰者共同体。（3）借助国家权力革新苏丹社会，维持苏丹的固有价值、创造性和独立，发展伊斯兰运动，建立伊斯兰秩序，实现泛伊斯兰的统一。（4）否定国家权威，反对民族国家，坚持真主主权论，认为国家只是穆斯林集体努力的政治方面。（5）主张伊斯兰国家的建立基础使"舒拉"（Shura）及公议，创制大门对所有穆斯林开放，教法之外无须再立法，伊斯兰复兴运动应从社会伊斯兰化开始。①

图拉比的政治理想和政治实践之间存在着深刻的内在矛盾。首先，"伊斯兰实验"的目标和手段相互背离。图拉比否认民族国家，提倡穆斯林共同体，然而，由于实践中缺乏足够的实施手段，图拉比又承认国家的权威性，强化伊斯兰组织与国家政权的联合乃至结盟，借助苏丹这个民族国家平台开展"伊斯兰实验"。其次，"伊斯兰实验"的初衷和结果相互背离。图拉比提倡宗教对话，主张开放与宽容，希望推进伊斯兰世界的统一并进而建立全世界信仰者共同体，但其具体实践却主要借助阿拉伯国家激进的宗教政治反对派，其中一些人甚至是所在国政府通缉的"暴恐分子"，旨在建立统一信仰者体系的"伊斯兰实验"一度严重冲击着国际安全秩序，不仅徒劳无益，还使得自身陷于孤立。最后，图拉比的思想体系在全球化时代本质上是一种狭隘和偏执。图拉比将伊斯兰理想置于民族利益、国家利益之上，要求所有人接受伊斯兰教，建立伊斯兰共同体，但又提不出建立泛伊斯兰秩序的规则与路径，总体上也没有摆脱伊斯兰教的排他性特征。

---

① 关于图拉比思想体系的内容及其内在矛盾的论述，参阅刘辉《民族国家建构视角下的苏丹内战研究》，中国社会科学出版社 2011 年版，第 145—152 页。

苏丹国家治理现代化的历史考察（1956—2023）

图拉比是一名兼具理想情怀和现实考量的宗教政治家。在长达半个多世纪的政治生涯中，图拉比先后经历了三届议会制政府和两届军政府，领导的宗教政党为了斗争需要三度更名，他本人也经历了11年牢狱生活的磨难。图拉比辅弼一个不被看好的军政府站稳了脚跟，却在伊斯兰革命的激情消退后被迅速排挤出政治舞台。图拉比最辉煌的时刻是1990年代上半期，他按其意愿在苏丹自上而下地全面推进伊斯兰化运动，将苏丹南北内战重新定义为"圣战"；但他的伊斯兰化运动甚至没有给苏丹带来最基本的发展、稳定与团结，更谈不上构建所向往的理想社会。正因为如此，外界对图拉比的评价差异很大。追随者视他为救世主和天才预言家，反对者称他是"伪君子、煽动者、自大狂"，是倡导和输出暴力的恐怖主义"教皇"。西方国家和主流媒体对图拉比普遍评价不高，不多的中立看法认为，他就是"非洲的霍梅尼"和"苏丹的阿亚图拉"，更多的人则贬斥"阿拉伯与伊斯兰人民代表大会"是宗教极端主义走向联合和显示力量的"誓师大会"①。西方情报界形容图拉比是"恶棍、恐怖主义教父、变色龙和披着民主外套的狼"②。

1995年6月26日，埃及总统穆巴拉克（Husni Mubarak）按计划出席在埃塞俄比亚举行的非洲统一组织峰会，在离开机场前往会场途中遭遇了9名刺客的狙击，侥幸逃生的穆巴拉克随即折返回国。经埃塞俄比亚政府事后确认，9名刺客的护照、使用的武器以及在埃塞俄比亚的秘密藏身地均由苏丹政府提供。③ 愤怒的埃及强烈谴责苏丹是"恐怖主义源头"和"杀人犯及刺客的中枢"，威胁要直接打击喀土穆周边的恐怖主义训练营地，公开呼吁苏丹民众推翻他们的政府。图拉比虽然发表声明否认与暗杀事件有任何联系，但称赞杀手们是"伊斯兰信仰的使者"，应该向在埃塞俄比亚被追捕的"埃及法老"的圣战者们"致敬"，同时威胁要撕毁两国

---

① 蒋真：《哈桑·图拉比与苏丹的"伊斯兰试验"》，《西北大学学报》（哲学社会科学版）2006年第1期。
② W. J. Berridge, *Hasan al-Turabi: Islamist Politics and Democracy in Sudan*, Cambridge University Press, 2017, p. 1.
③ ［美］劳伦斯·赖特：《巨塔杀机：基地组织与"9·11"之路》，上海译文出版社2009年版，第244—246页。

第四章 国家治理的伊斯兰路径探索（1985—2000）

的尼罗河水分配协议。巴希尔总统也否认所有指控，指责穆巴拉克蓄意挑衅，暗讽埃及有着暗杀总统的传统。在事件发生一周后，埃及和苏丹军队在有争议的边境地区发生了短暂的小规模交火。

针对穆巴拉克的未遂暗杀事件发生后，欧美国家越来越关注宗教极端主义和恐怖主义，阿拉伯国家内部对于恐怖主义构成的威胁日益觉醒。1995年8月18日，苏丹被指控为多个恐怖组织提供庇护，美国国务院将苏丹列入支持恐怖主义国家名单。1996年，联合国先后通过了第1044、1054号决议，就苏丹拒绝暗杀事件的调查而实施制裁，其中包括减少苏丹在联合国代表团的数量以及限制其外交人员在美国旅行等。苏丹的地区和国际处境严重孤立，这最终触发了非洲第一个伊斯兰主义政权内部的方向性变化。首先，图拉比领导的伊阵和以巴希尔为首的军官集团之间开始出现裂痕。图拉比团队负责意识形态，巴希尔政府需要直接面对民生难题，二者曾经密切合作，都对国际社会的制裁反应强烈，在喀土穆精心策划反美游行示威活动，指责美国旨在挑起反对宗教的阴谋活动，但后者日益感受到周边国家"敌意包围圈"的压力，因而逐渐主动采取措施缓和危机。8月6日，苏丹放弃了允许阿拉伯人或穆斯林免签证进入的政策，开始禁止"基地"等暴恐分子流入苏丹寻求避难所或者开展训练。其次，图拉比在苏丹和伊斯兰世界的影响力开始下降。大张旗鼓的"伊斯兰实验"因为巨大的理论和实践弊端而进退维艰，精心组织的"阿拉伯与伊斯兰人民代表大会"因为外部限制和内部争斗在第三次之后偃旗息鼓，重要盟友本·拉登开始被越来越多的人视为苏丹的麻烦制造者，并被巴希尔政府作为改善苏丹同阿拉伯、非洲和西方关系的筹码。最后，图拉比领导的伊阵开始出现分裂。因为在内政外交上的诸多分歧，伊阵内部以塔哈为首的一部分高层开始疏远图拉比，越来越靠近巴希尔领导的军政府，在1993年10月力挺革指委主席巴希尔担任总统。图拉比为此大幅改组"阿拉伯与伊斯兰人民代表大会"领导班子，解除了塔哈的副秘书长一职，把部分伊阵元老重新请回组织理事，提拔任命了一大批青年干部。

二 革命苏丹的常态化

在"救国革命"后组建的军政府中，重要官员都是伊阵成员或者是图拉比的追随者，他们的立场和观点决定着苏丹政府的发展趋势。正因为有着这样的权力基础，也可能是模仿卡扎菲追求不受组织束缚的权力，图拉比在1990年代初期并没有担任具体的政府职务，甚至还同意解散长期以来作为他自己权力基础的伊阵，不愿意劳神费心地掺杂那些政务琐事，而是致力于按照自己的设想在苏丹建立伊斯兰理想社会，热衷于在全球宣传他的宗教思想和政治主张，满足于以非官方的"阿拉伯与伊斯兰人民代表大会"秘书长身份接见慕名来访的世界各地政要、外宾和各国驻苏丹大使，并就时局以及苏丹政治外交等问题发表意见。图拉比的这种追求和超脱态度也契合了巴希尔当时的实际和愿望。除了牢固地掌控军队外，例如在三年过渡期结束后坚决反对图拉比的退役要求而坚持其留任军队最高统帅一职，巴希尔在1992—1996年似乎默认了与图拉比的主从关系，不太愿意在意识形态方面表现自己。当然与理论家图拉比相比，巴希尔也确实更像是一位高级别的政策执行者。

1993年10月16日，革命指挥委员会自行解散，革命指挥委员会主席巴希尔自任苏丹伊斯兰共和国总统。伊斯兰革命尚未消退，沙里亚法依然是政府法律、法规和政策的来源，但以"伊斯兰实验"为代表的革命化苏丹已经难以为继，苏丹内部是频繁的干旱、饥荒和战争，外部是严峻的外交孤立处境。同年，联合国人权委员会接连通过决议，严厉谴责苏丹的草率处决、任意拘留、酷刑和奴役等不人道行为。从1995年到1996年冬季，加朗领导的苏丹人民解放军赢得了一系列军事胜利，得到厄立特里亚支持的贝贾人代表大会也在苏丹东部地区发起频繁袭击。1996年4月，伴随着国际制裁的生效，苏丹几乎被所有的阿拉伯国家、非洲国家以及西方国际社会孤立，更被欧美等国贴上了"无赖国家"的标签。

经过"救国革命"后几年的革命输出和权力巩固，苏丹此时也越来越具备了从革命性国家向后革命国家转型的条件。1994年8月13日，巴希尔和图拉比通过精心准备，帮助法国人抓捕了他们长期通缉的暴恐分子"豺狼"卡洛斯（Carlos），换取了法国对苏丹的一些军事和经济援助。1995年4月，巴希尔政府开始评估是否继续同本·拉登及其基地组织合作，最终认定本·拉登及其领导的基地组织是苏丹不必要的麻烦，尤其是

第四章 国家治理的伊斯兰路径探索（1985—2000）

在企图暗杀穆巴拉克总统失败之后。1996年2月，巴希尔派心腹法蒂·欧尔沃（Al-Fathi Urwah）与美国中央情报局接洽，提出由苏丹安全部门缉捕本·拉登并经过沙特将其移交给美国，但美国人因为一贯的怀疑态度而拒绝了这个提议，尽管当时的美国驻苏丹使馆因为担忧恐怖袭击而不得不考虑闭馆应对。与此同时，因为担心损害其个人形象和政治生涯，担心影响"阿拉伯与伊斯兰人民代表大会"，图拉比主张以体面的方式将本·拉登礼送出境。1996年5月18日，在图拉比的斡旋下，本·拉登及其家人和下属乘坐包机悄悄地离开了喀土穆，先是落脚阿富汗贾拉拉巴得（Jalalabad），随后通过扎瓦赫里（Ayam al-Zawahiri）在坎大哈（Kandahar）重建基地组织总部。本·拉登在离开时强烈抱怨说他在苏丹的损失超过1.6亿美元，批评苏丹政府打着宗教的旗号进行有组织的犯罪。

图拉比逐渐改变了此前的相对超脱态度，开始强化他本人的权力位置，阻止巴希尔和塔哈插手"阿拉伯与伊斯兰人民代表大会"组织事务。1995年12月，巴希尔总统批准了图拉比设计的"第十三号法令"，要求在地方层面建立各级舒拉会议，并以在此基础上选出的国民大会取代过渡期的国民议会（TNA）。截至1995年底，苏丹共召开了1.6万次地方会议，选举了省级委员会，然后又选举了在喀土穆召开的国家大会的代表。拟议中的国民大会设置400个席位，其中125席在1996年1月经过任命产生，50席留给伊阵成员及其支持者，余下的225个席位由选举人投票产生。

总统和国民大会选举在1996年3月6—17日举行，这是萨迪克政府倒台以来举行的首次全国性选举，竞选者超过千人，表明苏丹在形式上回归到了民选政府。选举过程混乱而不透明，至少47个坚定支持伊阵的候选人在没有竞争对手的情况下当选，一些非伊阵候选人选区的选举活动则受到干扰，选民名册经常丢失，许多选民抱怨他们没法投票。乌玛党领袖萨迪克·马赫迪批评选举就是一场闹剧。根据最终的投票结果，巴希尔以75%的得票率连任总统，4月1日宣誓就职，任期五年，继续掌控军队及其内阁。伊阵成员及其支持者们在国民大会中占据着主导地位，图拉比代表喀土穆的撒哈拉（al-Sahafa）选区参加选举，以压倒性优势获胜并当选国民大会（即议会）议长，弥补了1986年4月代表该区参加制宪会议选举失败的不足，正式从苏丹政坛的幕后走向了前台。

1998年2月12日，因恶劣天气原因，一架安-26军用飞机在纳绥尔着陆时失事，机上26名乘客遇难，其中包括第一副总统祖贝尔·萨利赫（Zubayr Muhammad Salih）少将，另外25名遇难者也都是政府高级官员。祖贝尔是1989年政变以来苏丹政坛上的重量级人物，曾在救国革命指挥委员会中发挥过核心作用，1993年改任苏丹第一副总统，与军方、军政府以及伊阵关系良好，他的不幸遇难在苏丹政坛上引发剧烈动荡。在随后的政府改组中，虽然图拉比派坚持由他本人出任副总统，并公然宣称要待时机成熟后出任总统。为了确保旨在强化总统权力的宪法草案能够在国民大会和全民公投中顺利通过，精明的巴希尔以退为进，任命塔哈为第一副总统，在24个部长中任命了16个伊阵支持者。1998年5月8日，该宪法草案在全民公投中以96%的优势获得通过，并在"救国革命"九周年之际签署生效，成为法律，即1998年宪法。

1998年宪法强化了总统职位的权力，标志着救国革命后立法程序的完成。按照1998年宪法的规定，苏丹是一个共和联邦制国家，立法、司法和行政三权分立。国家政治权力分别由总统、议会（一院制）、最高司法委员会行使。总统是国家主权的最高代表，是军队最高统帅，拥有立法、司法、行政的最高裁决权，由全民选举产生，任期五年，可连选连任一次。[①]国民大会是国家的立法机构，行使国家立法权和行政监督权，沙里亚法是唯一的立法来源，议会设议长。国家实行联邦制基础上的非中央集权制，采用三级行政管理制度，依次为联邦政府（不设内阁总理）、州政府和地方各级政府。最高司法委员会是国家司法机构，下设最高法院和总检察院，分设首席大法官和总检察长。1998年宪法规定苏丹是多种族、多文化、多宗教国家，确立言论、结社自由原则和政治协商原则，承认宗教平等和信仰自由，南北方公民权利与义务平等，奉行独立、开放和不干涉别国内政的外交政策。[②]

[①] 2002年4月，全国大会党协商会议就修宪问题做出决定，取消总统任期两届的规定，可连选连任。

[②] 刘鸿武、姜恒昆编著：《苏丹》，社会科学文献出版社2008年版，第157—158页。

第四章　国家治理的伊斯兰路径探索（1985—2000）

1998年宪法解决了独立以来一直困扰苏丹的关于沙里亚法的地位问题。1998年宪法没有指定国家的宗教，强调国家政权不会被真主授予任何个人、家族或团体，宗教不能被用作区别国家公民的手段。该宪法第24条规定，任何人都拥有道德和宗教信仰自由的权利，以及在礼拜、教育、实践和仪式中自由表达和传播本人宗教和信仰的权利。不得强迫任何人接受他不相信的信仰或履行他不愿意接受的礼节和崇拜。该宪法第90条还规定，共和国总统不得颁布任何影响宗教自由的法令，选择何种性质的法律和宗教是苏丹各州自己的立法权力，它们可以在这一选择下实行地方管理。虽然从理论上讲，北方各州可以不选择沙里亚法，而南方如果愿意也可以选择沙里亚法，但1998年宪法并没有规定政教分离原则，反而进一步强调国家主权来自真主，在国家和公共生活中服役的穆斯林应遵守《古兰经》和先知穆罕默德的教义，在北方实施的沙里亚法不再强制在南方实施。[①]

苏丹进而恢复了1989年7月被取缔的多党政治状态，恢复了宽容对待异己的旧传统。1998年11月，图拉比敦促流亡国外的苏丹各党派回国参与政治重建。乌玛党和民主联盟党在沉寂10年后又开始出现在公共场合。12月8日，巴希尔总统签署了《政治结社组织法》，归还了没收的乌玛党和民主联盟党领导人的所有财产，寻求与全国民主联盟的和解。随后，约30个政党注册成为合法政党，苏丹共产党、穆兄会、社会人民党、伊斯兰运动、苏丹国家党、南方联合党派等许多小党派也重新进入苏丹政治生活。不幸的是，苏丹各传统政党自身的局限决定了它们的衰落，萨迪克领导的乌玛党就已经失去了曾经的优势主导地位，沦为苏丹巴希尔时代的一般性政党。

三　图拉比时代的谢幕

随着苏丹社会发展从凯歌高进的革命主题转入烦琐复杂的建设主题，巴希尔与图拉比在经济政策、南北内战、对外关系等诸多领域的分歧越来

[①] Gerhard Robbers, *Encyclopedia of World Constitutions*, Facts On File, 2007, pp. 866–869.

越大。巴希尔坚持总统制，主张扩大总统权力，谋求总统、秘书长和武装部队总司令三位一体。图拉比则认为理想的政体形式是伊斯兰代议制，反对总统把持内阁，因而多途径限制总统权力。苏丹政坛的枪杆子和笔杆子就此展开了一场曲折的权力斗争。①

案牍劳形，龙钟老朽，曾经超脱的图拉比很快就陷于烦冗复杂的议会政治中难以自拔。与恐怖大亨本·拉登的政治联盟不复存在，精心设计的国民大会也被批评是依赖于军队的委任机构而非理想中的协商会议。约翰·加朗领导的苏丹人民解放运动实现了内部重组，在1995—1996年取得了一系列军事胜利。多个阿拉伯国家通过了明显针对苏丹的协作决议，要共同阻止恐怖分子跨境策划、组织并实施恐怖主义行动。图拉比的人生发展道路开始从理论困局进入了现实困局，越感无力和困惑就越希望抓紧权力，其个人形象从年轻精英阶层们的精神导师变成了精明冷漠的议会议长，开始抓住一切机会强化自己在多党制时代的政治控制，切断军政权与执政党的有效联络，独揽党权，形成了苏丹政坛上党政双方尖锐对立的分裂局面。

1998年底，根据新颁布的《政治结社组织法》，实质上的执政党全国伊斯兰阵线改名为全国大会党（NCP）。巴希尔总统掌控着全国大会党下设的领导办公室和领导委员会两大机构，主要负责副总统、各部部长和其他高级官员的提名，然后交由国民大会履行程序上的核准。图拉比担任党的总书记，把关注点转向执政党领导机构的改造问题上，试图通过修改党章和调整党内领导班子等手段限制巴希尔的权力。1999年夏秋之际，图拉比议长巡视全国各地，强化与苏丹各地方议会领导人的关系，特别是与达尔富尔地区议会的关系，确保全国大会党成员对他个人的忠诚，同时提出取消全国大会党的领导办公室和领导委员会这两个机构。

1999年9月21日，全国大会党内部的亲巴希尔人士联名提交了"十点建议"，指责图拉比专权，独断专行，要求扩大总统权限。这是政变以

---

① 刘中民：《民族与宗教的互动：阿拉伯民族主义与伊斯兰教关系研究》，时事出版社2010年版，第293—294页。

第四章 国家治理的伊斯兰路径探索（1985—2000）

来执政党内部首次对图拉比提出的公开尖锐批评，引起了苏丹各界的强烈反响。10月，全国大会党召开了首次代表大会，巴希尔任全国大会党主席，图拉比任总书记。全国大会党全体会议通过投票解散了领导办公室和领导委员会，用60人组成的执行委员会取而代之，图拉比担任该委员会的主席。这是一次聪明而巧妙的政治政变，图拉比不仅借此夺取了原来由巴希尔总统掌控的对副总统、各部部长和高级官员的提名权，确保了他对政府行政机关的控制，而且宣布成立一个由他担任主席的7人委员会，负责修改宪法，将总统的宪法权力转移至受全国大会党控制的国民大会，将总统制政体改变为议会制政体。按照图拉比的设想，巴希尔将作为全国大会党的总统候选人参加计划于2001年举行的下一次大选，接受一个权力被削减并处于从属地位的总统职位。12月10日，图拉比操纵议会表决了一项关于地方政权产生办法的宪法修正案，将苏丹全境划分为26个州，各州享有高度自治权，由州议会和自治政府行使地方立法和行政权，州议会议员和州长由民选直接产生。该法案的核心内容是废止总统任命州长的权力。

精于算计的图拉比因为权欲熏心而错估了形势，他高估了自己的影响，也低估了巴希尔及其军队袍泽们对局势的掌控能力。事实上，早在1995年4月，巴希尔及其军队同僚们就以工作不力为由重组了情报和安全部门，成功将伊阵文职人员对情报部门的控制权转交给军队，随后更以无法反驳的理由迫使图拉比的政治盟友本·拉登离开了苏丹。事实上，在"救国革命"发生后的十年间，巴希尔从未失去对军队的控制，军队始终是他最坚实的权力基础。高级军官们越来越不信任图拉比及其领导的伊阵，也从来没有对图拉比的"伊斯兰实验"做出过明确承诺，当然更不会允许民防军之类的民兵武装取代正规军队的权威。正因为权力基础厚实，也可能出于对图拉比作为精神导师由来已久的尊重甚或畏惧，面对图拉比削弱总统权力的诸多尝试，只要不触及根本，巴希尔都泰然处之，甚至同意担任毫无实权的全国大会党主席职务。然而，一旦图拉比的限权举措对他构成致命威胁，例如提议修宪来改变政体和架空总统、通过直选州长来削弱总统对地方的掌控、允许经2/3的国民大会代表同意即可罢免总统等，巴希尔迅即展开回击。1999年12月12日，也就是在国民大会投票决定限制总统权力的前两天，巴希尔突然通过电视台宣布国家进入紧急状态，签发命令罢免图拉比的议长职务并解散了国民大会，冻结有关直选州长的宪法条款。巴希尔在宣布上述决定时还公开表示执政党全国大会党已经分裂成为互相争斗的"两大派别"，"狂风大浪中的船只需要一名舵手而不是两名舵手"，苏丹需要"重树权威和统一责权"。图拉比则斥责巴希尔在搞"军事政变"，认为后者"已经叛变了曾经给予他信任的政治组织，严重违背了宪法赋予公民的自由和民主权利"。由于12月12日正值伊斯兰历法斋月4日，苏丹伊斯兰阵营的这次大分裂被称为"斋月决裂"。斋月决裂宣告了图拉比"伊斯兰实验"的破产和图拉比时代的彻底结束，宣告了1989年以来执政的苏丹伊斯兰宗教极端主义政权的终结。此后，无论是执政的全国大会党还是作为反对派的人民大会党，都避免在组织名称上出现"伊斯兰"字样，刻意与伊斯兰宗教极端主义运动保持距离。

2000年1月23日，大势已去的图拉比不得不接受来自国内和国际伊斯兰阵营内部提出的和解协议，同意辞去议长一职，只保留全国大会党党内职务。次日，巴希尔重新任命各州州长，重组政权，图拉比在安全部门和行政部门的支持者被悄然解职。3月，巴希尔宣布延长紧急状态，同时开始限制图拉比家族的商业利益，终止对"阿拉伯与伊斯兰人民代表大会"的补贴并查封其办公大楼。5月，图拉比第73次也是最后一次出现在卡塔尔半岛电视台，他鼓动民众走出来捍卫伊斯兰革命，将苏丹从军事独裁中解放出来。6月，全国大会党召开协商委员会会议，尽管有291名亲图拉比的委员抵制本次会议，到会的338名委员还是决定罢免图拉比的总书记职务，禁止其参加任何政治活动，同时选举易卜拉欣·奥马尔（Ibrahim Ahmad Omar）为新任总书记。6月27日，不甘被压制的图拉比宣布退出执政的全国大会党，召集追随者另行组建反对党"人民全国大会党"，2003年6月更名为"人民大会党"，继续发表政治言论谴责巴希尔及其政府。12月，国民大会选举在苏丹北方如期举行，巴希尔总统获得了86%的选票。①

---

① 周华：《试论政治派系斗争对当代苏丹政局的影响》，《阿拉伯世界研究》2008年第2期。

第四章 国家治理的伊斯兰路径探索（1985—2000）

人民全国大会党在成立初期应该说还具备很强的活动能力，但在巴希尔政权的一再打压下，不少党内元老和重量级人物纷纷离去，整体实力大打折扣，虽然作为苏丹最大的反对党一直在活动，但短期内已很难对执政党构成实质性威胁。图拉比本人也一直被巴希尔政府严密监控，并且被不断地短暂关押和释放。2001 年 9 月，巴希尔以煽动学生抗议为由派军队占领人民全国大会党办公大楼，并指控图拉比参与政变，将其监禁了 9 天。2002 年 2 月 19 日，可能是出于近乎绝望的反抗，图拉比突然以人民全国大会党的名义与加朗领导的苏人解（SPLM/A）合作，在日内瓦签署了一份共同推翻巴希尔政权的"谅解备忘录"，要为持续了 18 年的内战寻求最终解决方案。巴希尔对此迅速做出反应，指责图拉比和加朗结成"反对国家的政治联盟"，禁止该党活动，查封其党部，两天后就将图拉比押入考伯尔监狱并提起通敌的刑事指控，直到 2003 年 10 月图拉比才获释出狱。图拉比的 30 多个同僚也同时被监禁。[①] 2004 年 3 月 31 日，巴希尔政府指责图拉比卷入了一次未遂政变，指责他领导的反对党勾结西部达尔富尔地区的反政府武装从事颠覆政权的活动，再次将图拉比逮捕，监禁期长达 16 个月，但很快因证据不足而将其释放，其间图拉比有过数星期的绝食抗争。2007 年 8 月，人民大会党宣布正式恢复与全国大会党对话。2008 年 5 月，因为在"正义与平等运动"的文件中发现了图拉比的名字，苏丹政府逮捕了图拉比及其 10 名高级助手并进行了 12 个小时的讯问。2009 年 1 月，图拉比呼吁巴希尔为了苏丹向国际刑事法院认罪，同时控诉巴希尔对达尔富尔的战争罪负政治责任，苏丹政府再次将他逮捕入狱两个月。

自 1965 年学成回国从政以来，图拉比曾经数次诉诸军事政变谋求政权更迭，1989 年更是以幕后总指挥的身份策划军事政变并最终达到了人生的权力巅峰，1999 年被赶下台后也几度呼吁民众推翻现政权。1956 年独立之后的苏丹也确实政变频发，已经完成了三轮议会制文官政府和军事强人政府的轮替。根据图拉比 2008 年 2 月在半岛电视台的说法，苏丹是一个内部

---

① ［美］罗伯特·柯林斯：《苏丹史》，徐宏峰译，中国大百科全书出版社 2010 年版，第 260—263 页。

构成和周边情势高度复杂的国家,任何的民众革命都不可避免地演变为错综复杂的部族和教派冲突,并且因为可能的外敌入侵而使局势复杂化,因而必须有一个军事强人政府先终结这种混乱状态,进而在新的国家治理形式下实现稳定和秩序。然而面对2011年摧枯拉朽的"阿拉伯之春"运动,面对南北分立后激进主义者要求权力更迭的强烈呼声,图拉比却反对通过军事政变来实现革命。他在2011年前以可能导致国家分裂为由告诫民众不要搞无政府主义革命,2011年南方独立后则提醒政府认真控制那些得到邻国支持的民众革命和分离主义势力。① 虽然不能确定图拉比这种认知和思想变化的具体原因,但能确定的是,步入政治生命晚期的图拉比尽管已经失去了权力,但依然难舍曾经的革命设计师和思想引领者情结,提醒苏丹的军队和安全部队阻止分离主义和无政府主义势力。

2016年3月5日,84岁的图拉比因心脏病发作去世,被埋葬在喀土穆东郊的布里拉玛布(Burri Al-Lamab)公墓,有数千人参加了他的葬礼,包括数十名时任和前任高官。图拉比的去世不仅是对人民大会党的沉重打击,也是全苏丹政治伊斯兰势力的巨大损失。2017年3月,人民大会党召开年会,选举原副书记阿里·哈吉(Ali Al-Haji)为新任总书记,审议并通过有条件地参加苏丹民族和解政府的决议,成为第一个参加政治对话的反对党。2017年5月,人民大会党入阁参政,前总书记易卜拉欣·塞努西(Ibrahim Mohammed Al-Senousi)被任命为总统助理,成为五个总统助理之一,但一年多后又被免职。

---

① W. J. Berridge, *Hasan al-Turabi: Islamist Politics and Democracy in Sudan*, Cambridge University Press, 2017, p. 301.

第五章

苏丹后革命时代的发展与局限（1996—2011）

1995年后，苏丹出现了两方面发展趋势。其一，"救国革命"后全面推进的伊斯兰化运动导致整个国家同时遭遇了内外两方面的严重困顿和孤立，图拉比毕生追求的伊斯兰社会理想破灭。苏丹的国家发展轨迹开始从激进革命输出转向了务实经济建设。而随着图拉比势力的淡出，巴希尔政府的意识形态趋向模糊。虽然不少反对派指责巴希尔政府已经沦为"权力、金钱和部族利益"三者的结合体，缺乏凝聚力、亲和力和号召力，但后者也乘机摆脱了原政权伊斯兰主义运动的包袱，把原政权的一切过错都推诿给图拉比，既争取国内民众的同情和支持，也为摆脱长期以来的外交孤立创造条件，改善与美国等西方国家以及阿拉伯世界的关系。其二，巴希尔总统逐渐全面掌控苏丹政府，其国家治理重点日益转向通过发展石油行业带来的经济绩效强化自身政权的合法性，这在客观上为苏丹的国家发展开辟了新的道路。然而，苏丹从传统向现代的转型问题太多，以石油开发为代表的经济发展解决了一些问题，例如提升了整个国家的发展水平，暂时平息了持续多年的内战，迎来了短暂而久违的和平局面，但同时也诱发和产生了更多的问题，导致国家在半个多世纪的统一尝试后最终选择南北分立。苏丹在后革命时代遭遇的最大问题，就是在西部的达尔富尔地区爆发了严重的人道主义危机，不仅在内外多重因素的作用下演变成了世界性的议题，苏丹政府因应达尔富尔危机的不足还彰显出传统型国家在现代社会的多重治理困境。

第一节 经济治理的成就与限度

一 石油行业的早期发展回顾

苏丹石油开发的历史，最早可追溯到20世纪初期的英—埃共管时期，但因早期勘探后的"贫油"结论而被长期搁置。1956年独立后，苏丹政府开始重视开发、利用石油资源，在此后的20年间先后授予多家石油公司在苏丹北方的石油勘探权。由于未发现有价值的油井，很多石油公司逐渐放弃了在苏丹的勘探活动。

1972年后，苏丹南北内战结束，全国范围内的石油勘探随即展开，尼迈里政府专门制定了"石油资源法"。与此同时，西方国家石油公司在苏丹的石油勘探取得了初步成功。1974年，雪佛龙公司在苏丹港附近的萨瓦金发现了天然气，打出了有开发价值的阿布加比拉1号井。1975年，雪佛龙公司获得在苏丹南方穆格莱德（Mugland）和迈鲁特（Melut）的石油勘探授权，区域面积高达51.6万平方公里。1979年，雪佛龙在穆格莱德西部发现了估计储量达800万桶的油区，估计日产能力为1000桶。1981年，雪佛龙在团结州的本提乌（Bentiu）北部发现了可以进行商业开发的石油。1983年，雪佛龙又在哈季利季（Heglig）发现了石油，估计总储量为5.93亿桶，并联合荷兰壳牌、阿拉伯石油投资公司准备修建从苏丹南方石油产区通往苏丹港的输油管道。然而，由于南北内战爆发导致的动荡形势，苏人解等南方叛乱武装将油区、石油基础设施和石油工作人员作为其攻击目标，例如在1984年2月袭击了雪佛龙公司的一个营地并杀害了4名雇员，雪佛龙公司在苏丹的经营难以为继，逐渐停止在苏丹的业务运营并寻求退出苏丹市场，仅仅通过开展地震探测工作维持着经营特许权。

巴希尔政府初期的伊斯兰化政策，导致苏丹社会内部严重的经济凋敝和战乱动荡，地区处境相当孤立。加之冷战的结束，苏丹曾经的战略平衡作用开始下降，美国与苏丹的关系逐渐降温，美国对苏丹的政策甚至一度以孤立和动摇苏丹巴希尔政权为目标。在此背景下，雪佛龙公司在1992年6月最终结束其在苏丹长达17年、总额达10亿美元的投资和勘探活动，

第五章 苏丹后革命时代的发展与局限（1996—2011）

将经营特许权以 1200 万美元的低价卖给苏丹的康可公司（Concorp），后者又将其转卖给加拿大国家石油天然气总公司（SPCC）。

虽然名不见经传，然而，因为得到了图拉比的支持，加拿大国家石油天然气总公司与苏丹政府签署了条件优厚的合同。根据合同，它不仅获得了雪佛龙公司的全部前期勘探数据和 34 口油井，探明的可采储量超过 3 亿桶，而且在初期投资全部收回之前可以占有 70% 的生产收入，之后则与苏丹政府平分利润。

加拿大国家石油天然气总公司的最初合作伙伴是加拿大的阿拉基斯（Arakis）能源公司。双方公司规模都很小，既没有在石化行业上游领域的勘探和生产经验，也没有在下游领域的精炼和营销能力，甚至都没有一处能稳定生产的油田。根据双方签订的合作协议，阿拉基斯公司获得了哈季利季、尤尼提（Unity）和凯康（Kaikang）油田，同时还获得一块面积达 4.9 万平方公里的勘探特许权。这样的合作在事后看来确实有些不可思议，但结合 20 世纪 90 年代苏丹严峻的内外情势和低迷的国际能源市场，能源巨头们或者因为受到限制而被迫离开，或者因为不屑而不愿进入苏丹市场，苏丹要通过开发油田恢复经济，似乎也只能与这样的小公司开展合作。

1994 年 5 月，阿拉基斯公司收购了加拿大国家石油天然气总公司的全部股份，同时宣布开建一条从哈季利季至苏丹港的长达 1600 公里的输油管道，对相关油井的试验、勘探和钻井工作也相应展开。1996 年 1 月，因为未能从欧美和中东产油国筹集到足够的流动资金，改组后的阿拉基斯公司开始寻求与新兴国家石油公司的合作，锁定的对象有两个：一个是中国石油天然气集团公司（CNPC，中石油），另一个是马来西亚国家石油公司。

除了美国和加拿大的石油公司外，法国、瑞典、奥地利等西方国家的石油公司也先后参与苏丹的石油行业。1980 年，法国道达尔（Total）公司与美国马拉松石油公司、科威特海外石油公司和苏丹石油公司组成联营公司，获得了苏丹东南地区（B 区）的勘探特许权。此后，虽然同样因为内战影响而导致企业运营难以为继，道达尔牵头的联营公司却采取了与雪佛龙公司不同的策略。它除了在 1985 年暂时搁置企业运营外，始终未放弃石油特许权。2004年底，它还同苏丹政府签订了一项合同更新协议。1997年，瑞典伦丁（Lundin）公司和奥地利油气公司（OMV）获得了在苏丹"5A"区的勘探特许权，2001年又获得"5B"区的勘探特许权。[1]

二 石油行业的快速发展

1995年8月，苏丹工商部长率领商业和技术合作联合委员会访华，在勘探和开采石油方面寻求中国的支持与合作。因为契合了当时中国国有企业"走出去"的愿望，苏丹的这一请求得到了中国方面的积极回应，两个月后访华的巴希尔总统受到了热情的接待，中石油随后迅即在喀土穆开设了办事处。1996年，阿拉基斯公司将40%、30%和5%的股权分别卖给中石油、马来西亚国家公司和苏丹石油公司，联合组建了大尼罗石油作业公司（GNOPC）。在实际的发展中，得益于雪佛龙等西方公司庞大的前期勘探数据，新加入的亚洲国家石油公司迅速将苏丹的石油行业推向了新阶段。

首先，苏丹的探明石油储量迅速从约3亿桶（1995年）跃升到67亿桶（2010年）。各家公司分别同苏丹政府签署了在未开发地区进行地质勘测的协议，共钻了64眼探井，其中52眼出油，12眼干井，发现了突尔、图马绍斯、纳尔、侯尔、乌姆、沙古拉、吉拉千、巴赫和法勒等一批油田。[2] 更重要的是，1995年以来，苏丹仅用十年时间就从一个几乎没有任何现代工业的贫穷国家，成长为一个工业迅猛发展的发展中国家，建立了上下游一体化、技术先进、规模配套的石油工业体系，石油工业已成为苏丹的支柱产业。苏丹成为重要的新兴石油生产国及石油出口国，已探明的石油地质储量是150亿桶，天然气储量为300亿立方英尺。鉴于已勘探开发的区域仅占苏丹国土面积的10%，从南苏丹沿上尼罗河直到与乍得接壤的达尔富尔地区又蕴藏着丰富的石油资源，有人推断苏丹的最终储量可能达到仅次于沙特的上千亿桶，从而与乍得、尼日利亚等国连成了一条重要

---

[1] ECOS, "Sudan, Whose Oil? Sudan's Oil Industry: Facts and Analysis," *European Coalition on Oil in Sudan*, 2008, p.18.

[2] 戴新平、马宏伟：《苏丹——新的石油输出国》，《阿拉伯世界》1999年第6期。

第五章 苏丹后革命时代的发展与局限（1996—2011）

的"能源带"。

其次，苏丹的石油管线运输设施得到了迅速发展，加速了苏丹石油业的崛起。1999年5月31日，从西南方哈季利季油田到东部红海州苏丹港码头的输油管线正式投入运营，这是苏丹的第一条输油管道，全长1506公里，耗资6亿美元，日输原油25万桶，由中国石油天然气管道局单独承包建设。该项工程建设克服了勘察设计、钢管运输、石方段、打压用水、热带雨林施工以及尼罗河穿越等难关，创造了十大纪录及世界管道建设史上的奇迹。[①] 8月27日，当第一艘满载60万桶原油的油轮离开苏丹港时，苏丹就从石油进口国一跃成为石油出口国，在1999—2000年度首次创下贸易顺差的新纪录。2006年，全长1370公里的苏丹第二条输油管道建成投产。至此，苏丹的哈季利季、尤尼提和上尼罗州等主产油区，均与红海沿岸的苏丹港有了稳定可靠的运输管线，为苏丹石油行业的生产和出口提供了有力保障，日均石油产量从1998年的10万桶迅速提升到2010年的50万桶，确保苏丹在21世纪头十年的经济增长率达到6%以上。[②]

最后，迅速发展的炼油设施提升了苏丹石化行业的上下游一体化水平。1996年之前，苏丹只有三家规模很小的炼油厂，根本无法满足国内对石化产品的需求。喀土穆炼油厂在2000年开始投产，由中石油工程建设公司按照EPC总承包模式承建，历经3年建设，2006年的扩建工程将该厂的年设计加工能力从250万吨提升到500万吨。喀土穆炼油厂拥有世界上第一套加工高含钙、含酸原油的延迟焦化装置，是苏丹技术最先进、规模最大的炼油厂，中石油与苏丹能矿部各占股50%。[③] 建成后的喀土穆炼油厂是当时中国在海外最大的炼油厂，它不仅能够在石油方面实现苏丹的自给自足，而且能够大量出口汽油（超过该炼厂汽油产品的1/2），换取苏丹急需的外汇储备。

客观地讲，石化行业的快速发展确实导致苏丹的经济结构单一，财政严重依赖石油出口，石油收入占全部财政收入的90%。但其经济基础薄

---

① 《苏丹输油管道正式投产》，《油气储运》1999年第9期。
② BP, *BP Statistical Review of World Energy*, June 2006/2008/2009/2011, pp. 8–12.
③ 李雁争：《中石油苏丹炼油厂即将投产》，《上海证券报》2006年7月8日。

弱，工业落后，对自然环境及外援依赖性强，是联合国公布的世界极不发达国家之一。2004年，苏丹政府财政收入为846.8亿苏丹镑，税收为286亿苏丹镑，税收外收入为560多亿苏丹镑，其中90%以上是石油收入。苏丹在石化行业取得的成就从本质上讲是从无到有的发展成果，现阶段出现的诸多问题则是一个严重不发达国家在发展道路上必经的阶段和必须承受的代价。事实上，从1999年8月开始大量出口原油，苏丹幸运地赶上了新一轮油价波动的上升期，初步建立了上下游完整的石油工业体系。石油的开发使苏丹摆脱了长期的发展窘境，2008年的经济总量跃居撒哈拉以南国家第三位，是21世纪最初十年非洲发展最快的经济体。随着国库的逐步充实，苏丹国防部开始采购武器，法国承诺在欧盟内部支持苏丹，英国重新开放其在苏丹的大使馆。不仅如此，在巨大的石油利益面前，南方的主要反政府组织苏丹人民解放运动，开始与执政的全国大会党举行谈判。2005年1月，北南双方签署《全面和平协议》，结束了长达22年的内战。南方自治政府每年不仅据此获得大约1/3的石油收入，而且有权在6年过渡期结束后就最终地位问题举行只有南苏丹人参加的全民公决。从总体上看，正是因为有了这样的前期发展基础，苏丹国家的整体架构才能够在历经战乱、灾难和饥荒后顽强地存在下来，苏丹政府才能够在2011年南北分立后积极消除不利影响，逐步加大对水利、道路、铁路、电站等基础设施以及教育、卫生等民生项目的投入力度，彰显了常态化国家中央政府的合法性和权威性。

三 经济改革及其成就

伴随着石油工业的崛起，苏丹迎来了持续的经济增长。1995年1月，苏丹废除了对许多外国商品的进口禁令。在1996年之后的四年间，因为全球的棉花和阿拉伯树胶价格合理，再加上风调雨顺，苏丹的高粱、谷子、玉米和小麦等主要农作物产量均有稳定增长。1999年的高粱产量比创纪录的1986年还高出33%。1999年之后，苏丹的对外出口开始稳定地增加，主要出口产品为石油、棉花、糖和阿拉伯树胶等农产品。向日本和中国的出口亦呈明显增长态势。农业是苏丹经济的主要支柱。农业人口占全国总

第五章 苏丹后革命时代的发展与局限（1996—2011）

人口的80%，农业的持续稳产对苏丹的整体局势稳定具有重要意义。

1997年，巴希尔政府开始借助日益增长的石油收入，全面实施经济改革和结构调整计划。首先，执行国际货币基金组织（IMF）协助制订的改革计划，包括稳定宏观经济环境（尤其是降低失控的通货膨胀）、巩固境外账户以及通过私有化、自由化和市场化改革来促进经济增长。其次，采取措施强化政府的财政管理与决策能力，巩固政府财政，具体的措施包括加强对中央和地方政府开支账目的管理与清算、采用更严格合理的开支管理措施、减少和控制公共部门的工资增长、削减财政津贴等。最后，改变伊斯兰原则指导下的货币政策，扩大信贷，改善和扩大对私营经济的贷款和金融支持，同时实施国营企业的私有化，多渠道吸引外国投资。

从政策效果来看，巴希尔的经济改革计划使苏丹经济状况有了很大改善，通货膨胀率由1995年的80%多下降到2001年的10%以内，经济连续几年增长喜人，流通实现了稳定，财政账目接近平衡。对基本商品价格的严格控制有效地降低了物价和通货膨胀。本地精炼石油产品的出口和100多万名海外苏丹人的侨汇使苏丹贸易顺差增长。2000—2006年，流入苏丹的直接外商投资从1.28亿美元迅速增长至23亿美元。[①] 1998年和1999年，苏丹连续两年按期还清了国际货币基金组织贷款，后者在2000年恢复了苏丹作为会员的投票权。2002年，巴希尔政府在没有新增贷款的情况下偿还了国际货币基金组织的15亿美元债务（苏丹当时的总债务是230亿美元）。2004年，苏丹政府财政总收入达到846亿苏丹镑，总支出为769亿苏丹镑，财政盈余达77亿苏丹镑，是25年以来的首次财政盈余。[②] 进入21世纪以来，苏丹的GDP增长率每年都在8%以上，GDP在7年之内增加了两倍，2007年的人均GDP是2100美元，由世界上最不发达国家变成了非洲增长最快的经济体。[③]

[①] [美]罗伯特·柯林斯：《苏丹史》，徐宏峰译，中国大百科全书出版社2010年版，第272页。

[②] 刘鸿武、姜恒昆编著：《苏丹》，社会科学文献出版社2008年版，第228—234页。

[③] 李主张：《今日苏丹，今日达尔富尔》，《金融经济》2007年第10期。

2001年，苏丹开始在第四瀑布附近修建麦洛维（Merowe）大坝和汉杜卜（Handab）水电厂，工程资金由阿拉伯经济发展基金和科威特阿拉伯经济发展基金提供，这是多年来苏丹得到的第一笔国际贷款。这两项工程在2003年开工，施工方是中国水利电力对外公司和中国水利水电建设集团公司组成的联营体，2010年完工。该工程集灌溉和发电于一体，是继埃及阿斯旺大坝后在尼罗河干流上兴建的第二座大型水电站，也是当时世界上最长的大坝，有效解决了两岸400多万人民的生产和生活用水问题，提供了苏丹全国50%的电力供应，被称作"苏丹的三峡工程"[①]。2010年7月，苏丹政府将电力局分解为五个公司，隶属新组建的电力和大坝部。

2002年，德国西门子公司（Siernens）在苏丹承建了能够稳定供电的电网，可口可乐公司和百事可乐公司在苏丹建造了新工厂。2004年，土耳其公司经营的大型购物商场在喀土穆开业，商场里商品琳琅满目，结束了喀土穆民众排长队抢购劣质面包的历史。电信行业因为后发优势而发展很快，无线网络不断扩容，业务量呈爆炸式增长。苏丹电信公司是1993年成立的国营公司，1997年被改制成国家控股的股份公司并在海外上市，该公司资本在2005年已经达到4.62亿美元，有170万条固定电话线路，光缆长6778公里，数据传输有130万线。更引人注目的是，苏丹投入40亿美元用于开发1500英亩的土地，大规模建造办公大楼和公寓，甚至在喀土穆以南白尼罗河上的阿尔萨纳特（Alsunut）修建高尔夫球场，要将喀土穆打造成东北非伊斯兰地区主要的商业和金融中心。这一举措的直接效果就是带动了喀土穆房地产市场的发展。

石油行业的成功开发，农牧业连续数年的稳步增长，以及1997年起步的经济改革，共同催生了苏丹社会新的商业精英阶层。领头的是快速增长的苏丹富裕的企业家阶层，紧随其后的是在石油、电信等企业工作的新秀。富裕的企业家阶层的致富道路有两条：一是利用自己的资金收购被解散的国营企业实现盈利，二是加入有外资成分的合资公司快速致富。苏丹达尔（Dal）公司就为阿尔萨纳特的基础建设投资了7亿多美元。这些新

---

① 金哲平：《中国水电人在尼罗河上的创举》，《中国三峡》2015年第5期。

第五章 苏丹后革命时代的发展与局限（1996—2011）

富裕起来的企业家阶层主动远离充满纷争的伊斯兰运动，转而与伊阵及后来的全国大会党（NCP）有影响力的成员结成了各取所需的利益共同体。2007年后，苏丹的国家治理出现明显分野：新晋的商业精英通过进一步远离政治生活，以便换取能够不受干扰地追求利润的机遇；以巴希尔为首的政治精英则开始更加自由地按其意愿实施对国家治理的探索，尤其是对南北关系的处理。

从较长的历史时段来看，苏丹自1990年代后期的发展是一种片面的孤岛式发展模式。其特点，一是石化行业的快速崛起和其他行业的缓慢发展并存；二是喀土穆的繁荣兴旺和大多数地区的贫穷落后并生。新增长的财富很少有涓滴滋润到广袤的农村地区，接近5/6的苏丹人没有享受到石化行业和喀土穆繁荣发展的成果。喀土穆城市越来越多的星级酒店、现代化超市、咖啡店和时装店，一方面切实而渐进地给这个长期落后的国家带来了感官冲击和观念改变，另一方面也加深了首都中心"富人"和边远地区"穷人"之间的分歧与隔阂，强化了苏丹社会自1825年喀土穆建立以来就始终存在的中心和边缘的悬殊差别，而且日益明显地表现为南方内战、达尔富尔灾难、东部人的不满、北部努巴人郁积的怨恨等。[①]

四 石油开发的人权压力及其影响

苏丹石化行业在产地、投资者和出口对象上均呈现出高度集中和分裂的特点。第一，产地高度集中。2006年以前，苏丹的石油生产集中于政府控制的1/2/4区和6区，东部和南部的3/7区及"5A"区直到《全面和平协议》过渡期（2005—2011年）才相继投产。第二，投资者和生产商高度集中。1996年中石油和马来西亚石油公司获得大尼罗石油作业公司的大部分股权后，苏丹的石油生产几乎完全由中国、马来西亚和印度等亚洲国家的石油公司主导。第三，石油出口高度集中。苏丹的

[①] ［美］罗伯特·柯林斯：《苏丹史》，徐宏峰译，中国大百科全书出版社2010年版，第274页。

石油出口几乎完全面向亚洲国家。例如2011年，中国约占苏丹出口总量的66%，马来西亚占9%、日本占8%、阿联酋占5%、印度占4%、新加坡占4%。第四，苏丹石油财富的分配和石油管线使用严重不一致，石油生产和储量的绝大部分在苏丹南方，而全部的输油管线、炼油厂、出口终端等石油基础设施则分布在北方，这给2011年南北分立后两个苏丹石油行业的发展带来诸多矛盾和发展变数，频繁发生的军事冲突对石油设施造成极大破坏，严重制约了两个苏丹石化工业的可持续发展。

苏丹石化工业的这种特点，本质上是苏丹石油资源分布不均衡、复杂的南北关系以及国际社会制裁相互作用的结果，严重影响着苏丹的内部发展和外部环境。在发现石油之前的1980年代前期，经过数十年艰难的联合实践，苏丹北南之间原本基于民族主义情绪和各种机缘的统一基础逐渐被销蚀殆尽，尤其是1987年底的库尔穆克战争激起了人们对于应当如何定义"阿拉伯人"与"非洲人"的意识，落后而复杂的南方越来越被北方的穆斯林精英们视作负担，关于苏丹彻底分裂为南方和北方的话题开始在喀土穆被广泛谈论。① 在1990年代，随着石油资源的大规模商业化开采和提炼，苏丹的经济发展进入了新阶段。储量丰富的石油资源和日益增加的财政收入，一方面强化了苏丹中央政府对南方的征服和同化愿望；另一方面也确实增强了以苏人解为代表的南方分裂势力的离心倾向，约翰·加朗的"新苏丹"主张实际上就是他的个人意愿。

南方人自认拥有石油资源主权，他们强烈反对外国公司在苏丹开采石油，批评这些公司助纣为虐，是喀土穆政府迫害南方人的幕后凶手，因而把破坏油田生产和袭击外国公司员工作为主要的反抗手段之一。而为了确保油田的顺利生产并进而推动国家经济发展，保卫合作伙伴的人员和利益安全，苏丹政府不仅动用武装部队快速肃清油田所在地区的反对派力量，清除开发油田的土地障碍，还在局面基本稳定后将油田交给

---

① [美]罗伯特·柯林斯：《苏丹史》，徐宏峰译，中国大百科全书出版社2010年版，第191页。

第五章 苏丹后革命时代的发展与局限（1996—2011）

更有效率但更缺乏纪律的阿拉伯民兵武装。然而，也正是苏丹政府在发展石油行业过程中的一些举措，例如以暴力手段强制迁移油田和管线范围内的民众以确保安全，阿拉伯民兵武装有计划地进行的破坏和杀戮等，苏丹民众的悲惨生存状况引起了独立的国际人权组织的广泛关注，包括大赦国际、基督教援助、人权观察组织等。自1999年以来，多家国际人权组织发布了多份关于苏丹违反人权行为的报告，其中就包括联合国人权委员会对此予以明确谴责的文件和加拿大政府的哈克报告，批评的矛头日益对准在苏丹的外国公司，指责石油公司为了利益而迫使平民背井离乡、允许政府军利用油田的公路和简易跑道等设施杀戮无辜平民。

在苏丹的西方石油公司随后逐渐退出了苏丹市场。1998年，在一个加拿大教会联盟的强大压力下，阿拉基斯公司将其拥有的25%的股权以1.75亿美元的价格转卖给加拿大的塔里斯曼（Talisman）公司，完全退出了苏丹市场。2003年，因为纽约联邦区法院提起了一起持续多年的集体诉讼，指责塔里斯曼公司资助苏丹政府侵犯人权，加拿大政府也在哈克报告公布之后开始考虑实施制裁措施，塔里斯曼公司决定退出苏丹，将其在大尼罗河石油运营公司的25%的股份以6.9亿美元转卖给印度石油天然气有限公司。因为未能如愿得到塔里斯曼公司的股份，其他的西方公司也随即决定撤出苏丹。瑞典的伦丁公司将其在"5A"区的权益转卖给了马来西亚国家石油公司，奥地利油气公司将其在"5A"和"5B"区的权益转卖给了印度石油和天然气有限公司。俄罗斯—白俄罗斯的斯拉夫（Slavneft）公司于2002年关闭其在苏丹的办公室。法国的道达尔公司继续占有杰贝勒河东岸琼莱州的大片土地，该片土地因为战争原因而从未进行过任何石油勘探和生产活动。

在主权国家的外衣保护下，也因为拥有和西方世界不一样的发展理念，在苏丹的亚洲国家石油公司，尤其是在大尼罗作业公司占有主要股份的中石油，并没有直面西方伙伴那样的舆论压力，暂时不必担心责任问题、媒体关注、股东问题或人道主义监督。

第二节 政治治理视野中的达尔富尔危机

一 达尔富尔危机的由来

自1980年代起,达尔富尔地区时断时续地经历了20多年的武装冲突,但无论是在冷战时期的1980年代还是后冷战时期的1990年代,它都不曾引起西方国家的太多关注。自2003年以来,一些西方媒体、人权组织以及政界人士,利用他们手中强大的舆论工具,迅速将发生在达尔富尔的部族冲突上升为新的国际热点问题。随后西方舆论的一边倒报道和苏丹政府僵硬单调地应对,使得原本是争夺土地和水资源的生态战争,迅速演变为世界性的政治与外交战争。不仅部族之间争夺资源的斗争日趋激烈,一些邻国也以各种形式卷入其中。例如,乍得的反对派总是利用苏丹领土向乍得政府军发起攻击,乍得的当权派因而支持达尔富尔境内的其他部族与之对抗。[①]

内因是变化的根据,不论西方国家关注达尔富尔的背后动机是什么,达尔富尔危机成为国际热点首先还是源于达尔富尔自身局势的恶化。达尔富尔位于苏丹西部,是最不发达国家里的最不发达地区,当地政府行政能力薄弱,长期依靠各部族的习惯法治理。由于最近40年间达尔富尔的人口增长了6倍,环境压力超出了部落所能控制的范围。一贯在处理阿拉伯移民与当地土著矛盾时偏袒阿拉伯移民的苏丹政府,在1994年将达尔富尔划分为南、北、西三个区,罔顾多数居民仍为当地土著的事实,把原来仅在苏丹北部实行的阿拉伯人特权扩充到西达尔富尔,当地脆弱的传统治理随之坍塌。

自2003年2月以来,"苏丹解放运动"和"正义与平等运动"两大组织开始进行反政府的武装活动,随后的冲突造成了大量的难民和人员伤亡。苏丹政府认为冲突造成约1万人死亡和100万人流离失所,世界卫生

[①] 姜恒昆、刘鸿武:《种族认同还是资源争夺——苏丹达尔富尔地区冲突根源探析》,《西亚非洲》2005年第5期。

第五章 苏丹后革命时代的发展与局限（1996—2011）

组织以及联合国采用7万人死亡这个数字，西方媒体则常常报道有20万人死亡、约250万人流离失所。虽然冲突导致的伤亡人数统计不一，但达尔富尔动荡加剧并出现了大规模人道主义危机确是事实。

从危机处理的视角来看，苏丹政府显然对达尔富尔危机的爆发缺乏心理准备，基本上处于被国际舆论牵着鼻子走的被动境地，或过分强调自身解决问题的能力，或竭力淡化问题的严重程度，或以内政为由拒绝外国武力干涉和在境外审判战犯，或在接受和执行联合国安理会相关决议的问题上讨价还价等。虽然最终苏丹政府在国际社会的强大压力下做出了种种让步，但上述种种不成熟表现已在较大程度上令国际社会对苏丹政府解决问题的能力和诚意产生了疑虑。40万人死亡、250万人流离失所、350万人依靠救济生存等血淋淋的数字，一再激起很多人谴责苏丹政府的强烈冲动。

达尔富尔危机升级的关键外因是小布什政府的高调介入。由于在外交领域奉行重实力、轻道义的单边主义和先发制人的打击政策，布什在谋求总统连任的竞选活动中饱受民主党攻击。外交是内政的延续，为了转移国内媒体和公众的批评焦点，同时也为了占据道义制高点，并与民主党克林顿政府因应卢旺达人道危机时的无所作为形成对比，争取更多的黑人和基督教徒的选票（宗教团体、非洲裔人权组织等院外活动集团的施压是另一重要"推手"），兼具宗教、种族冲突背景的达尔富尔危机便成为布什的一个重要竞选砝码。[①] 从这个视角来观察，人们就很容易理解美国政府为什么会对第二次苏丹南北内战和达尔富尔危机采取截然不同的态度，即便200万人丧生的事态远比7万人（或者40万人）丧生要严重得多。

达尔富尔危机在2004年引起了西方国家的广泛关注，它们一改此前对苏丹政府的局外批评者角色，强势而高调地介入达尔富尔问题。随着欧洲救援组织和媒体的基调由"人道主义危机"向"种族清洗"滑动，在苏丹南北内战爆发21年并导致200万人丧生、400万人流离失所后的2004年，

---

① David Hoile, *Darfur in Perspective*, The European-Sudanese Public Affairs Council, London, 2005, p. 97.

欧洲各国的基本态度悄悄发生着变化，即希望通过干预达尔富尔危机显示欧洲一极的力量和人道主义使命感。因为在1999年首次出兵科索沃后，干预和避免因"种族清洗"引发的人道主义危机几乎成为德国国内政治正确性的原则，德国率先在2004年4月向联合国秘书长安南表示，愿意派出德国军队作为联合国的维持和平部队。7月，德国向达尔富尔地区和乍得境内的难民营提供了2000万欧元的紧急援助。原先参与苏丹南北和谈的法国和英国，也转变了不希望破坏和谈成果的态度，表示愿意各派出5000人的军队维和，法国甚至称其在乍得的5000人驻军可随时听遣越境。①

在达尔富尔危机的国际化过程中，美国始终控制着这一危机国际化的节奏，包括苏丹政府在内的其他各方则处于相对被动的境地。例如所谓苏丹政府在达尔富尔搞有计划的种族灭绝的说法，最早就是由美国提出的，而且全世界几乎只有美国一家坚持这种说法，联合国一直都称之为"人道主义危机"。作为政治博弈老手的美国利用"金戈威德"（Janjaweed）民兵与苏丹政府间的微妙关系，从一开始就频频对苏丹巴希尔政权施加压力，试图使达尔富尔问题成为继南方问题之后又一枚操控苏丹政权的有力棋子，淡化苏丹政权的伊斯兰和阿拉伯色彩，逼迫苏丹政权朝着美国所希望的方向逐渐演变。美国对苏丹政府的主要施压方向包括以下几个方面：其一，解除"金戈威德"非法武装，制止武装冲突；其二，清算达尔富尔战犯，审判战犯头目；其三，建立达尔富尔禁飞区，确保平民安全；其四，加紧军事干涉，确保人道救援物资落到难民手中，等等。为确保处理达尔富尔危机的主动权，美国还不时对苏丹政权挥舞制裁大棒，要求其必须与联合国和非盟"完全合作"。而法、德、英等国在这场危机中的立场与美国相仿，也是动辄以国际制裁相威胁。

2004年，达尔富尔危机在美国的操控下逐步升级。4月，美国总统布什发表声明，公开要求苏丹政府制止达尔富尔地区"针对当地原住民的野蛮行径"，美国国会随后通过法案，将达尔富尔的部族战争定性为"种族灭绝"。6月，达尔富尔危机先后成为美欧首脑会议、八国集团峰会和非洲

---

① 吴强：《苏丹危机挑战中国海外石油利益》，《南风窗》2004年9月下。

第五章 苏丹后革命时代的发展与局限（1996—2011）

联盟首脑会议讨论的议题之一。美国国务卿鲍威尔和联合国秘书长安南先后访问苏丹，对达尔富尔地区的人道主义情况进行实地考察。他们均督促苏丹政府尽快解决该地区的人道主义危机，并警告苏丹政府如果不尽快行动，联合国将考虑对苏丹实施制裁。美、英、德等西方国家将阿拉伯民兵列为造成此次危机的罪魁祸首，指责苏丹政府纵容阿拉伯民兵对不同种族的黑人进行"种族清洗"，认为达尔富尔可能发生卢旺达式的种族屠杀。但苏丹政府声称阿拉伯民兵为非法武装，并否认与之有任何牵连。7月22日，美国向联合国安理会提交了一项有关解决达尔富尔地区人道主义危机的新决议案，该决议案除要求安理会对阿拉伯民兵实施武器禁运和旅行禁令外，还规定苏丹政府在30天内逮捕阿拉伯民兵领导人，否则将面临联合国的制裁。当天，美国众议院一致通过决议，认定达尔富尔的阿拉伯民兵对当地黑人居民的袭击为"种族灭绝"行为。在美、英、德等西方国家的积极推动下，美国提出的决议案于7月30日在联合国安理会得到通过，成了安理会的第1556号决议。中国和巴基斯坦投了弃权票。苏丹政府虽然称该决议为"不正确的决议"，认为它忽略了拯救达尔富尔地区难民，忽略了在该地区继续为非作歹并拒绝和谈的其他民兵组织，也忽略了苏丹政府、阿拉伯联盟和非洲联盟为解决达尔富尔问题做出的巨大努力，但表示接受安理会的这一决议。8月5日，苏丹政府宣布从次周起，开始解除达尔富尔地区阿拉伯民兵组织的武装。8月10日，苏丹政府正式公布外长伊斯梅尔和联合国特使普龙克就达尔富尔问题所达成的名为"路线图计划"的协议。根据此协议，苏丹将从政治、人道主义、安全、难民自愿返回家园和发挥地方领袖的作用五个方面解决达尔富尔危机，同时坚持反对在达尔富尔地区部署任何外国维和部队。解决达尔富尔问题的政治进程开始起步。[①]

二 西方国家为何制裁苏丹

与人类始祖亚当和夏娃因偷吃禁果而给后世子孙带来与生俱来的罪过

---

① 余文胜：《苏丹达尔富尔危机的由来》，《国际资料信息》2004年第9期。

一样，西方国家原始积累时期的殖民侵略和贩卖黑奴，也让今天的西方人士在谈论非洲事务时有着深深的原罪心结。在很多欧洲人特别是欧洲左派人士看来，苏丹南北内战实际上是一场宗教战争，而这场战争有着欧洲殖民者的"原罪"——如果西方人不去黑非洲传播基督教，苏丹不就太平无事了吗？原罪心结让欧洲人觉得他们并不具备谴责苏丹政府的道德立场。①正因为如此，尽管也造成了200万人死亡和400万人流离失所的惨重后果，欧洲人对始自1983年的苏丹南北内战却没有特别关心。苏丹在1996年遭到联合国制裁的原因并不是什么人道灾难，而是因为苏丹卷入刺杀埃及总统穆巴拉克的恐怖活动。积极要求本国政府向苏丹施加压力或给南方黑人提供援助的，主要是西方国家里的基督教组织，其中美国人更活跃一些。

美国人在苏丹问题上活跃的原因，首先是美国没有在苏丹殖民的原罪，反而在相当长时间里高举民主自由大旗，曾被广泛看作第三世界反殖民主义的救星，美国人自己也常常以自由民主监护人的恩抚心态处理与第三世界国家的关系。"9·11"事件后，布什政府的直接介入已经让苏丹南北内战渐趋平息。2005年1月，苏丹政府同苏人解签署《全面和平协议》，结束了长达22年的内战。南北双方在民族团结政府内合作基本正常，该协议约90%的内容得到落实。双方虽在阿比伊耶地区归属、南北划界及石油收入分配等问题上仍有分歧，但均表示将通过政治对话解决分歧，决不重返战争。从宏观上看，达尔富尔冲突虽然只是苏丹内战进程中的一个小插曲，但由于它发生在一个可能影响整个苏丹内战进程的关键时刻，美国乃至整个西方世界非常担心达尔富尔危机会成为压垮骆驼背的最后一根稻草，担心达尔富尔问题可能使苏丹已见曙光的南北和平进程前功尽弃，从而影响到美国在整个非洲的战略利益。

其次，苏丹黑人的待遇是美国黑人团体和政治家十分关心的外交动向。事实上，自1960年代民权运动以来，解放黑人一直是美国最大的"政治正确"，威力所及甚至连一贯作风强悍的民主党候选人希拉里，也对奥巴马仅因肤色就在黑人选票中拥有的优势敢怒而不敢言。黑人是民主党

---

① 皇甫茹：《欧洲的苏丹"原罪"》，《南方周末》2004年8月26日。

第五章 苏丹后革命时代的发展与局限（1996—2011）

的票仓，虔诚的基督徒是共和党的票仓，美国的主要政治人物，无论共和党还是民主党，在以基督徒为主的苏丹南方黑人身上找到了共同点，都必须回应宗教领袖们要求改善苏丹黑人处境的呼吁，都希望苏丹内战能在伸张黑人和基督徒民权的基础上获得和平解决。普遍认为布什政府在达尔富尔局势已有所缓和的2007年5月对苏丹实行新的制裁措施，主要是回应来自美国国内的压力。处境困难的布什总统要为自己的党在大选年赢得政治分数，就需要在维护人权、弘扬西方价值观以及充当西方"卫道领袖"等议题上有所表现。

最后，美国政府对苏丹的态度深受民权组织的影响。由160多个非政府组织结盟而成的"拯救达尔富尔联盟"，其目的就是要提高美国社会对于达尔富尔危机的认识程度，敦促美国政府采取更多的干预行动。2006年1月，该联盟发起了"为达尔富尔发出100万个声音"的行动，号召100万人给布什总统发明信片，要求美国政府采取更积极的行动。该组织此次行动的第100万个签名者是希拉里·克林顿。"屠杀干预网络"组织致力于动员群众给本地的国会代表施压，"提高政治家对屠杀保持沉默的成本"，并给政治家的"达尔富尔表现"建立了一个打分系统，积极支持经济团体对苏丹撤资，批评美国政府对维和行动支持力度不够，发起了"询问候选人"活动，逼迫总统候选人在达尔富尔问题上表态。其他像"学生立即行动""大屠杀纪念馆""人权观察""伊斯兰救援"等组织，也都纷纷采取行动。受此影响，2007年12月的一个民意调查显示，62%的美国人认为，政府应该把阻止达尔富尔屠杀当作优先政策，其在外交政策上的重要性仅次于伊拉克问题。来自民间的这种压力强化了美国政府对达尔富尔危机的干预态度。从2007年8月"达尔富尔和平与责任法案"的通过到布什政府对冲突双方的几次调停，从公开谴责苏丹政府到对苏丹政府实行经济制裁，在一定意义上可以说是布什政府对民间压力的呼应。从更深层次来看，美国民众这种风起云涌的人道主义关怀，在很大程度上是活跃的公民团体动员能力的表现。[①]

---

① 刘瑜：《他人瓦上霜》，《南方人物周刊》2007年第19期。

此外，西方媒体普遍质疑通过军事政变上台的巴希尔总统的合法性，给他贴上了好莱坞电影中经常出现的"Bad Guy"标签，巴希尔总统的主权论被看作试图给人类的恻隐之心划设国界，一些民权组织想当然地认定达尔富尔人道主义危机的幕后黑手就是这位坏总统。在这种先入为主的理念指导下，一些西方媒体往往不分青红皂白，很多时候将在苏丹混合维和行动部署中遇到的困难一味归罪于苏丹政府，对国际社会与苏丹政府积极合作所取得的进展却置若罔闻。

总之，在多重内部因素的推动下，美国政府顺理成章地严防达尔富尔危机扰乱南北和解进程，带头要求安理会对苏丹政府施加压力。而发生在同一宗教信仰下的不同种族之间的战争，也使得达尔富尔冲突不再是一场宗教战争，这也让欧洲人同情弱势种族的良心终于有了表现的机会。[①] 欧洲国家开始威胁要制裁苏丹政府，安理会第1556号决议因此得以通过。

三 西方因应危机的程度和限度

因为某些事件而对特定地区或国家的全体民众实施集体惩罚的制裁举措，完全是一种西方式的以压促变的强权逻辑思维，实际效果一直颇受怀疑，是对妥善处理问题提供的错误答案。从本质上看，达尔富尔冲突并非"宗教矛盾"或"分裂活动"，而是优势群体对弱势群体旨在抢夺生存资源的武力洗劫。有幸一时逃过屠杀的很多人最终还是因为饥馑、疾病、瘟疫而丧生。达尔富尔多年战乱，按西方媒体的说法是，有200多万人流离失所。这200多万人的家园被毁坏，牲畜被杀死，背井离乡，只能生活在难民营中，饥饿和贫穷时时刻刻威胁着他们的生命。即使在冲突结束，数百万难民返回家园后面对的也依旧是贫困、饥饿和水资源的匮乏。在整体生存环境恶化的背景下对苏丹实施制裁，究竟是在惩罚直接造成危机和冲突的对立武装集团双方，还是在惩罚已经在冲突中备受折磨的处于弱势的难民？相信稍微有点良知的人都不会同意对这些难民做出更残酷的惩罚。

实施制裁只是降低了相关地区的整体冲突水平，并没有改变爆发冲突

---

① 皇甫茹：《欧洲的苏丹"原罪"》，《南方周末》2004年8月26日。

第五章　苏丹后革命时代的发展与局限（1996—2011）

内部原本的等级体系。制裁解决的只是问题和症结的表象，有时连短期的表象问题也解决不了。深受制裁之苦的不是当事国的政权而是人民，体系内原本处于强势的人依然可以轻易获取比其他人更多的资源，而原本就处于劣势的人却不得不面临更严酷的现实。萨达姆时期的伊拉克就是最典型的例证。美国在1990年后推动联合国对伊拉克实行了长期的制裁和禁运，希望制裁能够使萨达姆政权倒台。但实际上，在制裁前锦衣玉食的萨达姆家族及其统治集团成员在制裁后依旧是花天酒地，政权也没有丝毫崩溃的迹象，倒是制裁前生活还算小康的伊拉克人民开始面临基本的生活物品短缺，儿童死亡率因缺乏基本药品而直线上升。伊拉克民众的生活惨状迫使联合国以"石油换食品""聪明制裁"等形式实际上取消了物资禁运。问题还不止于此。经济制裁给伊拉克民众心中埋下的怨恨和敌对情绪，恐怕也是现在美国深陷"伊战泥潭"的一个因素。事实上，对于伊拉克盘根错节的教派冲突和矛盾，就连美国的"外科手术式"军事打击也奈何不得，更遑论区区的经济制裁了。

虽然历史经验一再证明，制裁只会加剧贫困，而贫困则加深矛盾，但西方的一些人权分子就是不愿正视这一点。2007年5月29日，在苏丹政府和达尔富尔两大反政府武装经多轮谈判签署和平协议、苏丹已同意联合国向达尔富尔地区派驻维和部队的情况下，布什政府却在已对苏丹长期实施经济制裁的基础上采取了新的更为严厉的制裁措施，包括禁止美国公民和企业同苏丹政府控制的30家国营或合资公司从事生意往来，同时被制裁的还有3名个人，分别是被海牙法庭指控犯有战争罪的苏丹前内政部长哈伦，负责军事情报和安全的阿素夫，拒不签署达尔富尔和平协议的反政府武装派别正义与公平运动领导人易布拉欣。分析认为，在达尔富尔形势刚出现好转之际，美国却决定扩大对苏丹的制裁，完全是破坏达尔富尔地区和平的行为，不仅加重了苏丹人民的贫困，也激发了阿拉伯武装集团强烈的反美情绪。为西方国家所钟爱的长期经济制裁措施，事实上加剧了达尔富尔地区的贫困状况，加速了难民的形成、逃离和罹难。

在苏丹这样传统氛围浓厚的地区，沙漠生活的经济社会状况把劫掠这种盗贼行径提升到了民族风俗的地位，好战成为游牧民族一种牢不可破的心理状态，劫掠是少数几种表现男子汉气概的职业之一。伍麦叶王朝早期的一首诗歌清楚地说明了这一点："我们以劫掠为职业，劫掠我们的敌人和邻居。倘若无人可供我们劫掠，我们就劫掠自己的兄弟。"尽管当地有这种深厚的传统，很多西方媒体在报道达尔富尔危机时却无视这种现实，他们刻意忽略达尔富尔危机始于20世纪70年代的事实，片面把2003年北达尔富尔州首府被反政府武装攻陷看作达尔富尔危机爆发的标志，其用意是忽略1983—2005年的第二次苏丹南北内战，避免那场非洲持续时间最长的内战削减了人们对达尔富尔危机的关注。西方媒体同时还无视达尔富尔90%以上居民都是逊尼派穆斯林且不存在宗教不睦的现状，刻意强调北方阿拉伯游牧部落的伊斯兰宗教背景，强调传统上由北方阿拉伯人主导的苏丹喀土穆政权的伊斯兰性质。通过对达尔富尔冲突的宗教文化背景的故意强调，部分西方传媒把达尔富尔冲突爆发的原因，简单归结为信仰伊斯兰教的阿拉伯人和信仰原始宗教或基督教的非洲黑人之间的长期不睦。

上述的两个"故意"导致一些西方媒体戴着有色眼镜看苏丹现状，带着结论分析苏丹危机，表现之一就是曲解和利用在达尔富尔和科尔多凡等地的民族和部落间冲突。因为柏迦拉人在荒年有劫掠定居黑人的传统，戴着有色眼镜的西方势力就有意忽略二者多数时间的和睦相处，习惯性地把柏迦拉人描述成天生的强盗和苏丹内部不睦的根源，以此煽动世人对苏丹北方的仇恨。与此同时，有着"原罪"心结的西方舆论对黑人的描述往往尽善尽美，在欧美那些带有政治倾向的网站上，丁卡人的"标准"形象总是天真无邪、露着白牙的孩子，丁卡人拿枪反对政府的举动也似乎是天经地义的。当然，苏丹国内的各派势力在钩心斗角中也经常曲解和利用民族和部落间冲突。自马赫迪起义以来，北方穆斯林政治势力经常招募柏迦拉人参加"圣战"，客观上纵容了后者落后时代的文化。

双方对立舆论长期的一边倒宣传，给各自受众产生了即时和长远两方面的影响。从即时角度来看，苏丹人普遍认为美国人是世上最坏的，并把1998年被美国4枚导弹炸毁的喀土穆郊区药厂完整地保留成纪念馆供人参观。西方民众也普遍认为，喀土穆的阿拉伯官员都是坏家伙（Bad Guy）。尤其是美国国内的那些右翼基督教组织和反阿拉伯势力的利益集团都认为，苏丹的和平是被所谓"文明的冲突"破坏的，竭力将达尔富尔危机定性为"种族屠杀"，以便为日后以美国为首的西方对苏丹实施大规模军事干预铺平道路。事实上，正是美法英德等国以及联合国、欧盟、非盟、阿盟等机构高官或领导人对苏丹和达尔富尔走马灯似的访问，使得达尔富尔危机迅速成为国际热点。

而从长远来看，由于很多人顽固地把苏丹内战和达尔富尔危机看作"文明冲突"，许多穆斯林和基督徒也把苏丹看作一个文明走廊，看作他们的文明向远端伸出的触角，他们有义务在那里传播"真理"，进而把那里作为自己的文明发展的前哨。受这种意识的影响，不要说苏丹国民的国家意识还很淡漠甚至没有，即便是有国家意识的部分苏丹人，他们心中的祖国其实也是不完整的。在这些人看来，完整的苏丹要么是纯洁的伊斯兰国家，要么是"文明"的非洲国度，亘古存在的尼罗河被他们看成是真主和上帝拔河的绳子。

四 联合国、非盟与达尔富尔危机

在达尔富尔危机的升级过程中，1994年发生在卢旺达的大屠杀是一个值得关注的因素。2004年是联合国调停卢旺达种族屠杀10周年，联合国能否在阻止达尔富尔地区种族冲突的努力中发挥更大作用的问题变得更加突出，安南秘书长就防止种族灭绝提出了五点倡议，并称苏丹达尔富尔地区正在发生的"种族清洗"暴行让他深感不安。2004年7月和2005年5月安南两次赴达尔富尔视察，敦促苏丹政府尽快平息当地的武装冲突，解散阿拉伯民兵组织，恢复并保障人道主义救援工作安全进行。2006年9月11日，在安理会关于苏丹问题的公开辩论中，安南秘书长直接"最强烈呼吁"国际社会采取行动，避免另一出卢旺达大屠杀式悲剧的上演。他质问道，在卢旺达人民急需帮助时曾经袖手旁观的国际社会，难道要再次眼睁睁地看着达尔富尔人道局势一再恶化吗？[1] 在美国高调介入后，达尔富尔

---

[1] 《安南最强烈呼吁国际社会在达尔富尔采取行动》，联合国网站新闻中心，http://www.un.org/chinese/News/fullstorynews.asp?newsID=6402。

危机演变为各方利益竞争和外交角逐的舞台。

2004年6月，联合国安理会通过了第1547号决议，成立一个联合国苏丹先遣队作为政治特派团，由一名秘书长特别代表领导，专门负责筹备安全安排方面的国际监测工作，促进与有关各方联系，并为在签署《全面和平协议》之后启动和平支助行动做好准备。在随后的短短10个月里，联合国安理会先后通过了九项有关苏丹问题和达尔富尔危机的决议，甚至在2005年3月24日至31日的一周时间内通过了三个决议，其中就包括第1593号决议。[①] 由于几乎每一项联合国决议都是地区大国和利益集团间的外交博弈产物，联合国就一个国家的地区问题在短期内如此高频率地通过决议实属罕见。

2004年7月，美国国会通过决议认定达尔富尔冲突为"种族清洗"，要求政府采取行动迫使联合国对苏丹采取制裁措施。但联合国的报告以及非盟、欧盟等国际组织，均不认可用"种族清洗"给达尔富尔问题定性，联合国对该地区冲突的界定是"大规模人道主义危机"。7月30日，联合国安理会通过了第1556号决议，要求苏丹政府履行承诺解除达尔富尔地区阿拉伯民兵武装，逮捕和审判该组织的领导人，与反政府武装毫不拖延地举行和谈以寻求达尔富尔安全问题的政治解决，否则联合国将对苏丹采取包括经济制裁在内的进一步行动。9月18日通过的第1564号决议，要求苏丹政府采取措施改善达尔富尔地区的安全局势，否则安理会将考虑对苏丹采取制裁行动。苏丹政府对此表示，达尔富尔问题是其内政，反对外来干涉，而应在政治、安全、人道主义的总体架构内，通过对话和谈判的方式和平解决。苏丹政府认为自己有能力解决这一危机，但需要时间。

2005年3月，因为苏丹和达尔富尔反政府武装的谈判未解决任何实质性问题，联合国安理会连续通过了五个决议，要求苏丹政府和达尔富尔反

[①] 九个文件分别是第1547（2004）号（2004年6月11日）；第1556（2004）号（2004年7月30日）；第1564（2004）号（2004年9月18日）；第1574（2004）号（2004年11月19日）；第1585（2005）号（2005年3月10日）；第1588（2005）号（2005年3月17日）；第1590（2005）号（2005年3月24日）；第1591（2005）号（2005年3月29日）和第1593（2005）号（2005年3月31日）。相关决议的全文，见《苏丹—联苏特派团的相关文件》，联合国官方网站中文版（www. UN. Org /Chinese/ peace/peace keeping/Sudan/documents. htm）。

第五章 苏丹后革命时代的发展与局限（1996—2011）

政府武装在非洲联盟的协调下尽快停止武装冲突，和平解决争端。其中安理会3月31日通过的第1593号决议，规定将涉嫌在苏丹达尔富尔地区犯有"战争罪"和"反人类罪"的苏丹军政官员、亲政府游击队和反政府武装组织成员交由国际刑事法院审判。国际刑事法院在2007年5月正式向两名达尔富尔屠杀平民肇事者发出逮捕令，其中之一就是苏丹现任人道事务部部长艾哈迈德·哈伦（Ahmad Harun）。国际刑事法院表示还将继续收集达尔富尔其他肇事者的犯罪证据。

苏丹政府在4月3日正式宣布"完全拒绝"第1593号决议。苏丹内阁当天发表的一项声明说，安理会第1593号决议直接针对苏丹及其领导机构，缺乏客观公正的基础，侵犯了苏丹的国家主权，忽略了苏丹政府对和平与稳定的看法以及为和平稳定所做的努力。苏丹政府随即成立由巴希尔总统牵头的危机处理最高委员会，紧急处理联合国近期通过的第1590号、第1591号和第1593号决议，动员国内一切力量应对国家可能遭遇的任何不测，强调在地区和国际范围内利用一切外交和法律手段使安理会第1593号决议破产。苏丹民众随后也举行了一系列抗议活动。苏丹"保护信仰与祖国人民"组织的代表宣布，如果联合国不改变对苏丹的立场，苏丹人民就"将驱逐联合国派驻苏丹的具有亲以色列和帝国主义国家倾向的工作人员"。

第1593号决议标志着国际刑事法院首次在没有经过所涉国家同意的情况下启动调查程序。在正式调查开始之前，总检察官收集和评估了所有有关信息，并在2005年6月1日做出决定，受理安理会提交的有关达尔富尔情势的案子。2005年6月6日，总检察官宣布调查开始并做出声明，保证公正和独立地进行调查，将集中对在达尔富尔地区的严重罪行负有责任的个人进行调查。联合国安理会第1593号决议，标志着国际刑事法院自2002年7月1日成立以来，安理会根据《罗马规约》第13条的规定提交的第一个情势，这无疑开创了一个重要的先例。该决议反映了国际社会对防止和终止有罪不罚现象的决心与行动。[1]

---

[1] 杨力军：《安理会向国际刑事法院移交达尔富尔情势的法律问题》，《环球法律评论》2006年第4期。

2006年2月3日，鉴于此前非盟表示因经济原因而准备把在苏丹的维和任务移交给联合国，安理会呼吁用国际维和部队取代非盟部队。同时，美国极力压苏丹政府同意向达尔富尔派驻国际维和部队，美国政府还承诺向在苏丹的联合国维和部队提供经济援助，并向苏丹提供5.14亿美元的人道主义援助。苏丹方面因担心北约部队进入会干涉其内政而坚决反对。

2006年3月11日，非盟和平与安全理事会正式宣布，决定原则性支持将非盟在苏丹的维和任务移交给联合国，同时决定把非盟在达尔富尔的维和部队的任期延长至当年9月30日。联合国秘书长安南在联合国总部对记者发表谈话说，联合国对非盟延长驻达尔富尔维和部队的任期表示欢迎，联合国将与非盟和苏丹政府共同努力，以使达尔富尔真正能够稳定。苏丹政府也表示欢迎非盟关于延长其驻达尔富尔地区维和部队任期的决定，同时强调，非盟只是原则性地支持把在达尔富尔的维和任务移交给联合国，并未做出最后决定。

2006年8月31日，联合国安理会通过了加快接管进程的第1706号决议，计划在得到苏丹政府同意后向达尔富尔地区派遣2.25万人联合国维和部队，以接替目前部署在当地的约7000名士兵的非盟维和部队。苏丹政府对此表示坚决反对，副总统塔哈多次重申反对在苏丹西达尔富尔地区部署隶属于联合国的国际维和部队。国际社会围绕接管问题与苏丹展开广泛对话。

2006年11月，安南秘书长亲自到亚的斯亚贝巴主持联合国非洲国家联盟紧急会议，苏丹政府、联合国和非盟就"安南三阶段方案"达成原则协议。协议中最重要的内容就是苏丹政府原则上接受由非洲联军组成维和部队进驻达尔富尔，监督停火，谋求和平解决。鉴于苏丹对美国为首的西方国家由来已久的不信任态度，安南能够说服苏丹接受非洲联军组成的维和部队的确是个重要进展。

安南方案是经过联合国、非盟和安理会五个常任理事国、苏丹政府以及有关方面在亚的斯亚贝巴的共同讨论，为国际社会所广泛接受的一个方案。安南方案分三个阶段，第一阶段是所谓的轻度支持，具体内容是联合国向非盟特派团提供2100万美元的财政、技术和后勤支持。第二阶段是所谓的重度支持计划。联合国将向非盟特派团提供更多的实质性援助，包括

第五章 苏丹后革命时代的发展与局限（1996—2011）

后勤物资、运输设备、直升机、警察在内，主要的目的是增强非盟特派团的能力，支援非盟部队的人员和装备达到一定规模，同时为第三阶段做准备。第三阶段是所谓的混合维和行动，在达尔富尔地区部署联合国/非盟"混合"维和行动，由1.7万名军人和3000名警察组成，采用联合国指挥体系。各方对于安南方案第一阶段的部署意见达成一致，苏丹政府在有关各方的共同协调下同联合国和非盟就第二阶段实施达成了一致。苏丹政府原则上接受安南第三阶段方案，但对部队规模等细节问题有所保留。

2006年11月30日，非盟和平与安全理事会特别首脑会议决定将非盟特派团任期延长6个月，并以公报形式确认了安南方案。12月，安理会发表主席声明，核准认可达尔富尔问题高级别对话会共识和非盟特别峰会公报。安南第一阶段方案随之开始部署，首批联合国维和技术人员抵达达尔富尔地区。据此，联合国将在第一阶段和第二阶段向在达尔富尔执行维和任务的非盟部队逐步增加援助，最终达到在达尔富尔地区部署混合维和部队的目的。由于苏丹政府担心西方国家利用联合国维和人员驻扎达尔富尔地区会损害苏丹利益，因此对接纳混合部队一直犹豫不决。美国借机指责苏丹政府缺乏解决问题的诚意，并宣布对苏丹采取一系列经济制裁措施。英、法等西方国家也频频向苏丹政府施压。

五 达尔富尔危机的缓和

达尔富尔冲突爆发后，非盟从地区安全的角度出发一直采取主动姿态，积极协调苏丹政府与反政府武装之间的和谈，后来又在苏丹与国际社会斡旋，使危机在不损害苏丹主权的前提下和平解决。但由于资金匮乏，非盟派出执行维和行动的特派团（AMIS）维和效果不彰，截至2007年底特派团也仅有7000人。一些国家因之推动联合国接管非盟的维和行动。

2007年1月1日，潘基文正式就任新一届联合国秘书长。5月29日，潘基文发表谈话，认为布什总统宣布对苏丹采取新的制裁措施，"只是美国自己的决定，并不代表联合国安理会"，他本人将努力争取"在政治对话与维和行动两方面取得进展"。为此，潘基文秘书长于2007年6月撰文指出，因为全球气候变暖所导致的印度洋气温升高直接扰乱了能够带来降雨的季风，从而形成了撒哈拉以南非洲地区的干旱，苏丹南方的降雨量也在最近20年内减少了40%。由于降雨减少，苏丹边远地区的生活物资变得匮乏，达尔富尔地区的暴力冲突就是在旱灾之中爆发的。因此，人类活动导致的全球气候变暖是达尔富尔问题背后的"黑手"，在达尔富尔地区建设持久和平必须从气候变化这一造成冲突的根本原因着手。[①] 事实上，苏丹政府在2003年达尔富尔危机爆发后专门成立的一个研究委员会也认定，达尔富尔问题的根源就是过去20年内该地区由于干旱和沙漠化所造成的环境状况恶化，生态环境恶化致使一些部落的人背井离乡，从而引发了对牧场、水资源竞争的加剧，进而发展为地区内各部落团体的武装对立。

在包括中国在内的国际社会的努力下，苏丹政府先后于2006年12月、2007年4月和6月就安南方案的三个阶段计划与联合国和非盟达成一致，同意在达尔富尔部署非盟—联合国混合维和部队，国际社会对此予以积极评价。2007年4月29日，苏丹、安理会五个常任理事国、非盟、欧盟、阿盟等方面的代表，在利比亚首都的黎波里举行达尔富尔问题部长级会议，并发表了《关于达尔富尔问题政治进程的黎波里共识》的公报，支持由联合国与非盟组成的维和部队进驻，同时呼吁各方遵守停火协议，加强人道援助。

2007年7月15日至16日，苏丹达尔富尔问题国际会议在利比亚首都的黎波里举行。此次会议通过的最后公报支持达尔富尔政治进程，确认非盟、联合国和周边国家是政治解决达尔富尔问题的主渠道，同时宣布相关"路线图"进入谈判准备阶段。7月30日，英国和法国正式向联合国安理会提交了有关苏丹达尔富尔问题决议草案，建议安理会批准向达尔富尔派遣大约2.6万人的联合国和非盟混合维和部队。7月31日，联合国安理会一致通过第1769号决议，决定向苏丹达尔富尔地区派遣大约2.6万人的联合国和非盟混合维和部队，包括约2万名军事人员和6000多名警察，任期初步定为12个月。第1769号决议援引《联合国宪章》第七章，授权维和部队在必要时使用武力用以自卫和保护人道主义救援人员与平民的安全。

---

① Ban Ki-moon, "A Climate Culprit in Darfur," *The Washington Post*, June 16, 2007.

第五章　苏丹后革命时代的发展与局限（1996—2011）

8月1日，苏丹政府宣布接受联合国安理会第1769号决议，并将同联合国和非盟合作落实该决议。与此同时，联合国和非盟为推进达尔富尔政治进程制定了"路线图"，并于2007年8月初召集达尔富尔反对派在坦桑尼亚阿鲁沙举行会议，与会各派就执行"路线图"、尽早与苏丹政府展开谈判达成一致。

2008年2月9日，苏丹外长阿卢尔和联合国—非盟驻苏丹联合特别代表阿达达，共同签署了关于混合维和部队地位的协定，解决了在维和部队部署方面的几个主要的技术性问题。第一，苏丹政府同意把给予非盟混合维和部队的条件同样给予联合国混合维和部队。第二，联合国、非盟和苏丹政府三方经过协商，在给予混合维和部队夜间航行权的问题上基本达成了一致。第三，联合国、非盟和苏丹政府三方与达尔富尔地区部族谈判协商达成一致，基本解决了混合维和部队驻地选址问题。第四，苏丹海关已经修改相关规定，解决了混合维和部队的集装箱运输清关问题。第五，解决了混合维和部队人员的护照签证问题。①

从总体上看，与国际社会特别是西方大国冷落卢旺达不同，联合国对待达尔富尔危机的态度明确而积极，一直主张派出维和部队，监督停火；坚持和平谈判，政治解决冲突；加强人道主义援助。至于制裁，联合国并没有达成一致意见，尚不能认为它是联合国的主张。2007年6月之后，随着苏丹政府原则上同意在达尔富尔地区部署联合国维和部队以实施"安南三阶段方案"，持续了三年多的大规模达尔富尔危机进入了解决的新阶段。②

2008年以来，达尔富尔问题主要集中在三个方面：（1）混合维和行动。苏丹已基本落实了第一阶段计划，同意启动第二阶段计划，但对第三阶段部署联合国/非盟混合维和部队仍有疑虑。（2）政治进程。由于对权力、财富分配等存在分歧，仍有部分反对派没有加入和平协议。（3）安全和人道形势。政府军与叛军之间、部落之间的冲突仍时有发生，国际人道救援面临困难。

---

① 温宪：《外电失语背后的偏见》，《人民日报》2008年3月10日。
② 贺鉴、汪翱：《从冷战后非洲维和看联合国维和机制的发展》，《当代世界与社会主义》2007年第5期。

而从达尔富尔危机的发展演变过程来看,政治解决达尔富尔问题已成为国际社会的共识。国际社会普遍认可"双轨"战略,即平衡推进维和行动和政治进程。苏丹政府欢迎政治解决达尔富尔问题,呼吁通过平等对话和协商逐步落实安南方案。各方正就如何弥合分歧展开外交斡旋。多数武装组织已签署和平协议,其中一些人还担任了当地的行政官员。苏丹政府颁布了 200 余项总统令,涉及财富和权力分配等内容,以恢复当地的行政和法律秩序。一些地方开始重建民间管理委员会处理部落间纠纷。苏丹政府还与联合国续签了有关为人道主义援助提供便利的协议。总的来看,解决达尔富尔问题已取得积极进展,但由于情况复杂,彻底解决问题仍任重道远。[①] 例如在苏丹的混合维和行动部署中还有一些问题亟待解决,对混合维和部队急需的用于空中支持的 24 架直升机,包括西方主要大国在内没有一个国家愿意伸出援手。

第三节 传统国家有效治理的现代困境

巴希尔于 1989 年 6 月通过政变上台,1993 年 10 月改任总统,2015 年 4 月第五次连任,2019 年 4 月被推翻下台,是苏丹建国以来执政时间最长的总统。与混乱低效的文官政府相比,无论是阿布德、尼迈里还是巴希尔,苏丹独立以来军政府时期的国家治理都相对高效。尼迈里和巴希尔都是执政时间较长的军事强人,两人的执政轨迹和政绩高度类似,都通过政变上台,都果断地结束南北内战,都有效地推动了经济发展,都造就了十多年的经济快速发展,也都因为苏丹的复杂国情和本人认知局限而最终坠落。政治操控、南北政策和"九月法令"断送了尼迈里的政治生涯,也断送了艰难得来的和平局面。巴希尔的伊斯兰化和南北政策不仅最终导致了苏丹 2011 年的南北分立,还导致国家经济结束了快速发展而陷入停滞中。苏丹是多民族多宗教、发展滞后的传统国家,国家治理要相对有效就必须是军事强人统治,而实施相对有效的军事强人统治往往就会与现代国家治

---

① 翟隽:《中国积极推动解决达尔富尔问题》,《求是》2007 年第 11 期。

第五章 苏丹后革命时代的发展与局限（1996—2011）

理理念发生冲突。达尔富尔危机爆发的重要根源是苏丹内部严重滞后和不均衡的发展现实，国际刑事法院（ICC）在2009年针对巴希尔总统发出的逮捕令，从国家治理的角度来看，就是传统国家治理手段与现代国家治理理念的代际法律冲突。

一 国际刑事法院的设立及其管辖权

国际刑事法院（ICC），是人类历史上第一个常设性国际刑事司法机构，不仅在2005年3月通过审理安理会移交的达尔富尔情势而得以行使对非缔约国苏丹国民的司法管辖权，而且在2008年7月以十项罪名指控苏丹巴希尔总统。这是ICC成立以来寻求逮捕的最高级别人物，也是它首次引用种族屠杀罪名对一名现任国家首脑采取行动，不仅对达尔富尔问题的走向产生即时影响，而且对苏丹与国际社会的关系乃至一般国际关系产生了长期的深远影响。

国际刑事法院的设立有着多方面的必然性。首先，国际社会在1919年就产生了建立常设国际刑事法庭的愿望，第二次世界大战后为制裁战争暴行而制定的许多国际刑事审判的规约和章程，如《纽伦堡国际军事法庭宪章》《远东国际军事法庭宪章》以及联合国《防止及惩治灭绝种族罪公约》等，已经奠定了ICC进行国际审判的法律基础。其次，在20世纪90年代，从伊拉克、南斯拉夫到索马里、海地、卢旺达，一再发生的大规模人道主义灾难极大地震撼了国际社会的良知。联合国连续设立两个国际刑事特别法庭，负责对发生在前南斯拉夫和卢旺达境内的反人类罪行进行审判，这些都为ICC惩罚和指控国际犯罪行为确立了司法实践范例。最后，随着冷战结束以来全球化的深入发展，为了对付日趋增多的各类跨国犯罪，加强和完善惩治跨国犯罪的国际立法，国家间的司法合作已经成为当今国际社会与跨国犯罪做斗争的关键环节。[1]

在非政府组织、加拿大政府与欧盟成员国等中坚力量的强力推动下，

---

[1] 张胜军：《国际刑事法院的普遍管辖权与自由主义国际秩序》，《世界经济与政治》2006年第8期。

1998年7月17日，联合国外交全权代表会议通过了《国际刑事法院罗马规约》（简称《罗马规约》）。2002年7月1日，国际刑事法院正式成立，总部设在荷兰海牙。ICC设有18位法官，1个检察官办事处，1个预审庭，1个审判庭和1个上诉庭。18位法官经选举产生，任期9年，不能有两位法官来自同一个国家。2003年6月，阿根廷联邦检察官奥坎波在荷兰海牙宣誓就任ICC的第一任首席检察官。ICC是人类历史上第一个常设性国际刑事司法机构，其管辖对象是实施国际犯罪的个人，既弥补了国际法运行实践中只能解决国家间争端而无法对集体意志下的具体施恶者进行有效惩罚的缺陷，又具有更大的威慑性，增加了惩治国际犯罪的有效性。截至2020年底，共有五大洲123个国家成为《罗马规约》缔约国，其中包括所有南美洲国家、大部分欧洲国家和约一半的非洲国家。另有乌干达、科特迪瓦、巴勒斯坦、埃及和乌克兰等国还做出了临时接受法院管辖权的声明。对于已经签署但尚未批准该条约的国家，有义务避免采取"可能损害条约宗旨和目的的行为"。2002年，美国和以色列取消对《罗马规约》的签署，这意味着它们再无意成为缔约国，不必因曾签署规约而负有任何法律义务。

根据《罗马规约》，在判定国家司法体系不能或不愿对有关罪行进行调查或起诉的情况下，ICC有权对国家、检举人和联合国安理会委托它审理的案件进行审判，追究个人的刑事责任。检察官则根据ICC预审庭的同意，应某个国家或联合国安理会的请求对罪犯进行起诉。当然，ICC主要审理2002年7月1日以后发生的种族灭绝罪、战争罪、反人类罪和侵略罪等严重的国际犯罪案件，无权审理此前发生的犯罪案件。作为两个独立的机构，联合国与ICC之间是互补性的合作关系，联合国所从事的促进和平、发展和人权的工作，在很大程度上要依靠ICC在建立法治方面所做的努力。

苏丹在2000年9月1日签署《罗马规约》后一直没有批准该规约，因此在法律上属于《罗马规约》的非缔约国或第三国，还不是ICC的成员国。从条约只对缔约国适用的国际法一般原则来看，ICC对苏丹公民没有管辖权，苏丹也没有义务执行该法院的决定。但为了更有效地惩罚种族灭绝等四项严重的国际罪行，《罗马规约》设定了ICC可以对非缔约国国民行使管辖权的几种情况,包括犯罪行为在某一缔约国境内发生、被告人为某一缔约国国民、安理会提交情势启动法院管辖权、非缔约国提交声明接受法院对有关犯罪行使管辖权。尤其是当安理会根据《联合国宪章》第七章的授权而将相关"情势"提交给 ICC 时,按照联合国的集体安全体制,国际社会的全体成员均有义务服从、执行和配合,ICC 管辖权的行使不仅因之成了强制执行措施的一部分,影响非缔约国对有关案件的管辖权,也为非缔约国创设了相应义务。①

发生在达尔富尔地区的冲突是苏丹国民在苏丹境内实施的犯罪行为,均不涉及《罗马规约》的缔约国,苏丹政府又对 ICC 持完全否定的态度,认定其是一个发达国家对发展中国家和弱国"实施和强加文化优越性的工具"②,因此,ICC 要获得对非缔约国苏丹达尔富尔地区具体施恶者的司法管辖权,就只能采取由安理会提交情势的方式。

ICC 一旦受理了相关案件,检察官就可以根据其获得的情报自行决定启动调查程序。因为检察官的情报可以来自国家、国际组织、非政府组织、个人及媒体等所有渠道,检察官个人的价值取向和判断对于是否启动调查具有决定性作用。鉴于 ICC 管辖权内的罪行均是十分严重的国际罪行,许多案件又可能涉及有关国家的领导人,一旦检察官决定启动调查,即便还没有真正进入司法程序,甚或法官最终没有批准启动调查,宣布调查本身就是一种有明确含义的讯息,势必给相关各方造成巨大影响。

二 国际刑事法院与达尔富尔危机

2004 年 9 月 18 日,安理会第 1564 号决议要求成立专门的国际调查委员会,调查达尔富尔地区违反人权和人道主义法的情况。2005 年 1 月 25 日,达尔富尔国际调查委员会依照联合国安理会第 1564 号决议,向联合国秘书长提交了关于达尔富尔地区情势的报告,指控 51 名苏丹人在达尔富尔实施了"战争和危害人类的罪行",其中既有政府军政官员,也有亲政府

---

① 刘大群:《论国际刑法中的普遍管辖权》,《北大国际法与比较法评论》第 6 卷第 1 辑。
② 杨力军:《安理会向国际刑事法院移交达尔富尔情势的法律问题》,《环球法律评论》2006 年第 4 期。

游击队和反政府武装组织成员,该报告建议由 ICC 对这些人进行审判。2005 年 3 月 31 日,安理会通过了向 ICC 提交苏丹达尔富尔地区情势的决议,规定将涉嫌在苏丹达尔富尔地区犯有"战争罪"和"反人类罪"的相关人员交由 ICC 审判。ICC 检察官随后收到了国际调查委员会的一系列文件并会见了 50 位独立专家。2005 年 6 月 6 日,在收集和评估了所有相关信息后,ICC 决定受理安理会提交的有关达尔富尔情势的案子,并保证公正独立地集中对发生在达尔富尔地区的严重罪行负有责任的个人进行调查,同时要求有关国家在收集证据等方面提供合作。① 这是安理会根据《罗马规约》向 ICC 提交的第一个情势报告,也是 ICC 首次在没有经过所涉国家同意的情况下启动调查程序,反映了国际社会对防止和终止有罪不罚现象的决心与行动。

在 ICC 检察官决定对达尔富尔情势进行调查前后,苏丹启动了本国的司法程序来抵制 ICC 的管辖权,先是在 3 月下旬逮捕了被指控在达尔富尔地区无端进行烧杀抢掠的 15 名军警人员,随后于 6 月中旬成立了达尔富尔特别法庭,负责审理 160 名在西达尔富尔地区犯有战争罪的犯罪嫌疑人。无论苏丹政府此时成立特别法庭的目的是不是企图阻止 ICC 行使管辖权,特别法庭的成立都是一件积极的事情,而如果苏丹政府启动了刑事诉讼程序,为维护国际刑事司法的"一罪不二审"原则,ICC 就应停止其调查程序。但根据 ICC 官员的说法,苏丹设立的特别法庭不能替代 ICC,苏丹特别法庭起诉的对象是低级别的犯罪嫌疑人,而 ICC 将集中对在达尔富尔地区所犯罪行负有最严重刑事责任的个人进行调查;ICC 的调查是对苏丹司法系统的补充,两者相辅相成,"ICC 的调查还将继续下去"。事实上,安理会将达尔富尔情势移交 ICC 事件本身就已经暗含了这样一个判断,即苏丹在制裁相关罪行方面是一个"不能够"与"不愿意"的国家。这个判断对苏丹司法体系和法律制度非常不利,苏丹在政治上和法律上因此而受到的谴责与承担的责任要远大于将被告人绳之以法。

---

① 王秀梅:《从苏丹情势分析国际刑事法院管辖权的补充性原则》,《现代法学》2005 年第 6 期。

第五章 苏丹后革命时代的发展与局限（1996—2011）

2007年2月，检察官路易斯·莫雷诺—奥坎波向ICC提起公诉，指控苏丹前内政部长哈伦和西达尔富尔地区"金戈威德"民兵前指挥官阿里·库沙布，共同对51项被指控的危害人类罪行和战争罪行负有罪责。其中哈伦被指在2003年初负责达尔富尔安全事务后，为"金戈威德"民兵提供了资金和武器，支持对反叛者家乡的村庄和城镇实施肆意袭击。5月，ICC正式向两名在达尔富尔屠杀平民的肇事者发出逮捕令，随后又向其他4名涉嫌在达尔富尔实施犯罪的苏丹公民签发了逮捕令。ICC关于达尔富尔案件的诉讼程序进入实质性阶段。苏丹政府对此坚称本国享有独立的司法管辖权，以不是成员国为由拒绝执行ICC的逮捕令。

2008年7月14日，检察官莫雷诺—奥坎波向ICC预审庭提交"证据"，指控苏丹总统巴希尔"基于政治动机"命令政府军和阿拉伯裔民兵屠杀祖居达尔富尔区的富尔人、马萨利特人和扎加瓦人三个少数民族，致使3.5万人身亡，150万人流离失所，在达尔富尔地区犯下三项种族灭绝罪、五项反人类罪和两项战争罪，要求法庭向巴希尔发出逮捕令。① 在通常情况下，由三名法官组成的预审庭至少需6周时间决定是否发出逮捕令。西方舆论认为，这一指控提高了ICC的可信度，是巴希尔总统执政19年来面临的最大考验，有可能削弱他执政的合法性基础。②

ICC在达尔富尔危机有所缓解的时候却提出了对苏丹总统巴希尔的指控，主要因为它本身就是西方法律体系的产物，推崇正义和司法独立精神，不大顾及案子审理会给整个社会带来何种影响。这也是三权分立背景下西方法律的特点。对有关ICC指控巴希尔是出于纪念《罗马规约》通过十周年的说法，莫雷诺—奥坎波检察官在2008年7月17日明确予以否定，称他的职责就是调查达尔富尔危机，不会考虑政治因素，在请求ICC批准逮捕令之前他已经向安理会做了通报，他下一步的目标是达尔富尔地区的反政府武装头目。③ 但问题是，目前ICC的很多工作方法和措施尚处于尝

---

① Rami G. Khouri, "Whose Crimes against Humanity?", *International Herald Tribune*, July 17, 2008.
② "Indictment Is Biggest Test for Sudanese Leader," The Associated Press, July 21, 2008.
③ "Prosecutor Denies Political Timing in Darfur Case," The Associated Press, July 17, 2008.

试阶段，应采取慎重态度确保案件来源的无争议性，重视案件的质量而非数量。如果 ICC 最初受理的几个案件能够成为今后审判工作的典范，不仅有助于向所有非缔约国展示 ICC 审判工作的独立性和有效性，而且能够以公正和有效的刑事审判活动吸引非缔约国批准《罗马规约》。① 因此，ICC 在自身权威还不充分的情况下，却贸然提出对一位非缔约国现任国家首脑的指控，在实际效果上恐怕不仅会恶化相关事态，而且是对自身权威的一种考验甚至损害。

三 国际刑事法院指控巴希尔的反应

一石激起千层浪。ICC 对苏丹总统巴希尔的指控在国际社会引起轩然大波。从相关方公开的表态来看，可谓是欢迎少担忧多。表示欢迎的主要是苏丹达尔富尔地区的反政府武装和西方的一些非政府组织。SLM 认为，指控巴希尔总统本身表明其斗争已经赢得了国际社会的广泛支持，ICC 以实际行动向那些制造种族屠杀的罪犯发出了明确信息，逮捕令的签发将是国际正义胜利的标志。曾于 2008 年 5 月进犯喀土穆的 JEM 宣布在 ICC 提出指控的当天搁置一切军事行动以示支持，谴责非盟保护独裁者而忽视非洲人民。② 一些报刊也对 ICC 的指控大声欢呼，认为这是制止达尔富尔危机的一个有力举措，是国际社会为达尔富尔做的一件正确的事情，要求巴希尔总统自己拿出无罪证据而不要继续挑衅国际社会。③ 与此同时，其他相关方则对 ICC 此举表示了深深的担忧，担忧苏丹政府在退无可退的窘况下的过激反应和不合作，也担心苏丹反政府武装由此而生的更加强硬和不妥协态度会增加政治解决达尔富尔问题的难度。一些舆论认为，ICC 指控巴希尔是一场正义与和平的对决，以战争罪起诉

---

① 王秀梅：《从苏丹情势分析国际刑事法院管辖权的补充性原则》，《现代法学》2005 年第 6 期。
② Opheera McDoom, "Darfur Rebels Welcome any ICC Warrant for Bashir," *International Herald Tribune*, July 12, 2008; "Darfur Rebels Condemn AU on ICC Warrant," Reuters, July 22, 2008.
③ Sara Darehshori, "Doing the Right Thing for Darfur," *Los Angeles Times*, July 15, 2008; Roba Gibia, "ICC Indictment: Let President al-Bashir Prove Himself," *Sudan Tribune*, July 22, 2008; Sarah El-deeb, "Sudan's President Pays Defiant Visit to Darfur," The Associated Press, July 23, 2008.

第五章 苏丹后革命时代的发展与局限(1996—2011)

苏丹领导人虽然令人满意,但却是不值得付出的代价,对达尔富尔来说,正义是和平之敌。①

苏丹对 ICC 的指控做出了最强烈的反应。7月13日,即指控发出的前一天,苏丹内阁紧急开会商讨应对之策,重申苏丹不承认 ICC 对苏丹公民拥有管辖权,也不会执行该法院的任何决定。执政的全国大会党认为,指控巴希尔是"不负责任的卑鄙的政治敲诈",多数反对党也警告说,ICC 如果向巴希尔发出逮捕令,将使苏丹这个非洲大国"宪政崩溃",并给苏丹的和平机会带来损害。数千苏丹人在首都喀土穆举行游行示威,抗议 ICC 干涉苏丹事务,认为 ICC 的指控有着"明显政治动机"。7月16日,苏丹成立高级别危机委员会,讨论 ICC 对巴希尔的指控以及这一指控对苏丹和平进程所造成的影响,危机委员会最终计划通过外交手段解决该问题。当天召开的苏丹国民议会谴责 ICC 检察官对巴希尔的指控,决定不与 ICC 合作。7月17日,苏丹第一副总统兼南方政府主席萨尔瓦·基尔(Salva Kiir Mayardit)通过其驻肯尼亚代表处发表声明,认为 ICC 的指控"导致了可能危及苏丹和平与稳定的严重局势",呼吁苏丹民族团结政府在一个星期内制定一份解决达尔富尔问题的计划,并表示愿意动用一切外交资源帮助苏丹民族团结政府与国际社会就达尔富尔问题达成共识。7月22日,苏丹总统顾问马勒瓦勒警告说,逮捕巴希尔总统的企图将粉碎任何结束达尔富尔地区冲突的希望,如果 ICC 发出逮捕令,苏丹政府将不能确保达尔富尔地区国际援助与维和人员的安全,并可能会收回他们的签证。

对 ICC 指控巴希尔最紧张的是联合国,在指控发出次日即开始从苏丹撤出非核心部门人员。潘基文秘书长发表声明称 ICC 的司法程序独立应该受到尊重,但强调联合国关于苏丹达尔富尔问题的立场没有改变,希望巴希尔总统理智对待 ICC 的指控,全力保证在达尔富尔地区维和人员与人道主义工作人员的安全,保持与联合国的全面合作。不断有报道说安理会有

---

① Lydia Polgreen and Marlise Simons, "The Pursuit of Justice vs. the Pursuit of Peace," *International Herald Tribune*, July 11, 2008; David Rieff, "Justice Is the Enemy of Peace," *Los Angeles Times*, July 20, 2008.

意延缓 ICC 对巴希尔的指控。①

　　阿盟和伊斯兰会议组织也在 ICC 指控发出后迅即发表声明，警告说 ICC 此举可能对苏丹国内和平以及达尔富尔地区稳定产生消极影响，后果很危险。7 月 19 日，阿盟成员国外长紧急会议一致认为 ICC 指控"有失公允"，反对"任何将国际司法原则政治化的企图"，反对利用国际司法原则损害独立国家的安全、稳定和统一，要求给予政治解决达尔富尔和苏丹问题以优先权。穆萨秘书长在会后对苏丹进行访问，向巴希尔提出一项旨在阻止国际刑事法院检察官指控、促进达尔富尔问题得以尽快解决的行动计划。7 月 21 日，非盟发表声明请求安理会将 ICC 的指控延缓一年，认为 ICC 起诉巴希尔将会使苏丹因产生"军事政变"而陷入"完全的政治混乱"②。7 月 23 日，阿盟发表声明称阿盟和苏丹政府将优先考虑通过政治途径解决问题，在达尔富尔地区加强法治、维护司法，对该地区任何刑事犯罪的审判将在苏丹司法体系内进行，苏丹政府承诺将同联合国和非盟密切合作，采取一系列措施全面解决达尔富尔问题。

　　众多阿拉伯和非洲国家纷纷表态反对，认为 ICC 指控巴希尔总统是对苏丹局势不负责任的处理方式，将使苏丹政府与反政府武装就政治谈判所做的努力面临毁灭的威胁，是"对苏丹内部事务及所有阿拉伯国家事务的严重和不可接受的干涉"；"起诉一个享有司法豁免和独立权的主权国总统的做法越过了所有的红线"，将"引发不必要的混乱，滞碍达尔富尔地区的和平进程，同时也对苏丹政局的稳定构成极大的负面冲击"；国际社会应该设定"路线图"和时间表，齐心协力地通过政治途径在苏丹实现公平与正义。

　　世界大国对 ICC 指控巴希尔总统的反应。欧盟此前已呼吁苏丹与 ICC 进行建设性合作，并威胁要进行新的制裁。法国在指控发出后表示不会反对 ICC 的决定，但国际社会必须与巴希尔保持对话。俄罗斯希望安理会能

---

① "Sudan Bids for UN to Block Darfur War Crimes Prosecution," The Associated Press, July 14, 2008；"U. N. May Want to Suspend ICC Action on Bashir," Reuters, July 21, 2008.

② "African Union Seeks to Delay Indictment against Sudanese Leader," The Associated Press, July 21, 2008.

搁置 ICC 对巴希尔的指控。一贯在达尔富尔问题上立场强硬的布什政府，引人注目地呼吁 ICC 和苏丹"两边"都保持克制，强调联合国在解决达尔富尔地区冲突中的重要作用。美国的苏丹问题前特使纳齐奥斯担心 ICC 的指控会使苏丹领导人更不妥协，苏丹可能因此而发生广泛的暴力和流血冲突。中国对 ICC 起诉苏丹领导人深感忧虑，当前达尔富尔地区的形势正处在一个敏感而关键的时刻，希望有关各方抛弃分歧，以理性、合作和建设性的态度通过协商解决分歧，避免达尔富尔局势因苏丹领导人被起诉而复杂化，从而给达尔富尔问题的解决增加新的复杂因素，干扰甚至损害各方合作的气氛。中国和国际社会一道推动解决达尔富尔问题的决心不会改变，对任何有利于达尔富尔问题得到长远和妥善解决的方案、动议或行动，中国原则上都会持合作和开放的态度，愿意通过协商、协调的方式加以处理。

2008 年 7 月 31 日，联合国安理会通过了针对 ICC 起诉巴希尔总统的第 1828 号决议。多数成员国认为这个决议反映了非盟、阿盟、伊斯兰会议组织和不结盟国家的多方关切，担心第 1828 号决议会使苏丹政府和联合国之间的相互信任受到损害，担心决议会激励达尔富尔各武装派别的叛乱行为。中国常驻联合国代表王光亚在第 1828 号决议通过后表示，必须以一种平衡的方式来处理和平与正义的问题，中国支持安理会尽快采取措施，中止国际刑事法院起诉苏丹领导人。美国对第 1828 号决议投了唯一的弃权票，其常驻联合国副代表沃尔夫（Alejandro Wolff）认为，这是在国际社会努力消除有罪不罚的气氛、处理达尔富尔的正义与罪恶问题的重要时刻发出了错误的信息，它暗示苏丹政府也许还有摆脱的办法。

四 苏丹与国际刑事法院关系的现实与前景

鉴于莫雷诺—奥坎波检察官过去起诉的 11 个案子都未遭驳回，除非安理会中止 ICC 起诉苏丹领导人，否则莫雷诺—奥坎波此次指控巴希尔的成功率估计也比较大。然而就算 ICC 同意签发逮捕令，恐怕签发的也是一张空头逮捕令。

首先，逮捕令的执行是一个大问题。阿拉伯和非洲国家的情况多数和苏丹类似，上台方式以及现实处境和巴希尔总统类似的国家首脑不在少数，物伤其类，兔死狐悲，ICC 指控巴希尔首先在阿拉伯和非洲国家中引起不满，被认为这是西方干预发展中国家事务的新方式。非盟和平与安全理事会呼吁非洲各国形成统一立场，联合抵制 ICC 介入达尔富尔问题，阿盟也专门做出决议支持巴希尔总统。在没有苏丹周边国家参与合作的情况下，任何西方国家的军事力量进入苏丹都可能面临"二度殖民侵略"的指控，是否会重现当年殖民地国家集体对抗前宗主国的局面也未可知。因此可以断言，没有苏丹内部势力的配合，无论是美英法德的情报部门还是北约特种部队，没有哪一家会不计后果地执行 ICC 的这张逮捕令。

其次，巴希尔总统有着相当大的回旋空间。被通缉 13 年之久的卡拉季奇在 2008 年 7 月最终被捕，但这并不全是正义的胜利。卡氏能长期"大隐"于贝尔格莱德闹市是塞尔维亚政府的放任，突然遭逮捕也是塞尔维亚政府的需要，经济困顿的塞尔维亚需要拿他来敲开加入欧盟的门槛。但苏丹经济自进入新世纪以来发展迅速，南北内战也从 2005 年开始渐趋结束，民族团结政府的合作框架运转正常。凭借经济成就积淀而来的战略硬实力和政府声望，巴希尔总统强力主导着苏丹的国家机器，对内足以挫败反对势力的任何企图，似乎没有祸起萧墙之忧；对外能够找到足够的盟友和支持力量，在国际社会不会陷于四面楚歌、孤立无援之境地。正因为如此，苏丹政府才一贯对 ICC 指控喀土穆高官不屑一顾，拒绝向 ICC 移交任何苏丹国民，即便此次面对指控总统本人的局面，非但承诺不对驻苏丹的联合国人员实施报复，反而誓言用尽一切外交手段洗刷国家名誉。与苏丹官员的警告和国际社会的普遍担心相反，巴希尔总统在他自 2007 年以来首次视察达尔富尔时当众跳舞，以此来蔑视他被传有可能会因参与大屠杀而被捕的事实，并称维和人员是苏丹的"客人和伙伴"，表达了与国际社会的合作愿望。①

即便 ICC 指控近期不会对苏丹产生实质性影响，苏丹却不能长期以拒绝批准《罗马规约》的消极方式捍卫自身权益。现代国际体系的形成是主

---

① Jeffrey Gettleman, "Sudan's President Goes on Tour," *The New York Times*, July 24, 2008.

第五章 苏丹后革命时代的发展与局限（1996—2011）

权国家竞争国际空间的结果。国际社会围绕 ICC 的争论也同样如此。坚持主权原则的国家对 ICC 普遍管辖权的争议催生了关于管辖权的补充性原则，但补充性原则却实际上授权 ICC 对一国的司法制度进行审查，从而使国际刑事法院成为超国家的司法机构。[①] 因此，如果长期置身事外，让别人去制定对国家主权至关重要的游戏规则，恐怕并不符合苏丹的国家利益。

实际上，《罗马规约》的部分规定，客观上导致了非缔约国必将承担较缔约国更为苛刻的义务。其一，根据《罗马规约》的相关规定，任何缔约国均可以在规约生效 7 年后提出修正案，尤其是对《罗马规约》涉及 ICC 固有管辖权的四类罪行条款的任何修正案，在接受该修正案的缔约国交存批准书或接受书一年后对其生效，修正案涉及罪行转而由相关缔约国国内司法管辖权实施制裁。因此可以说，从 2009 年 7 月 1 日后的某一天开始，ICC 的管辖权将会被部分缔约国有效屏蔽，却可能对非缔约国主权构成显失公正的威胁和干涉。其二，根据《罗马规约》第 124 条（过渡条款）的规定，缔约国可以在批准该规约的同时，声明不承认 ICC 对涉及本国国民或在本国境内发生的战争罪犯享有管辖权，从而在规约生效的第一个七年内避免其国民因战争罪而被起诉。而非缔约国国民则可能因涉嫌战争罪而随时面临检察官的审查、起诉，接受法院的审判，非缔约国的司法主权将受到不当侵犯。

从长远来看，国内情况复杂的苏丹更应该充分关注 ICC 的发展动向，积极而主动地寻求现实的应对之策。首先，鉴于绝对主权观越来越受到国际法理论和实践的双重压力，难以获得其他国家和国际组织的谅解和认同，苏丹政府应当务实地调整观念，在坚持国家主权基本原则的基础上，根据国家最高利益和国际形势演进情形，将国家主权的绝对性和相对性结合起来，审时度势，创新性地处理国家主权与 ICC 管辖权的关系。其次，既然《罗马规约》序言中明确宣示国际正义必须成为行使管辖权的最高价

[①] 李世光、刘大群、凌岩主编：《国际刑事法院罗马规约评释》，北京大学出版社 2005 年版，序言第 4 页。

值目标，ICC 补充管辖权的设定又反映了当今国际法和国际关系在主权问题上的现实态度，那么，"接受《ICC 规约》及其组织机构，在其框架之内精心研究，巧妙设计本国追诉制度以维护国家主权，也应该是各主权国家所应采取的现实态度"[①]。从这一点出发，苏丹政府应尽快启动相关立法程序，完善有关国际犯罪的国内立法，建立健全严重国际犯罪的国内追诉制度，既从立法上保证苏丹法院对严重国际罪行的普遍管辖权，又充分利用ICC 补充性原则，尽可能避免出现苏丹公民受到 ICC 追诉或审判的情形，进而最大限度地维护苏丹司法主权。

如果能够有效地做到以上两点，苏丹就可以也应该在一个合适的时机批准《罗马规约》，让渡国家司法主权中的部分权力交由 ICC 管理和行使。从即时角度来看，加入 ICC 可使苏丹在司法领域加速与国际接轨，以日益完善的法治手段推动苏丹的社会转型和民族国家建构。而从长远来看，只有主权国家让渡出一部分司法主权，才有可能在有限范围内进行国际立法，确立有效可行的国际法治模式，维护国际和平正义，从根本上维护主权国家的独立。

第四节　第二次南北内战与艰难的和平进程

一　绵亘多变的战争进程

1989 年 6 月 30 日通过"救国革命"夺权的巴希尔政府拒绝接受民主联盟党同苏人解达成的和平协定，傲慢地声称它愿意同苏人解举行没有前提条件的谈判。加朗则谴责军人政变破坏苏丹的民主制度，批评巴希尔军人政权无视人权。1989 年 8 月和 12 月，因为巴希尔政府拒绝在沙里亚法问题上做出任何妥协，美国前总统卡特从中斡旋的和平谈判没有取得任何进展。双方战事绵绵，苏人解军队在战场上节节胜利，控制了南方三州的大片土地，活动触角深入达尔富尔、科尔多凡和青尼罗三州的南方。政府军仅控制着南方的主要城镇，例如朱巴、瓦乌和马拉卡勒等。

---

① 范红旗：《从〈德国国际刑法典〉看国际犯罪的国内追诉》，《法学杂志》2006 年第 1 期。

第五章　苏丹后革命时代的发展与局限（1996—2011）

为了扭转战局并彻底解决南方问题，伊阵主导的苏丹政府开始以"圣战"名义发动全面战争，这几乎成了当时苏丹政府对南方政策的唯一指导思想。1991年夏天，政府军接连夺取了多个苏人解控制的城镇，加之支持苏人解的埃塞俄比亚门格斯图政府被推翻，南方的反政府力量几近失败，被迫收缩到与肯尼亚、乌干达毗邻的边境地区。[①]

苏人解的内部分裂是导致苏丹国内战局逆转的重要原因，不仅削弱了苏人解的自身力量，也使巴希尔政府得以分化南方势力。约翰·加朗的独裁式领导实现了苏人解的团结和协作，取得了一连串的军事胜利，几乎控制了整个南方，但他的"苏丹主义"口号并没有得到大多数南方人的支持，他对异议和批评者的无情打击引发了苏人解内部严重的分裂。1991年，因为不满意丁卡人约翰·加朗的专制领导，更由于对南苏丹最终政治地位的确定出现严重分歧，以里克·马夏尔（Riek Machar）为代表的努维尔人开始自立门户，宣布他才是苏丹南方抵抗运动的适合领导人。苏人解高层很快分裂成两派。一派是由加朗领导的托里特派，也叫作主流派，主张建立统一世俗的新苏丹。另一派是由马夏尔领导的纳绥尔派，也叫作联合派，主张南方独立建国。因为苏丹社会根深蒂固的部族身份认同，加朗的丁卡人身份和马夏尔的努维尔人身份，不可避免地将苏人解内部的领导权争夺演变成了丁卡人与努维尔人之间的种族冲突，引发了南方黑人两个大的部族间全面的军事对抗。

尽管当时纳绥尔派并没有颠覆加朗在苏人解的领导地位，但他们号召南方独立并放弃建立统一的世俗苏丹，成功地复兴了南方自治必须优先于苏丹统一的原则。1992年9月，威廉·巴尼（William Nynon Bany）组成了第二个反对派别。1993年2月，苏人解前副总司令克鲁比诺·博尔组成了第三个反对派。1993年3月，三个主要的反加朗派别宣布组建苏人解联合派（SPLA United），并在1994年9月重组为南方苏丹独立运动（SSIM），协调对加朗的军事行动。[②]

[①] Edgar O'Balance, *Sudan, Civil War and Terrorism*, 1956-99, London: Macmillan Press LTD, 2000, p.176.

[②] 刘鸿武、姜恒昆编著：《苏丹》，社会科学文献出版社2008年版，第198—199页。

加朗起初并没有重视纳绥尔派的分裂活动，继续游走于亚的斯亚贝巴、博马高原与苏人解的各个营地之间，密集出访争取国际支持，甚至明确宣布没有攻击分裂者的计划。然而，由于得到了苏丹政府军的支持，苏人解纳绥尔派开始主动进攻加朗领导的苏人解主流派。1991年秋季，纳绥尔派武装袭击了阿约德（Ayod）和孔戈尔（Kongor）地区，导致几百丁卡族平民死亡，包括妇女和儿童，当地70%的丁卡人被迫离开家园。1992年1月，纳绥尔派联合努维尔民兵武装多次袭击孔戈尔和博尔地区，许多丁卡人在战乱中丧生，博尔城被蓄意摧毁，27万丁卡人带着5万头牛匆忙逃亡，流离失所，另有35万头牛四处流浪无人问津。[1] 由于这几处地方基本没有加朗领导的苏丹人民解放军活动，一些暴力袭击甚至发生在苏丹政府军打击之后，马夏尔部队的暴行在苏丹南方以及国际社会激起强烈愤慨。加朗随即动员了来自托里特的一支部队夺回博尔城，重挫马夏尔领导的纳绥尔武装，并将其驱散至阿约德。"博尔大屠杀"影响深远，不仅在当时就迅即引发了丁卡族和努维尔族之间的一系列冲突，还导致二者将2011年南苏丹独立后的内战看作1991年族群冲突的继续，并将内战中的族群清洗与屠杀看作对其他族群的"历史复仇"[2]。

为了预防加朗军队进攻，受挫后的马夏尔更加依赖苏丹政府提供的武器、物资供应和资金，这让更多的南方人怀疑他推动南方独立的承诺，从反面强化了加朗对抵抗运动的领导和控制。事实上，马夏尔领导的反加朗联盟本质上就是与虎谋皮，因为根本无法调和他的独立诉求与伊阵主导的苏丹政府的统一追求，这破坏了马夏尔作为领导人的可信度，南方苏丹独立运动越来越式微。1993年，政府军抓住机会发动猛烈攻势，自由地通过苏人解纳绥尔派的领地，重新占领了波查拉、皮博尔、博尔、卡波埃塔和托里特。加朗被迫将其军事总部转移到迪丁加山区深处的楚库杜姆（Chukundum），率领部队同时与马夏尔和政府军两线作战。苏人解联合派

---

[1] Mansour Khalid, *War and Peace in the Sudan A Tale of Two Countries*, London: Kegan Paul Limited, 2003, p. 332.

[2] "Final Report of AU Commission of Inquiry on South Sudan," Addis Ababa, Oct. 15, 2014, p. 237.

第五章　苏丹后革命时代的发展与局限（1996—2011）

与苏丹政府军及其民兵组织密切合作，战斗在孔戈尔、阿约德及沃阿兹等地持续进行，加朗部队位于东赤道和加扎勒河地区的要塞据点遭到了严重破坏。6月，政府军开始了在耶伊—朱巴—尼穆莱三角形地带的攻势，重新占领了莫罗博。8月，加朗部队丧失了在努巴山区的全部据点，巴希尔总统宣布将在下一个旱季完成对整个努巴山区的征服。

面对严峻的内部分裂和军事失利局面，加朗从两方面开始反击。首先，加朗以蓄意谋反的罪名处死了两名高级指挥官，稳固了苏人解内部丁卡族军官们的团结，精心组织军事行动抵御政府军和联合派的进攻，通过战略收缩逐步恢复他对苏人解一度几乎丧失的领导和控制权。其次，加朗在1994年4月精心组织了南方的全国代表大会，首次屈尊与大量的本地或普通南方人讨论或决定政策，打算在苏人解控制的南方地区建立文官政府，从而强化了苏人解是南方苏丹人民代表的合法性。这次大会在当时被普遍视为巨大的成功，带来了乐观和革新的气象，并在苏人解主流派内部恢复了团结，提升了士气，被南方人奉为"新苏丹"成立的标志。在这次会议之后的一年时间里，加朗领导的苏人解主流派逐渐扭转了军事上的不利局面，在赤道州、加扎勒河州和努巴山区赢得了一系列胜利。

二　复杂的派系分化组合

1995年，苏丹国内的和流亡国外的反对派组织在厄立特里亚首都阿斯马拉召开会议，成立了以米尔加尼为首的"全国民主联盟"，苏人解、民主联盟党和乌玛党是联盟的重要组织成员，此外还有一些较小的政党和北方的民族组织，加朗是联盟总指挥部的成员之一。这开辟了苏丹内战的东北战线，使内战成了中心和外围的冲突而不仅仅是南北冲突。与此同时，苏丹政府也在"内部和平"的旗帜下与马夏尔领导的众多反对派签署协定，结束了同重要反政府派别之间的军事冲突。许多接受安抚的反对派领导人随后前往喀土穆，或者在中央政府中担任一些边缘职务，或者配合政府与加朗领导的苏人解作战。苏丹的这些重大派系变化模糊了内战的南北对抗特点。

马夏尔领导的联合派在初期取得了一连串军事胜利，但很快也发生了

· 277 ·

曾经在苏人解内部循着种族界限而发生的分裂，造成了努维尔族内部的深刻分歧，最终导致苏人解纳绥尔派的解体。分裂的源头是一场因为1991年粮食歉收而引发的相互攻击，当事方是同为努维尔人的吉卡尼人（Jikany）和卢奥人，本应公正处理的马夏尔因为偏袒吉卡尼人而激化了冲突。愤怒的卢奥人利用马拉卡勒政府提供的武器公开进攻吉卡尼人，摧毁了乌朗（Ulang）和纳绥尔，导致大量平民伤亡，纳绥尔派的内部冲突加剧。此后，马夏尔先后解除了多名与巴希尔政府合作的指挥官，逐步成为南方苏丹独立运动无可争议但却日益虚弱的领袖。1997年，马夏尔领导的南苏丹独立运动（SSIM）联合其他六个派别，组建拯救民主团结阵线（USDF）和南苏丹防卫部队（SSDF）。1997年4月，拯救民主团结阵线各派同苏丹政府在喀土穆达成了《苏丹和平协议》，成立了监督协议实施的南方各州协调委员会。苏丹政府承诺南苏丹享有自决权，在为期四年的过渡期结束后可通过全民公决来确定自治地位；作为交换条件，拯救民主团结阵线各派别不仅同意将它们的军队整合为南苏丹防卫部队，同意参加南苏丹协调委员会（地方过渡政府），而且基本放弃所坚持的南方独立，支持全国伊斯兰阵线设计的26个州以联邦的形式实现苏丹的统一，同意沙里亚法作为国家立法的基础原则。① 1998年，巴希尔总统任命马夏尔为南方各州协调委员会主席，克鲁比诺为副主席，钦点马夏尔领导努维尔民兵武装，巩固了强化反对苏人解（SPLA）的临时联盟。2000年，马夏尔成立了苏丹人民民主阵线（SPDF）。2002年，马夏尔率领苏丹人民民主阵线重新加入苏人解。2005年，南苏丹自治政府成立后，马夏尔任南苏丹自治区第一副主席。2011年，南苏丹独立后，马夏尔成为南苏丹共和国第一副总统。

1994年9月，也就是马夏尔将苏人解联合派重新命名为南苏丹独立运动前后，被解职的拉姆·阿库勒（Lam Akol）在白尼罗河沿岸的科多克宣布将担任苏人解联合派余部的领导人。此后，更多的努维尔人开始离开马夏尔回到家乡，还有一些人倒戈到加朗方面。到1995年底，几乎所有的南

---

① Sharon E. Hutchinson, "A Curse from God? Religious and Political Dimensions of the Post-1991 Rise of Ethnic Violence in South Sudan," *The Journal of Modern African Studies*, Vol. 39, No. 2, 2001, p. 320.

第五章 苏丹后革命时代的发展与局限（1996—2011）

方抵抗运动领导人都疏离了马夏尔。鲍里诺·马蒂普（Paulino Matip）此时已经成为政府军少将军官，受命率领布勒族（Bul）努维尔人武装保护本提乌油田，他不仅拒绝在马夏尔手下效力，也不允许将其麾下部队调离待遇丰厚的油田保卫工作进行重新部署，双方的追随者在上尼罗等地发生了激烈的武装冲突。①

1996年12月，苏丹东部的卡萨拉州发生了激烈的军事对抗，交战双方分别是苏丹政府军的两个旅和来自邻国厄立特里亚的1500名反政府武装分子。这一事件标志着反政府武装在苏丹东部开辟了新的战线，因而是政府和反政府力量在内战中的转折点。随后，南方的苏人解向政府军发起了重大反击，重获失地并彻底改变了双方的力量平衡。至此，两线作战且在军事上失利的苏丹政府被迫同苏人解开始真正谈判，苏丹和平出现转机。

图拉比和巴希尔的权力斗争是苏丹政坛2000年前后分化组合的最重大事件。2001年2月，在权力之争中失败的图拉比前往日内瓦，与约翰·加朗领导的苏人解签署了谅解备忘录，承认南方的自治权利，约定双方通过和平途径合力推翻巴希尔政权。虽然该备忘录的现实意义并不大，但它却有着巨大的潜在意义。通过谅解备忘录的签署，救国革命前在议会中拥有过席位的所有传统政党都认为应该推翻现政权，也正式认可了南方的自治权利。这样巨大的立场转变深刻地冲击了伊斯兰狂热者的圣战思想基础。图拉比随即被逮捕羁押，但其追随者的活动仍然非常活跃，在高校学生中影响巨大。②

三 艰难的和平进程与内战的结束

在苏丹第二次内战的头十年里，南北双方都曾表现出和解的姿态，美国和尼日利亚等国，以及非洲统一组织也都相继在冲突双方之间进行过调解，组织了多次旨在结束冲突的和平谈判，但所有的和谈努力均未成功。究其原因，就是双方的强硬派都相信必须尽快以武力解决问题，都大肆批

---

① [美]罗伯特·柯林斯：《苏丹史》，徐宏峰译，中国大百科全书出版社2010年版，第239—240页。

② 刘鸿武、姜恒昆编著：《苏丹》，社会科学文献出版社2008年版，第202页。

评对方缺乏做出必要让步和妥协的诚意，都希望通过参加和谈获得更多邻国的支持和国际社会的同情。尤其是苏丹中央政府，一直不愿承认南方的地位和权力，不愿做出政治、宗教或领土上的让步和牺牲，惨烈的战争因而长期拖延，和平希望渺茫。

政府间发展组织"伊加特"（IGAD）是非洲之角最重要的区域组织，长期致力于在苏丹冲突各方之间寻求和平解决办法，在苏丹和平进程中扮演了关键角色。1993年初，在伊加特（当时叫政府间抗旱与发展组织，1996年3月改为现名）的倡导下，苏丹政府同苏人解先后在乌干达和尼日利亚举行谈判，但均未取得任何成果。1994年5月，伊加特提出了解决苏丹南北问题的《原则宣言》，主张承认苏丹南方自决的权利，但通过全国共识实现苏丹国家统一仍然是优先的原则；建议内战双方达成一个过渡时期，按照政教分离、多党民主、尊重基本人权和松散邦联等原则逐步走向国家统一；在必需的过渡期结束后，南方和其他被边缘化的集团可以通过公投选择继续统一或者分离。①《原则宣言》的核心是各方承诺实现国际监督下的停火，约翰·加朗已经准备同意签署并表达了对《原则宣言》的信任，但参与谈判的苏丹政府代表却以自决和世俗主义议题不容谈判为由断然拒绝，图拉比甚至试图劝说肯尼亚的莫伊（Moi）总统脱离伊加特但被礼貌地拒绝。在接下来的3年里，伊加特继续敦促苏丹政府接受《原则宣言》并将其作为可行性的谈判基础，但依然没能打破双方的僵局。虽然如此，伊加特却坚持了一个现在看来比较正确的做法，那就是拒绝了苏丹其他政治集团的加入要求和申请，主要推动苏丹政府与苏人解之间进行谈判，谈判关注的议题比较狭窄，谈判进程也主要靠精英驱动且秘密进行。

1997年，因为内部的常态化进程、军事行动的失利和持续的国际压力，苏丹政府开始采取新的务实外交，新成立的伊加特顺势启动了恢复和谈的外交和政治动议。在1997年7月8—9日的伊加特会议上，苏丹政府虽然声称保留拒绝其中任何一条原则的权利，但愿意接受《原则宣言》并将其作为一种无约束力的谈判基础。伊加特随即在内罗毕设立关于苏丹和

---

① 郑先武：《政府间发展组织与苏丹和平进程》，《国际观察》2011年第4期。

第五章　苏丹后革命时代的发展与局限（1996—2011）

平进程的秘书处，肯尼亚不仅负责为秘书处提供政治领导、金融和技术支持，还任命了一位关于苏丹和平进程的特使，推动苏丹政府与苏人解开始更紧密的对话。1998年5月，苏丹政府同苏人解在内罗毕就南方自治举行公决达成了协议。7月，苏丹政府与苏人解同意在加扎勒河地区实现停火，为120万名南方饥民的人道主义救援物资运送开放"安全走廊"。1999年7月，埃及—利比亚联合号召苏丹建立临时政府、分配权力、改革宪法并举行新的选举，苏人解随即宣布同意与政府举行直接谈判并停止内战，苏丹政府的态度则多次反复。2000年2月，苏丹政府同苏人解在内罗毕重开和谈，为期6天，但未达成任何协议。从整体上看，伊加特推动的和解进程，虽然在这一时期没有取得实质性进展，甚至因为双方在南方范围和政教分离等问题上的分歧而陷入僵局，但《原则宣言》的基本框架却逐步成为结束苏丹内战的"关键工具"，是苏丹各方进一步谈判的平台。[1]

2001年9月6日，美国总统布什宣布介入苏丹和平事宜，并任命约翰·丹佛斯（John Danforth）为苏丹问题特使。"9·11"事件后，英国、挪威也相继介入了苏丹和平进程，与美国一起组成了推动苏丹和谈进程的"三驾马车"，共同推动冲突各方实现停火。与此同时，苏丹政府和苏人解也都处于20年来最有意愿妥协达成和解的时刻，越来越多的巴希尔政府高层人员开始把和平当作解决或者至少改善苏丹社会经济问题的最好办法，加朗也希望以一种可以接受的办法调和他与其追随者的思想分歧，保证他在南方的权威并巩固他在北部作为一位国家领导人的形象。[2] 伊加特随即调整策略，不仅任命苏姆比耶沃将军（Lazarus Sumbeiywo）为伊加特的首席调解人，而且吸纳来自美国、南非和瑞士等国的外交官和法律专家组成调解团，将《原则宣言》所关注的议题浓缩为简明的谈判文本。2002年7月，经过5个星期的谈判，苏丹政府和反政府武装在肯尼亚达成了《马查科斯议定书》（Machakos Protocol）。这是一份双方都做出重大让步的协定，

---

[1] Gilbert M. Khadiagala, *Meddlers or Mediators? African Interveners in Civil Conflicts in Eastern Africa*, Boston: Martinus Nijhoff, 2007, p.218.

[2] ［美］罗伯特·柯林斯：《苏丹史》，徐宏峰译，中国大百科全书出版社2010年版，第301—302页。

北方同意南方自决，南方接受沙里亚法在北方的立法来源地位，自决的权利将在6年的过渡期后通过全民公决确定。《马查科斯议定书》是一份里程碑式的协定，不仅为多年悬而未决的权力分享、财富分配和停火等问题建构了一个共同的框架，而且成立了安全监督机制和独立评价委员会，奠定了苏丹和平进程的基础。①

《马查科斯议定书》签署后不久，在伊加特的主持下，巴希尔总统与苏人解领导人约翰·加朗开始了关于财富分享和停火的直接会谈，并且在2002年10月中旬达成了1983年冲突开始以来的首个停火协定，范围涵盖所有交战区域。2003年，双方的谈判开始聚焦于政治、安全和财富分享的具体安排。6月，伊加特调解团到苏丹各地走访，广泛听取各界人士对谈判议题的看法，推动伊加特秘书处制定解决悬而未决议题的"纳库鲁框架文件"（Nakuru）。9月，加朗与苏丹副总统塔哈在肯尼亚的奈瓦沙（Naivasha）进行了为期3周的最高级别直接会谈，达成了关于过渡期内安全和军事安排的协定，苏丹政府同意从南方撤出武装部队并新建一支联合军队。10月，在美国国务卿科林·鲍威尔（Colin Powell）的调停下，也因为达尔富尔危机的爆发迫使巴希尔总统做出实质性让步，苏丹北南双方承诺在12月底签署一个结束内战的全面协定。布什总统随即发出邀请，希望双方能在美国举行全面协定的签署仪式。

2004年初，北南双方基本解决了在财富分配问题上的分歧，同意各拥有50%的石油财富。5月，双方就阿卜耶伊（Abyei）、南科尔多凡和青尼罗三个冲突地区的地位达成协定，解决了大多数与安全协议和财富分配相关的问题。6月5日，在伊加特的主持下，苏丹政府与苏人解签署了《内罗毕宣言》，确认它们对和平进程的承诺，并决定成立一个建立在权力分享之上的全国统一过渡政府，约翰·加朗任第一副总统。2004年12月31日，苏丹政府与苏人解完成了最后谈判，签署了全部文件。2005年1月9日，苏丹第一副总统阿里·奥斯曼·塔哈与苏人解主席约翰·加朗共同签

---

① Ruth Iyob, Gilbert M. Khadiagala, *Sudan: The Elusive Quest for Peace*, Boulder: Lynne Rienner, 2006, pp. 121–122.

第五章　苏丹后革命时代的发展与局限（1996—2011）

署了《全面和平协议》。作为见证，肯尼亚和乌干达总统也在和平协议上签了字。

《全面和平协议》是一份处理安全、财富分享和权力分享等问题的庞杂文件，有很多附件，包括 2002 年 7 月 20 日签署的《马查科斯协议》（第一章）、2003 年 9 月 25 日的《安全保证协议》（第六章）、2004 年 1 月 7 日的《财富分享协议》（第三章）、2004 年 6 月 25 日签署的《权力分享协议》（第二章），此外还有《关于解决阿卜耶伊冲突的议定书》（第四章）和《关于解决南科尔多凡/努巴山区和青尼罗州冲突的议定书》（第五章）。所有这些协议均于 2004 年 12 月 31 日予以签署。此外，在 2004 年 12 月 31 日还签署了两个附件，包括详细的执行程序，要求在 6 个月过渡准备期和 6 年过渡期之后就南方苏丹人民的自决权利举行全民投票。"联合国苏丹使团"取代伊加特负责协议执行的监督任务。

《全面和平协议》签署后，交战双方宣布永久性停火，当代非洲大陆延续时间最长的内战正式结束，伊加特长达 12 年的和平调解迎来了胜利时刻。2005 年 7 月，苏丹民族团结政府成立，巴希尔任总统，南方武装领导人加朗任第一副总统兼南方政府主席。2010 年 3 月，伊加特在内罗毕召开特别首脑会议，讨论苏丹北南和平进程和《全面和平协议》落实情况，重点商谈苏丹南方问题公投后有关问题的安排及面临的挑战，在朱巴设立联络处为选举和公投提供专门支持。2011 年 1 月，南苏丹如期举行全民公投，有 98.83% 的选民赞成独立。7 月 9 日，南苏丹共和国成立。2011 年 11 月，伊加特在亚的斯亚贝巴召开特别首脑会议，正式接受南苏丹为其成员国。

第六章

民族国家建构失败与南北分立

独立后的苏丹，中央与地方的矛盾一直难以化解。从总体上讲，北方的阿拉伯民族控制着中央政府，南部和西部的黑人民族因为认定中央政府偏袒北方阿拉伯人而质疑其合法性与权威，常常表现出寻求自治与独立的倾向，尤其是南方。自独立以来曾引发40年内战的南北问题，虽然在巴希尔政府做出较大让步后暂时平息，但南方寻求独立的根本政治诉求并没有消失。自2005年和平协议签署以来，南方自治政府不仅已经试用国旗国歌国徽等独立标志，为使用"新苏丹"还是"南苏丹"等国名争论不休，而且已经以独立政权身份频频同欧美及邻国开展外交往来。[1] 参加南方自治政府的八个政党无一明确支持北南统一，大部分的南方民众也态度坚决地要求独立，急切盼望2011年全民公决的到来。

2011年7月9日，在经历了非洲地区最旷日持久的内战之后，南苏丹正式宣告独立。同一天，安理会成立了7000名军事人员及900名文职警察的特派团以巩固这个世界上最年轻国家的和平与安全。5天之后的7月14日，第65届联合国大会以鼓掌方式一致同意接纳南苏丹为联合国第193个会员国。梦想成真的独立给南苏丹人带来了前所未有的愉悦和自信，他们热切憧憬着彻底脱离北方后的平等、自由、富裕和民主。但面对从脆弱的南北和平、滞后的经济发展、激烈的权力内斗到落后的制度建设、松散的社会结构、薄弱的国家意识等一系列社会难题，他们似乎并没有做好应对

---

[1] Jeffrey Gettleman, "Bashir Wins Election as Sudan Edges toward Split," *The New York Times*, April 26, 2010.

准备，甚至还可能因为再也不能透过他人而重蹈曾经激烈反对过的同样的境地。与此同时，随着延续了55年的民族国家建构的最终失败，痛定思痛的苏丹政府同样任务艰巨，要承担失去南方资源后的诸多经济后果，要防范达尔富尔等地区分离主义势力，更要探索适合自身国情的政治体制和发展道路。

第一节 南北分立前的全国性大选

2010年4月11日到15日，苏丹举行了选举，不仅要选出下一届总统、国民议会450名议员、全国25个州中的24个州长和各州议会议员，南方还将选出南方自治政府主席和南方立法机构成员，选票总数为1.7亿张，因此被形容为世界上最为复杂的"五合一选举"。尽管出现了一些混乱和技术性错误，但选举期间没有发生大的骚乱、对抗以及旨在破坏选举的有组织暴力活动，国际社会也普遍给予此次大选肯定评价。潘基文秘书长向参加大选投票的苏丹人表示祝贺，呼吁所有政治派别本着对话的精神和平处理选举中出现的问题。欧盟和卡特中心的观察员表示，选举不存在欺诈和作弊，中国观察团和阿盟观察团认为这是一次成功的大选。美国政府称赞苏丹大选的和平气氛令人满意，准备与大选的获胜者打交道。只要结合苏丹国家发展的宏观背景透视此次全国大选，就能够充分理解苏丹政治转型的成就与限度。

一 选举折射的社会发展和政治分野

由于各种政治势力在人口普查、选举日期确定、选区及席位分配甚至选票印刷等问题上存在矛盾和分歧，被确认的12名总统候选人先后有6位宣布退出，反对党联盟"朱巴论坛力量"呼吁集体抵制大选并且拒绝承认选举结果，苏丹全国大选能否顺利举行此前一直不被看好。但实际上，持续5天的大选投票阶段形势总体平稳，全国87个政党中的73个派出了1.4万名候选人参选相应职位，很多州的选民投票率达到了70%左右。大选结果也基本符合选前估计，联合执政的全国大会党和苏人解分别在北方和南方取得压倒性胜利，其他反对党和独立候选人在选举中所获有限。在总计1000多万张有效选票中，巴希尔以690多万张选票成功连任，得票率为68%，他所领导的全国大会党赢得了北方13个州的州长选举，获得国民议会中北方地区的大多数席位。基尔在南方自治政府主席选举中以93%的超高得票率顺利蝉联，其所领导的苏人解拿下南方九个州和北方青尼罗州的州长位置（南科尔多凡州没有举行州长选举），同时还获得了国民议会中南方地区的多数席位，占据着南方地区立法机构的多数席位。石油重镇团结州的州长被独立候选人塔班邓获得，此人属于在团结州人数占优势的努维尔族，是苏人解成员但长期对以丁卡族为首的苏人解不满。对于选举结果，人民大会党批评选举舞弊但接受选举结果，民主联盟党计划发动街头示威活动，抗议选举不公及其选票遭"偷窃"，乌玛党领导人萨迪克的失败、出走和拒绝参政被媒体形容为终结他"政治生命棺材的最后一颗铁钉"，沦为声音微弱的"政治僵尸"①。因此，只要细剖各个政治派别对待大选的态度和参与，就可以清晰地勾勒出苏丹国家的发展成就和政治分野。

苏丹自1956年独立以来就一直战乱不断，持续了40年的两次南北内战和达尔富尔地区（简称"达区"）的暴力冲突，实质上是苏丹为明确国家发展定位而付出的民族代价，国际刑事法院甚至以战争罪和反人类罪对巴希尔总统发出了逮捕令。在长期动乱的背景下，苏丹仅在1958年、1965年、1968年和1986年举行过四次多党议会选举，2010年大选因为处在南北矛盾和东西矛盾都有所缓和的关键时刻而备受瞩目，被看作落实《全面和平协议》的重要步骤和"走向新苏丹的历史转折点"②。24年来的首次多党民主选举确实展现了苏丹社会的初步民主气象，不仅总统候选人名单中出现了萨迪克、图拉比等曾经的政治风云人物，出现了苏丹历史上的首位女性总统候选人法蒂玛，苏人解副主席夫人安吉丽娜更是执意以独立候选人身份竞选州长，发誓要让渴望改变的每一个团结州选民都看到希望。③

---

① Nesrine Malik, "Sudan Election Didn't Need Fraud," *The Guardian*, April 24, 2010.
② Harry Verhoeven, "Sudan's Election Will Change Little," *The Guardian*, April 12, 2010.
③ "Three People Killed Following Taban Deng Declared Win in Unity State," *Sudan Tribune*, April 24, 2010.

占尽优势的巴希尔总统一再展示慷慨和善意，强调要同苏丹所有政党进行磋商共同应对国家所面临的诸多挑战，要继续致力于推动和平进程直到国家实现全面和平。获胜的全国大会党呼吁苏丹各政治力量为下一次选举做准备，做建设性的反对党而不是破坏性的反对党。

这次选举更是苏丹民众充满希望的政治实践。为了鼓励更多人投票，苏丹国家选举委员会设立宣传站向民众演示投票过程并邀请民众练习如何投票，派员走上街头向居民分发介绍选举知识和投票步骤的传单，在选票上加印候选人照片和参选政党的选举标志以方便不识字的选民准确投票，在全球21个国家分设了国际投票点，方便12万名海外苏丹人投票，邀请来自18个国家和国际组织的840名国际观察员，会同国内132个组织的20278名本土观察员一起对填票、投票和检票等各个环节进行全程监督。1600万个选民则就近走进遍布全国的2.65万个投票站，北方地区选民分3个程序填写8张选票，南方选民分5个程序填写12张选票，共同用手中的1.7亿张选票选举共和国总统、南方自治政府主席、450名国民议会议员、24位州长和各州议会议员。虽然每个选民的投票过程需半小时左右才能完成，设置的投票系统复杂到连南方政府主席基尔的第一次投票也被迫作废，文盲率高达64%的苏丹选民要准确投票8次或12次确实也不容易，但切实的选举参与本身就是一次生动的民主训练。尽管大选头两天也出现了一些技术错误，包括候选人名字被遗漏或误拼、政党标志混淆、投票站开门晚、选票不够以及选民找不到自己的名字等，但大多数苏丹人仍安静耐心地到投票站投票，坚持履行自己的职责和投票权利。女性选民的参政意愿尤其强烈，参加投票的妇女在全部投票者中占60%。苏丹民众确实还不富裕，对所谓的民主选举并不十分清楚，但他们确实走进了投票站，对他们喜欢的州长、议员还有总统的名字打钩，投票过程中并没有出现太过明显的混乱局面，也没有出现党派间的互相抹黑等乱象。苏丹的未来很可能诚如亨廷顿所言：“一旦群众被领出洞穴，就不可能再剥夺他们享受阳光的权利。”[1]

---

[1] ［美］塞缪尔·亨廷顿：《变化社会中的政治秩序》，王冠华等译，上海人民出版社2008年版，第253页。

二　巴希尔赢得属于自己的选举

在1989年"救国革命"后上台执政的最初十年里，巴希尔用枪杆子逐步战胜了主要政治对手图拉比的笔杆子，结束了军人政权与伊斯兰宗教极端主义长达十年的政治联姻，主动停止始自尼迈里时期的官方伊斯兰化，推动苏丹从革命性国家过渡为现状性国家。在随后的十年里，巴希尔凭借成功的油气开发初步结束了南北内战，实现了自独立以来持续时间最长最强劲的经济增长，还通过降低电价、全民免费医疗等多项惠民措施让民众切实享受到发展成果。从总体上看，虽然达区和南方地区的黑人民众对巴希尔有一些不同的看法，苏丹也确实存在着财富分配不公等社会弊病，大约40%的苏丹人仍生活在贫困线以下，但凭借南北停战的和平红利及经济发展的切实成就，巴希尔得到了中部农业区和喀土穆等地民众的坚定支持，在北方地区的民意支持率高达81.2%，在南方也拥有不少支持者。正是出于对自身威望与合法性的高度自信，巴希尔在一次竞选集会上踌躇满志地宣称："没有人和我们作对，就是美国也正逐步成为全国大会党的成员。"①

由于国际刑事法院的逮捕令严重削弱了其继续执政的合法性，西方国家又一再借机加大打压力度，迫切需要一次成功选举来扭转不利处境的巴希尔总统精心组织了自己的竞选活动。首先，他通过延期选举初步摆脱了经济危机的不利影响，全盘掌控人口普查和选民登记进程，为扫清继续执政的法律障碍还辞去了长期担任的武装部队总司令职务。其次，巴希尔在竞选活动中主打经济牌，将所有竞选海报的背景设置为大坝、工厂、道路或者大型工程机械，用标志性的经济成就突显苏丹"救国革命"以来的发展和繁荣，借此展示他"强大而诚实的领导人"形象。② 再次，占尽优势的巴希尔并没有在总统府内坐等胜利的到来，而是走遍苏丹所有重要城镇并举行大型群众集会以造声势，尤其是通过向达区和苏丹南方的民众极力

---

① Simon Tisdall, "Don't Rubbish Sudan Elections," *The Guardian*, April 9, 2010.
② Jeffrey Gettleman, "Sudan's Growth Buoys a Leader Reviled elsewhere," *The New York Times*, April 14, 2010.

第六章 民族国家建构失败与南北分立

展示善意争取选票。最后，巴希尔高调追求选举过程在既定规则下的自由公正透明，多次表示要杜绝任何舞弊行为，既最大限度地防范了对手们的暗箱阴谋，又提升了他作为现任总统和下任总统候选人的道义威望。尽管国际刑事法院旧话重提要追究巴希尔的所谓种族屠杀罪，西方世界也确实有很多人因为不喜欢巴希尔而想当然地认为苏丹大选是一场"弊选"和"闹剧"①，但仅就选举本身而言，顺风顺水的巴希尔及其领导的全国大会党不仅没有必要在大选中作弊，相反倒要时刻提防对手们的小动作及其对选举合法性的破坏。

为了保证选举的顺利合法有效，也可能出于配合总统的意图，苏丹政府驱逐了在达区从事人道主义救援活动的 26 个西方国际非政府组织，一再警告要"斩断任何企图插入苏丹事务的鼻子、手和脖子"②。财政与国民经济部按计划全额拨付了 7.9 亿苏丹镑的大选经费，敦促捐助方提供的其余 43% 的经费及时到位，调用 32 架飞机和 2000 多辆汽车保障选举的后勤需要。国家选举委员会坚定地拒绝了反对党的延期要求，声称苏丹人有权通过投票箱选择能够代表他们的领导人，将女性候选人的席位增加到总席位的 25%（112 席），同时还把选民的注册登记时间延长至一个月，投票时间从 3 天延长至 5 天以确保所有的选民都能够行使自己的权利，邀请世界各国的 350 名新闻记者实时报道苏丹大选情况。为了确保投票期间的安全，苏丹政府出动了 5.4 万名军人和 5 万多名警察维护大选安全，要求全国医院进入"紧急状态"以应付各种可能的突发事件，在各个投票中心准备必要的药物、器材和救护车辆，喀土穆的各个主要街道路口和政府部门都安排荷枪实弹的警察和士兵把守。

三 苏人解以退选和接受大选确保"公投"

苏人解本来在 2010 年初就率先宣布了本党的总统候选人提名，并带动其他反对党也纷纷推出自己的总统候选人，但其随后的一系列举动却似乎

---

① Louise Roland-Gosselin, "Omar al-Bashir's Re-election in Sudan is a Farce," *The Guardian*, April 27, 2010.

② Xan Rice, "Sudan Elections Damaged by Last-Minute Boycotts," *The Guardian*, April 9, 2010.

· 289 ·

颇有深意，包括明知退选无效却还是在选前十天撤回了该党的总统候选人阿尔曼，强行把苏人解北方局全面抵制大选的决定改为只涉及达区的部分抵制。应该说，无论苏人解的主观愿望如何，几位具有一定竞争能力的总统候选人的退选，客观上确实增加了现任总统巴希尔获胜的可能性。

鉴于苏人解一直把大选看作"通向全民公投的最后一跃"，该党总统候选人的中途退选被广泛看作苏人解以"退选"换"公投"的一场赌博。① 但苏人解和全国大会党对此都予以坚决否认。如果苏人解真的没有和全国大会党有幕后交易的话，对其退选总统的最合理解释也许是：既然全国大会党没有推举任何候选人参加南方地区的选举，巴希尔在选前又曾警告如果抵制大选就将取消公投，苏人解出于投桃报李以及对2011年公投如期举行的关切，很可能一厢情愿地希望通过曲线形式满足巴希尔继续执政的愿望来换取后者对公投的支持。南方自治政府主席基尔不仅自己在大选中把票投给了现任总统巴希尔，而且呼吁苏人解成员把选票投给巴希尔。② 当然，苏人解对此次北方地区选举明显不那么积极可能还有其他考虑，例如自认对竞选总统和在北方地区的选举没有胜算，甚至还可能基于反正公投后要独立出去的心理而不愿掺和北方地区的选举。由于苏人解候选人只能给不满巴希尔的人提供一种选择而不会对巴希尔构成实质性威胁，苏人解北方局领导人阿尔曼退选对巴希尔的最大负面影响也许是，很多40岁以下首次参加选举的选民，还有那些认为大选是全国大会党自己"封闭游戏"的选民，可能因为没有认可的对象而胡乱投票或者以忙于谋生为由不参加投票。③

苏人解对大选结果的接受也以确保公投的如期举行为交换条件。由于担心大选推迟会导致2011年公投推迟，苏人解在短暂的犹疑之后开始坚定地支持全国大选，将南方政府中的所有部长降职为看守部长，撤换了三名擅自决定竞选州长职务的部长，在选举问题上与全国大会党结成了事实上

---

① Andrew Heavens, "South Sudan Party Gambles with Presidency Pullout," *Reuters*, Mar. 31, 2010.
② "SPLM Chairman Salva Kiir Casts His Vote for Bashir," *Sudan Tribune*, April 18, 2010.
③ "Sudan Elections Show up Deep Divides," *Reuters*, April 13, 2010.

第六章　民族国家建构失败与南北分立

的短暂联盟。在长达五天的投票期间，南方自治政府采取了严格的安防措施以确保秩序稳定，包括在朱巴各主要干道部署了荷枪实弹的士兵和安全人员，每晚12点半以后执行宵禁等。在大选投票阶段结束后，尽管多个反对党呼吁拒绝选举结果，苏人解却很快就与全国大会党达成一致，接受所有级别选举的结果，要求以《全面和平协议》规定的30%比例参加苏丹新中央政府以推动落实2011年公投。苏人解的这场豪赌能否最终如愿尚有待观察，但它确实已经疏远了其在国内外的支持者。图拉比领导的人民大会党在选举结束后猛烈抨击苏人解违背对反对党做出的承诺，指责其放弃北方地区选举和承认大选结果的做法是从背后对"朱巴论坛力量"放冷枪。

四　反政府组织的抵制与参选

达区的反政府武装大多以单个部落为基础，军事实力最强的公正与平等运动（公平运）是唯一的跨部落武装组织，其成员几乎来自当地的所有部落，还向达区以外地区渗透并建立分支机构，包括接受西方国家的金钱和物资援助，在乍得境内设立基地和训练营，招募流亡乍得的达尔富尔难民，同苏丹国内的主要反对党建立联系等。从2007年开始，公平运就和其他反叛组织一起不断发表措辞强硬的声明，拒绝接受作为选举前提条件的人口普查，抱怨国家选举委员会偏袒巴希尔政府并允许其滥用国家资源组织竞选活动，呼吁苏丹各政治力量集体抵制即将到来的全国大选。[1] 鉴于达区人口占苏丹北方总人口的1/4，登记在册的有资格选民超过360万人，可能还有数十万难以统计的内部流民和外部难民，达区各反政府武装对人口普查和全国选举的抵制态度，曾是最让外界担心可能影响选举的主要因素，欧盟派出的选举观察员因为基本条件得不到满足而在大选期间撤离了达区。[2] 西方舆论普遍认为，选举活动中的不足和不公正可能会影响达区的和解步伐，甚至有可能激化达尔富尔的反叛运动。但实际上，由于达尔

---

[1] "Darfur Rebel JEM Calls for Boycott of Sudan Census and Elections," *Sudan Tribune*, 30 March 2008.

[2] "Darfur Elections do not Meet National and International Standards," *Sudan Tribune*, April 18, 2010.

富尔危机只是迫在眉睫的问题，苏丹根本的问题还是南北问题，达区的和平前景似乎并不那么令人悲观。

作为苏丹的最不发达地区，达区的阿拉伯人与黑人之间虽然有矛盾，但各族群长期都是中央政府驯顺的臣民，是选举票源、廉价劳动力以及战时兵力的主要来源。2003年以来的大规模冲突固然给达区和苏丹中央政府的关系增添了很多新的因素，但和政治意蕴浓厚的南北矛盾相比，表面上剑拔弩张的达尔富尔危机其实并没有太多的独立诉求，本质上还是"兄弟阋于墙"。之所以略显激化只是因为双方暂时失去了南方这个需要共同应对的外在目标，中央政府缺乏给昔日盟友更大让步的动力和压力。一旦外来压力增大或南北矛盾再度激化，只要中央政府适当照顾达区事务，给予反叛头目们合适位置，达尔富尔应该还会像2003年之前那样驯顺地接受中央政府领导，继续充当北方对南方发动圣战的积极倡导者和执行者。对巴希尔政府而言，无论是现阶段对南方的安抚还是将来有可能与南方发生的对抗，都迫切需要和达区的昔日盟友联手应对来自南方的分裂威胁。

正是出于"抚南"乃至"抗南"时"联西"的战略需要，巴希尔政府越来越对达尔富尔的昔日盟友们主动示好，一再强调谈判是解决达尔富尔冲突的最佳方式。巴希尔首先免除了参加2008年5月袭击恩图曼的公平运成员死刑，释放了该组织30%的被捕成员，多次表示要履行与反政府组织签署的协议，发誓要把过去的战争努力化作实现发展、提供服务和保障苏丹人民福利的努力，进行一场发展、进步和繁荣的战斗。苏丹中央政府的转变极大地推动了达区的和解进程，达尔富尔危机自2009年以来迅速缓解。2010年2月，巴希尔政府与公平运达成了和解框架协议，随后还与多个达尔富尔反政府派别组成的解放与公正运动签署了停火框架协议，协议内容都涉及权力共享、资源分配、难民回归、军队整编、释放囚犯、人道援助等十多项条款。在积极的和解氛围下，解放与公正运动从一开始就支持全国大选，公平运则中途主动放弃了推迟大选的要求，并与巴希尔政府讨论安全安排以及权力、财富分配等细节问题。达区未来的和解进程即便不会一帆风顺，但依然可以做出这样的合理预测，即达区的和解进程不仅不会因全国选举而延缓或者停滞，还有望因为巴希尔政府可能做出较大让步而进一步加速。

五 巴希尔政府的南苏丹问题

根据2005年签署的《全面和平协议》，全国大选举行后就应该举行只有南苏丹人参加的全民公投以确定南方地区的最终地位。鉴于2009年底通过的《公投法案》明确要求苏丹民族团结政府就南方如果在公投中选择分离后的安排进行协商，公投之后的苏丹南方很可能会循邻国厄立特里亚1993年通过全民公决脱离埃塞俄比亚的老路，成为最近17年来非洲大陆诞生的第一个新国家，2010年的全国大选也很可能是苏丹作为统一国家的最后一次选举。维护国家统一因之成为巴希尔政府面临的最大挑战。

可能是为了确保在首轮总统选举投票中就以50%以上的得票率胜出，也可能认为南北双方已经用长达1600多千米的石油管线紧密联系在了一起，甚或是真的为了和平而已经做好了南北分离的心理准备，巴希尔在竞选总统期间对南方民众表示了诸多善意，不仅一再强调苏丹不会重新爆发战争，呼吁苏丹各党派加强合作使2010年成为北南之间加强信任的一年，同意在国民议会中为南方议员增加40个席位等，而且屡屡突破北方穆斯林精英们的传统底线，公开声称决不会把统一的选择强加给南方民众，愿意尊重南方兄弟的选择，愿意接受2011年南方公投的任何结果，要做第一个承认公投结果并与南方兄弟共同庆祝的人。[1] 但实际上，巴希尔的诸多善意似乎更应该理解成选举语言而非政策宣示，是出于使统一成为公投时有吸引力选项的策略考虑而非本意表达。

实事求是地讲，苏丹政府允诺南方就统独问题举行的2011年全民公投，是北方穆斯林政治精英们自1956年建国以来在此问题上的最大让步，巴希尔总统本人为此承担了极大的政治风险。如果苏丹油气开发能

---

[1] Ngor Arol Garang, "Bashir Says Choice of Sudan's Unity not to be Forced on Southerners," *Sudan Tribune*, March 3, 2010.

够保证中央政府有足够财力支持战后重建并让南方民众得到更多实惠，加之有52万名居住在苏丹北方地区的南方民众的支持，统一的苏丹将是2011年公投中颇具吸引力的选项。但难以改变的经济现状却严重制约着巴希尔的设想。一是苏丹的大部分高产油田都位于南方以及尚未确定的南北分界线附近，北方难以放弃现在拥有的巨额石油收益而满足于只收取相对较少的油气过境费。二是油气开发赋予苏丹社会的意义，是让它从赤贫的最不发达国家行列进入了单一经济的发展中国家行列。但2009年苏丹的外债和外贸逆差分别是340亿美元和10亿美元，对国际货币基金组织的还贷水平降低至1000万美元，相当脆弱的国民经济随时面临衰退的风险。因此，纵然巴希尔本人愿意捐弃北方穆斯林和南方基督徒之间长期的历史前嫌，愿意以他依靠经济发展而积累起来的威望与合法性换取和平，但他却无法协调南北双方在黑色石油和蓝色尼罗河水等经济要素分配上的现实争执。全国大会党和苏人解在边界划分、石油收益和水资源分配等方面的分歧一直比较严重，全国大会党认为，如果达不成协议，公投就不能如期举行，否则北南战争难以避免。苏人解则坚持达不成协议也将不惜代价地如期举行公投。可以想见，如果公投在北南双方没有消除分歧的情况下举行，南方民众的失望情绪和政治独立诉求将极有可能催生出一个与喀土穆分道扬镳的南方自治政府。而一旦南方真的在公投后选择和北方分离，巴希尔将会因他在2005年和平协议中所做的让步而被北方穆斯林精英们视为罪魁祸首。鉴于苏丹国内政治争斗的历史与现实，包括屡屡成功实施的军事政变以及政治势力之间朝秦暮楚的合纵连横等，身为北方穆斯林领袖的巴希尔可以不惮西方社会的压力，不惧国际刑事法院的指控和逮捕令，但他无法承担与整个北方穆斯林精英集团决裂的代价。从这个角度来看，虽然明知合则两利斗则两败，也历经了两次惨烈的南北内战，但苏丹中央政府在解决南北问题上仍然没有太多选择手段。

一方面，凭借在选举中的压倒性胜利，苏丹政府已经围绕"公投"发生了许多改变。首先是拒绝在选举中落败和抵制选举的政党加入政府，试图组建一个对巴希尔总统本人绝对负责、有目标有计划的新政府而非以政党或联盟为基础的联合政府，准备吸纳国民议会以外赞同全国大会党主张的人士担任政府部长。其次，巴希尔政府利用中央政府的权威优势极力抢夺对2011年公投的主导权，越来越强调南方是苏丹这棵大树的根，强调坚持北南之间表里如一的统一是苏丹未来政府的优先工作任务，强调必须给予南方民众在不受影响和强制的情况下自由做出选择的机会等。[①] 最后，基于达尔富尔紧张局势的进一步缓和以及2011年公投的日益临近，苏丹中央政府现阶段的"抚南"政策出现了越来越多的消极"抗南"迹象，包括要求苏丹武装部队和苏丹人民解放军远离摩擦地区，放任苏丹北南边界地区阿拉伯人部落与苏人解的冲突，合理地拖延或阻挠南北方之间需要解决的问题，支持此次选举中的独立候选人和南方大选中的失败者，计划把全国大会党南方局改组成南方全国大会党等。

另一方面，苏丹南方的基础设施落后、贪污严重且无政府主义盛行，似乎还不具备组建一个新国家的基本要件。在经济上，南方自治政府98%的收入依赖石油出口，权力基础非常脆弱。在政治上，南苏丹自治政府执政团队内部派别林立，尚处于夺权阶段的他们对独立后的建设并无具体的目标和措施规划。在社会秩序方面，南方的部族冲突发生得越来越频繁，而且由于用自动步枪取代了传统的刀矛，仅在2009年就付出了2500人死亡和39万人流离失所的惨痛代价。[②] 在这种背景下，以南方最大部族丁卡族为主的苏人解固然已经将其游击队改编为正规军，一直将石油收益的40%以上用作军费开支，购买了100辆苏式坦克和1万把AK-47突击步枪，还添置了大量的防空火炮和火箭发射筒等武器[③]，但如果不能恰当定位，忽视南方地区存在的诸多内在缺陷，罔顾自身对其他部族缺乏号召力和控制局势能力有限的内在缺陷，回避自身分裂举动对邻国乃至非洲国家内部众多分离主义运动的刺激和示范，在独立之后南苏丹的发展进程不仅会迟滞，陷入艰难境地，而且北南冲突甚至战争都有可能重现。

---

① "No Coalition Government Will Be Formed after Elections," *Sudan Tribune*, April 28, 2010.
② Chen Aizhu, Andrew Quinn, "Southern Sudan: Oil Boom to Bust-Up?", Reuters, April 9, 2010.
③ Missy Ryan, Michael Roddy, "South Sudan President Race Has Eye on Independence," Reuters, April 9, 2010.

第二节　苏丹国家建构失败的原因

一　苏丹缺乏统一的历史实践和民意基础

现代民族国家要求全体民众把对切身利益的关注与整个国家的命运联系在一起，要求互不相识的人们之间有一种共同体意识，而领土范围内即使是最小民族的成员也不可能彼此都互相熟识，所以民族国家的建构过程本质上是一个"想象"共同体的建构过程。"民族的本质在于每个人都会拥有许多共同的事物，同时每个人也都遗忘了许多事情。"[1] 独立后的苏丹之所以未能把由"两个民族、两种文化"人为组建的"沙聚之邦"整合成由"一个民族、一种文化"联结的"内聚向心之国"，根本的原因就是穆斯林精英们因为历史的发展惯性而错误地定位国家属性和政治追求目标，自以为是地把伊斯兰教与阿拉伯语看作苏丹国家的基本属性，把民族主义思想的旗帜定位在阿拉伯伊斯兰而不是国家统一上，同时缺乏在国家转型过程中建立起有凝聚力的包容性政治架构的主观意愿。[2]

4世纪后，先是基督教在苏丹北部登场，随后是7世纪以来伊斯兰教的勃兴，基督徒和穆斯林为争夺地方统治权而长期争斗。大量阿拉伯人络绎不绝地迁入并逐渐控制了苏丹北方大部分地区，他们通过语言、宗教、共处、通婚等方式实现了当地的阿拉伯化，将之纳入伊斯兰文明圈。但受恶劣气候条件、艰苦生活环境以及沙漠、沼泽、河流、丛林等不利交通因素的影响，阿拉伯人未能上溯尼罗河进入南苏丹地区，苏丹南方依旧是60多个从事农牧混合经济的黑人族群居住之地，主要信奉基督教和原始的拜物教，属于非洲文明圈。

客观地讲，苏丹历史上只出现过一些松散的部落联盟或地区小国，从未在足以与现代领土相媲美的广袤区域建立起行之有效的中央行政机构，

---

[1] [美] 本尼迪克特·安德森：《想象的共同体：民族主义的起源与散布》，吴叡人译，上海人民出版社2005年版，第6页。

[2] Francis Mading Deng, *War of Visions: Conflict of Identities in the Sudan*, Washington, Brookings Institution Press, 1995, p. 422.

第六章　民族国家建构失败与南北分立

各部族在和平状态下的交往较少,部落间掠夺与反掠夺的低水平战事没有推动当地社会的制度化和组织化发展。当时在整个苏丹土地上各王国君主的财源主要来自他们自己的田园、奴隶以及向外国商人征收的进口税、入市税等,只有在战争期间才会偶尔向部落民众索取一些贡品。只有西部和北部一些地区的国王,才间或向农牧民征集不重的税收,例如达尔富尔素丹就是每二三年收一次税。① 希卢克人是南苏丹唯一在国王领导下的中央集权部落,但在正式定都法绍达之前的170多年间,国王们只需在其居住村落的茅舍里就足以处理完所有军政事务。② 事实上,正是因为缺乏建立统一国家的历史实践和传统,苏丹北南双方缺少政治斗争的应有底线,都坚信自己的选择正确,都为坚持自身的选择付出了惨痛代价。

落后封闭的状态虽然得以在时间上避开了欧洲资本主义早期对外残酷的殖民侵略和掠夺,但却没有能够借助外压形成推动内部发展的倒逼机制。苏丹社会内部的交流方式落后野蛮,社会发展基本上处于停滞状态。南苏丹在相当长时期内甚至不为外界所知,当地黑人不仅落后于北部阿拉伯人,甚至与西非的黑人部落也存在差距。③ 苏丹在不受外界干扰的情况下固然可以通过自身的积淀最终实现蜕变式发展,殖民地经历确实导致苏丹的民族整合严重滞后于国家建构,但在联系日益密切的工业化时代和全球化时代,无论哪个国家和地区都不可能永远处于封闭状态。而一旦其近乎原始的封闭状态被打破,无论苏丹民众是否具有现代意义上的国家观念和民族意识,无论它对外部世界的态度是主动还是被动,它都必然要同外部世界发生联系,区别只是形式、过程、代价和结果的不同而已。

为了获得黑人奴隶和金矿以充实军力和国库,穆罕默德·阿里在1820年派兵征服了苏丹北部,在1839—1841年用武力打开了南苏丹通向世界之门。由于埃及殖民者经常深入南苏丹腹地实施掠夺和猎奴活动,怀揣发财梦想的阿拉伯民众踊跃跟进。上行下效,邹缨齐紫,奴隶贸易迅速超越早

---

① 王彤:《从反埃到反英的马赫迪起义》,《世界历史》1983年第5期。
② 郭宝华:《南苏丹的希卢克人》,《阿拉伯世界》1981年第4期。
③ Peter Woodward, *Sudan*, *1898-1989*, *The Unstable State*, London, Lynne Rienner Publishers, 1990, p. 26.

期的象牙贸易并成为南苏丹与外部世界交往的主要内容，1860年后每年有1.2万—1.5万名奴隶被送往北方，南苏丹在整个20世纪约有200万人被劫掠为奴。① 在这一过程中，苏丹北方的阿拉伯人由最初埃及侵略者的帮手逐渐升级为主要的掠夺者和施暴者。大量的人口流失导致南苏丹地区整体性地萧条乃至倒退，因之而起的辛酸记忆和刻骨仇恨在南苏丹黑人中世代相传，并成为苏丹南北冲突的最初祸根。独立后的北南双方都以饱含贬义、敌意的"奴隶"和"掠奴者"称呼对方。②

埃及的征服初步结束了苏丹地方分裂、各自为政的局面，各地区统一听命于苏丹总督。国家被划分为若干由穆迪尔（州长）管辖的州，穆迪尔任命地方长官，各地方长官则由部落酋长协助管理，游牧部落的酋长作为该地区唯一的行政领导直接向穆迪尔负责。③ 从国家建构的视角来看，前现代社会的大部分苏丹民众生性自由散漫不服管理，边远地区和游牧部落的民众从来都没有完全被置于政府的权力之下，接受高度集权和独裁的现代政府形式还需要一个过程。埃及以掠夺财富为目的的征服没有推进苏丹的国家成长，南苏丹地区部族主导的无政府状态在埃及统治时期基本未变。埃及人的统治不仅没有在彼此隔离的苏丹内部各个地区间造就稳定而持久的联系内核，其所激发的政教合一的马赫迪国家模式，反而成为苏丹后来许多伊斯兰主义者孜孜以求的目标。

笼统地看，英国对待南北苏丹的态度和政策差别似乎都是有意为之，对南苏丹似乎从最初就有着一套完整地促进南北分裂的"南方政策"。摇摆不定的殖民政策，或者怂恿南方的独立倾向以压制北方，鼓励其与英属东非殖民地合并，或者为了阻止北方接近埃及而迎合其统一愿望，压制南方的分裂倾向推动统一，无不给人留下有意在苏丹制造麻烦的印象。但事实上，鉴于苏丹复杂的社会构成和极度落后的现实、1956年之后除了诉诸

---

① Douglas H. Johnson, *The Root Causes of Sudan's Civil War*, Bloomington: Indiana University Press, 2003, p. 5.
② Oduho Joseph & William Deng, *The Problem of the Southern Sudan*, Oxford University Press, 1963, p. 53.
③ ［苏丹］迈基·布贝卡：《独立的苏丹》，上海人民出版社1973年版，第50页。

第六章　民族国家建构失败与南北分立

战争外再无他法的社会治理和几乎停滞的国家成长，英国长期在建立具体殖民统治形式上的举棋不定，本质上是一个传统游牧社会在转型进入现代社会时都会遭遇的治理困境。面对不是最重要但却是最复杂的南方事务，殖民机构官员们也许真的不知道该如何处理。一系列个人首创的、彼此孤立的、临时应对的行政决策所体现的混乱甚至自相矛盾，实际上是具体施政和苏丹国情的逐渐适应与磨合，应该属于国家治理上所进行的艰难探索实践。英国人的殖民统治在苏丹塑造并牢固确立了一种政治权力结构，提供了引发民族运动的动力。当苏丹本土的民族主义作为一种政治力量出现时，具有规范的制度、明确的法律法规以及固定的领土管辖权的国家便已经存在，并且在缔造和动员民族方面扮演着关键的角色。①

二　从公共产品匮乏到歧视性同化

"失败国家"（Failed States）的概念缘自西方，专指一些社会内部秩序混乱并常伴有武装割据、暴力冲突甚至种族清洗的国家，具体表现就是国家治理失败（公共产品匮乏）和国家建构失败（分离主义运动、武装割据）。失败国家大致都经历了这样一个多次反复的过程：长期的欠发达导致基础设施严重不足→国家治理失败导致公共产品匮乏→统治阶层渐失管辖和安抚民众的能力→边远地区居民或少数民族不满→统治阶层缩小自身政治基础→少数派公开叛乱→国家分裂。由于"失败国家"大多处在世界权力结构和世界发展的边缘，本身并不会对国际社会产生较大威胁，但其内部严重的人道主义灾难的溢出效应，如输出难民、冲突蔓延、恐怖活动和海盗等，却是世界和平与地区安全的重大隐患。②

苏丹经济结构单一，以农牧业为主，工业落后，基础薄弱，对自然及外援的依赖性强，曾长期被国际货币基金组织认定是无力偿债和不宜提供贷款的国家。根据苏丹统计局 2011 年 8 月发布的调查报告，2009 年苏丹

---

① 相关理论阐释，参见 Mostafa Rejai & Cynthia H. Ealoe, "Nation-States and State-Nations," *International Studies Quarterly*, Vol. 13, No. 2, 1969, pp. 150–151.

② 2005 年以来，美国智库和平基金会（The Fund for Peace）与《外交政策》（*Foreign Policy*）杂志每年都会公布"失败国家指数列表"，详见 http://www.fundforpeace.org/web/index.php.

北部家庭的贫穷率为46.5%，居民的月均消费支出为148苏丹镑（约合74美元）。南苏丹的情况则更差，九成左右的民众生活在人均每天生活费用不足1美元的国际贫困线以下，即使粮食丰收了，也有17%人口的食物得不到保证，每5个孩子中只有1个有上学的机会。长期的战争摧毁了南苏丹的道路、交通、学校、医院等基础设施，整个社会的发展数十年来停滞不前，要建立起较为完善的基础设施至少需要160亿美元的资金，需花费20年左右的时间。①

民众的普遍贫困和基础设施的严重滞后确实是一个严重的问题，但更严重的却是民族国家建构中所存在的歧视性。一般来说，国家政权在对待国内少数民族问题上不外乎持这样几种态度：包容、同化或奴役。由于阿拉伯国家政权基本上建立在阿拉伯民族基础上，这种以国家政权为载体的民族主义，一般都强调作为整体概念的民族主义运动，而较少具有宽容性格和多元主义因子，在对待国内少数民族态度上倾向于采取民族同化的办法来达到整合的目的，凭借国家强力机器恣意镇压不满族体的反抗。② 苏丹独立后，掌控中央政府的北方阿拉伯人显然没有真正总结过埃及人和英国人殖民统治时期的治理实践得失，专注于政治解放而不是国家建构和社会改良。北方长期对南方实行歧视性同化政策，包括在政治上大权独揽，在经济上重北轻南，在文化上大力推广阿拉伯语，在宗教上强行推行伊斯兰教等，充其量也就是在赶走英国殖民者后采取了变相的法国式直接统治。

在具体施政过程中，苏丹政府既无力通过经济优惠以及教育、医疗、福利安排答谢南方对苏丹统一的支持，历届政府投向南方的基本预算不到总预算的10%，所有的工业计划都被安排在北方，南方的发展项目迟迟提不上日程；又坚决拒绝南方人提议的实施联邦政府体制，不愿通过包容性的制度安排吸纳苏丹南方黑人精英进入政治决策层，南方几乎所有的行政职位都由阿拉伯人掌握，南方人只能在北方地区担任一些副区长职务。

---

① 石华、谷棣：《今日苏丹什么样》，《环球时报》2007年7月26日。
② 田文林：《国家民族主义与阿拉伯国家的文化整合》，《现代国际关系》2003年第12期。

1980年，南方发现石油后的"南油北运"政策强化了南方民众"北方人掠夺南方财富"的印象和认知。更糟糕的是，为了压制南方人的不满情绪，阿拉伯人习惯性地采取了从埃及人那儿习得的强制性手段，一些南方政治精英遭逮捕或被枪毙，试图借助军队推动阿拉伯化和伊斯兰化来达到民族均质化，其中最具象征意义而缺乏实质意义的举措就是将基督徒的休息日由星期天改为穆斯林的星期五，这导致当时并不严重的南方问题逐步升级。① 在这一过程中，双方都把武力作为保卫自己权利和地位的最有力手段。争地以战，杀人盈野；争城以战，杀人盈城。仅1983—2005年的第二次南北内战，就造成200万人丧生、400万人流离失所、57万人沦为国际难民，摧毁了南方的道路、交通、学校、医院等基础设施，整个社会的发展数十年来停滞不前。

可见，苏丹之所以在2005—2011年的"失败国家指数列表"中连续7年位居排行榜前三，其中一个主要原因就是苏丹政府既未能依靠经济绩效和诉诸传统等众所周知的手段增强国民凝聚意识，未能通过建立基本的福利或社会保障体系来减缓政治和阶级冲突，也未能通过对原有价值观和社会规范的改变来强化民众的共同命运感，未能借助占支配地位的制度安排达成内部一致性行动的目的。在这一过程中，苏丹国家构建的缺位与民族构建的错位形成了恶性循环。国家构建的缺位导致政府无法缔造达成全体人民共同认同的纽带，无法为民族构建提供强有力的依托；错位的民族构建无力形成有内在凝聚力的国家民族，无法为国家构建提供合法性基础。两者相互影响，相互消耗，战争最终侵蚀了苏丹国家肌体，国家长期陷入严重的危机。② 内部的社会经济冲突日益加剧，国内政治逐渐衰败，整个国家在和分离主义势力持续了多年的斗争之后最终分裂。

三 传统国家建构认同的现代困境

"当文明一开始的时候，生产就开始建立在级别、等级和阶级的对抗

---

① [美]罗伯特·柯林斯：《苏丹史》，徐宏峰译，中国大百科全书出版社2010年版，第75、88页。

② 刘辉：《苏丹民族国家构建初探》，《世界民族》2010年第3期。

上……没有对抗就没有进步。"① 由于同化基本上都是带有强制性的，自愿被同化的很少，在交往渠道短缺狭窄、通信手段原始落后以及经济联系薄弱的传统国家里，互相侵略、压迫、征服就成为彼此间交往的基本形式，各民族间文明的传播只能通过征服、战争和强迫同化来实现，有时甚至必须通过赤裸裸野蛮的侵略才能把落后民族卷入先进生产力的文明体系中，才能打破各民族间发展悬殊的局面。推而广之，在19世纪之前的古代世界，在伟大的社会革命支配世界市场和现代生产力并且使这一切都服从于先进民族的共同监督之前，人类的进步一直都像可怕的异教神怪那样，"只有用被杀害者的头颅做酒杯才能喝下甜美的酒浆"，征服者"为新世界创造物质基础"就如同地质变革为地球创造表层一样，被征服者在这个过程中所遭受的具有特殊悲惨色彩的灾难是他们寻求前进所必须付出的代价。② 从这个角度来看，虽然存在诸多失误，但对南北交往中占据优势的北方穆斯林而言，如果时间依旧停留在相互割裂的古代世界，即便国家民族主义思想先天不足，即便在国家建构的根本问题上定位错误、举措失当，他们仍然有条件保持国家的完整性，甚至有可能建立一个具有完全阿拉伯—伊斯兰属性的苏丹。但这有两个前提：一是征服者以国家名义对武装暴力的合法性垄断使用不会受到国际强权的质疑和干预；二是要给被征服者留有足够的时间恢复损失、弥合裂痕。

可惜的是，1956年独立后的苏丹恰恰缺少这两个条件，其传统的国家建构努力遭遇了严重的现代困境。首先，虽然民族国家传统上一直拥有不证自明的对武装暴力的合法垄断地位，国家是拥有垄断的高压统治手段及其在主权领土内使用它们的代理机构③，但在现代世界里，传统民族国家对武装暴力的合法性垄断正经历着严重的认同危机，具体体现为内部的分

---

① 马克思：《哲学的贫困》，《马克思恩格斯全集》（第四卷），人民出版社1958年版，第104页。

② 马克思：《不列颠在印度的统治》《不列颠在印度统治的未来结果》，《马克思恩格斯选集》（第一卷），人民出版社1995年版，第760—773页。

③ ［德］马克斯·韦伯：《学术与政治》，钱永祥等译，广西师范大学出版社2004年版，第196—197页。

第六章 民族国家建构失败与南北分立

离主义冲撞以及外部的国际人道主义干涉。① 前者带来了诸多民族、国家、地区的动荡和重新分化组合，后者则削弱了民族国家在本国范围内对武装暴力的合法垄断权力，对本国社会冲突的控制权也受到了来自边界之外的强权或国际社会的限制。换言之，在全球化时代，不能借助福利或社会保障体系减缓政治和阶级冲突的转型的传统民族国家，同样无法借助对武装暴力的合法性垄断减缓社会冲突。其次，在苏丹南北自1839年以来的172年交往史上，绝大部分时间都是掠夺和战争，南北双方多年的历史积怨和心理裂痕在短期内根本无法得到化解和弥补。秦国在长平（今山西高平地区）坑杀了赵国降卒40万人，这虽然也激起了当地民众的刻骨仇恨，但历经两千多年的岁月销蚀和大一统的历史实践，当地人借助水煮火烧啖脑食肉形式以示泄愤的"白起豆腐"菜肴，如今已全无当初的本义而成为一道有特色的地方风味小吃。而和两千多年的较长历史时段相比，对缺乏民族大一统传统的苏丹而言，2005年《全面和平协议》规定的6年过渡期实在太短，所谓的国家统一的最后机会实质上只具有理论意义。无论是胡萝卜、大棒还是其他，北方都没有办法平息南方人心中的宿怨和现实期盼，无法使得统一的苏丹成为后加朗时代对南方民众有吸引力的选项。

美国因素是导致苏丹传统式国家建构失败的重要外因。苏丹南北内战在很多欧洲人看来就是一场宗教战争，宗教信仰已不太虔诚的他们因为"殖民原罪"而自认不具备谴责苏丹政府的道德立场，欧洲舆论对苏丹内战一直不太关心或刻意回避。② 但所有这些对美国人都不是问题。首先，美国是一个宗教立国的国家，宗教的影响力相比别的国家更容易渗透到其政治生活和外交政策中，美国独特的外交认知框架内含着三个相互关联的观点：美国是上帝选择的国家；美国肩负着一个"使命"或受（上帝的）"感召"去改造世界；为了担负起这一神圣的使命，美国代表着铲除邪恶的正义力量。③ 其次，美国没有在苏丹殖民的原罪，反而在相当长的时间里高举民主自由的理想主义外交大旗，从威尔逊到罗斯福，无不被广泛看

---

① 简军波：《全球化与民族国家现代规划的溃败》，《世界经济与政治》2002年第11期。
② 皇甫茹：《欧洲的苏丹"原罪"》，《南方周末》2004年8月26日。
③ 许月明：《宗教对美国政府外交决策的影响分析》，《当代世界》2010年第3期。

作第三世界反对殖民主义的灯塔，美国人自己也常常以自由民主监护人的恩抚心态处理与第三世界国家的关系。最后，自20世纪60年代以来，解放黑人一直是美国最大的"政治正确"，苏丹黑人的待遇是美国黑人团体和宗教组织十分关心的外交动向。由于黑人是民主党的票仓，虔诚的基督徒是共和党的票仓，美国的所有主要政治人物，无论共和党还是民主党，都在以基督徒为主的苏丹南方黑人身上找到了共同点，他们认真回应宗教领袖们要求改善苏丹黑人处境的呼吁，从1989年开始积极调停苏丹内战，希望能在伸张黑人基督徒民权的基础上获得和平解决。在20世纪的最后十年里，美国政府对苏丹政策的核心主要是反恐，频频以违反人权和支持恐怖主义为由对苏丹进行全面打压，积极阻止伊斯兰激进分子向苏丹南方渗透。在21世纪的头十年里，由于苏丹政府积极的反恐姿态和内政发展，美国开始致力于结束苏丹内战，重新援引他们在20世纪五六十年代支持非洲摆脱欧洲列强殖民统治的"民族自决权"观念，支持在苏丹推行"一个民族，一个国家"的民族主义政策。① 从大体上看，美国对苏丹事务的干预基本达到了预期目的，南苏丹建国就是其苏丹政策的标志性成果；美国对苏丹内战的干预没有问题，有问题的是其介入的时间和干预的方式；不能以简单的霸权论和获取石油的阴谋论解释美国干预苏丹事务，从宗教视角也许能更合理地解释一些从利益论角度来看并不明智的美国外交政策。

第三节　苏丹南北分立的国家治理因素

一　苏丹穆斯林精英的埃及视野

1821—1956年，在南北交往中占据优势的阿拉伯人逐渐产生了两种倾向：一是以优越的心态高高在上地看待南方的黑人；二是越来越把埃及视作其观察世界的窗口。独立前集中地体现为反对埃及和亲近埃及两种思想和政治主张的激烈碰撞，独立后则体现为长期与埃及保持着高度联动的特殊关系，对南方的政策大致是基于人种差异的专制统治（rule）而不是现

---

① 和静钧：《南苏丹"民族自决模式"》，《世界知识》2011年第8期。

第六章 民族国家建构失败与南北分立

代意义上的国家治理（governance）。

首先，苏丹南北之间本已存在的差距一步步扩大，民族间、部落间的交流融合没有消除彼此的仇恨。在严格实行宗教统治的马赫迪国家时期，北方的穆斯林精英们进一步强化了南北方之间奴隶与奴隶主的二元分野，他们公然宣称要用剑使那些既不皈依伊斯兰教也不相信马赫迪是救世主的南方黑人成为奴隶，一次次洗劫南方黑人村落的目的和埃及人一样，但却因宗教的名义而变得理直气壮。① 在马赫迪运动之后，奴隶制在苏丹成为一种具有重大历史意义、因种族差别而被合法承认了的社会制度和现实存在，不同文化背景的人在使用"奴隶"一词时，其潜在的含义就是指谈论对象的经济和社会地位低下。② 南方之于北方犹如苏丹之于埃及，北方阿拉伯人因之也用埃及人看待他们的眼光来看待南苏丹的黑人。丢掉南方，对北方来说不仅是国家荣誉问题，在某种程度上也是一种担心，担心会丧失廉价劳动力来源，担心会丧失蕴藏于南方土地下的财富。③ 然而，由于认定南苏丹黑人是非洲大陆最落后的群体和低等种族，北方的穆斯林精英们就试图在保持苏丹领土完整的前提下有意识地割断同南方黑人的联系，一方面有点恩赐似的愿意让"苏丹"一词包含南方的黑人，同时却希望人们在谈论时明确地意识到它是专指具有阿拉伯和伊斯兰特征的民族身份的一种标识。④ 例如在婚姻关系上，一个北方男子可以娶南方女子为妻或妾，但南方男子却不可以娶北方女子为妻。因此，尽管北方穆斯林自我感觉身为异教徒的南方黑人应该感谢他们的宽宏大度，应该义无反顾地抛弃他们落后的原始宗教而归信神圣的伊斯兰教，然而，由于统一的苏丹此前就对占总人口1/3的非穆斯林不具有太大的吸引力，名实不符后就更不具备民族心理上的凝聚力了。北方阿拉伯人和南方黑人的严重政治分歧和互不信

---

① Mansour Khalid, *War and Peace in the Sudan: A Tale of Two Countries*, Kegan Paul, London Bahrain, 2003, p. 14.
② ［美］罗伯特·柯林斯：《苏丹史》，徐宏峰译，中国大百科全书出版社2010年版，第9—10页。
③ Joseph Oduho & William Deng, *The Problem of the Southern Sudan*, Oxford University Press, 1963, p. 17.
④ ［美］罗伯特·柯林斯：《苏丹史》，徐宏峰译，第10页。

任，整体上削弱了苏丹国家的力量，阻滞了苏丹的民族融合和国家成长进程。

其次，北方穆斯林在和南方黑人交往时具有明显的心理优势，但在和埃及、英法等更强大的对手打交道时同样倍感屈辱、从属和孤立无援。从马赫迪国家、安萨尔教派到乌玛党，这一派别坚决地主张苏丹独立而反对与埃及合并，马赫迪在1885年攻克喀土穆后振臂高呼的、战胜了"土耳其人卡发莱"，就专指占领苏丹的埃及人而不是其他。① 相反，从哈特米亚教派、兄弟党到民族联合党，都热切地希望与埃及合并，实现"尼罗河流域的统一"。埃及在1952年革命之前没有任何一任国王或者政党愿意放弃苏丹，之后的埃及共和国出于各种考虑放弃了合并苏丹的政策。有着一半苏丹血统的纳吉布总统主张在完全自由的范围内给予苏丹自治权和自决权，从而从根本上消除了苏丹两个主要政党在是否与埃及统一问题上的矛盾。② 在独立之后，为了摆脱因非洲整体落后而产生的自卑感，消解对外参与中的落魄和孤立无援，执掌国家公器的穆斯林精英们迫切需要一种新的角度重构民族心理，同属伊斯兰文明且对苏丹具有重大影响的埃及顺理成章地成为他们直接的学习和效仿对象，成为他们观察外部世界的平台和窗口。为了与埃及亲近，苏丹政府刻意强调自己的阿拉伯国家身份，把伊斯兰教与阿拉伯语看作苏丹国家的基本属性，把苏丹民族主义思想的旗帜定位在阿拉伯伊斯兰而不是国家统一上。③ 从推翻英国殖民统治、自由军官组织及其革命到泛阿拉伯—伊斯兰主义旗帜下的一体化尝试，由尼罗河联结的苏丹和埃及长期保持着高度联动的特殊关系。尼迈里总统1974年4月在访埃期间发表演说称："苏丹是埃及的纵深，埃及是苏丹的榜样。……在一体化道路上，尼罗河畔的两国人民是阿拉伯民族的支柱。"④

在20世纪最后20年里两次自上而下的全面伊斯兰化运动表明，苏丹

---

① 王彤:《从反埃到反英的马赫迪起义》,《世界历史》1983年第5期。
② Gabriel R. Warburg, *Egypt and the Sudan: Studies in History and Politics*, London, 1985, p. 24.
③ Francis Mading Deng, *War of Visions: Conflict of Identities in the Sudan*, Washington, Brookings Institution Press, 1995, p. 422.
④ 黄苏:《苏丹和埃及一体化计划回顾》,《阿拉伯世界》1996年第4期。

第六章　民族国家建构失败与南北分立

穆斯林精英们的政治视野开始扩展至整个阿拉伯—伊斯兰世界，这在某种程度上也是他们对自身一个多世纪观察世界的窗口——埃及的修正和超越。在21世纪的最初十年里，苏丹实现了初步发展，从全球最不发达国家跃升为蓬勃发展的新兴产油国，前所未有地允许南苏丹和平独立，客观上已经超越了既往观察世界的阿拉伯伊斯兰窗口，不确定的只是这种修正和超越是否能够持久有效。值得期待的是，虽然"以教救国、以教治国"的政教合一模式是北方穆斯林精英们在整个20世纪的基本共识和追求目标，但经过半个世纪惨痛的内战教训和最近十年的和平发展，再加上国际社会的强大压力，无论主动还是被动，苏丹的社会精英们正在尝试从一种世界性的眼光出发打造全新的苏丹，愿意以和平手段平等地处理南北关系，推动南北分立后的苏丹进入了一个新的历史时期——民族更加团结，政治参与更加广泛，人民生活更加有尊严和富足的"第二共和国"时代。[①] 2011年10月8日，巴希尔总统和到访喀土穆的南苏丹总统基尔一致强调："我们已经失去了统一，我们不愿再失去和平、稳定和发展……谁想让我们重回战争，谁就是我们的共同敌人。"

二　从新苏丹到南苏丹的目标嬗变

阿尼亚尼亚运动是第一次内战中最主要的反政府力量，其奋斗目标是建立独立的南苏丹国家。然而，由于缺乏有远见有能力的领导人，加之当时非洲国家普遍敌视分裂主义势力，阿尼亚尼亚运动在1972年放弃追求独立的南苏丹国家，退而寻求在苏丹统一框架下的地区自治。苏丹人民解放运动/军是第二次南北内战的反政府武装主力，其领导人加朗是一位有能力、有智谋、有理想的领导者，毕生追求建立统一、世俗、民主的新苏丹，用近乎独裁的手段成为苏丹南方最有威信的领导人。加朗在2005年开创了一个新时代，却在人生最辉煌的时刻不幸罹难。2011年的南苏丹建国引发了诸多思考，其中之一就是，如果加朗还继续领导南苏丹的反抗运动，统一、世俗、民主的新苏丹将成为南苏丹全民公投中最有吸引力的选

---

① Isma'll Kushkush, "Bashir Hints at Fresh Start for Sudan," *The New York Times*, July 13, 2011.

项，苏丹南北方的分立也许就可以避免。但实际上，这几乎只是一种幻觉。

从政治主张来看，一方面，新苏丹的主张基本上就是加朗一个人的政治追求，从南方到北方，几乎没有哪个政治派别坚定地支持这一国家建设目标。在苏人解内部，老资格的阿尼亚尼亚军人都是彻底的分裂主义者，他们始终将自己的部队独立于苏丹人民解放军之外；立法委员会的许多成员都是非公开的分裂主义分子，其中一些人甚至因为认定新苏丹的目标过于激进而指责加朗"与阿拉伯反对派有瓜葛"；[①] 纳绥尔派和联合派要求南方独立的主张时时挑战着加朗的权威，1991年努维尔人主导的纳绥尔派叛乱虽然没有把加朗拉下马，但却成功地复活了南苏丹自治必须优先于苏丹统一的原则。事实上，苏丹人民解放运动/军不断发展壮大的主要推力，是加朗的个人领导能力和军事谋略而不是其新苏丹政治目标所产生的意识形态吸引力。另一方面，统一固然是阿拉伯穆斯林主导的苏丹中央政府追求的目标，但让其让渡既有的主导权而和南方共同建立一个民主统一国家、完全放弃伊斯兰化并致力于建设世俗化的新苏丹，实际上也是难以做到的。

从军事实力来看，苏丹北方和南方都缺乏建立新苏丹所需的军事实力。苏丹人民武装部队的兵员主要是南方人、努巴人和达尔富尔人。这些人有着悠久的尚武传统，但因其亲人们都是为了他们民族的平等、正义和尊严而进行斗争的叛乱分子，其忠诚度一直备受怀疑。和许多被强征入伍的人一样，素无训练的民防军战士也不相信派他们去作战的理由，他们把苏丹南方看成是一个完全恐怖和陌生的地方，计算着服役到期的天数，盼望早日返回位于平原或者尼罗河两岸的家乡，完全没有追求战争胜利的热情。南方的反政府武装则更不具备建设新苏丹所需的政治愿望和军事实力。苏人解本质上就是一支农民式军队，它远离普通南方人的关切，只把注意力集中到没有民众参与的军事胜利上，南方人从事解放斗争的唯一途径就是参加苏人解并成为一名战斗人员。这导致了两方面的后果。首先，

[①] 刘鸿武、姜恒昆编著：《苏丹》，社会科学文献出版社2008年版，第200页。

第六章　民族国家建构失败与南北分立

军事斗争造就了一个高级军官组成的军事精英阶层，其中绝大多数缺乏责任感，往往为了个人晋升和获得尽可能多的牲畜而滥用权力。他们把更多的精力用于操控和诬蔑同僚而不是对付敌人，多数校级以上军官都不愿意为统一、世俗、民主的新苏丹而浴血奋战。其次，对苏人解的基层参加者来说，他们参加战斗的主要目的就是反对阿拉伯人对其土地、资源和奴隶由来已久的掠夺，和历史上的北方仇敌结成不神圣的同盟以建立一个新苏丹对他们而言完全是一件不可想象的事情。①

民主、世俗、统一的新苏丹在当代苏丹的现实环境下几乎难以实现，作为政治和军事领导人的加朗无疑清醒地意识到了这一点；但作为理想主义者的他却不愿轻易放弃心中的政治追求，严正强调革命的目的就是要建立一个所有苏丹人的新苏丹而不是将南方分离出去，反对种族主义与部落控制的新苏丹联邦政府是南方问题的唯一解决方案。这种矛盾的实际表现就是加朗从1992年开始未雨绸缪，他在与苏丹政府的谈判中坚持要在南北联合一段时间之后进行自决，试图以一种可进可退的政治架构将其统一的新苏丹政治设想与众多追随者的分离主义情绪进行调和。斯人已逝，斯时已衰。憧憬统一的新苏丹确实是对加朗的一种美好怀念，但那几乎却是实现可能性最小的愿景。加朗是苏丹独立以来唯一坚持不懈地为建立新苏丹而宣传鼓动谋划斗争的政治领导人，是一位有着较大政治格局并可能会对苏丹国家发展产生重大影响的历史人物，但却是一位孤独的英雄。退一步讲，即便没有2005年7月飞机失事的意外，2011年的加朗大概也是一位不改变主张就会失败的英雄。

导致苏人解在1990年代前期分裂的因素有很多。② 首先是意识形态差异。加朗从一开始就把统一的新苏丹作为奋斗目标，并与北方的阿拉伯反对派组织建立联系，这对他早期的许多支持者而言过于激进，马夏尔坚持的南方自治目标实际上也得到了很多人的支持。其次是部族因素。这不仅表现在南方人之间，例如加朗及其主要助手都是丁卡族，马夏尔和其他的

---

① ［美］罗伯特·柯林斯：《苏丹史》，徐宏峰译，中国大百科全书出版社2010年版，第291—298页。

② 刘鸿武、姜恒昆编著：《苏丹》，社会科学文献出版社2008年版，第200页。

反对者指责加朗的专制领导就是"丁卡人统治";还表现在北方对不同部族南方人的挑拨上,例如图拉比的离间战略就成功地在南方人中间制造了不和。事实上,无论是加朗与马夏尔的分裂,还是之后苏人解联合派内部的分裂,都带有明显的部族竞争烙印。最后是领导人的个性差异和政治野心也是阻挠南方建立反政府联合阵线的重要因素。苏丹政坛上一直缺乏能够超越教派、种族与地域限制的国家领导人,无力引领民众将具有多元文化特征的苏丹建设成为所有苏丹人的国家,但几乎所有的政治人物都以舍我其谁的心态抬高自己贬斥别人。这样的低水准政坛格局不仅导致南方政治精英彼此间关系紧张,缺乏合作,更在自以为是的正确里浪费着难得的历史机遇。苏人解联合派领导人马夏尔的格局和实力均不如约翰·加朗,但马夏尔仍然坚定地认为自己是领导南方抵抗运动的最适合领导人,他与加朗是一山不容二虎,二者必死其一才能实现团结。[1] 苏人解内部的分裂对苏丹内战的直接影响,不仅让当时以南北战争为主的苏丹内战出现了一种新的斗争形式,即以平民为目标,以部族为界限的南南战争;[2] 更引发了南方丁卡族和努维尔族长达数十年的对抗,是 2011 年南北分立后南苏丹内战的重要根源。

三 南苏丹政治发展的憧憬与现实

面对绵亘惨烈内战所带来的严重后果和不断变化的外部环境,北南双方根据各自的历史积淀和现实考量做出了不同的国家建构道路选择。从全面强制伊斯兰化和支持"基地"等暴恐组织到停止伊斯兰实验、发展经济、允诺南方独立公投,北方穆斯林精英们的国家治理越来越务实。同期,伴随着苏人解领导层从约翰·加朗到萨瓦尔·基尔(Salva Kiir)的更迭,南苏丹的社会精英们最终选择与北方分手,开始独立掌握自己的命运。作为非洲的第 54 个独立国家,因为有欧美等现代国家"助产士"帮助规划的顶层制度设计,有国际社会的帮助与监督,拥有丰富的石油资源

---

[1] Mansour Khalid, *War and Peace in the Sudan: A Tale of Two Countries*, London: Kegan Paul Limited, 2003, p. 334.

[2] 刘辉:《南苏丹共和国部族冲突探析》,《世界民族》2015 年第 3 期。

第六章 民族国家建构失败与南北分立

且已经开发成功,独立初期的南苏丹潮平岸阔,风正帆悬,长期的梦想正在实现:总统、副总统、议长分别来自丁卡、努维尔、巴里三大主要族群,维持了部落和地域的总体平衡;每年的石油收入超过50亿美元;国际社会在基础设施建设和公共服务等方面向南苏丹提供了大量援助,没有大额外债或结构性贸易逆差;饱受战火蹂躏的民众对国家发展和个人未来都充满渴望,感恩上帝的赐福,渴望在流淌着奶和蜜的土地上共享安宁、团结和友爱。然而,因为自身的短视、狭隘和不成熟,也因为缺乏现代社会体系运作所需的历史和现实基础,南方的社会精英们不仅无法娴熟地驾驭这套从西方社会移植的国家体系,而且完全没有汲取苏丹国家治理失败的惨痛教训,几乎原模原样地重蹈了1956年以来北方穆斯林精英们的国家治理覆辙。南苏丹此前被南北矛盾掩盖的内部冲突迅速升级,整个国家在短暂的独立喜悦后迅速陷入了全面内战,动荡混乱状况堪比南北内战时期;所谓的和平其实只是下次冲突爆发的短暂间歇,撕毁或捍卫协议的双方都自认有充分的理由。

苏人解/运的运作机制是军政合一,约翰·加朗就同时担任苏人解/运的最高军事职位和最高政治职务,强调军队指挥权的统一以及军队对他个人效忠,党政不分,军政一体。这样的制度安排虽然导致政治与军队之间缺乏必要的制度隔离,容易滋生独裁和腐败,但能够减少领导人内讧对武装斗争的伤害,确保苏人解政治和军事安排协调一致。[1] 在当时的战争情况下,很多国家治理的和平建设议题尚未提上议事日程,南北矛盾暂时压制了其他政治分歧,加朗个人的理想、格局和能力也部分弥补了这种体制的缺憾。1991年7月,因为不满加朗的专制领导作风,更由于对南苏丹最终政治地位的意见分歧,苏人解内部很快分裂成了两派。一是加朗领导的主流派/托里特派,主张建立统一世俗的新苏丹。另一派是里克·马夏尔领导的联合派/纳绥尔派,主张南方独立建国。基于苏丹社会根深蒂固的部族身份认同,加朗的丁卡人身份和马夏尔的努维尔人身份,不可避免地

---

[1] Julia Aker Duany & Wal Duany, *The Sudan People's Liberation Movement/Army (SPLM/A) A Systematic Crisis for South Sudan 1983 – 2013*, Bloomington: Author House, 2017, p. 5.

将苏人解内部的领导权争夺演变成丁卡与努维尔两大黑人部族间长达数十年的族群冲突。苏人解/运的这次分裂引发了两大结果。其一，随着马夏尔及其支持者的离开，原本以努维尔族士兵为主体的苏人解军队开始转变成以丁卡族士兵为主体，苏人解内部的很多人也对马夏尔长期接受苏丹政府的军事援助十分不满，认为马夏尔就是听命喀土穆的"危险分子"，这在客观上增强了苏人解军队的凝聚力。其二，纳绥尔派号召南方独立并放弃建立统一的世俗苏丹，并为此发动过党内政变和"博尔大屠杀"，尽管当时并没有颠覆加朗在苏人解的领导地位，但他们成功地复兴了南方自治必须优先于苏丹统一的原则。

作为建国前的主要军事组织和建国后的执政党，同样是面对来自努维尔族马夏尔派系的挑战，苏人解前后两任领导人的不同因应导致了南苏丹的不同发展道路和后果。带有乌托邦色彩的"新苏丹愿景"既是约翰·加朗团结不同派系而设定的最大限度共识，是一项能够占据道义制高点的政治"大帐篷战略"；也是一种被限制使用的舆论宣传和对外斗争工具，限制的基础就是加朗对苏人解领导权的牢固掌控。从斗争实践来看，加朗的"政治大帐篷+军事独裁"组合施政虽然并未能真正实现族群和解，遗留下"博尔大屠杀"的责任追究问题，但却较少阻力地推动了南北谈判以及《全面和平协议》（CPA）的签署，还迫使马夏尔领导的联合派在2006年回归苏人解主流派。换言之，苏人解不断发展壮大的主要推力是加朗的个人领导能力和军事谋略，并不是"新苏丹愿景"所产生的意识形态吸引力。

约翰·加朗的继任者是萨尔瓦·基尔，他采取"军事大帐篷+政治独裁"的过渡和施政路线，主要通过收买各武装派别实现了南苏丹军事力量的表面统一，并未从民族和社会融合等长远角度有效整合武装部队，也未能有效消解部族矛盾，给新生的南苏丹带来了两大严重后果。首先，急功近利的招安式"军事大帐篷"政策导致了国家武装力量的高度派系化。南苏丹武装力量由苏人解军队整体改编而来，"军事大帐篷"政策在短期内迅速终结了南苏丹内部的冲突混乱状态，推动了独立公投、自治政府组建等重大事项的进展，但也使得南苏丹国家军队成为由不同武装派别构成的"大杂烩"。在2013年底内战爆发前，努维尔族士兵占到了军队人数的

70%，20万人的南苏丹军队竟然有700多名将军。① 这种整合在客观上改变了1991年以来南苏丹军队内部丁卡人占主导的族群结构，稀释了苏人解军队的凝聚力，加剧了武装部队内部的派系分裂，军队派系和政治冲突高度关联且相互作用。其次，基尔总统的独裁式领导缺乏足够的威望和基础，很快就引发矛盾并恶化了南苏丹的政治生态。在具体施政中，基尔总统重用亲信，频繁变更行政区划，在军队体系之外，另从本部族组建7500人的新军，多渠道弥补掌控力不足的短板。受此影响，南苏丹的州级行政区划在独立后出现了10个州（2011）、28个州（2015）、32个州（2017）和13个州（2020）的频繁变动，总统与副总统都有以本部族划界的势力范围和私人卫队，因之形成的两大庇护网络演化成一种串联起全社会的生存政治，各种政治分歧与冲突难以被有效化解，每一方都无法承受竞争失利所导致的后果。② 在此背景下爆发的南苏丹内战，本质上就是政治冲突、军事冲突与族群冲突的多重相互交织；第二次南北内战期间就已经出现的以平民为目标、以部族为界限的南南战争全面恶化为普遍的部族冲突和国家内战，经常发生更具破坏性的族群清洗与族群仇杀事件。

　　2013年12月，南苏丹总统基尔与前副总统马夏尔为首的反对派之间爆发武装冲突。2015年8月，冲突各方签署《解决南苏丹冲突协议》。2016年4月，南苏丹组建民族团结过渡政府。7月，南苏丹政府军再度与反对派爆发武装冲突。2018年8月5日，南苏丹冲突各派在喀土穆达成共识，基尔将继续担任总统，马夏尔担任第一副总统。9月12日，南苏丹主要派别在亚的斯亚贝巴签署《解决南苏丹冲突重振协议》，就政治权力分配、政治过渡进程、安全安排等达成一致。根据该协议，2018年9月至2019年5月为政治过渡预备期，之后开始为期三年的政治过渡期并建立全国过渡预备期委员会、国家修宪委员会、联合防务委员会等政治过渡期机制。2019年5月，东非政府间发展组织（伊加特）通过决议，同意南苏丹

---

① "Final Report of AU Commission of Inquiry on South Sudan," Addis Ababa, 15 Oct., 2014, p. 61.
② 阎健：《政治—军队—族群的危险联结：南苏丹内战原因分析》，《国外理论动态》2017年第3期。

各派将政治过渡预备期延长半年至 11 月。11 月,经苏丹、乌干达斡旋,南苏丹各派将政治过渡预备期再次延长 100 天。2020 年 2 月,南苏丹成立联合过渡政府。3 月,南苏丹过渡政府任命内阁部长、副部长。5 月,南苏丹有关各派就行政州分配达成一致。6 月,南苏丹总统基尔签发总统令,先后任命 9 个行政州州长和 3 个行政区首席长官。

新苏丹梦碎,南苏丹建国,国家建设迈开第一步。对南苏丹的社会精英们而言,在革命阶段可以通过反对北方阿拉伯人的专制和掠夺而赢得广泛的支持,把民众的政治热情投射到对新国家的憧憬和向往上;在建国初期还可以很自然地以之为借口开脱国家治理中所存在的各种社会弊端,如贫困、腐败、屈从外部势力等。然而,不同派别的联合本身只能是短暂的蜜月,政治主张的歧异在进入国家建构阶段必然会出现甚至激化,"曾经在反殖革命阶段占据主导的社会和谐必然被各种彼此不相容的社会现实所取代"[①]。从长远的发展眼光来看,既然选择了独立掌握自己的命运而不是在联邦政府的框架下寻求地方自治,终获独立的南苏丹就必须尽快告别持续了半个多世纪凯歌高进的宏大革命主题而转入复杂琐碎的建设主题。只有全面反思 20 世纪两种截然不同的国家治理实践,积极探寻符合国情的发展道路,及时科学地进行国家制度建设,创造具有现代性、公民性、政治性的民族认同,才能有效地把握住这次凤凰涅槃式的新生机会,较好较快地推动独立后的和平与发展。

第四节 南北分立后的苏丹政治发展

一 巴希尔政府的因应及其发展

巴希尔总统由 1989 年 6 月的军事政变上台,1993 年 10 月改任总统,2011 年 7 月南北分立后任期"清零",2015 年 4 月第五次连任,2019 年 4 月被推翻下台,是苏丹建国以来执政时间最长的总统,30 年的执政生涯大

---

① Bassam Tibi, *Arab Nationalism: Between Islam and the Nation-State*, Third Edition, ST. Martin Press, Inc., 1997, p.53.

第六章 民族国家建构失败与南北分立

致可以划分为前、中、后三个阶段。在1989—2000年的前期阶段，由政变起家的巴希尔逐渐从热血青年军官成长为老道的政治领导人，在治国理念上逐渐淡化始自尼迈里时期的官方伊斯兰化色彩，最终利用掌控的枪杆子战胜了昔日政治导师哈桑·图拉比的笔杆子，结束了军人政权与伊斯兰宗教极端主义运动长达十年的政治联姻。在21世纪头十年的中期阶段，巴希尔通过内外两方面切实的发展绩效重构了政权的合法性，不仅顺利渡过了"斋月决裂"后因为政治伊斯兰理念动摇而导致的艰难时期，而且推动苏丹的国家治理进程达到了新高度。其一，巴希尔借助中国公司的帮助成功开发了苏丹的油气资源，初步建立了上下游完整的石化工业体系，加之赶上了国际油价规律性波动长达十多年的上涨期，苏丹不仅实现了独立以来持续时间最长的经济强劲增长，而且通过补贴民生、降低电价、全民免费医疗等多项惠民措施让民众切实享受到发展成果，得到了军队、中部农业区和喀土穆等地民众的支持。其二，巴希尔积极拓展国际生存空间，既强化与中俄等大国的经贸和军事联系，缓和与阿拉伯国家世俗政权的关系，又主动结束与美国的敌对状态，答应美国提出的实现关系正常化条件，先后在达尔富尔危机和南方独立问题上做出重大妥协，借助外力形成结束内战、实现和平的倒逼机制。

在21世纪的头十年，巴希尔总统的治国理念和政治抱负似乎逐渐超越了北方穆斯林精英们传统的阿拉伯—伊斯兰视野局限，愿意切实推动苏丹融入国际社会和全球发展潮流，推动国家身份从革命性向现状性的过渡。[①]用第三者的眼光来看，和平总比战争要好，内战结束当然是苏丹当代政治进程的一大进步。巴希尔政府借助美国的外压实现了国内和平，凭借石油开发推动了国内发展，用显著的经济成就重塑威望与权力合法性，诸多举措在当时的背景下具备合理性和美好前景。但核心的问题是，巴希尔政府的让步让北方穆斯林永远失去了统一南方的可能，永远失去了南方丰富的

---

① 国家身份，是指国家相对于国际社会的国家角色定位，包括现状性、游离性和革命性三类。现状性国家希望维护国际社会的基本现状，游离性国家对国际社会既不认可也不反对，革命性国家则希望改变国际社会的基本现状。详见秦亚青《国家身份、战略文化和安全利益》，《世界经济与政治》2003年第1期，第10页。

油气资源和尼罗河水分配的主动权,未来的南北冲突将因为已经是国与国之间的战争而更缺乏合理性。身为北方穆斯林政治领袖的巴希尔总统可以不惮西方社会的压力,不惧国际刑事法院的指控和逮捕令,却无力破解失去南方油气资源后的经济发展困局,也摆脱不了苏丹政坛上传统的派系斗争窠臼,其后期的具体施政虽然曲折坎坷,但整体上重复了和前任尼迈里同样的坠滑曲线。

平心而论,巴希尔政府在优势渐趋明显的 2005 年同意签署《全面和平协议》,承认 2011 年 1 月只有南苏丹人参加的"单边公投"为"全民公投",接受苏丹南北分立的事实,这是北方穆斯林政治精英们自 1956 年以来在南方问题上的最大让步,巴希尔总统本人为此承担了极大的政治风险。苏丹是 21 世纪头十年经济增长最快的北非国家,但仍然是初步脱离赤贫状态的单一经济国家,2011 年的南北分立使刚有起色的经济状况发生重大改变,国内工业生产总值占比在 2003—2016 年从 23% 下滑至 3%,物价上涨,货币贬值,财政收入锐减,2017 年的 541 亿美元外债规模已经占当年 GDP 总额的 94.9% 且已多次发生偿还逾期,全国将近 15% 的民众的日均生活费达不到 1.9 美元的国际贫困线。[①] 鉴于南北分立后苏丹在油气和尼罗河水等经济要素上的重大改变,也鉴于频繁发生的军事政变以及政治派系间朝秦暮楚地合纵连横等,巴希尔总统执政中期的国家治理顶层设计从实践角度来看确实有点超前,相关路径探索实践的最终作用和他本人的最终历史定位都还有待观察。基本可以确定的是,由于失去了 3/4 油气资源和 4/5 外汇来源,苏丹政府被迫采取了一系列紧缩措施,包括提高燃料附加税、减少大饼等主食补贴、禁止进口高档奢侈品和成品家具等,巴希尔总统的后期执政既无德于民,又积怨于兵,实实在在地陷入了多重的两难处境:经济困难和通胀日益引起民众和其他派系势力的不满,出于派系平衡组建的民族和解政府进一步恶化了经济困难和通胀;因为担心下台后遭暗算甚或被引渡至海牙国际法庭受审而不敢交权卸任,出于安全考量的集权努力和恋栈举动招致更大的敌意和不稳定。苏丹各派系因之展开了更

---

① 陈沫:《苏丹经济发展道路的探索及启示》,《西亚非洲》2018 年第 2 期。

激烈的博弈。

2013年，受埃及穆尔西政权倒台的影响，全球的政治伊斯兰运动开始退潮，苏丹国内的反政府游行示威不断，巴希尔政府一方面宣布释放所有政治犯，另一方面又镇压民众示威并造成84人死亡，这引发了全国大会党内部的一再分裂，执政架构碎片化特征凸显，社会管控趋于疲弱。2015年4月，苏丹举行大选，巴希尔以94.05%的得票率成功连任，第四次连任总统。2016年3月和8月，苏丹政府及国内主要反对派和武装组织先后签署非盟提出的旨在实现国内和平稳定的"路线图"协议。4月，达尔富尔地区顺利举行行政地位公投，保持达尔富尔地区现有5个州的行政划分。2017年5月，苏丹成立民族和解政府，这是苏丹100多个政党和武装派别数年来"全国对话"的主要成果，本质上是执政党用权力引诱、分化和瓦解反对势力的工具。[①] 民族和解政府存在重大的体制缺陷，畸高的运行成本造成了巨大的财政负担，分歧严重的各党派根本无法就相关事项做出决断，内耗严重，执政能力低下，成立仅16个月就被重组，21个月后被完全抛弃。民族和解政府的迅速解体是苏丹社会动乱的前兆，操控者巴希尔本人在两个月之后的2019年4月就被颠覆下台。

引燃苏丹民众积怨的导火索是2018年初削减主食补贴所引发的面包涨价，起因是苏丹政府为了获得国际货币基金组织（IMF）的贷款而贸然实施激进的财政与货币政策引发了重大经济危机。民众抗议运动的初期发展轨迹与中东国家经常出现的"大饼革命"并无二致，货币断崖式贬值，通胀率连续高企，国内物价飞涨，面粉、汽油等基本消费品价格成倍增长，银行发生挤兑危机。从2018年8月巴希尔发表连任声明开始，民众的反政府抗议示威活动开始升级，规模更大，地域更广，也更加有组织。借助社交网络组建的全新的"专业人士协会"在推翻巴希尔的大规模反政府民众运动中起到了关键的引领作用，执政30年的巴希尔政权逐渐走到了它的命运终点。

[①] 周华、黄元鹏：《政治合法性与苏丹巴希尔政权的倒台》，《阿拉伯世界研究》2019年第5期。

2019年2月，巴希尔总统宣布国家紧急状态。4月，军方解除巴希尔总统职务，成立军事过渡委员会接管政权。7月，军方同反对派"自由与变革力量"就联合开展政治过渡及有关权力分配达成共识。8月，成立过渡期最高权力机构主权委员会，原军事过渡委员会主席布尔汉任主席。9月，苏丹过渡政府成立。民众抗议运动整体和平有序，基本无暴力，几乎没有发生重大的人员伤亡和对峙事件。"苏丹专业人士协会"（SPA）所代表的社会精英们发表《自由与变革宣言》表达诉求，联合苏菲派政党、伊斯兰主义者、左翼政党、世俗政党、行业工会等各派势力组建"自由与变革力量"联盟，与军事过渡委员会共同组建主权委员会和过渡政府，顺利走完了推翻旧政权的第一阶段。

二 后巴希尔时代的政治演变

根据《宪法宣言》（2019年8月）[①] 的安排，后巴希尔时代的政治过渡期为39个月，军方主导前21个月，代表"自由与变革力量"的文官政府主导后18个月，形成了军民共治的基本权力格局，迄今经历了军事过渡委员会（2019年4—8月）和主权委员会（2019年8月以来）两个阶段。[②] 主权委员会是国家最高权力机关，由5名军官、5名文官、1名中立基督教徒构成，主席是军队总司令布尔汉（Abdel Fattah al-Burhan），副主席赫梅蒂（Mohamed Hamdan Daglo, Hemetti）来自准军事力量"快速支援部队"（RSF）。[③] 主权委员会下设过渡政府，"自由与变革力量"支持长期在国际组织任职的经济学家哈姆杜克（Abdalla Hamdok）出任总理，阁员配置比例和主权委员会构成相同。

[①] Eric Reeves, "Sudan: Draft Constitutional Charter for the 2019 Transitional Period," *SUDANResearch, Analysis, and Advocacy by Eric Reeves*, Aug. 6, 2019. https://sudanreeves.org/2019/08/06/sudan-draft-constitutional-charter-for-the-2019-transitional-period/.

[②] *Political Agreement on Establishing the structures and institutions of the transitional period between the Transitional Military Council and the Declaration of Freedom and Change Forces*, https://www.dabangasudan.org/uploads/media/5d306eb7c2ab1.pdf.

[③] "Sudan Sovereignty Council Gains three new Members under El Burhan," *Radio Dabanga*, Feb. 5, 2021, https://www.dabangasudan.org/en/all-news/article/sudan-sovereign-council-gains-three-new-members-under-el-burhan.

第六章　民族国家建构失败与南北分立

苏丹后巴希尔时代政治发展的显著特征，就是参与主体多元，进程艰难反复。由于严重滞后的发展问题在短期内不可能得到明显改善，民众的革命激情在烦琐的现实面前逐渐消退，相关各方在执政理念、利益划分等方面的分歧和对立逐渐加大。有着严密组织的军官集团继续维持原有权势，主导着过渡进程的方向。领导民众革命的"自由与变革力量"联盟走到前台，但执政能力因内部分裂和争权夺利而备受指责，逐渐失去了方向和话语权。2020年10月，过渡政府与反政府武装联盟签署了《朱巴和平协定》，涉及权力和财富分配、人道主义、安全安排以及武装团体参与政府事务等，过渡期延长14个月。① 2021年2月，主权委员会吸纳了3支反政府武装的代表，分别是"正义与平等运动"（JEM）、"苏丹解放运动"（SLM）和苏丹人民解放运动北方局，主权委员会的军民比例由原来的5∶5∶1变为8∶5∶1。

2021年以来，随着计划中权力移交日期的临近，文官政府加快了夺权节奏：通过打击腐败和取缔非法交易清算军方利益，要求接管主权委员会主席职位，寻求直接管辖警察和情报部门并改组军队，主张将前总统巴希尔移交国际刑事法庭（ICC）等。军官集团不愿意实质性移交权力，一再指责过渡政府争权夺利，漠视民众需求。9月21日未遂军事政变后，文官政府多次呼吁民众保护革命成果，要求重组军队以便肃清巴希尔政权残余，要将军队的商业利益置于文官政府的有效监督之下。军官集团恐惧文官政府掌握权力后对军方进行清算，强调军方是革命取得成功的关键力量和革命果实的守护者，反过来要求解散内阁并任命新政府。与此同时，被寄予厚望的过渡政府执政绩效不佳，不仅未能即时使底层民众摆脱困境，缓解经济窘境的紧缩措施还导致多项财政补贴被取消，与民众生活相关的燃料和基本消费品价格持续走高，通货膨胀率高达400%，很多人生活困顿。受多重因素的推动，苏丹多地出现了抗议示威，各派支持者都在街头对峙展示力量，各政治团体高调致敬1964年推翻阿布德（Ibrahim Abbud）

---

① *Juba-Peace-Agreement*, https://redress.org/wp-content/uploads/2021/01/2021.1.14-Juba-Peace-Agreement-Unofficial-English-Translation.pdf.

军政府的"十月革命"。从10月12日开始，双方在街头的集会和反集会斗争激烈地持续着，焦点直指过渡政府的改组和存留。2021年10月25日，苏丹军方解散主权委员会和过渡政府，扣押政府总理、官员和政党领导100多人，宣布国家进入紧急状态，但否认发动军事政变，称接管政权是为了防止过渡政府中的两派分歧引发内战，同时承诺组建新政府引导民主过渡。军事政变是双方矛盾不可调和的结果，惨淡的经济发展和民生状况成为军方发动政变的最佳借口。

2021年11月11日，苏丹成立新主权委员会，原主权委员会主席布尔汉和副主席赫梅蒂继续留任。一度被软禁的哈姆杜克总理（Abdalla Hamdok）起初坚持其领导的文官政府作为过渡机构的合法性，11月21日与军方谈判签署了《十四点协议》，同意组建并领导新过渡政府，重启民主过渡进程，其后所采取的相关措施包括释放被拘留的政治犯，保护和平示威，审查10月25日以来的决定等。此举受到联合国、欧盟以及美欧多国的欢迎，呼吁援助者和国际社会恢复对苏丹的支持，敦促苏丹军方重新建立平民主导的过渡政府，苏丹国内约40个政治实体和民间社团也成立政治宣言合作伙伴委员会表示支持。但作为此次军事政变的直接被打击对象，最大的非军方政治团体"自由与变革力量"（FFC）反对军事接管，坚持"不谈判、不合作、不妥协"立场，呼吁支持者保卫革命成果，成立抵抗委员会领导和管理民众的反政变抗议活动。首都喀土穆和几个主要城镇随即几乎每周都发生反政变抗议活动，截至2021年底已经发动12轮游行示威，警方经常对示威者使用催泪瓦斯和实弹镇压，造成50多人死亡和数百人受伤。

根据11月21日的《十四点协议》，哈姆杜克总理有权自由组建内阁，在主权委员会的监督下管理国家，虽然没有涉及关于安全部门的改革，包括将快速支援部队（RSF）纳入国家军队以及监管其经济活动等，伊斯兰主义者也被允许参与立法委员会和制宪进程，但基本确定了军官集团与文官精英之间伙伴关系的框架，正在起草的政治宣言试图与前执政党全国大会党以外的所有政治团体建立广泛战线。被军方废黜的前总理哈姆杜克愿意妥协，愿意再度牵头组建并领导新的过渡政府，这可以停止流血冲突，现实地推进修改宪法和如期举行选举，实现和巩固民主过渡成果，但却遭到了政治盟友、传统政党和被罢免部长们的反对。"自由与变革力量"拒绝妥协，强烈要求回归政变前的权力格局，同时指责哈姆杜克使军事政变合法化，是出卖革命的"叛徒"。12名前过渡政府部长也辞职抗议，哈姆杜克被迫指定副部长负责各部委工作。事实上，正是因为再次出任总理后政治力量的分裂、过渡进程中军事和文职组成部分的冲突等，哈姆杜克组建无党派独立政府领导过渡的愿望一直无法实现，最终在2022年1月2日选择辞职，声称给其他人提供一个帮助国家完成过渡进程的机会。

2022年1月20日，布尔汉任命外长等15名部长，总理及部分部长职位暂空缺。4月，联合国、非盟、伊加特成立三方机制，推动苏丹国内对话。5月，布尔汉宣布解除全国紧急状态。6月，苏军方同有关政党在三方机制下开展直接对话。7月，苏丹军方宣布退出三方机制有关对话，政治过渡重回2019年4月政变时的起点。

2022年12月5日，在国际社会斡旋下，苏丹军方与多派政治力量达成了《框架政治协议》，规定了苏丹和平过渡时期的各种原则性问题。由于在关键的安全和军事改革方面存在分歧，政治协议的签署一再推迟，最终引爆了2023年4月的武装冲突。布尔汉领导的苏丹武装部队，总兵力约为20万人，由陆、海、空三个军种组成。达加洛领导的"快速支援部队"，实际上属于准军事组织，总兵力约为10万人，拥有除飞机以外的各类重型武器，战斗经验丰富，堪比正规武装部队。双方因为武装力量整合后的领导权争夺而兵戎相见，争执的焦点有两个：一是快速支援部队并入正规武装部队的时间表；二是军队何时正式置于文职政府监督之下。64岁的布尔汉是体制内的精英代表，担任主权委员会主席和武装部队总司令，既寻求整合武装部队又不愿意弱化自己对武装部队的控制权，希望以空间换时间，强化维持现状的权力基础。48岁的达加洛是新崛起的边缘地区草根精英，最大的政治资本就是快速支援部队，还未被苏丹传统的主流精英们完全接受，渴望进入文官政府又不愿意过快交出权力，希望以时间换空间，在掌控快速支援部队的同时尽快扩大政治参与。

2023年4月15日，苏丹首都喀土穆南部的一处军事基地爆发武装冲突，然后迅速蔓延至喀土穆全城以及周边的恩图曼、巴赫里及红海沿岸的苏丹港等其他地区，总统府、国防部、喀土穆国际机场、国家电台总部等机构是双方激烈争夺的重点。在本轮武装冲突中，快速支援部队提前在喀土穆等多个大城市完成部署，先发制人地进攻重要机场以削弱政府军的空中打击优势，积极发动多点攻击争夺首都控制权，批评布尔汉领导的苏丹武装部队试图与前总统巴希尔的伊斯兰主义支持者密谋夺取权力。苏丹武装部队将快速支援部队的重新部署视为宣战，指责后者是试图发动政变的"反叛组织"，出动战机袭击并迫使其向喀土穆城外撤退，控制了除喀土穆机场和尼亚拉机场外的其余机场。就冲突本身而言，布尔汉方面的整体实力占优，问题是动手有点晚，原因可能是布尔汉未担任过实质性的军事主官，对武装部队的掌控不够，需要时间强化，在与达加洛的博弈中稍显被动；达加洛方面的整体实力欠缺，但有时间优势，战术上以攻为守，考虑的是需要让渡多少权力。就冲突前景而言，任何一方只要全方位控制了首都喀土穆都意味着本轮武装冲突的阶段性结束。布尔汉领导的政府军应该有实力在近期内完全控制喀土穆，但达加洛领导的快速支援部队即便退出喀土穆也依然能够以达尔富尔为据点与政府军形成对峙；二者下一步的斗争态势将深刻影响苏丹未来一段时间的发展进程，影响周边国家的相关事态发展。

三 后巴希尔时代的政治传承

在后巴希尔时代，虽然从军事过渡委员会、主权委员会到过渡政府的发展进程复杂多变，但金蝉脱壳式的 A/B 两个军事政变计划的基本架构仍在。就目前来看，新主权委员会已经成立，新过渡政府和最高选举委员会开始筹组，布尔汉也确认不竞选苏丹总统，宣称他的使命就是推进国家民主过渡，然而，军方和非军方势力的紧张关系未必能缓解，军方在此后政治过渡中扮演何种角色还不得而知，故还不能确定苏丹未来发展究竟是逐步归政选举产生的文官政府还是直接建立军政府统治。但鉴于这样的权力更迭和政治过渡自独立以来已经重复出现过多次，而且总是在短暂混乱的文官政府统治后开启相对强大稳定的军政府统治，契合最近十多年周边国家军政府取代文官政府的发展趋势，因而基本可以断言，苏丹此轮政治过渡能确定的前景应该还是建立有效而强大的军政府，不确定的只是建立新的军政府秩序的过程和具体代价，即直接建立军政府统治还是再经历一轮短暂混乱的文官政府时期后再建立军政府统治。与此同时，虽然从军事过渡委员会、主权委员会到过渡政府的发展进程复杂多变，由布尔汉、赫梅蒂和哈姆杜克组成的三驾马车权力体系聚散不定，也很不平衡，但苏丹社会整体上仍然继承和发展了巴希尔的两大遗产。

其一，外交布局从对美妥协向整体亲美演变。为了缓解南北分立后的经济困难局面，也可能不想继续被孤立，巴希尔政府一直致力于苏美关系的缓和，提升苏丹开展国际贸易、获取外国投资和援助的能力，在达尔富尔危机和南北分立等问题上做了重大让步。美国在 2017 年 10 月宣布解除对苏丹的经济制裁，但未将苏丹移除出"支持恐怖主义国家"黑名单，2019 年 2 月还警告对示威者的镇压将影响移除支恐黑名单进程。[1] 在后巴希尔时代，无论是实现与以色列关系正常化、寻求将苏丹从"支持恐怖主义国家名单"上移除，还是同意加入《罗马规约》并移交前总统巴希尔到国际刑事法院受审（很可能在苏丹境内设立专门的审判法庭）[2]，苏丹过渡政府基本上满足了美国政府的诉求，成为美国中东和平"路线图"的组成部分。相应地，苏丹的相关诉求也得到了美国政府有诚意地积极回应，包括 2020 年 12 月将苏丹正式移除出"支持恐怖主义国家"名单，呼吁国际社会对苏丹提供援助和减免债务等。

其二，达尔富尔权力板块在苏丹政坛上的强势崛起，代表人物是亲政府的阿拉伯民兵武装领导人赫梅蒂和反政府武装"苏丹解放运动"（SLM）领导人米纳维（Suliman Arcua Minnawi）。在达尔富尔危机期间，巴希尔主要依凭阿拉伯民兵组织"金戈威德"镇压达尔富尔地区的反政府武装，在 2013 年后进一步使之成为能够与苏丹军队并立的一支武装力量。现任的快速支援部队（RSF）领导人赫梅蒂就是在此过程中被扶持成长起来的主要代表，不仅在 2019 年顺利逃过了革命清算，也确实在后巴希尔时代的权力

---

[1] 周华、黄元鹏：《政治合法性与苏丹巴希尔政权的倒台》，《阿拉伯世界研究》2019 年第 5 期。
[2] Nima Elbagir, Hamdi Alkhshali and Yassir Abdullah, "Sudan to Hand ex-President Omar al-Bashir to ICC," *CNN*, Aug. 11, 2021, https://edition.cnn.com/2021/08/11/africa/sudan-handover-omar-al-bashir-icc-intl/index.html.

架构中占有了一席之地，是苏丹过渡期最高权力机构主权委员会的副主席，对内依赖部族的支持巩固权力，投资金矿和黄金交易，以权力寻租回馈所在部族；对外派出军队以战养战，派军队参加也门和利比亚内部战事，与沙特和阿联酋关系密切，同时积极寻求美国等域外大国的支持。[①]米纳维（Suliman Arcua Minnawi）是达尔富尔反政府武装中的实力派代表，与喀土穆的关系在巴希尔时代就呈现出对抗与合作并存的多变特点，在后巴希尔时代更成为布尔汉和哈姆杜克为了制衡赫梅蒂而笼络招安的统战对象。2021年8月10日，布尔汉亲自参加米纳维出任达尔富尔州长的就职典礼，并宣布启动《朱巴和平协议》中的安全安排措施。就目前来看，虽然"总统助理、达尔富尔州长"等头衔的象征意义大于实质意义，"达尔富尔州长"与已经存在的东西南北中五个州长的关系问题备受质疑，但这样的安排已经能够让米纳维推举自己的代表担任内阁部长、加入主权委员会和立法机关，相比以往已经获得了更多实际上的好处，是被认可的达尔富尔黑人反政府势力的代表和象征。从1821年以来的历史长时段来看，赫梅蒂与米纳维两人在苏丹政坛上的强势崛起，确实正在改变两个世纪以来北方尼罗河流域河岸部族主导国家发展的权力格局，但能否像利比亚的卡扎菲那样彻底扭转国家发展的整体格局还有待观察。

第五节　苏丹社会泛政治化中的军队因素

2023年4月武装冲突的双方是苏丹最有权势的两支武装力量。结合2019年4月巴希尔政权被推翻后的政治过渡和秩序重建，结合苏丹1956年独立以来文官政府/军政府轮换交替的国家治理进程，基本上可以断言：此次武装冲突的根源是苏丹军队由来已久的割裂式政治参与；武装冲突本身既是后巴希尔时代各派势力权力博弈的阶段性顶点，也是苏丹下一阶段政治发展和秩序重建的新起点；苏丹国家的未来发展存在诸多变数。

[①] "Exposing the RSF's Secret Financial Network," *Global Witness*, 2019-12-09, https://www.globalwitness.org/en-gb/campaigns/conflict-minerals/exposing-rsfs-secret-financial-network/.

第六章　民族国家建构失败与南北分立

一　苏丹政治发展背后的军队割裂式参与

在1899—1955年的英—埃政府时期，因为殖民统治者的局外人身份，也因为有相对成熟的民主政治理念，英—埃政府能够超脱于苏丹内部的教派纠纷和地区矛盾，尝试建立文官制度和议会政体。苏丹防卫部队长期保持5000人的规模，不介入政治斗争，无党派属性，声誉良好。但苏丹军队的中立本质上只是一种虚假的政治中立。英国人完全掌控苏丹防卫部队，垄断中央和地方政府的重要职位，其殖民统治的基础就是军队和中央集权，给本就崇尚武力的苏丹人留下了军队是解决社会问题最终办法的传统。[①]

1956年独立后，苏丹武装部队日益成为高度政治化的军队。首先，苏丹武装部队的本土化实际上演变为针对北方穆斯林精英的阿拉伯化/伊斯兰化，1981年的苏丹军队中只有5%—10%的候补军官来自南方[②]，武装部队内部产生了错综复杂的教派、政党、族群和区域矛盾和冲突。其次，因为内战的爆发和延续，所有18—30岁的公民都必须有两年服役期，苏丹武装部队的规模持续扩大，对政治事务的介入程度越来越深，成为苏丹内部最具权势的国家机器。在此背景下，从高层到中下级的军官们也都热衷于介入全局性政治，所有的政治势力都将军队干预视作解决政治危机与社会冲突的最终方案，都渴望以突破性的军事政变结束混乱低效的文官政府并强推变革和振兴计划。而正是因为存在着割裂化特色显著的高度政治化军队，苏丹的政治发展与转型才会陷入短暂议会制政府和长期军政府的破坏性循环，整个国家的政治转型和发展都受到了严重影响。

第一，武装部队的北方和南方地区性大割裂导致了苏丹内战长期化乃至最终南北分立。在英—埃政府时期，苏丹防卫部队的主体是北方尼罗河流域的阿拉伯部族游牧民，南方人由于不能流利掌握防卫部队通用的阿拉伯语而很少被招募入伍，能跻身军官序列的南方人就更少。军队中的南方人地位比较低，不允许参加北方的武装部队，也不能驻守北方地区。赤道

[①] 刘鸿武、姜恒昆编著：《苏丹》，社会科学文献出版社2008年版，第334页。
[②] LaVerle Berry (ed.), *Sudan: A Country Study*, Federal Research Division, Library of Congress, 2015, p.310.

军团几乎全部是南方士兵，在 1955 年独立前夕，由于失望和怨恨而发动兵变，在被弹压后转战丛林，开始了争取南方自治的长期斗争。苏丹政府随即解散了赤道军团，次年恢复招募后明确规定南方人必须在来自北方的军官手下服役。① 此后，苏丹的武装部队实际上长期分裂为政府军与反政府军两大部分。第一次内战时期的"阿尼亚尼亚运动"（Anya-Nya）和第二次内战时期的苏丹人民解放军（SPLA），就是反政府武装力量的代表，主要活动在苏丹南部和西部地区，都在各自强盛时期将苏丹中央政府对南方的控制局限于几个重要的驻军城镇。2011 年的南苏丹建国，就是苏丹武装部队南北方地区大割裂的政治宣言。

第二，南北方武装部队内部的教派、政党、族群和区域的多重裂痕在共同敌人消失后被放大。这是 2011 年以来苏丹和南苏丹各自内部冲突持续的重要原因。② 自 1820 年代以来，无论是土—埃政府统治还是英—埃政府统治，舍基亚人代表的北方尼罗河流域游牧民都选择与当权者站在一起，由舍基亚人组成的非正规骑兵部队一直是当权者最倚重的本土武装力量，后者也基本上垄断了苏丹军队中的高级军官职位。③ 从 1920 年代开始，随着安萨尔教派的重获新生，达尔富尔和科尔多凡的民众开始进入军队服役，到 1980 年代初已经占到了军队总人数的 60%，但主要是普通士兵和中下级军官，高级别军官不多。④ 从总体上看，来自东北部和北方尼罗河流域的舍基亚人、栋古拉人和贾阿林人，不仅垄断了苏丹政府的所有重要职位，还掌控着苏丹军队的领导权，与哈特米亚教团和米尔加尼家族有联

---

① LaVerle Berry (ed.), *Sudan: A Country Study*, Federal Research Division, Library of Congress, 2015, p. 311.
② 南苏丹武装部队内部按照族群构成分裂力量。第一次内战时期"阿尼亚尼亚运动"的主力是努维尔人，主要战场在赤道州。第二次内战时期苏丹人民解放军 SPLA 的领导者多来自丁卡族，当 SPLA 势力壮大时其他族群的民众就通过内讧和逃亡宣泄不满。自 2011 年以来，南苏丹的武装力量继续割裂为两派，总统基尔领导的苏人解军队以丁卡族人为主，前副总统马夏尔为首的反对派武装以努维尔族人为主，二者在 2013 年 12 月至 2015 年 8 月、2016 年 7 月至 2018 年 5 月发生过两次激烈的武装冲突。
③ ［美］罗伯特·柯林斯：《苏丹史》，徐宏峰译，中国大百科全书出版社 2010 年版，第 15 页。
④ LaVerle Berry (ed.), *Sudan: A Country Study*, Federal Research Division, Library of Congress, 2015, p. 311.

系，政治上支持民主联盟党。普通士兵和下级军官基本上来自西部边远的达尔富尔和科尔多凡地区，多是安萨尔教派信徒，整体上支持乌玛党和马赫迪家族。2011年南苏丹独立后，共同敌人的消失让苏丹武装部队内部长期被压制的教派、政党、族群和区域等多重小割裂势力开始受到强化，现阶段的分歧和矛盾主要在苏丹武装部队和快速支援部队之间展开。前者代表中高级军官集团的利益，大多来自北方尼罗河流域等传统中心地区；后者反映了中下级士兵的诉求，多来自西部的达尔富尔和科尔多凡等边缘地区。

第三，布尔汉与达加洛之间从盟友走向冲突是苏丹武装部队割裂化发展的最新表现，也是现阶段苏丹政治转型和秩序重建的最集中表现和影响因素。2019年以来，布尔汉与达加洛在苏丹的政治发展和转型过渡中有过多次合作。双方通过团结示威者和反对派推翻了巴希尔政权，与民众运动代表共同组成"主权委员会"合作主导后巴希尔时代的政治过渡和秩序重建，因为拒绝权力移交而联手推翻了哈姆杜克（Abdalla Hamdok）领导的民选政府。然而，由于布尔汉与达加洛的出身和意识形态取向不同，代表着不同社会集团的利益诉求，在政治过渡、军队改革、对外政策方面存在诸多分歧，两人基于共同利益的合作越来越让位于日益激化的矛盾和冲突。达加洛趁乱扩大了家族和派系势力，对内把控达尔富尔的金矿和黄金交易，涉足投资、采矿、运输、汽车租赁和钢铁等多个领域；对外与利比亚、乍得、沙特和阿联酋关系密切，派兵参加利比亚和也门内战，有问鼎喀土穆和干预地区形势的能力。[①]面对咄咄逼人且处于上升势头的达加洛及其快速支援部队，布尔汉一方面继续强化自身对武装部队的控制，强化在传统中心区域的权力基础，强化与埃及的关系与合作，为了制衡达加洛而重点笼络米纳维和易卜拉欣，后两者是达尔富尔反政府武装的实力派代表，与苏丹中央政府的关系呈现出对抗与合作并存的多变特点。布尔汉与达加洛之间的多重博弈加剧了苏丹军政关系的复杂程度。

---

① Global Witness, "Exposing the RSF's Secret Financial Network," https://www.globalwitness.org/en-gb/campaigns/conflict-minerals/exposing-rsfs-secret-financial-network/.

前巴希尔总统是现阶段苏丹武装部队割裂化发展的重要推手。进入 21 世纪以来，巴希尔总统开始以新的思路解决南方问题，他于 2005 年签署《全面和平协议》，认可 2011 年 1 月只有南苏丹人参加的"单边公投"为"全民公投"，接受苏丹南北分立的事实，承认南苏丹独立等。这是北方穆斯林政治精英们自 1956 年建国以来在此问题上的最大让步，是对传统阿拉伯—伊斯兰国家视野的超越，巴希尔本人为此承担了极大的经济压力和政治风险。与此同时，因为在南方独立后丧失了大约 3/4 的石油收益，苏丹经济发展迟滞，巴希尔总统与穆斯林精英们的隔阂开始加大，被迫从达尔富尔等权力边缘地区寻求支持。南北分立后，巴希尔曾认真地考虑组建达尔富尔地区警察部队，但在 2013 年前后却完全停止了这一计划转而支持达加洛建立"快速支援部队"，并称之为"我的保护者"，隶属于苏丹国家情报与安全局，独立于军方。正因为如此，达尔富尔权力板块在苏丹政坛上持续崛起，代表性人物是亲政府的阿拉伯民兵武装领导人达加洛、反政府武装"苏丹解放运动"领导人米纳维和"正义与平等运动"领导人易卜拉欣。达加洛在巴希尔执政后期得到刻意扶持，躲过了"四月革命"后的政治清算，在后巴希尔时代权力架构中占有一席之地。

二 军人干政与苏丹政治发展的历史回顾

所谓军人干政，一般是指军人介入政治，公开地以军事政变胁迫参与政治资源分配、影响政治决策方向、改变或中断法定政治运作程序的活动与过程。他们或是发动了未遂的军事政变，或是通过政变推动或者阻止政府人员的变更。军政府是军人干政的最高表现形式，从本质上说就是以军事手段控制政治、以军人统治与管理国家及社会的一种方式，从形态上说是军人以其政策和人员替代文官政府的政策和人员的一种政体。[1]

非洲是全球发生军事政变频率最高的大陆，也是军人长期掌控国家政权最多的大陆，1980 年代曾有 20 多个国家的政权为政变军人所控制。始自

---

[1] 陈明明：《所有的子弹都有归宿》，天津人民出版社 2003 年版，第 3—4 页；Eric A. Nordlinger, *Soldiers in Politics: Military Coups and Governments*, Prentice-Hall, 1977, p. 3.

第六章　民族国家建构失败与南北分立

1990年代的第三波民主化浪潮推动了52个非洲国家的多党制，实现了选举民主的基本目标，通过选举方式获得政权逐渐成为被普遍认可的政治规则，武装政变被贴上了"反民主"的政治标签，整个1990年代的军事政变不到10起。① 自2000年以来，无论是此前通过政变掌权的军事强人还是通过选举上台的民选领导人，总体上的执政绩效都比较失败，既无力解决发展严重滞后所造成的贫困化和分配不当所导致的贫富不均等问题，又有破坏宪法原则寻求集权、世袭等不民主行为，加上外部势力经常插手其内部事务，非洲国家解决矛盾冲突时的武力习惯和传统越来越浓厚，沉寂十多年的军事政变态势开始抬升，由军事强人主导的威权政治再次回潮。

第一，军人干政导致了苏丹文官政府和军政府的交替国家治理。

苏丹是非洲大陆军人干政和军政府统治的典型国家。自独立以来，议会制文官政府治理仅10年左右时间（1956—1958、1964—1969、1986—1989），军事强人统治则长达53年，分别是阿布德时代（1958—1964）、尼迈里时代（1969—1985）和巴希尔时代（1989—2019）。军事政变是推动文官政府和军政府交替执政的重要动力，每一届军政府的建立都是军事政变推翻文官政府的结果，每一届军政府也都终结于民众抗议中的又一次军事政变。政变发动者包括各类政治寡头和军事强人，结果有成功也有失败。其中一些政变是政治领袖联手军官集团发动的，但更多的军事政变是军官们发动的，各种级别、教派和部族的军官都有，而且很多是未遂政变。

后巴希尔时代的政治发展与此前的三轮政治转型和过渡基本类似：动员民众革命的政治团体"自由与变革力量"是专业协会＋传统政党的政治联盟；军官集团相对于非军方势力具有绝对优势；军事政变是秩序重建的基本动力。2019年4月的政变由军方高层策划发动，很快就废黜了执政30年的巴希尔总统，让各方势力的激烈博弈突然失去了斗争目标，没有涉及深层次利益调整和转移，军官集团继续掌控话语权。在此后直至2021年10月25日政变前的"军民共治"格局中，文官政府有民众和国际舆论支持，军官集团把控着暴力机器和经济命脉，双方合作建构了转型过渡框

---

① 王洪一：《解析非洲政变年》，《国际问题研究》2004年第3期，第57—58页。

架,开启了有希望的秩序重建。但这种不对等的权力平衡只是做到了特定时期的相互否定,任何由军官集团或文官政府单独主导的秩序重建都会为对方所不容,斗争的根本是看军官集团在当前的内外环境和压力下愿意对文官政府做出多大程度的实质性让步。

与以往政治过渡不同的是,推翻巴希尔政权的军官集团复杂多元,是武装部队+准武装部队+安全部队+民兵武装的综合体。主权委员会架构源自 2019 年 8 月的《宪法宣言》,主导方是军官集团,主席和副主席分属不同的武装团体。2020 年 8 月的《朱巴和平协议》引进了第三方,将本就艰难的军官集团+文官精英间双方合作变成了军官集团+文官精英+反政府武装三方博弈,领导革命的"自由与变革力量"联盟的话语权重受到严重稀释。

第二,军人干政是苏丹政治发展的基础与核心。

在后巴希尔时代,无论过渡政府如何构成和运作,军官集团+文官政府的脆弱权力架构最终都会在利益调整的深水区翻船;屡被推迟的全国大选能否如期举行不得而知,即便举行也只是推后了下一届军政府的开启时间,作用如同 1986 年 4 月的全国大选;布尔汉将军关于举行大选并组建文官政府后退出政治事务的誓言,关于向文官政府过渡的判断,似乎只是针对他个人而非整个军官集团。

首先,落后的政治文化传统和失效的文官政府治理是军人干政的根本原因。与此同时,独立后的苏丹继承了英—埃政府时期的政治框架,有来自西方现代民主政治理念的宪法与议会政体,有竞争性的政党制度与文官制度,就政治文化而言可以视作"阿拉伯世界和非洲的民主国家",民众骨子里也有英国式民主政治的基因。[1] 然而,由于缺乏政治技巧和妥协意识,也因为身份和视野局限所导致的派系斗争窠臼,苏丹的社会精英们并没有从传统部族社会迈入现代民族国家,不仅没有尽快给从殖民者手中继承的现代国家体制赋予必要的合法性,治理能力还在历史惯性的推动下日

---

[1] John O. Voll (ed.), *Sudan: State and Society in Crisis*, Bloomington: Indiana University Press, 1991, p. 6.

第六章　民族国家建构失败与南北分立

趋倒退。具体而言，独立后的苏丹政府既无力解决经济发展的沉疴痼疾，是联合国认定的世界最不发达国家；又让战争充当了民族国家构建的主要力量，在国情复杂的苏丹强制推广阿拉伯—伊斯兰化运动，导致国家构建与民族构建同时陷入困境和停滞。① 雄心勃勃的军官们要将国家从文官政府的腐败无能和低效中拯救出来。

其次，高度泛政治化的社会环境是军人干政的现实基础。苏丹经济滞后，政治分裂，社会复杂，部族和教派势力密切交织，民众的家园观念至上，加上1956年的国家独立具有一定的"躺赢"性质，缺少革命和救亡考验，现代国家形式与传统社会原生态并存，有政治性的教团领袖、政治性的大学、政治性的官僚、政治性的工会和政治性的党派，当然也有政治性的军队及各类武装团体。所有这些派系势力，不仅积极参与关联它们特殊利益的具体政治问题，高昂无序的参与导致政治发展缺乏自治性、连贯性和适应性；还把所有社会问题都归咎于政治权力分配，以舍我其谁的不妥协姿态频频插手牵动整个社会的全局性政治问题，幻想通过权力更迭快速实现国家的从地狱到天堂。② 在此背景下，曾经有效的英式民主体制异化为激烈的政治斗争平台，国家经常性陷入动荡、无序和分裂；民众因为混乱低效的政党政治和长时间的街头斗争而身心疲惫，能终止混乱和动荡的军事政变，尤其是较少流血的军事政变似乎成了一件被期待的事情。事实上，往往就在派系斗争的高潮时刻，强大而有组织的军官集团就会介入国家政治，不仅通过政变将腐败低效的政府赶下台，维系自身的权势，同时满足干政冲动和实际需求，还抱着"政治属于政治家，祖国属于军人"的救世主义心态，按照自身理解重塑国家和社会，打造"没有政治生活的政治，没有政治家的政治"③。

第三，苏丹军政府的善政愿望和能力限度。

---

① 相关理论阐释，参见 Mostafa Rejai & Cynthia H. Ealoe, "Nation-States and State-Nations," *International Studies Quarterly*, Vol. 13, No. 2, 1969, pp. 150 – 151.

② 关于泛政治化社会及其发展阶段的特征描述，详见［美］塞缪尔·亨廷顿《变化社会中的政治秩序》，王冠华等译，上海人民出版社2008年版，第160—162页。

③ ［苏］格·伊·米尔斯基：《第三世界：社会、政权和军队》，商务印书馆1980年版，第273页。

苏丹军队一直有着推动转型过渡和建立秩序的强烈意愿、需求和能力。军队是苏丹国家最有力量、效率和现代意识的社会组织，代表着一种相对制度化的发展方向，麾下百余家企业的资产达数十亿美元，控制着港口、黄金、电信、牲畜、阿拉伯树胶等关键经济部门，其中80%的资源在文官政府的管辖范围之外。[1] 从政治斗争的实际情况来看，当其他社会势力只能通过街头运动给政府施压的时候，军官集团却不仅通过积极干预终结派系斗争，维护自身利益和话语权，例如通过暴力手段合法地压制民众运动，通过掌控的资源阻滞或推动经济情势消融街头运动的民众基础，通过颠覆政府让高度紧绷的政治斗争突然失去目标；还能通过组建新政府重建政治权威和秩序，给被裹挟且无所适从的普遍民众提供一种从无序到有序的希望和欣慰感觉。新建立的军政府一般都实行高压统治，借助军队、政党等现代政治工具将其理想付诸实践，采取的国家主义经济措施在短期内相对有效，可以立竿见影地确定一种秩序，在初期也比较注意廉洁、效率及革新，整个社会大都有一段令人怀念的美好时光。即便是那些相对保守的高级别军官集团，虽然与被推翻的前政权藕断丝连，但在接管权力后也会本能地按照自身的理解建立秩序，更关心如何顺畅运转而不是推行激进的经济和社会变革，纠正前任政府的一些不切实际的做法，推动社会各方面的实质性发展。

尼迈里总统和巴希尔总统的执政轨迹类似，折射出前现代国家草根威权领袖治理国家的善政愿望和能力限度。两人都是中下级军官通过政变上台执政的，都果断地结束南北内战，都造就了十多年的经济发展，都是执政时间较长的军事强人，也都因为苏丹的复杂国情和本人认知局限而最终坠滑。尼迈里的政治操控、南方政策和"九月法令"断送了他的执政生涯，也终结了艰难得来的和平局面。巴希尔的伊斯兰化和南方政策最终导致了苏丹2011年的南北分立，后期的权力制衡施政严重冲击了传统社会格局。苏丹是冲突频发的欠发达国家，国家治理要快速有效地实现似乎只能

---

[1] Joseph Daher, "After the Coup in Sudan-Mass Struggle for revolution," *Tempest*, Nov. 3, 2021, https:// www. tempestmag. org/2021/11/after-the-coup-in-sudan/？fbclid = IwAR0ats3 _ Ip-xnefil8CYc CwpLcQ6XNBZ2ybTBT5nJgJOj1U93Hl8O1T7iS0. 登录时间：2021年11月11日。

是军事强人统治,而军事强人统治的诸多政策却往往与现代政治理念相冲突。一方面,因为不具备足够的合法性,政变后成立的军事强人政府总是以军事管制方式治理国家,以军队的结构性特征规范社会,这迟早会与经济社会发展的内在逻辑发生冲突。① 另一方面,往往就在军政府施政绩效最显著的时候,民众却开始怀念文官政府时期的自由多元生活,长期被打压的教派势力、各类政党和众多行业工会组织开始萌动,军政府或主动吸纳更多的社会力量实现成功转型(中晚期),或因应对迟钝而被颠覆下台,进入下一轮循环(政权末期)。这是人性使然,也似乎是包括苏丹在内的很多国家的政治发展规律。

三 后巴希尔时代的政权建设走向展望

在苏丹,无论是民众的成熟程度还是社会精英们的能力和视野,都不足以支撑议会制文官政府和常态化军政府的有效顺畅运转;一个负责任的"现代助产士"或有战略眼光的"正确独裁者"也许更能够推动民族团结和国家发展。对于极度落后且高度泛政治化的苏丹而言,首要的问题是需要和确定权威,其后才是限制权威。综观非洲国家政治发展史,大多数政变策划者最初并没有对未来道路的明确规划和设计,军政府成立后的显著特征就是施政路线激荡变动。而在军事政变后的秩序重建中,军官集团如果没有立即建立独裁政府而是需要合作伙伴的话,那大多也是军官集团+专业技术官僚,军官集团+文官政府的联合体制并不常见。从长远来看,包容性政府确实是社会转型过渡和持久发展的关键,基础广泛的民选文官政府应该是社会发展的必经之途和重要目标;关于军事政变的争议也始终没有停歇过,例如究竟是以暴易暴、保障民主还是藐视宪政、践踏民主等,军政府存在的价值和意义更多地体现在技战术层面而不是目标层面。结合苏丹 1956 年以来的政治发展和转型实践,对于苏丹未来的政治发展和政权建设大致有如下判断。

第一,苏丹现阶段直接建立有效率民选文官政府的可能性比较小。

---

① 陈明明:《所有的子弹都有归宿》,天津人民出版社 2003 年版,第 8 页。

苏丹国家治理现代化的历史考察（1956—2023）

首先，苏丹缺乏有全局视野和责任担当的政党/政治家，也始终没有建立过有序、有效、长久的政治秩序。各主要政党及其政治家，包括那些改穿西装的将军们，都有着浓厚的部族、教派、种族和地域色彩，因之产生的联系纽带和社会动员能力，尤其是根深蒂固的部族和教派忠诚，造就了民众对政治生活的深度持久参与。然而，历经数十年的国家治理实践，各主要政党和政治人物从未超越其种族、部落、教派和地域局限，从未超越狭隘的集团利益拘囿，而是钩心斗角，相互倾轧，内阁改组频仍，分配官职和决定政策的方式五花八门。一方面是高水平的民众政治参与，另一方面是低水平的政党及政治体系，二者的巨大落差直接导致了苏丹文官政府时期的政治紊乱、发展迟滞和社会分裂。乌玛党前领袖萨迪克（Sadiq al-Mahdi）是文官政府领袖的代表，其成长和坠滑轨迹是苏丹政治精英们的缩影，被部分民众看作失败无能的文官政府的代名词。[①]

其次，苏丹的专业人士及其行业协会的作用发挥必须依附掌控暴力机器的军官集团或有民众基础的政治派系。苏丹的行业协会在维护从业者权益方面比较积极，得到了大量中产阶层的信任与支持，在危机时期总能很快组建起反对派联盟，借助对旧政权的共同敌意和微弱模糊的民主信念成功发动民众进行抗议示威。然而，在建设新制度的第二阶段，因为缺乏切实的经济基础和权控手段，缺乏有魅力和远见的核心领袖，诉求多元的政治联盟在失去了共同目标后开始分裂，逐渐从组织群众运动转变为争权夺利和派系斗争，最终让出了革命的领导权和控制权。组建技术官僚内阁是专业人士作用发挥的另一个重要途径，但所推出的由独立的专业人士组成的内阁往往陷入空转或被取代。技术官僚内阁在文官政府和军政府时期都多次出现过，但要么因缺乏党派和民众支持而成为空中楼阁，要么被强大的派系势力取而代之，其命运如昙花一现，其作用微乎其微，是文官政府和军政府交替轮回的零星点缀。

第二，军政府统治在苏丹有着深厚的历史传统和现实根基。

苏丹历史上的监护型军事强人有两个典型，分别是1958年结束议会制

[①] Nesrine Malik, "Sudan Election Didn't Need Fraud," *The Guardian*, April 24, 2010.

第六章　民族国家建构失败与南北分立

文官政府的阿布德将军和1985年推翻尼迈里军政府的达哈卜将军,两人都时任陆军总司令。阿布德将军被动地参与了1958年11月的军事政变,在其后一年内接连处理了三起未遂军事政变,最终确立了以他为首的军政府。在具体施政上,阿布德解散混乱低效的议会,强制实施经济举措,部分解决了与埃及的尼罗河水争端,在南方推进阿拉伯—伊斯兰化并驱逐当地的基督传教士,开启了一段稳定的发展时期。[①] 1964年10月,面对高涨的民众运动,阿布德总统隐忍克制,急流勇退,实现了政权的平稳过渡。"致敬十月革命"成为此后民众反政府游行示威的战斗口号,在苏丹的历次政治运动中发挥了重要作用。[②] 达哈卜将军有操守,有能力,为了结束流血冲突而发动政变,坚持在一段过渡时期后还政于文官政府,主张实行多党制和议会民主,尊重发动民众革命的行业协会和各派政党,对前政府官员的审判基本遵循司法原则。但达哈卜领导的军事委员会和看守内阁也刻意回避了一些棘手问题,没有在有利的时机推进解决宪法、沙里亚法以及南方地位等棘手问题。从这个意义上讲,达哈卜将军的善意善举确保了政治过渡的顺利进行,催生了第三届议会制政府;但第三届议会制政府差强人意的表现从反面证实了达哈卜将军的执政缺憾。

颠覆型军事强人的典型是尼迈里和巴希尔两位中下层校级军官。尼迈里总统的初期执政有抱负,有视野,有举措,具体过程虽然有反复,有政治算计,被质疑从来都不愿意真正履行和平协议[③],但他开创了苏丹历史上的英雄时代,对苏丹和平、稳定和发展的贡献不容否认。然而,因为缺乏系统的思想体系和坚定的信念追求,也因为苏丹的复杂国情和国家治理任务的艰巨性,尼迈里在执政的16年间几乎用尽了所有的意识形态,先后与苏丹共产党、阿尼亚尼亚运动、苏菲派政党、全国伊斯兰阵线、宗教极端主义者、部落酋长合作过,但都在目标实现后抛弃或背叛了合作伙伴,推动了民族主义与宗教极端主义的合流,导致国家发展停滞,战端再起。

---

① Edgar O'ballance, *Sudan Civil War and Terrorism* 1956 – 1999, Macmillan Press, 2000, pp. 11 – 13.
② [美] 罗伯特·柯林斯:《苏丹史》,徐宏峰译,中国大百科全书出版社2010年版,第93页。
③ John Garang, *The Call for Democracy*, Kegan Paul International, 1992, p. 11.

苏丹国家治理现代化的历史考察（1956—2023）

尼迈里本人先后拥有过总统、陆军元帅、最高统帅、伊玛目等诸多头衔，最终却被民众和其他政治势力所唾弃，包括他所倚重的军队，也基本否定了前期的革命初衷和执政成果。巴希尔总统的执政生涯大致可以划分为三个阶段。在前期十年里，他从热血青年军官逐渐成长为老道的政治家，结束了军官集团与伊斯兰主义者的政治联姻。在中期十年里，他用经济发展绩效重构了政权合法性，借助外压实现了国内和平，却因为传统治理的现代困境而导致了南北分立。在最后十年里，他因为无力破解经济困局，也摆脱不了传统的派系斗争窠臼，因而只能用权力引诱、分化和瓦解反对党，权斗激烈，发展迟缓，革命初衷终成幻梦，最终导致政权坍塌。[①]

第三，苏丹政权建设的路线之争及其展望。

苏丹政治发展的显著特征，就是参与主体多元，进程艰难反复。由于严重滞后的发展问题在短期内不可能得到明显解决，民众的革命激情在烦琐的现实面前逐渐消退，相关各方在执政理念、利益划分等方面的分歧和对立逐渐加大。作为解决国内矛盾问题的一种极端手段，作为推动权力更迭和政治发展的重要工具，军事政变及其随之建立的军政府，既是苏丹高度泛政治化社会催生的结果，能够有效地结束混乱并建立秩序；也因为在一段时间内解决了棘手的社会难题反过来又刺激了既有泛政治化行为的发展。既然建立强大、有效的军政府是泛政治化社会政治发展和秩序重建的无奈选择和现实方向，那就必须关注重建秩序的过程和代价，而最佳的关注切入点就是发动政变的军事强人。主权委员会主席布尔汉和副主席达加洛，有着不同的部族出身、阶层属性和行事风格，都可能是下一位军事强人；布尔汉类型的军事强人代表着苏丹政治过渡转型的确定性，达加洛类型的军事强人则可能会导致苏丹政治过渡转型的不确定性。布尔汉和达加洛围绕军队领导权的武装冲突，本质上就是双方在共同废黜哈姆杜克领导的文官政府后对未来政权建设不同理念和设计的碰撞与交锋。

布尔汉来自北方尼罗河流域的河岸部落，其祖母与前总统阿布德同

[①] 周华、黄元鹏：《政治合法性与苏丹巴希尔政权的倒台》，《阿拉伯世界研究》2019 年第 5 期，第 97—98 页。

族，是巴希尔时代末期的军队总参谋长，比较低调，也不是伊斯兰主义者，不会引起城市世俗化民众的反感，在苏丹社会有一定的民意支持。① 作为传统穆斯林精英集团的军方代表，作为武装集团内部成长起来的总司令，布尔汉对于苏丹政治过渡和秩序重建始终缺乏清晰、明确的顶层设计，有建立军政府的冲动却一再否认发动军事政变，承诺确保民主过渡又没有做好放弃权势的准备，2019年4月和2021年10月的军事政变似乎都是一种试探，诸多措施都留有余地，例如完全剔除"自由与变革力量"的政治代表却反复挽留后者支持的哈姆杜克总理等。就未来而言，无论布尔汉是效仿1958年的阿布德直接建立军政府，还是效仿1985年的达哈卜逐步归政选举产生的文官政府，都容易被接受，二者也皆有可能，较少会出现动荡局面，整个国家大概率会沿袭既有的发展方向和道路。

达加洛出身于达尔富尔的游牧部族，小学未毕业就从事贸易活动，组建私人武装保护贸易线路，是达尔富尔危机期间阿拉伯民兵武装"金戈威德"的指挥官，2012年后得到了巴希尔的刻意扶持，2017年被整编为快速支援部队，由原来的5000人扩张到4万人（另一说是10万人），成为能够与苏丹军队并立的一支准军事力量，被一些人看作苏丹目前的实际掌控者。② 但达尔富尔是苏丹传统的边缘地区，民众大多是社会中下层人士和中下级官兵。达加洛如果发动政变谋求上位，例如这次的武装冲突，就必然面临苏丹社会传统穆斯林精英们的集体打压，面临众多河岸部落和城镇居民的整体阻力，困难很大，成功概率小；但如果达加洛最终胜出，像1969年的卡扎菲那样彻底扭转利比亚国家的发展格局和整体走向，则肯定会冲击19世纪以来北方河岸部落主导国家发展的权力格局，甚或引发苏丹长时间的整体分裂或内战。

苏丹独立以来的政治发展史就是文官政府和军政府的交替执政史，军事政变是文官政府和军政府交替执政的主要推力，整个国家客观上陷入了

---

① Max Bearak, "Sudan's Revolutionaries Vow to Resist Military's Power Grab," *The Washington Post*, Oct. 26, 2021.

② "Hemeti-the Warlord Who may Control Sudan's Future," *BBC News*, Jun. 5, 2019, https://www.bbc.com/news/world-africa-48512465.

"民主选举→文官政府→军事政变→军政府→军事政变→民主选举"的循环中且难以自拔。文官政府和军政府都代表着一种国家治理实践方向，都是彼此的修正和纠偏力量，从某种意义上讲也都是苏丹国家发展的阻碍因素。文官政府时期的国家权力和发展方向由教派寡头掌控，派系斗争激烈，经济发展迟缓，社会平稳延续。军事强人主导着军政府时期的发展方向和节奏，国家治理举措相对有效，但变革幅度大，高压下的社会稳定状态也难以持续。虽然一系列的军事政变常常引发对民主进程倒退的担忧，通过政变夺权的军政府都曾经受到各类外部制裁，但苏丹的军事政变整体上比较温和，或多或少都得到了民众的支持。新军事强人经常以腐败低效无能等理由推翻他不喜欢的现政府，对下台的执政者比较宽容，很多时候也都承诺会组织选举还政于民，主要的血腥事件就是对新发生未遂政变策划者的处罚，对民众影响整体较小。

在当代苏丹，军事强人的部族出身、阶层属性和行事风格，大概率决定着其所建立的军政府是监护型还是颠覆型，而军政府的基本属性直接决定着重建军政府秩序的过程和代价。如果下一位军事强人来自体制内的高级军官，出身于中心区域的主体部族，他的政治主张就比较中立，政变目的是改变现政权的腐败、混乱、低效状态，保护军官集团的利益，承诺还政于民，社会秩序重建代价较小，较少折腾。这是"总司令政变"及其对应的监护型军政府。如果下一位军事强人来自中下级军官，来自边缘地区，不仅要让国家摆脱混乱、腐败、低效的现政府，还要按照自身理念重塑整个国家，重建自身合法性，社会秩序重建的代价就会较大、较多折腾。这是"校官政变"及随之建立的颠覆型军政府。[①] 这两种类型的军事强人、军事政变和军政府在苏丹历史上都出现过，都有各自的成就和贡献，也都留下了失误和遗憾；监护型军政府是值得期待的过渡方向，颠覆型军政府则是应该避免的秩序重建可能。

苏丹社会高度泛政治化，经济状况远落后于世界多数地区，总是在短

---

① Magdi el-Gizouli, "Counterrevolution in Sudan: A History of Military Coups and Mass Struggle," https://spectrejournal.com/counterrevolution-in-sudan/? fbclid = IwAR1ZH1vafdJ181Wm_ 00w0 QVcm-rQl1u_ TwGSx48Q7f6UmWo34OuQVtTAWS4Y. 登录时间：2021年11月28日。

暂混乱的文官政府统治后开启相对强大稳定的军政府统治。在后巴希尔时代，苏丹政治过渡能确定的前景应该还是建立有效、强大的军政府，不确定的只是建立新的军政府秩序的过程和具体代价，即直接建立军政府统治还是再经历一轮短暂混乱的文官政府时期后再建立军政府统治。军事政变是个点，政治过渡是段线，国家治理是条河。各方只有以国家和民族利益为重，在宪法和法律框架内表达诉求，避免诉诸暴力，坚持对话协商，最终达成妥善解决方案，避免无效的循环发展。国际社会在调解过程中要采取中立、平衡立场，从苏丹客观实际出发，尊重苏丹的选择，避免强加外部解决方案，帮助苏丹逐步脱离政治动荡和贫穷落后，最终实现政治文明、经济发展和生活富足。

第七章

国家治理进程中的霸权国因素

苏丹是全球最不发达的前现代国家,自1839年以来的国家治理进程始终与地区性霸权国和全球性霸权国密切交织,大致经历了三个阶段,分别是土—埃政府的探索和掠夺、英—埃政府的封闭式保护、美国霸权的打压与推动。2011年7月9日,南苏丹成为联合国第193个会员国。这标志着苏丹自1956年以来国家建构和治理的失败。当家做主的南苏丹民众赞颂他们的国家是流淌着蜜和奶的富庶之地,憧憬着脱离北方后的富裕和自由;一直主导苏丹国家发展的北方穆斯林精英们则痛苦反思,自舔伤口,寻求国家新的定位和发展。但客观地讲,作为国情复杂的新生传统国家,独立只是南苏丹长期战争的政治结果,烦琐的国家治理进程不仅要从零起步,还必须直面一系列难以回避的难题。其中一些此前就长期存在,如滞后的经济发展、松散的社会结构、残忍的部落内斗等;还有一些是独立后出现的新问题,从激烈的权力内斗、薄弱的国家观念到觉醒的民主意识不一而足。

振叶观澜,溯源循流。无论是新生的南苏丹还是经历痛苦转型的苏丹,要实现从传统向现代的转型,建立合理的政治架构,切实有效地推进经济建设和社会管理,解决好一系列难题,就必须突破传统上以短时段量度历史事件尤其是政治发展的局限,就必须从国家成长和社会治理的视角集中分析既往埃及、英国和美国介入苏丹事务的治理得失,积极从技术层面反思各个阶段的发展程度和限度,深化对未来"应该怎样"的探究和思考,推进国家治理体系和能力现代化建设。具体而言,就是在评价既往历史事件时坚持长时段观点,从事件本身在历史进程中的应有位置出发审视其进展和限度，从众多已经发生的历史事件中更好地把握发展趋势；分析既往历史事件则注重各类技术因素，从具体的应对处置中为随后的类似事件找寻技术借鉴，点滴地推动社会改良和进步。

第一节 独立进程中的埃及、英国和美国因素

一 埃及的征服式治理及其影响

埃及打开了苏丹通向世界之门，但打开的却是血腥暴力的奴隶贸易和财富掠夺之门。从早期的象牙贸易到后来的奴隶贸易，苏丹北方阿拉伯人由最初埃及侵略者的帮手逐渐升级为主要的掠夺者和施暴者，因之而起的辛酸记忆和刻骨仇恨在南苏丹黑人中代代相传，并成为苏丹南北冲突的最初祸根。

为了获取奴隶和黄金以扩充军力和国库，追剿逃亡栋古拉的马穆鲁克旧敌，也可能夹杂着重温古埃及统治苏丹旧梦的考虑，穆罕默德·阿里于1820年派兵入侵苏丹。和伊斯兰勃兴时期阿拉伯穆斯林的征服轨迹一样，埃及人很快就征服了苏丹北部，但进一步南侵的步伐却因苏德沼泽的阻隔和希卢克王国的有效抵抗而被迫暂停。由于穆罕默德·阿里征服苏丹的愿望十分强烈，经常敦促部属南下组织年度猎奴活动，1838年甚至亲自到苏丹视察金矿生产，从1839年到1841年，海军上校萨利姆两次受命率舰队深入尼罗河上游地区，最终成功通过了苏德沼泽到达喀土穆以南近两千公里的拜登（Badden）瀑布。[①] 南苏丹地区此后逐渐被外界所知晓，南方的非洲黑人和北方的阿拉伯人有了第一次面对面的接触。

埃及的征服初步结束了苏丹地方分裂、各自为政、小国并列的局面，各地区统一听命于苏丹总督。国家被划分为若干由穆迪尔（州长）管辖的州，穆迪尔任命地方长官，各地方长官则由部落酋长协助管理，游牧部落的酋长作为该地区唯一的行政领导直接向穆迪尔负责。由于苏丹历

---

① Richard Gray, *A History of The Southern Sudan*, 1839 – 1889, Oxford University Press, 1961, p. 1.

史上从未有过国家统一的实践基础，前现代社会的大部分苏丹民众生性自由散漫不服管理，接受高度集权和独裁的现代政府形式还需要一个过程，埃及对苏丹的统治权威因之就仅限于喀土穆、科尔多凡等少数地区，对广袤的苏丹内陆地区以及行踪飘忽不定的游牧部族几乎没有多大影响，从未将其完全置于政府的权力管辖范围。从国家建构的视角来看，埃及以掠夺财富为目的的征服式治理没有推进南苏丹的国家成长，部族主导的无政府状态在埃及统治时期基本未变。埃及人的统治没有在彼此隔离的苏丹各地区间造就稳定而持久的联系内核，其所激发的政教合一的马赫迪国家模式，反而成为苏丹后来许多伊斯兰主义者孜孜以求的目标，较大地影响了南苏丹的发展。

穆罕默德·阿里入侵南苏丹的最主要目的，就是希望为四处征讨的埃及军队找到充足的兵源。他在致苏丹总督的信中这样写道："派遣你去的唯一目标，就是获得最大数目的黑奴，并且把他们安全送到阿斯旺兵营。适合招募入伍的奴隶，具有和宝石同样的价值，甚至更有价值。"① 为了扩大并完全控制黑奴兵源，穆罕默德·阿里规定苏丹境内的奴隶贩子们只能为埃及政府效劳而不得在苏丹境外贩卖奴隶，允许达尔富尔国素丹以身强力壮的黑人奴隶当作实物贡税，制造特殊的尼罗河船只运送黑奴以减少运输过程中的死亡减员。在早期征服苏丹的过程中，阿里甚至把获取奴隶和增派援兵相挂钩，要求出征的儿子每接收1000名受过训练的士兵就送回3000名黑人奴隶。怀揣发财梦想的欧洲商人和阿拉伯民众随即踊跃跟进，大规模地深入南苏丹腹地，奴隶贸易迅速超越早期的象牙贸易并成为南苏丹与外部世界交往的主要内容。

阿拉伯人从1世纪开始就在东非贩卖奴隶，南苏丹地区的奴隶贸易起源于7世纪。阿拉伯人从东非内地购买和劫掠黑人奴隶，然后运往阿拉伯半岛和南亚等地出售。16世纪后，阿拉伯人的贩奴活动有相当部分被纳入了西方奴隶贸易轨道，成为全球奴隶贸易的重要组成部分，其每年贩卖奴

---

① ［苏丹］迈基·布贝卡：《独立的苏丹》，上海人民出版社1973年版，第15页。

隶的一半进入了欧洲市场（1820 年之前）。① 由于东非从 1822 年开始禁止奴隶贸易，埃及希望从苏丹获取黑奴的愿望得到了阿拉伯部落贵族的积极响应。他们竞相组建武装猎奴队深入内陆，展开有组织、有计划地猎奴和贩奴活动，猎奴队所过之处满目疮痍，成千上万的男人、妇女和儿童要么被杀，要么沦为奴隶，要么因为饥荒而死。据估计，1860 年后每年有 1.2 万—1.5 万名奴隶被送往北方，南苏丹在整个 19 世纪约有 200 万人被劫掠为奴。② 苏丹北方各地开始广泛使用来自南方的黑人奴隶，许多阿拉伯部落因掳掠或转卖黑奴而迅速发财致富。加扎勒河州的大奴隶贩子祖贝尔一度创建军队并形成了自己的势力范围，埃及政府在 1873 年将之任命为加扎勒河州长并尊称其为帕夏。围绕象牙和黑奴而展开的围捕与反围捕斗争，操阿拉伯语的北部穆斯林和操非洲语言的南方非穆斯林之间的暴力态势不断升级，塑造了上尼罗河流域延续至今的历史特征。③

大量的人口流失导致南苏丹社会发展陷入了严重的停滞甚至倒退状态，曾经生机勃勃的白尼罗河流域到 1869 年已经呈现出人烟稀少、田园荒芜、荒凉冷落的景象。④ 由于原有的社会制度在外来打击下渐趋瓦解，在对外交往中处于从属、屈辱和绝望地位的南苏丹民众长期生活在贫困与恐惧之中，经济萧条，政治倒退，社会动荡。对单个的民众和部落而言，虽然看不到最终胜利的希望，但出于求生本能，或者让自己暂时地逃脱沦为奴隶的厄运，他们不断地突破道德底线，经常主动将战争中的俘虏甚或自己的部落兄弟出卖给阿拉伯人为奴，换取能够决定下一场部落战争胜负的枪支、马匹以及外援。从长远来看，血腥的奴隶贸易严重影响了苏丹的民族团结，独立后的北南双方都以饱含贬义、敌意的"奴隶"和"掠奴者"称呼对方。⑤

---

① 舒运国：《阿拉伯人与东非奴隶贸易》，《世界历史》1991 年第 5 期。
② Douglas H. Johnson, *The Root Causes of Sudan's Civil War*, Bloomington: Indiana University Press, 2003, p. 5.
③ ［美］罗伯特·柯林斯：《苏丹史》，徐宏峰译，中国大百科全书出版社 2010 年版，第 16 页。
④ Dunstan M. Wai, *The African-Arab Conflict in the Sudan*, London, African Publishing Company, 1981, p. 28.
⑤ Oduho Joseph & William Deng, *The Problem of the Southern Sudan*, Oxford University Press, 1963, p. 53.

二　英国的殖民统治与苏丹的发展

从1821年介入苏丹事务到1956年黯然退出，英国对苏丹的殖民统治以1863年、1898年和1947年为界分为四个阶段，分别是漠视、重视、直接统治和独立统一阶段；对南苏丹的殖民历程则以1898年和1947年为界分为三个阶段，分别是以禁奴为主的探索接触、重建秩序的间接治理和推动南北方一体化阶段。

英国积极参与并主导16世纪中期到19世纪初的跨大西洋奴隶贸易，贩奴收益和奴隶的辛勤劳作是英国资本原始积累的重要来源之一，但从1807年通过《废除奴隶贸易法案》起，英国越来越坚决地打击奴隶贸易。1822年、1845年、1873年，英国先后迫使阿曼国的三位素丹签署类似的禁奴条约，不断扩大东非地区的禁止奴隶贸易范围，一再升级相关的惩罚措施。在这种背景下，英国介入苏丹的首要事情就是禁止奴隶贸易。1822年，英国阻止埃及人将抓获的数千名苏丹战俘卖为奴隶，1840—1850年代迫使埃及停止了掳掠奴隶的远征，废除了用奴隶缴纳赋税以及用奴隶支付官员和士兵薪水的官方奴隶制度，敦促埃及政府废除了各种形式的公开的奴隶制并采取措施打击奴隶贸易。1863年后，英国直接参与埃及伊斯梅尔政府在苏丹的禁奴活动，1898年马赫迪王国结束后，进一步废除了奴隶贸易。对南苏丹而言，全面评价西方殖民者的奴隶贸易对非洲的恶劣影响固然重要，也应该考虑英国人从贩奴到禁奴转变背后的利己动机，但更重要的却是英国对待南苏丹黑人民众的现实态度和举措。由于英国人一直把其殖民活动同从阿拉伯奴隶贩子手中"拯救"南苏丹联系起来，因此尽管19世纪的一些欧洲人也借助埃及人或北方阿拉伯人从事奴隶贸易，但南苏丹人却仅把后者当成了唯一的罪犯，一再感谢欧洲人把他们最终从阿拉伯人的奴役中拯救出来。[①]

英国人主导的苏丹禁奴运动持续了很长时间，这实际上反映了禁奴政策从出台到最终取得成效的艰难过程，在本质上是复杂利益格局的缓慢调

---

① 参见杨灏城、朱克柔主编《民族冲突和宗教争端》，人民出版社1996年版，第323—325页。

第七章 国家治理进程中的霸权国因素

适和重新布局，不应将之简单地归咎于英国政府及其民众步调一致且带有罪恶目的的有意拖延和变相殖民剥削。苏丹禁奴运动进展迟缓主要有内外两方面的原因。从外因来看，任何一项重大的经济活动的禁绝都不可能仅凭单纯的立法就可以一蹴而就，利益相关者必然会采取各种借口和形式转移压力、拖延变革，执法者则需要通过坚持不懈地执行相关配套措施来消解阻力和推动利益布局调整，法令的具体实施过程因之就表现为从核心地带向边缘地带渐次延伸的过程。正因为如此，虽然全世界的奴隶贸易从19世纪初期开始就走向衰落，但由于西方奴隶贩子们自西向东的压力转移，包括直接或间接地给阿拉伯人提供便利和保护，鼓励阿拉伯人就地组织奴隶采集象牙和生产丁香，阿拉伯世界的奴隶贸易在同期呈现出明显的扩展态势。奴隶贩子的猎奴规模不断扩大，贩卖奴隶的数量屡创新高，并把相当部分黑奴留在本地从事生产。阿拉伯人在南苏丹地区的奴隶贸易在19世纪中叶以后达到高潮，其大规模的奴隶贸易活动虽然在20世纪初期英国直接管理苏丹事务时已基本停止，但零星而小规模的奴隶贸易却一直存在。

从内因来看，由于伊斯兰教并不禁止蓄奴与贩奴，穆斯林精英们主要从政或者经商而将日杂役使工作交由奴隶承担，北苏丹的阿拉伯人因之把奴隶贸易看作正当的和体面的利润来源，是他们相对于黑人由来已久的特权，任何控制奴隶贸易的行为都是不公正的、不合理的干涉行为，并将按照惯例受到《古兰经》的制裁。在普通民众层面，由于禁奴运动使得他们无法再像以前那样用奴隶来偿付部分税收，他们因之把贝克、戈登、盖西、盖格勒等人的强力禁奴看作基督徒对他们信仰的攻击，英国人在苏丹的禁奴运动也引起了北方阿拉伯民众极深的不满情绪和众多的抱怨。[①] 最激烈反对英国人禁奴的是从奴隶贸易中受益的阿拉伯奴隶贩子和南方部分黑人部落从中获益的权贵们，他们逼走和杀死了多位强力查禁奴隶贸易的英国官员。鉴于种种强大的阻力，加之马赫迪运动后苏丹北方人口减少到只有200万人，注重现实的英国人当然不会再强烈敦促苏丹政府贸然通过解放奴隶的法令而使社会陷入剧烈的动荡之中。奴隶制已经被取缔，并且

---

① 潘光、朱威烈主编：《阿拉伯非洲历史文选》，华东师范大学出版社1992年版，第86页。

有专门的机构负责执行,任何奴隶只要提出要求都可获得解放;但以各种形式存在的奴隶现象和制度,要么被忽略,要么被宽恕。①

不彻底的禁奴运动贻害无穷,奴隶买卖的残风甚至延续至21世纪,当代最典型的奴隶贸易就发生在苏丹和毛里塔尼亚。毛里塔尼亚直至1980年7月5日才从形式上废除了奴隶制,苏丹的奴隶贸易因为数十年战争残存到21世纪初。在1994年苏丹上尼罗河边丁卡族人的奴隶市场上,来自部落战争、抵债、拐骗和劫掠活动中的奴隶仍被公开出售,价格随行就市。1988年用一支自动步枪就可以换六七个少年奴隶,女奴的价格在1989年甚至跌到15美元,童奴则被大量贩卖至利比亚等地,奴隶贩子们每出售一名奴隶就可获得10美元左右的利润。② 从1995年到2002年,一个叫"基督教团结国际"的人权组织,就以每个奴隶两只山羊或者33美元的价格,帮助6万名南苏丹黑奴获得自由,据估计,还有10万名女奴和童奴等待救助。③ 甚至有报道称,美国反奴隶制团体成员约翰·艾伯纳在1995—2003年曾往返苏丹35次,共拯救了8万名奴隶。④ 美国宗教组织的释奴行动成果虽然有些言过其实,当代苏丹奴隶问题的存在确是不争的事实。

英国的对苏丹政策总体上服从于对埃及政策,对南苏丹政策又服从于对北苏丹的政策,具体实施中的重点目标也依此排序,对苏丹尤其是南苏丹地区事务多数时候采取暂时搁置的态度。1898年之前,苏丹对英国的战略重要性还没有充分体现出来,英国因而主要通过埃及间接地扩大在苏丹的影响,初期也没有积极配合伴随埃及势力进入南苏丹的西方商人和传教士的活动,仅仅是派遣贝克和戈登协助伊斯梅尔在南苏丹建立有效统治,解决部族冲突,查禁奴隶贸易,限制商人武装在南苏丹的劫掠活动等。这段时期英国在南苏丹的活动产生了两方面的影响。一方面,贝克和戈登的努力确实改善了南苏丹地区的治安状况,从事贸易的商队不再劫掠当地人

---

① [美]罗伯特·柯林斯:《苏丹史》,徐宏峰译,中国大百科全书出版社2010年版,第43页。
② 丁林:《沉重的当代奴隶问题》,《南风窗》2001年第2期。
③ John Eibner, "It Takes 2 Goats, or 33, to Free a Slave in Sudan," *The New York Times*, June 11, 2002.
④ Allen D. Hertzke, "African American Churches and U. S. Policy in Sudan," *The Review of Faith & International Affairs*, Spring 2008, p. 21.

第七章 国家治理进程中的霸权国因素

的牲畜,不用害怕入侵者的消息在各个部落之间传播,在一些区域间的独自旅行成为可能。① 另一方面,贝克和戈登在治理上的诸多教训,包括管理者明显的外来者和基督徒身份局限,西方观念与埃及帝国复杂体制的冲突,不切实际的发展计划,具体操作过程中对暴力的滥用甚至崇拜,禁奴运动中的诸多阻力,部落力量的反复无常等,都推动英国人更深入地理解南苏丹复杂的人文、政治和社会环境。

在马赫迪运动后,重返苏丹的英国人为了有效建立社会秩序,主要通过诱骗、赠送礼物、武力威胁甚至惩罚性远征等手段逐渐压制了南苏丹民众的反抗,到1903年大致就形成了英属南苏丹地区的基本轮廓。为了避免重蹈引发马赫迪起义的埃及式恶政,英国人重点保护南方黑人的非洲文化传统,向当地居民反复宣讲他们现在服从的是英国领导的新政府,不是早先那种专事烧毁房屋、盗窃牲畜以及贩卖奴隶的旧政府。② 在1903—1947年的40多年间,以间接统治、南北分治、推广英语以及传播基督教等为内容的南方政策逐渐成形。

在最后10年里,为了阻止北苏丹与埃及的"尼罗河流域统一计划",也由于南苏丹的身份认同和发展困惑,英国仓促将苏丹南北分治转变为南北统一。强弩之末不能穿鲁缟。在1947年朱巴会议上,英国人试图为南方黑人争取更多权益的努力遭到了北方政治团体的强烈反对,此后不得不改变先前对南苏丹的"保护"姿态而默许乃至接受北苏丹控制南苏丹的趋势。而在当时,当北方人热切地推动苏丹统一乃至尼罗河流域的统一时,绝大部分的南方人仍在与世隔绝的状态中怡然自得,对于1947年朱巴会议的含义和影响毫无察觉。③

三 第二次世界大战结束时的英埃争端

1821—1881年,北方强邻埃及深度介入苏丹内部事务,在苏丹的广

---

① Richard Gray, *A History of the Southern Sudan*, 1839 – 1889, Oxford University Press, 1961, p. 109.
② Douglas H. Johnson, *The Root Causes of Sudan's Civil Wars*, Indiana University, 2003, p. 10.
③ [美]罗伯特·柯林斯:《苏丹史》,徐宏峰译,中国大百科全书出版社2010年版,第66页。

苏丹国家治理现代化的历史考察（1956—2023）

袤国土上首次建立了统一而有效的政府机构，在 19 世纪中期确定了现代苏丹的政治版图，引进了先进的技术和轻工业，普遍提高了作物产量并积极开拓外销市场。① 埃及将苏丹拖进了近代历史进程，但血腥暴力的征服掠夺让苏丹整体上遭遇了被殖民被掠夺的深重民族苦难。与此同时，从早期的象牙贸易、奴隶贸易到后来的苛捐杂税、劫掠杀戮，苏丹北方阿拉伯人由最初的受害者变成了埃及侵略者的帮凶，甚至逐渐升级为对南方黑人主要的掠夺者和施暴者，因之而起的辛酸记忆和刻骨仇恨在南苏丹黑人中代代相传，并成为苏丹南北冲突的最初祸根。埃及赫迪夫们的苏丹政策带有明显的征服色彩，没有达到扩张帝国版图的预期目的，也没有实质性地持续推动苏丹社会的转型发展，赫迪夫、伊斯梅尔对欧洲基督徒的重用还成为苏丹民众诘难政府执政失误的重要借口之一。马赫迪运动的爆发有着很强的必然性，但马赫迪国家建立政教合一的神权体制，推行传统的伊斯兰教法，严重冲击了苏丹近现代历史发展主题，其对苏丹国家治理的尝试本质上是一种倒退，马赫迪王国在内外多重因素的作用下很快就被推翻。

从 1899 年正式建立英—埃共管政府到 1955 年底离开，英国人以国际秩序引领者和外来者的双重身份给苏丹移植了现代国家治理的基本框架，初步建立了各项制度和管理机构，推动了苏丹经济和社会的跨越式代际发展，其统治权威也似乎得到了苏丹各派势力的认可，实施的杰济拉灌溉工程、南北分治等一系列政策给苏丹带来了深远影响。笼统地看，也鉴于约翰牛在结束殖民统治时分而治之的习惯做法，英国人似乎从进入伊始就有着一套压制苏丹发展、促进南北分裂的完整"殖民政策"：经济上的重北轻南和重农抑工造成了中心地区与边缘地区的对立，政治上扶持宗教领袖和部落酋长使传统保守力量长期占据着主导地位，在南北方差异化施行的分而治之政策埋下了国家分裂的种子，殖民后期推动建立的议会制民主导致了苏丹社会政党和宗教势力的密切结合。② 尤其是英—埃共管政府摇摆

---

① ［苏丹］迈基·希贝卡：《独立的苏丹》，上海人民出版社 1973 年版，第 27—28 页。
② 刘辉：《英国对苏丹殖民政策：特点与影响》，《重庆与世界》2015 年第 2 期。

第七章　国家治理进程中的霸权国因素

不定的南方政策，或者怂恿南方的独立倾向以制衡北方，鼓励其与英属东非殖民地合并，或者为了阻止北方接近埃及而迎合其统一愿望，压制南方的分裂倾向推动统一，无不给人留下有意在苏丹制造麻烦的印象。然而，鉴于苏丹的多元历史、复杂构成和落后现实，结合1956年后除了诉诸战争外再无他法的国家治理实践，英国在建立具体殖民统治形式上的长期举棋不定，本质上是一个传统社会转型进入现代社会时都会遭遇的治理困境。一系列个人首创、彼此孤立、临时应对的行政决策所体现的混乱甚至自相矛盾，例如设立税务机关的目的不是征税而是"造成一种政府权威的印象"[1]，是现代形式的具体施政和滞后发展国情间的逐渐适应与磨合，属于国家治理层面的艰难探索实践。

共管框架下的英—埃两国对苏丹的态度有着根本不同。埃及一直不愿意放弃"统一的尼罗河流域"梦想，即便在自身已经沦为半殖民地的情况下仍然不承认苏丹的自决权，每年为苏丹主张埃苏联合的亲埃政党提供大约25万美元资助，同时排斥乌玛党等主张完全独立的党派，称之为分裂主义者。[2] 英国始终不承认埃及对苏丹的主权，反对埃苏统一，扶持主张苏丹独立的乌玛党等政治派别，塑造和维护自身的南方保护者形象。埃及和英国围绕苏丹地位问题的较量在第二次世界大战结束后迅速升温，英国将解决苏丹问题作为防御谈判启动的条件，埃及则将英国从埃及和苏丹全面撤离列为解决苏丹问题的前提。因为对苏丹主权和撤军问题的理解截然相反，英埃从1945年底开始的双边谈判最终演变为延宕8年的外交博弈，分伦敦谈判（1946）、安理会交锋（1947）、恢复谈判（1950—1951）、协定签署（1953）四个阶段。英埃伦敦双边谈判本来取得了初步成果，但因为双方对《议定书》文本的不同解读，埃及宣称据此与苏丹实现了在埃及国王统治下的永久联合，英国则坚持埃苏统一必须以苏丹的自决为先决条件，双方关于苏丹地位问题的谈判最终破裂。[3] 埃及随即将争端诉诸联合

---

[1] Robert O. Collins, *Land beyond the Rivers*, *the Southern Sudan*, 1898–1918, Yale University Press, 1971, p. 334.
[2] FO371/90152, no 9, 22 Jan. 1951, *BDEEP Sudan II*, pp. 2–5.
[3] ［苏丹］迈基·布贝卡:《独立的苏丹》，上海人民出版社1973年版，第814—815页。

国，以埃苏统一的合法性、英国控制苏丹的非法性以及《英埃条约》（1936）的无效性为理由，要求安理会用决议的方式命令英国从埃及和苏丹完全撤离，结束英—埃共管制度，允许埃及和苏丹实现统一。① 针对埃及的控诉，英国代表从1936年《英埃条约》的有效性以及联合国安理会的职能权限两方面回应了埃及的控诉。双方各执一词，安理会最终未能就苏丹地位问题做出裁定，仅建议英埃恢复双边直接谈判，在《联合国宪章》框架下寻找其他和平解决争端的方式。诉诸联合国安理会解决英埃争端的行动失败后，埃及依然坚持埃苏统一原则，继续谴责英国在苏丹的宪政改革是制造埃苏分裂，强硬要求英国撤军，同时寻求将苏丹总督的立法权移交给共管政府，逐步建立一个承认埃及王权领导的苏丹自治政府来取代共管政府，最终达到控制苏丹并实现埃苏统一的目的。② 埃及的强硬姿态一度让英国认定双方已经无法就苏丹问题达成任何协议，有意中断谈判甚至将之拖延至《英埃条约》期满后的1956年。③

四 介入苏丹独立进程的美国考量

美国是英埃谈判进程中重要的"第三方"，介入的初衷是希望将埃及拉入西方在中东的防御体系，具体过程经历了由试探性介入到直接参与的逐步深化。从整体上看，美国认可英国的苏丹政策，与英国在中东战略防御问题上观点一致，能够假英国之手实现其中东战略目标；④ 美国同时希望借助埃及和苏丹加强西方阵营在中东的防御体系，看重苏丹在中东地区的战略地位，不希望埃及因为苏丹问题而倒向苏联阵营。⑤ 基于此，美国把苏丹当作向英国或埃及施压以便推动英埃防御协定达成的交易筹码，民

---

① Department of Public Information, *Year Book of the United Nations*, 1947 – 1948, New York: United Nations, pp. 356 – 358.

② "Introduction," *BDEEP*, Series B, Vol. 5, part I, p. lx.

③ William Roger Louis, *The British Empire in the Middle East*, 1945 – 1951: *Arab Nationalism, the United States, and Postwar Imperialism*, Oxford University Press, 1984, p. 725.

④ "Memorandum of Conversation, by the Director of the Office of Near Eastern and African Affairs (Henderson)," September 9, 1947, *FRUS*, 1947, Vol. V, pp. 499 – 500.

⑤ Peter L. Hahn, *The United States, Great Britain, and Egypt*, 1945 – 1956, The University of North Carolina Press, 1991, p. 54.

第七章 国家治理进程中的霸权国因素

族自决原则和反殖民主义口号始终高举却一直引而不发,既让英国忌惮,又让埃及和苏丹心怀期盼,相关的立场和态度影响了苏丹的自治和独立进程。在 1946—1950 年英埃谈判期间,美国明确支持英国的苏丹自治方案而反对埃及的埃苏统一设想,称赞 1947 年 7 月开始的宪政改革是推动苏丹实现自治与民族自决合理有效的过渡方式,可以帮助苏丹避免"不成熟自治"所产生的各种后遗症等。[1] 与此同时,因为对苏丹的了解主要源于英国官方与美国驻埃及使馆方面提供的信息与情报,而且英国显然是英埃双方争端中相对强大的一方,美国因应英埃谈判时"无任何实质性立场"的中立姿态,只是对埃及强烈的民族主义情绪的一种言辞安抚,客观上就是支持英国的立场和相关主张。从实际效果来看,作为旁观者的美国显然低估了苏丹事务的复杂性,一些观点和看法过于片面,例如认为埃及更关注以尼罗河水分配为核心的自身安全利益而非苏丹主权,与英国对抗只是华夫脱党为了继续执政而借题发挥的"政治伎俩"[2]。当事方英国对苏丹事务的理解远比美国深刻而具体。在英—埃共管政府的 50 多年间,苏丹政治事务部(SPS)始终隶属于英国外交部而非殖民部门管辖,苏丹被看作英帝国与埃及一样不可或缺的组成部分;政治事务部的大约 400 名官员以高人一等的家长制作风在苏丹独立行事,把苏丹看作大英帝国"收养的孩子"并产生了"慈父般"的感情,真心支持"苏丹是苏丹人的苏丹"观念,自认始终在为苏丹民众谋求福祉和利益,也确实赢得了苏丹民众对他们个人的尊重和信任。[3] 正因为如此,英国始终拒绝承认埃及对苏丹的主权,趁埃及陷于巴勒斯坦战争之机而单方面在苏丹推行宪政改革,拒绝美国组建英、埃、苏三方委员会管理苏丹事务的提议[4],理由是在苏丹本土化进程

---

[1] James P. Hubbard, *The United States and the End of British Colonial Rule in Africa*, 1941 – 1968, Jefferson, McFarland & Company, 2011, p. 135.

[2] Peter L. Hahn, *The United States, Great Britain, and Egypt*, 1945 – 1956, The University of North Carolina Press, 1991, p. 35.

[3] Mekki Abbas, *The Sudan Question: The Dispute over the Anglo-Egyptian Condominium*, 1884 – 1951, London: Faber and Faber Limited, 1952, pp. 95 – 100.

[4] "The Secretary of State to the Embassy in the United Kingdom," July 14, 1947, *FRUS*, 1947, Vol. V, pp. 780 – 782.

已经完成约 3/4 的情况下任命埃及官员"为时已晚"①。

从 1950 年下半年埃英双方谈判再次出现僵局开始,尤其是 1951 年 10 月 8 日埃及单方面废除《共管协定》和《英埃条约》并宣布埃苏合并后,美国日益担心埃及会出现"军国主义复兴与政府垮台"等不可控局面,开始倾向于施压英国满足埃及的民族主义诉求以便尽快达成防御协议。从 1951 年 9 月专门针对埃英争端中苏丹问题的具体建议到 1952 年 1 月解决英埃争端的"一揽子计划",美国不仅要求英国在确保民族自决的前提下说服苏丹民众承认埃及对苏丹的主权,确定苏丹在埃苏统一框架下实现自治的具体时间;而且建议设立国际委员会保障苏丹在公平自由的环境下通过投票确定其未来政治身份,通过国际协议对埃及的尼罗河用水安全提供保障。② 在上述两次提议均遭到英国和苏丹代表明确拒绝后,美国虽然继续坚持"无任何实质性立场"以掩饰与英国的分歧和矛盾③,但私下里开始质疑英国掌控局面的能力并担忧地区安全前景,以更加积极的姿态介入埃英争端的解决过程。1952 年 7 月 21 日,美国初步拟定了抛开英国与埃及直接谈判的方案,愿意在确保苏丹民族自决尽快实现的框架下承认法鲁克一世为"苏丹国王",在美埃共同接受的范围内通过组织军事演习和提供武器装备来推动埃及军事力量发展,希望埃及与英国就撤军和防御问题达成新的协议并更加积极地参与中东防务体系。④ 美埃直接谈判方案因为埃及方面"七月革命"后的新政策而没有实施,但它的出台清楚地表明美国当时的对苏丹立场已经从偏袒、依赖英国倒向了支持埃及。其后,随着埃及新政府与苏丹民族主义政党围绕苏丹问题开始直接对话,英埃最终在 1953 年 2 月 12 日签署《英埃协定》,确认了苏丹的自治权与民族自决权,

---

① "The Ambassador in the United Kingdom (Douglas) to the Secretary of State," July 16, 1947, *FRUS*, 1947, Vol. V, pp. 782 – 784.

② M. W. Daly, *Imperial Sudan: The Anglo-Egyptian Condominium*, 1934 – 1956, Cambridge: Cambridge University Press, 1991, pp. 282 – 283.

③ "The Secretary of State to the Embassy in Egypt," September 24, 1951, *FRUS*, 1951, Vol. V, pp. 387 – 388.

④ "Memorandum by the Assistant Secretary of State for Near Eastern, South Asian, and African Affairs (Byroade) to the Secretary of State," July 21, 1952, *FRUS*, 1952 – 54, Vol. IX, pp. 1838 – 1843.

允诺苏丹在3年内实现由共管统治到自治政府的过渡。

美国介入英埃谈判的举动至少有两层意义。首先，在第二次世界大战后旧殖民体系逐步瓦解的背景下，苏丹本身虽然并不是美国当时的关注重点，推动苏丹的独立进程是美国介入英埃谈判争端的客观结果而非主观本意，但美国的介入客观上确实以独特的方式间接推动了苏丹问题的解决以及苏丹非殖民化的实现，对苏丹独立后的发展道路选择也产生了较大影响，本质上是第三方势力介入的客观善意。其次，美国的国际霸权地位在第二次世界大战结束时已经基本确立，但鉴于国际政治发展的滞后性以及英美关系的特殊性，从"大不列颠秩序"到"美利坚秩序"的嬗递在全球各地进展不一，美国在英埃谈判后期持续施压英国就是以此为抓手进一步参与欧洲列强的殖民地事务，对欧洲宗主国与非洲殖民地之间的关系以及非洲殖民地本身的历史发展进程施加影响。

第二节　国家治理进程中的美国因素

2022年9月1日，美国驻苏丹大使约翰·戈弗雷（John Godfrey）正式履新，宣称其使命是支持苏丹在文官政府领导下实现国家民主过渡。这标志着美苏之间自1996年以来长达26年的第二次外交中断期的正式结束。苏丹是全球最不发达的前现代国家，美国是第二次世界大战结束以来国际体系中综合实力最强大的国家，回顾苏美双边关系自1952年以来的波折发展和主题演变，尤其是1967—1972年和1996—2022年的彻底中断，就可以很清晰地理解前现代国家进入现代国际体系时路径选择的被动和主动，理解体系内边缘国家和霸权国关系发展的程度和限度，理解苏丹国家未来发展的高度和方向。

一　文官政府和军政府的治理路径轮回

苏丹是非洲大陆第五个取得独立地位的现代国家，但其最后阶段的独立进程更多的是英国和埃及在美国介入情况下的外交谈判博弈，苏丹的最终独立甚至不能看作典型的民族主义运动反抗殖民主义统治斗争的结果。

苏丹国家治理现代化的历史考察（1956—2023）

从内部来看，相互掣肘的苏丹民族主义政党没有在争取独立阶段对英埃谈判进程产生重大影响。在伦敦谈判阶段，包含所有主要政党的苏丹代表团因为政治主张分歧而四分五裂。以乌玛党为首的独立派认为，苏丹在第二次世界大战中对英国和埃及做出了重大贡献，强烈要求取消共管并允许苏丹的完全独立，甚至在埃及坚持对苏丹的主权要求时退出谈判以示抗议。[1] 以兄弟党为首的联盟派选择留下，成为埃及唯一认可的苏丹代言人，但其权威性在苏丹国内广受质疑。在埃及将英埃争端诉诸联合国裁决时，苏丹政府未能协调内部的派别政见分歧，最终在联合国出现了三个苏丹代表团，分别是以乌玛党为首的独立派代表团、以兄弟党为首的联盟派代表团以及苏丹政府代表团，这导致安理会最终未能就英埃争端征询苏丹方面的意见。从外部国际环境来看，第二次世界大战后蓬勃发展的民族独立浪潮整体上不利于埃及的统一诉求，苏丹的自治和独立具有一定的"躺赢"性质。在联合国为期近一个月关于英埃争端的讨论中，英国的主张在相关辩论中得到了更多的响应和支持。英国代表认为，苏丹人有权选择自己的未来，反对埃及干涉苏丹事务，其反复标榜的苏丹民众福祉和自决权得到了安理会各成员国的肯定和强调，埃及代表关于当前英埃争端对世界和平与安全构成威胁的说法仅得到少数国家的认同。安理会各成员国虽然普遍同情埃及提出的撤军要求，也表示不了解苏丹民众是否具有行使民族自决权的意愿和能力，但都赞同苏丹享有民族自决和自治权利，认为埃及只有与苏丹充分协商才能完成尼罗河流域的统一，埃及的尼罗河统一设想甚至被有意无意地等同于地区版殖民主义。但也正因为如此，苏丹的民族主义政党不仅未能在争取国家的最终独立方面发挥重要作用，也未能在独立斗争进程中形成能够凝聚共识的建国理念，当然更没有关于国家独立后建设路径的持续探索和系统规划，最终由一批秉持传统意识和观念的旧派穆斯林精英们全面接管了英国殖民者初步建构的现代国家体系。

苏丹独立后的国家治理进程起点并不低。因为有来自西方现代民主政治理念的宪法与议会政体，有竞争性的政党制度与文官制度，主要体现为

---

[1] FO371/53254, No. 3525, 10 Aug. 1946, *BDEEP Sudan*, pp. 159 – 162.

第七章　国家治理进程中的霸权国因素

以全民选举为代表的政治问责制度、以专业工会组织为代表的专业化管理模式等，相应的政治文化和政治思想都得到了一定的传播和认可，苏丹至少在形式上是"阿拉伯世界和非洲的民主国家"[①]。许多中产阶级的苏丹人迄今为止都在感叹独立初期的光明和美好，怀念殖民时期品质优越的教育体系、准点运行的火车以及引领非洲的国家足球队。然而，由于深受传统文化与伊斯兰政治的影响，加之欠发达的经济与社会条件的制约和漫长内战的强烈冲击，共管时期移植的国家治理框架仍在，但运行的有效性和品质却显著降低，独立后的苏丹国家制度与政治体制具有混合与过渡的特点：英国式政党政治与议会制度沦为原生态政治斗争的外壳或形式，以三权分立为核心的全社会柔性分权异化成以部族和教派画线的全社会刚性分权，军人政权与个人集权始终是苏丹政治生活的基础与核心，国家发展陷入了议会制文官政府与强人军事政府的循环交替中。大多数受过教育的民众都深感迷惑，迷惑苏丹的未来究竟是自由民主国家还是社会主义或伊斯兰国家？是阿拉伯国家、非洲国家还是两者兼而有之？

　　苏丹政治的派系特征很强，教派、部族、地域等因素深刻融入了国家政治生活，民众的部落认同普遍高于国家认同，各方的贪婪权欲、个人野心及利益争夺整体上恶化了苏丹的政治氛围。教派领袖们接受过良好教育，兼有传统与现代的二元性，掌控着议会制文官政府时期的国家权力和发展方向，政治主张保守，权力世袭，不愿意采取果断措施变革社会。议员们热衷于钩心斗角和幕后操纵，注重个人和所在团体利益，企图用票数优势压制少数群体，对国家面临的紧迫问题并不关心。苏丹独立后，民众基于国家独立的喜悦和激情很快就被混乱、低效的政党政治消磨殆尽，他们厌恶腐败、低效的政府，更厌恶暴恐、战争和无差别攻击，普遍渴望出现一个强有力的军人政权来建立某种秩序，用装甲车的轰隆声扫除政坛的混乱和龌龊，甚至来一场革命扫除所有的腐弊。[②] 发动政变的军官们本身与传统的教派势力有联系，

[①] John O. Voll (ed.), *Sudan: State and Society in Crisis*, Bloomington: Indiana University Press, 1991, p. 6.

[②] Abdel Wahab El-Affendi, *Turabi's Revolution: Islam and Power in Sudan*, Grey Seal, 1991, p. 91.

在夺权过程中可能很少或者根本没有考虑过如何治理国家，但作为苏丹最有力量、效率和现代意识的社会组织，军官们接管权力后本能地按照自身理解建立秩序，向社会宣传秩序、效率和效忠国家等现代观念，整体上更关心如何有效运转国家而不是推行激进的经济和社会变革，对苏丹社会发展的有效推动客观上要比文官政府更大一些。在苏丹1956—2019年的政治发展中，议会制文官政府时期仅仅只有10年（1956—1958、1964—1969、1986—1989），而军政府执政时期长达53年——阿布德时期（1958—1964）、尼迈里时期（1969—1985）和巴希尔时期（1989—2019）。从国家治理的角度来看，议会制文官政府注重公平和尊严，军政府侧重稳定和发展，二者都代表着国家治理路径探索的一种方向，都是彼此的修正和纠偏力量，从某种意义上讲也都是国家发展的阻碍因素，每个阶段都面临着多种严重问题。但就各自的实际执政绩效来看，从1958年推翻第一届议会制文官政府开始，苏丹的每一波政治变迁和社会发展，几乎都是军队干政和居中运作的结果，苏丹相对有成效的发展也都处于军事强人时代。

从1956年独立建国到1985年尼迈里政府垮台，苏丹先后经历了两轮议会制文官政府与军事强人政府的交替执政，国情复杂，发展滞后，主导意识形态在西方自由主义与阿拉伯社会主义之间摇摆，最后整体滑向了伊斯兰宗教极端主义。苏丹与美国的关系发展虽然有过第三次中东战争后的短期中断，但美国始终是苏丹外交倚重的域外大国。在当时美苏冷战对峙的国际格局下，这样的国祚轨迹演变有着明显的大国竞争烙印，是苏丹等新独立国家必然而现实的选择。

二　被选择和依赖的美国霸权

美国1952年在喀土穆设置联络处，1956年后升格为大使馆。1957年3—5月，美国派出总统特使级别的代表团访问西亚北非15国推销"艾森豪威尔主义"，计划通过经济合作与军事援助填补英法撤离后的权力真空，遏制苏联社会主义阵营在中东的影响。[1] 苏丹政府明确拒绝了美国在红海

---

[1] 张士智、赵慧杰:《美国中东关系史》，中国社会科学出版社1993年版，第195—197页。

沿岸建立军事基地和开发南苏丹的要求，但围绕是否接受美国的财政援助分歧严重。[1] 哈利勒总理及其所属乌玛党主张大力吸引外国资本和援助，借助美国财政援助缓解因为棉花市场萧条和埃及封锁所带来的经济困难；联合执政伙伴与议会反对派民族联合党（主要是哈特米亚教派）习惯性地加以拒绝，提出了接受美国援助不应当影响苏丹的主权和自由等五个条件。经过随后一年多的争论，哈利勒总理虽然最终推动议会接受援助，于1958年7月与美国签订了《经济和技术援助协定》，但他试图借助军队政变打击对手以维持自身权力地位的计划最终弄巧成拙。[2] 亲乌玛党的政变军官被排挤出新政府权力中枢，哈利勒总理及其乌玛党不仅失去了对军政府的控制，还遭到军政府的持续限制和打击。以哈特米亚教派为主的北方河岸部族继续掌控军队主导权，陆军司令阿布德少将逐步掌控军政府实权。苏丹进入了第一届军政府时期。

　　阿布德军政府的内外政策务实而灵活。对内，借政变余威强力结束了苏丹政坛的派系斗争，具体措施包括解散混乱低效的议会，果断中止文官政府一些不切实际的讨好选民的做法，激烈抨击教派寡头们的浪费、落后和腐化，批评政党沦为了野心家的个人工具而将之取缔。对外，同时强化与东西方两大阵营的经贸往来，多渠道拓展苏丹的国际空间。1958—1967年，美国一直利用喀土穆遏制苏联在东非乃至非洲的影响，以援助、贷款和赠予等方式进入苏丹的美国资本高达1.237亿美元，主要用于苏丹的发展计划、技术援助、人员训练和进口支出等，苏丹军队1965年前大约一半的军事装备和物资都是用美援购买的西德设备。[3] 作为回报，苏丹跟随美国支持1960年联合国关于出兵干涉刚果的决议，派遣1个营的兵力加入联合国警察维和部队，封锁与刚果的边境，阻止亚非社会主义国家通过苏丹援助刚果。[4] 1958—1962年，苏联半卖半送了苏丹数十架运输机，同时答应提供2000万

---

[1] 《理查兹的中东之行情况综述》，载《参考消息》1957年6月3日。
[2] Joseph Oduho & William Deng, The Problem of the Southern Sudan, Oxford: Oxford University Press, p. 37.
[3] Scopas S. Poggo, The First Sudanese Civil War, Palgrave Macmillan, 2009, p. 164.
[4] 苏联科学院非洲研究所编：《非洲史：1918—1967》，上海人民出版社1974年版，第332页。

卢布（约 800 万苏丹镑）的长期贷款和技术援助，两国元首实现了互访。从总体上看，苏丹在阿布德政府时期的对外关系中，与苏联阵营的往来具有多元平衡意义，与美国阵营的联系更具实质意义。从更长远来看，这样的国家定位和对外交往格局贯穿了整个苏美冷战对峙时期。

第二届议会制文官政府按照 1956 年的过渡宪法运作，开放党禁，重开议会，试图通过建立一个南北方各界联合的政府来结束内乱和冲突。但新政府建立伊始就陷入复杂的权力斗争中，派系政治特征比第一届文官政府更突出，政府运作混乱、腐败而低效。主要政党都有教派、种族和地域背景，穆斯林政治精英们极力强化阿拉伯—伊斯兰因素的政治优势，有势力的教派家族以及部落领袖继续主导着苏丹政坛。文官政府整体上延续了阿布德军政府的亲美外交政策，但因为内部复杂派系政治的基本色调，加之第三次中东战争爆发导致的新的地区背景，美国对苏丹的影响力迅速下降。苏丹不满美国偏袒以色列而宣布与之断交（1967 年 6 月 7 日），停止进口美国玉米，战争结束后在喀土穆主办第四次阿盟首脑会议，推动埃及首次与沙特和约旦等国站在一起，参与提出了阿拉伯国家对以色列"不承认、不和解、不谈判"的"三不政策"，国家发展陷入停滞。

1969—1985 年是苏丹历史上的英雄时代。尼迈里政府利用冷战时期两大阵营对非洲的争夺获得了大量条件优惠的国际援助，对内采取苏联式社会主义经济发展模式，对外经历了弃苏就美的曲折发展，平息内战，开启了一段难得的和平建设时期。在执政初期，尼迈里两次访问苏联，签订了军事援助、贸易、文化和科学等方面的协定，从苏联得到 1.24 亿美元的援助（其中军事援助为 0.96 亿美元）；还依靠苏联专家帮助制订"经济和社会发展五年计划"（1970—1974），企图通过"社会主义的"经济方式实现"五月革命"的主要目标。然而，因为苏联涉嫌协助苏丹共产党发动"7·19"军事政变，侥幸脱险的尼迈里总统先是在 1971 年下半年驱逐了大部分苏联军事专家，将双边关系降至一般国家关系；随后长期无视苏联的善意，于 1977 年勒令苏联驻喀土穆外交人员减半并在一周内离境，将苏联在苏丹的影响力基本清零。[1] 与此同时，尼迈里迅

---

[1] 杨期锭、丁寒：《苏丹》，上海辞书出版社 1985 年版，第 193 页。

第七章　国家治理进程中的霸权国因素

速恢复并提升与美国的外交关系（1972年6月25日），其后苏丹与美国双边关系进程虽然也有波折，例如1973年3月将在喀土穆杀害美国驻苏丹外交官的凶犯移交巴勒斯坦解放组织，多次拒绝美国在苏丹红海沿岸建立军事基地的要求等，但美国始终是苏丹重要的外交伙伴，是尼迈里时期苏丹和平与发展的重要推手，苏美事实上的盟友关系一直延续到尼迈里政权解体，最后阶段的重大外交行动就是以色列在美国斡旋下经由苏丹转移埃塞俄比亚犹太人的"摩西行动"[1]。1976—1985年是苏美关系最紧密的时期，尼迈里总统6次出访美国，包括1985年4月出访期间被推翻的那次原计划为期16天的访美行程，不仅向美国以及国际货币基金组织寻求更多的援助和贷款，还借此证明他是唯一能够确保苏丹稳定和秩序的人。1972年后，美国是苏丹最大的双边援助来源，苏丹是美国在非洲仅次于埃及的第二大受援国，1976—1985年的贷款和其他援助总额高达18亿美元，包括对苏丹出售武器和提供军事援助。[2]

从1985年的"四月革命"到1989年的"救国革命"，长达四年多的第三届议会制政府，无论是高风亮节的阿卜杜勒·达哈卜将军、被寄予厚望的宗教世家子弟萨迪克·马赫迪，还是深谋远虑的教法学家哈桑·图拉比，都面临着共同的发展难题，他们既难以摆脱旧有的派系斗争窠臼，也无心/无力果断废止"九月法令"进而夯实国家共识基础，致使尼迈里总统晚期的全面阿拉伯—伊斯兰化运动在一段时期的动荡调整后再次全面推进，整个国家在半个世纪的统一实践后选择南北分立。1985—1989年，虽然文官政府一直疑虑美国对前总统尼迈里的支持，安全部门收受美国中央情报局200万美元默许"摩西行动"的事情被曝光[3]，两年一度的"明星行动"联合军事演习也不再继续，但美国仍然是苏丹重要的外交伙伴，萨迪克总理曾于1987年10月访问美国，美国给苏丹的援助也继续按原计划发放[4]，稳定的苏美双边关系直至"救国

---

[1] 穰生：《秘密逃亡之旅》，《世界博览》1987年第5期。
[2] Susan Turner, *Sudan Economy*, *The Sub-Saharan Africa* 1986, Routledge Taylor and Francis Group, London and New York, 1986, p.962.
[3] [美]罗伯特·柯林斯：《苏丹史》，徐宏峰译，中国大百科全书出版社2010年版，第180页。
[4] 刘鸿武、姜恒昆编著：《苏丹》，社会科学文献出版社2008年版，第413页。

革命"后才彻底转向。

三 新苏丹愿景的美国根源和苏丹现实

1960年代是非洲独立进程中令人振奋的十年！很多优秀青年借助奖学金支持前往欧美接受高等教育，每个学成归来的非洲裔大学生几乎都以高昂的热情参加反帝反殖的民族主义政治活动，这批人被称作"奉献的一代"。约翰·加朗就是其中有成就的代表人物之一。加朗很幸运地完成了基础阶段教育，然后去美国艾奥瓦州接受大学教育，1965—1969年在格林奈尔文理学院学习并获得经济学学士学位，1977—1981年在艾奥瓦州立大学攻读农业经济学博士学位。艾奥瓦州位于美国特色比较明显的中西部心脏地带，在20世纪下半叶实现了从农业经济到多元化经济的过渡，九成以上常住人口接受过大学教育，被列为美国居住最安全的州。格林奈尔是一所很精致的研究型私立名校，师生比高，文化氛围浓厚，人文学科强，人际关系融洽，这段令人怀念的本科受教育经历，还有此后数次在艾奥瓦州长期学习生活体验，都给年轻的加朗留下了深刻的印象。如果美国可以将一个种族各异、文化多元的社会塑造成为一个自由、世俗、民主、统一的社会，人们信奉各种不同的宗教，生活和谐安宁，为什么苏丹就不能?① 应该说，美国多种族和谐共处的熔炉社会现实是约翰·加朗"新苏丹愿景"的源头和萌芽。②

在格林奈尔学院毕业后，加朗放弃了去加州大学伯克利分校学习的机会，选择进入坦桑尼亚的达累斯萨拉姆大学专门研究非洲农业经济。在此期间，加朗积极参与非洲大学生革命阵线的活动，结识了未来的乌干达总统穆塞韦尼，后者是加朗长期战争生涯的亲密盟友和支持力量。1971年，加朗返回苏丹加入了阿尼亚尼亚运动，虽然没有参加过任何战斗，没有经

---

① [美]罗伯特·柯林斯:《苏丹史》，徐宏峰译，中国大百科全书出版社2010年版，第160页。
② 关于加朗"新苏丹愿景"的分析，详见 Kuir ë Garang, "Political Ideology and Organisational Espousal A Political-Historical Analysis of Dr. John Garang De Mabior's New Sudan Vision", *Modern Africa*: *Politics, History and Society*, 2019, Volume 7, Issue 2, pp. 89–122.

第七章 国家治理进程中的霸权国因素

历过丛林中的艰苦生活，但作为一名受教育程度最高的阿尼亚尼亚新兵，加朗不仅被授予上尉军衔，还在一年后根据《亚的斯亚贝巴协定》接受整编进入苏丹政府军，1974 年完成美国陆军步兵军官学校（GFBIS）的高级课程由上尉晋升为上校。1977 年，加朗获准离开军队在艾奥瓦州立大学攻读农业经济学博士学位，1982 年学成回国后被任命为恩图曼参谋学院院长，同时在喀土穆大学讲授农业经济学。从 1971 年到 1982 年，加朗在苏丹军界的地位稳步上升，结识了一批志同道合的军队袍泽。这是他实践"新苏丹愿景"的军事基础。

约翰·加朗有理想，有能力，有谋略，是一位有着较大政治格局并可能会对苏丹国家发展产生重大影响的历史人物，也是一位孤独而现实的英雄。加朗是当代苏丹最热情追求"新苏丹愿景"的政治家，他在 2005 年开创了一个新时代，却在人生最辉煌的时刻不幸罹难。加朗长期倡导的"新苏丹愿景"最终演变成了南北分立，这有着深刻的历史渊源和现实必然性。其一，"新苏丹愿景"的提法在加朗 1985 年前后的一系列演讲中已经逐步成形，但并没有被迅速制度化成官方政治意识形态，直到 2008 年才象征性地写入修订版的《苏丹人民解放运动宣言》，苏人解官宣的奋斗目标一直以来都是建立统一世俗的社会主义苏丹。"新苏丹愿景"在 2005 年加朗去世后就较少被提及，这很可惜；但它在此前长达 20 年的时间里没有成为苏人解的官方意识形态，在很大程度上就只能归因于加朗对"新苏丹愿景"的理论定位和策略考量。其二，"新苏丹愿景"在当代苏丹几乎难以实现，作为政治和军事领导人的加朗无疑清醒地意识到了这一点。加朗用近乎独裁的军事手腕维系着他在苏人解的领导地位，召集苏人解最高领导层会议只是例行公事地批准已经预先确定的议程，而且在 1986—1991 年的 6 年间没有举行过一次全体成员会议，对加朗在苏人解内部实行"丁卡人统治"的批评也不无道理。[1] 值得注意的是，从遭遇严峻派系挑战的 1992 年开始，加朗就给"新苏丹愿景"

---

[1] Douglas H. Johnson, *The Root Causes of Sudan's Civil Wars*, Bloomington: Indiana University Press, 2003, p. 91.

附加了不放弃南方独立的小目标,在与苏丹政府谈判时坚持要在南北联合一段时间后进行自决,试图以一种可进可退的政治架构调和"新苏丹愿景"与众多分离主义者的矛盾。

苏丹独立后影响国家政治生活展开和演变的重大事件,就是持续半个多世纪的两次南北内战。第一次内战从独立前夕的1955年持续到1972年,历时17年,南方50多万人死于战争,苏丹政府最终同意南方地方政府自治,内战暂止。在11年的不稳定和平之后,南北双方于1983年再起战端,直至2005年签署《全面和平协议》才最终结束。2011年2月,南苏丹的独立公投以压倒性多数支持南北分立,2011年7月建立南苏丹国家。导致苏丹南北分立的根本原因无疑是喀土穆政府失败的南方政策,穆斯林精英们理应为此承担责任、反思过错,改进未来的国家治理。但这只是问题的一个方面。苏丹内战在南北力量对比悬殊的情况下长期胶着,尤其是第二次内战打得如此漫长而惨烈,南苏丹最终得以建国并顺利获得国际社会承认,美国的介入确实是一个重要外因。

第三节 苏丹和平与发展的美国因素

一 美国的介入与南苏丹建国

美国是一个宗教立国的国家,宗教的影响力相比别的国家更容易渗透到政治生活和外交政策中,美国的外交认知框架因之包含着三个相互关联的观点:美国是上帝选择的国家;美国肩负着一个"使命"或受(上帝)"感召"去改造世界;为了担负起这一神圣的使命,美国代表着铲除邪恶的正义力量。[①] 不仅如此,与欧洲国家普遍的左倾思潮和殖民原罪心结不同,美国没有在苏丹乃至整个非洲殖民的原罪,反而在相当长的时间里高举民主自由的理想主义旗帜,从威尔逊到罗斯福,无不被广泛看作第三世界反殖民主义的灯塔,美国也常常以自由民主监护人的恩抚心态处理与第三世界国家的关系。除此之外,美国与苏丹关系的特殊性还在于,基督教在6—14世纪曾是

---

① 许月明:《宗教对美国政府外交决策的影响分析》,《当代世界》2010年第3期。

苏丹主导的意识形态，很多南方黑人在英—埃共管政府时期成为虔诚的基督教徒，苏丹南方的精英阶层基本上都是基督徒，第一次内战时期南方反政府武装的重要首领中就有好几个天主教神父，苏丹的南北关系经常被描述为"基督徒南方"与"穆斯林北方"的对立。1970年代后，随着美国内部黑人平权运动的深入发展，越来越多的美国黑人团体开始和民间宗教组织一起密切关注南苏丹事务，主要的机构有福音派基督徒和国会黑人核心小组等。由于黑人群体是民主党的票仓，虔诚的基督徒是共和党的拥趸，美国的主要政治人物，无论共和党人还是民主党人，都认真回应宗教领袖们要求改善苏丹黑人处境的呼吁，直言不讳地批评苏丹政府的南方政策、人权状况、支持国际恐怖主义等行为，希望能在伸张黑人基督徒权利的基础上和平解决南方问题。大体上看，美国对苏丹事务的干预基本达到了预期目的，南苏丹建国就是其苏丹政策的标志性成果；美国对苏丹内战的干预也没有问题，有问题的是其介入的时间和干预的方式；不能简单地以霸权论和阴谋论解释美国干预苏丹事务，从宗教视角也许能更合理解释一些从利益论角度来看并不明智的美国外交政策。

1989年是苏美关系发展的转折点，苏丹事务从美国民众和宗教团体的关注焦点逐渐上升为政府层面的外交议程。6月30日，图拉比联手巴希尔发动军事政变夺取政权，推翻民选的议会制文官政府，成立军政府，把沙里亚法作为国家立法来源，加强与利比亚和伊朗的政治军事关系，训练宗教极端主义分子并为其提供庇护，理论上和实践上都极大地改变了苏丹国内政治发展主题和地区性国际事务的方向。出于担心苏丹全面伊斯兰化可能在中东和北非造成类似于伊朗伊斯兰革命后的冲击和动荡，也基于对第三世界国家军事政变推翻民选文官政府的一贯态度，加之苏丹强化与全球伊斯兰激进暴恐组织的联系并为之提供庇护，巴希尔政权很快就被看作反美的伊斯兰宗教极端主义政权。1990年，美国指责苏丹违反人权，终止了对苏丹所有的军事、经济援助，理由是美国对外援助拨款法禁止对军事推翻民选政府的国家给予援助，但继续通过国际开发署为内战中颠沛流离的人提供人道主义援助。巴希尔政府把美国停止援助看作不友好的表示，指控其干涉苏丹内政，阻止相关的人道主义项目合作。美国政府随即公开指责巴希尔政府阻止国际紧急援助，甚至没收救援物资的行为，这些指责得到了英国、法国和一些国际救援机构的附和，苏丹同美国的对抗程度进一步提高。① 1991年，随着越来越多的阿富汗—阿拉伯圣战者进入苏丹，尤其是多次暴恐袭击美国的基地组织头目本·拉登也于1991年底移居苏丹，美国最终决定撤出驻苏丹使馆工作人员，关闭喀土穆大使馆，美国与苏丹关系全面恶化。

20世纪90年代，美国对苏丹政策的核心是反恐，苏丹的南北内战、国内人权及宗教状况均是关注重点，克林顿政府频频以违反人权和支持恐怖主义为由孤立遏制苏丹，积极阻止伊斯兰激进分子向苏丹南方的渗透。1993年，美国将苏丹列入"支持恐怖主义国家"黑名单。这是个后果很严重的决定，不仅导致美国后续对苏丹接连实施更多制裁和打击，包括1996年后集中实施对苏丹的单边经济制裁，1998年用导弹炸毁了喀土穆附近的希法制药厂等；而且意味着美国将在世界银行、国际货币基金组织中阻止给苏丹提供任何形式的借贷，导致苏丹的进出口交易成本至少上升两成，国际收支严重失衡，整个国家进而逐渐脱离了正常的国际经贸体系。② 在南北问题上，美国始终同情南苏丹民众的独立诉求，支持南方各派武装的反政府军事行动，坚持将结束南方战事作为改善与苏丹政府关系的前提条件，具体行动包括国务卿奥尔布赖特两次会见苏人解领导人约翰·加朗，五角大楼召开座谈会协调苏丹各派反政府组织的行动，驻苏丹大使唐纳德·彼得森（Donald Petterson）还私自访问由反叛武装控制的南方地区等。1990年代，美国向苏丹南方的反政府武装提供了大量的军事援助，其中仅加朗的苏人解就获得了12亿美元的援助。③

在21世纪的头十年里，由于苏丹政府积极的反恐姿态，也因为苏丹

---

① Helen Chapin Metz, *Sudan: A Country Study*, Library of Congress, 1991, p. 227.
② LaVerle Berry (ed.), *Sudan: A Country Study*, Federal Research Division, Library of Congress, 2015, p. 292.
③ The Center for Strategic and International Studies, *US Policy to End Sudan's War*, Report of the CSIS Task Force on US-Sudan Policy, Feb. 2001.

国内巴希尔的现实主义战胜了图拉比的伊斯兰主义，美苏关系由紧张逐步走向缓和。美国小布什政府开始致力于结束苏丹内战，积极参与苏丹南北和平进程，重新援引"民族自决权"观念，支持在苏丹推行"一个民族，一个国家"的民族主义政策。①2001 年 2 月，美国智库提出了结束苏丹内战的"一国两制"模式，实现苏丹和平成为美国政府的优先考虑事项。11 月，美国设立苏丹问题特使调停苏丹内战，为和平协议达成设定时间表。从 2002 年开始，苏丹政府与南方反政府武装先后签署了三个和平协议，国务卿鲍威尔 2003 年 10 月亲赴谈判现场推动和谈，最终促成 2005 年 1 月《全面和平协议》的正式签署，结束了苏丹长达 22 年的内战。2005 年之后，美国积极敦促相关各方落实《全面和平协议》，奥巴马政府对苏丹实行"胡萝卜加大棒"的政策，要求苏丹保证南方公投的顺利进行并且尊重公投结果，多渠道确保南苏丹全民公投和最终建国按计划举行。2011 年 7 月 9 日，奥巴马称赞南苏丹的独立"象征着南苏丹民众流淌的鲜血、洒下的泪水、投下的选票以及千百万人梦想的实现"②。

对于南苏丹建国，苏丹境外最高兴的莫过于美国的部分国会议员。他们自 1989 年以来坚持不懈地致力于解决苏丹问题，推动美国连续三任总统把苏丹作为外交政策要务。在苏丹"救国革命"发生的 1989 年，共和党众议员沃尔夫（Frank Wolf）访问苏丹南部，是与南部反政府力量领导人加朗会晤的首位美国代表。数年后，共和党众议员佩恩（Rep Payne）探访苏丹，返美后积极推动众议院通过决议认可苏丹南方的民族自决权，谴责苏丹政府"在南方进行种族屠杀的战争"。2005 年，跨党派的"苏丹核心小组"成立，佩恩、沃尔夫和民主党议员卡普阿诺（Michael Capuano）担任联合主席，成员包括美国第 112 届国会的 66 名议员。由于国会中黑人同盟、新基督教权利组织和犹太人游说集团的合力推动，美国国会此后越来越深入地关注苏丹人民解放运动。2002 年的

---

① 和静钧：《南苏丹"民族自决模式"》，《世界知识》2011 年第 8 期。
② U. S. Department of State, "*U. S. Recognizes Republic of South Sudan as Sovereign, Independent State*," July 9, 2011.

《苏丹和平法案》授权美国政府在2003—2005年每年为苏人解控制的地区提供救援和开发款项1亿美元。①"苏丹核心小组"与国会内的达尔富尔联盟一起,在2005—2010年为苏丹战乱地区募集到60多亿美元的人道主义援助。② 根据美国官方对外开发援助数据库的统计,苏丹是2005—2010年仅次于伊拉克和阿富汗的第三大美援接受国;南苏丹每年接受美国3亿美元发展资金和1.5亿美元的食品援助,首条水泥公路的修建资金就来自美国。③

二 达尔富尔危机和ICC困境

巴希尔1989年6月通过军事政变上台,1993年10月改任总统,2011年7月南北分立后任期"清零",2015年4月第五次连任,2019年4月被推翻下台,是苏丹建国以来执政时间最长的总统,30年的执政生涯大致可以划分为前、中、后三个阶段。在1989—2000年的前期阶段,政变起家的巴希尔逐渐从热血青年军官成长为老道的政治领导人,在治国理念上逐渐淡化始自尼迈里执政晚期的官方伊斯兰化色彩,最终利用掌控的枪杆子战胜了昔日政治导师哈桑·图拉比的笔杆子,结束了军人政权与伊斯兰主义长达十年的政治联姻。在21世纪头十年的中期阶段,巴希尔通过内外两方面的切实发展绩效重构了政权合法性,顺利渡过了"斋月决裂"后因为政治信念动摇而导致的艰难时期,推动苏丹的国家治理进程达到了新高度。其一,借助中国公司的帮助成功开发了苏丹的油气资源,初步建立了上下游完整的石化工业体系,加之幸运地赶上了国际油价规律性波动长达十年的上涨期,苏丹不仅实现了独立以来持续时间最长的经济强劲增长,还通过补贴民生、降低电价、免费医疗等多项惠民措施让民众享受发展成果,得到了军队、中部农业区和喀土穆等地民众的支持。其二,积极拓展国际

---

① [美]罗伯特·柯林斯:《苏丹史》,徐宏峰译,中国大百科全书出版社2010年版,第275、278页。

② Rebecca Hamilton, "U. S. Played Key Role in Southern Sudan's Long Journey to Independence," *The Atlantic*, Jul. 9, 2011.

③ Christopher Goffard, "South Sudan, World's Newest Nation, Is Instantly One of the Most Troubled," *Los Angeles Times*, July 10, 2011.

第七章　国家治理进程中的霸权国因素

生存空间，既强化与中俄等大国的经贸和军事联系，缓和与阿拉伯国家世俗政权的关系；又主动结束与美国的敌对状态，在达尔富尔危机和南方独立问题上做出重大妥协，借助外力形成结束内战实现和平的倒逼机制。

　　美国政府的高调强势介入是达尔富尔危机演变为全球政治热点的重要外因，时间节点是北达尔富尔州首府法希尔被反政府武装攻陷的2003年2月。当时，苏丹第二次南北内战渐趋平息，为了防止突然升级的达尔富尔危机影响已见曙光的和平进程，也因为美国国内众多民权组织和宗教团体持续施加的强大压力，正着力推行"大中东民主计划"和谋求连任的布什政府顺势把达尔富尔危机作为重要的竞选砝码[①]，把阻止达尔富尔屠杀当作仅次于伊拉克问题的外交优先政策。从公开谴责、经济制裁、推动"达尔富尔和平与责任法案"通过到数次召集冲突双方加以调停，布什政府在维护人权、弘扬西方价值观以及充当西方"卫道领袖"等议题上持续发声，既与民主党克林顿政府因应卢旺达人道危机时的无所作为形成对比，又能够占据道义制高点，转移国内媒体和公众的批评焦点，争取更多的黑人民众和虔诚基督徒的选票。而事实上，基于自身的超强实力和影响力，美国始终控制着达尔富尔危机的国际化节奏，包括苏丹政府在内的其他各方则处于相对被动的境地，具体表现包括舆论基调由"人道主义危机"向"种族清洗"滑动，指责阿拉伯民兵武装"金戈威德"与苏丹政府间的微妙关系，制裁苏丹政府并要求其与联合国和非盟"完全合作"，逼迫苏丹政府朝着美国希望的方向发展。虽然美国民权组织和宗教团体对达尔富尔危机的理解有偏颇，很多人顽固地把苏丹内战和达尔富尔危机看作"文明冲突"，亘古已存的尼罗河成了真主和上帝拔河的绳索，但这种风起云涌的人道主义关怀和压力确实强化了美国政府对达尔富尔危机的干预态度，在很大程度上也反映了美国公民团体活跃的动员能力。[②]

　　从危机处理的视角来看，苏丹政府显然对达尔富尔危机的迅速国际化演变缺乏心理准备，基本处于被国际舆论牵着鼻子走的被动境地，或过分

[①] David Hoile, *Darfur in Perspective*, The European-Sudanese Public Affairs Council, London, 2005, p. 97.

[②] 刘瑜：《他人瓦上霜》，《南方人物周刊》2007年第19期。

强调自身解决问题的能力，或竭力淡化问题的严重程度，或以内政为由拒绝外国武力干涉和在境外审判战犯，或在接受和执行联合国安理会相关决议的问题上讨价还价等。虽然最终在国际社会压力下做出了让步和改善，但却令国际社会对苏丹政府的能力和诚意产生疑虑。30万人死亡、250万人流离失所、350万人依靠救济生存，触目惊心的数字一再激起很多人谴责苏丹政府的强烈冲动。2005年3月，联合国安理会连续通过了五个涉及苏丹达尔富尔危机的决议，其中的第1593号决议更是赋予国际刑事法院审判涉嫌在达尔富尔地区犯有战争罪和反人类罪的苏丹军政官员，将苏丹的法律地位等同于《罗马规约》缔约国，决定/敦促相关国家与国际刑事法院充分合作。2009年3月和2010年7月，国际刑事法院以危害人类罪、战争罪和种族灭绝罪先后签发了两份针对巴希尔的逮捕令，并向所有不是《罗马规约》缔约国的安理会成员（包括美国）转交了逮捕和移交嫌疑人的请求，巴希尔成为首位被国际刑事法院寻求逮捕的在任国家元首。换言之，因为《罗马规约》的特殊安排、第1593号决议以及《联合国宪章》的效力，苏丹地位已经被等同于缔约国，《罗马规约》第27条第2款据此剥夺了巴希尔作为国家元首的豁免权，而第98条第1款关于尊重非缔约国豁免权的机制不再适用。

国际刑事法院针对巴希尔的逮捕令是对正确问题的错误答案，目标高尚，程序正义，制止了巴希尔政府国家管理的一些传统措施和做法，让苏丹与世界各国和国际组织的关系复杂化，进一步削弱了巴希尔政权本身对于反政府武装的合法性，客观上并不能有效解决达尔富尔危机的发展滞后根源。而受逮捕令的影响，巴希尔总统在对外出访和参与阿盟、非盟和联合国大会等地区和国际组织事务时就颇多周折，需要提前反复沟通和确认。与此同时，国际刑事法院则根据事态发展针对乍得、肯尼亚、刚果、吉布提、乌干达等国情况持续做出相关裁决，进一步阐明《罗马规约》第27条和第98条的关系以及巴希尔无豁免权的新理由，指出各当事国因消极合作、拒不逮捕和移交巴希尔而违反了国际义务。也正因为如此，世界各国也基于各自立场因应逮捕令，出现了无视、躲避、消极不合作、积极合作等多种态度，该诉讼程序因之长期处于被动搁置状态。2013年，因为不想在是否邀请巴希尔、抓不抓人的问题上惹麻烦，非盟轮值主席国马拉维在最后一刻决定弃权，将峰会主办权交回非盟总部所在国埃塞俄比亚。2015年6月，非盟第25届峰会在南非举行，南非比勒陀利亚高等法院应国际刑事法院请求签署临时禁令限制巴希尔离境，迫使后者提前离开峰会返回。2017年6月，埃及和埃塞俄比亚呼吁联合国安理会暂停国际刑事法院对苏丹总统巴希尔的调查，不要危及非洲大陆的和平与安全。

美国政府对国际刑事法院的态度复杂，虽然肯定国际刑事法院在维护世界和平与安全方面的作用，但一直没有批准和加入《罗马规约》，特朗普政府还因为反对国际刑事法院调查美军在阿富汗的行为而对相关人员实施制裁和签证限制。对于国际刑事法院签发的事关巴希尔的逮捕令，美国整体上认可，批评安理会的第1828号决议是在国际刑事法院处理相关罪恶问题的重要时刻发出了错误信息，阻碍了国际社会消除有罪不罚气氛的努力，但对逮捕令的具体执行态度消极，担心激化矛盾，更担心相关措施会影响遍布世界各地的美国军人。2013年9月，国际刑事法院向美国提出了逮捕和移交巴希尔的请求，美国以"反对苏丹领导人参加联合国大会"为由不给巴希尔办理赴美签证，用简单粗暴的拒绝避免了后续外交难题。

三　苏美关系发展反思

20世纪的国际秩序激荡变革，历经两次世界大战的惨烈调整和新科技革命的强劲推动，英国引领的"大不列颠秩序"最终嬗变为美国主导的"美利坚秩序"，西方与中东的关系因之经历了一次循环式发展。在上半叶，英、法、德、意、西、俄等欧洲列强自1798年以来侵略、征服和掠夺中东国家的历史渐趋结束，贯穿二者关系发展始终的殖民化、半殖民化与反帝反殖、争取独立的民族解放运动日趋高涨，中东民族独立国家体系于1970年代最终形成。在此过程中，逐渐主导国际新秩序的美国没有卷入任何与中东国家长期血腥的冲突，没有直接统治过中东国家的土地或者发展肮脏的帝国主义制度，反而自诩是人类社会的山巅之城和灯塔王国，外交政策始终有浓厚的理想主义色彩。在此过程中，美国提出了支持民族自决、反对殖民主义等激动人心的立场和主张,在中东多地建立了美国大学等备受尊敬的文化机构,推动海湾地区从奥斯曼帝国边缘地带跃升为全球油气资源富集区,与沙特等国建立了"石油换安全"的可靠联盟,长期被普遍看作与英法殖民行径截然不同的充满善意的国家,是时代进步的代表和象征。①美国纽约中央公园矗立的图特摩斯(Thutmose)时代的方尖碑(前1450年),就是埃及方面感谢美国不干涉埃及事务而赠予的礼物。②从贝鲁特美国大学毕业的第一批苏丹籍学生在戈登纪念学院成功开展的罢课斗争,深刻影响了1924年后接受教育的整整一代人,激励后者组建"毕业生大会",推动苏丹民族运动并最终获得了国家独立。③

然而,这种优越的地缘政治位置以及充满希望的双边关系,本质上是孤立主义的美国对中东乃至世界事务秉持"整体超脱"战略的必然结果,带有一定的虚幻性和局限性。和所有旁观者一样,尚未深度参与中东事务的美国对当事者英法等国的批评总是很正确,总能够占据道义制高点,迎合了中东国家和民众反对英法等欧洲列强殖民统治的期望,被视为反抗英法殖民统治、争取民族独立的当然同盟。在20世纪下半叶,随着全球霸权地位的逐渐确立和不断伸展,美国对中东事务的解读和参与越来越具体,在中东的利益存在日益广泛深入,不同的利益目标导致了具体政策的复杂性以及内在矛盾,例如在努力充当阿以争端调解人的同时又坚定地充当以色列的安全盟友等,美国中东政策的具体弊端和负面影响在深度参与中逐渐显露,最终在巴以冲突的刺激与催化下逐渐引起了中东国家民众的普遍批评和反对。在一些中东国家的官方话语里,所有决定事态发展的内因都被忽略无视,把自身的滞后发展和动荡内乱完全归咎于外部因素和历史流弊,夸大来自美国的威胁和持久地唱衰美国成为一种政治正确,在某些事务上嘲笑和埋怨美国"是唯一比足球更流行的全球性运动"④。但实际上,

---

① 高祖贵:《伊斯兰世界:美国的霸权支轴》,《国际资料信息》2004年第8期。
② Witold Rybczynski:《纽约中央公园150年演进历程》,陈伟新、Michael Gallagher 译,《国外城市规划》2004年第2期。
③ [苏丹]迈基·布贝卡:《独立的苏丹》,上海人民出版社1973年版,第809页。
④ Thomas L. Friedman, "Never Heard That Before," The New York Times, Jan. 30, 2010.

第七章　国家治理进程中的霸权国因素

作为现存国际体系的霸权和领导国家，美国对中东事务的介入和参与始终不可或缺，对中东国家而言是一种可以凭恃、必须重视且无法回避的重要外部因素。具体而言，美国既是一些国家/阶层最重要的安全保障，是中东事务最具权威的调解方，例如科威特/萨巴赫家族、卡塔尔/阿勒萨尼家族、强邻环伺的以色列等；也是一些国家/阶层长期以来最大的发展障碍，例如1979年后的伊朗/教士集团、1990—2003年的伊拉克/萨达姆家族、1980—2011年的利比亚/卡扎菲家族等。更宏观地看，从20世纪前期的被羡慕被欢迎到20世纪后期的被批评被憎恨，美国的对外参与和国家形象出现了巨大落差，其中既有德国、日本和韩国等民主化改造成功的典范，也不时出现1975年的西贡、1979年的德黑兰、2021年的喀布尔等众多难堪的失败。导致这种转变的关键因素，不仅是美国从中东乃至国际事务可有可无的旁观批评者变成了无法回避的深度参与者，而且在于全球化时代提供公共产品的代价已经超越了单个国家的能力限度，单纯的强权及军事手段在联系密切的现代世界无法推动民族和国家建构，穷兵黩武只会使问题越来越多，例如"9·11"事件后在阿富汗、伊拉克、叙利亚和也门等多国的20年反恐战争总成本高达8万亿美元，同时导致约90多万人丧生。这种转变所蕴涵的时代必然性，就是"美国作为20世纪以来西方的代表，在承接了欧洲强势地位的同时，也成了伊斯兰世界表达仇恨和愤怒的焦点"；"伊斯兰世界的反美主义与反西方主义具有内在的历史关联，经历了从反西方到反美国的历史性演变"[①]。

美国与苏丹关系是20世纪美国与中东关系历程的典型个案。1946—1953年，埃及和英国围绕着苏丹主权地位问题展开激烈博弈，作为英埃谈判进程中重要的"第三方"，美国在谈判陷入僵局时成功推动了《埃英关于苏丹自治和自决协定》的签署，帮助苏丹获得自治权与自决权，对战后中东地区的力量对比和非殖民化进程产生了重要影响。在1956—1985年的美苏冷战对峙背景下，苏丹经历了两轮议会制政府与军事强人政府的国家治理交替尝试，基于当时的国内现状和国际情势，苏丹对外弃苏就美，对

---

① 高祖贵：《伊斯兰世界的反美主义分析》，《西亚非洲》2005年第4期。

内平息内战，开启了一段难得的和平建设时期。美国在与苏联争夺对苏丹的影响力方面迅速胜出，是这一时期苏丹最重要的和平发展推手，苏美关系在尼迈里政府时期达到了新高度。在 1980 年代，基于全球性宗教复兴的时代背景，苏丹的国家治理路线围绕着"九月法令"的存废在全面伊斯兰化和多元世俗化之间摇摆，图拉比借力推动的"伊斯兰实验"应该也算国家治理的一次路径探索，甚至一度让苏丹成为全球伊斯兰运动的潮流国家，但同时也使得南方问题再度激化成惨烈的内战，整个国家在历经半个世纪的统一实践后最终选择南北分立。美国是南苏丹独立运动的重要外部支持和 2011 年国家诞生的"助产士"，却在独立后的建设进程中日益沦为被批评对象，很多时候被描述成故意/恶意的破坏性因素。强大如美国者已经被证明无法给复杂的苏丹/南苏丹事务提供正确的解决方案，袖手旁观被指冷血失责，参与介入等同于侵略干政，止损退出就是不负责任，其间教训给参与苏丹/南苏丹事务的其他国际关系行为体留下了更多的警惕和反思。达尔富尔危机是苏丹数十年来发展严重滞后弊端的集中爆发，不仅在 2003 年后因为内外多重因素而演变为严重的人道主义灾难，让当时的巴希尔政府承受了巨大压力；危机中崛起的达尔富尔板块政治势力也是后巴希尔时代苏丹国家发展的最大不确定因素，正在冲击着已经延续了两个多世纪的河岸民族主导国家发展的权力格局。美国是达尔富尔危机期间最活跃的外部因素，迫使巴希尔政府做出了多项重大让步；也是后巴希尔时代苏丹各方势力争相交好的对象，苏丹过渡政府正从主动对美妥协向整体亲美演变，多项配套措施正在落实。

参 考 文 献

一 中文著作

郭丹彤：《古代埃及对外关系研究》，黑龙江人民出版社2005年版。

姜恒昆：《达尔富尔危机：原因、进程及影响》，浙江人民出版社2014年版。

金宜久、吴云贵：《伊斯兰与国际热点》，东方出版社2002年版。

蓝瑛主编：《非洲社会主义小辞典》，华东师范大学出版社1992年版。

李安山：《非洲民族主义研究》，中国国际广播出版社2004年版。

刘鸿武、姜恒昆编著：《苏丹》，社会科学文献出版社2008年版。

刘鸿武、李新烽：《全球视野的达尔富尔问题研究》，世界知识出版社2008年版。

刘辉：《民族国家建构视角下的苏丹内战研究》，中国社会科学出版社2011年版。

潘光、朱威烈主编：《阿拉伯非洲历史文选》，华东师范大学出版社1992年版。

彭树智主编：《阿拉伯国家史》，高等教育出版社2002年版。

彭树智主编：《伊斯兰教与中东的现代化进程》，西北大学出版社1997年版。

舒运国：《泛非主义史（1900—2002）》，商务印书馆2014年版。

涂龙德、周华：《伊斯兰激进主义》，时事出版社2010年版。

王泰平：《中华人民共和国外交史》（第二卷），世界知识出版社1998年版。

王泰平：《中华人民共和国外交史》（第三卷），世界知识出版社1999年版。

吴春秋主编：《外国军事人物辞典》，世界知识出版社1996年版。
吴云贵：《穆斯林民族的觉醒——近代伊斯兰运动》，中国社会科学出版社1994年版。
杨灏城、朱克柔主编：《民族冲突和宗教争端》，人民出版社1996年版。
杨灏城、江淳：《纳赛尔和萨达特时代的埃及》，商务印书馆1997年版。
杨期锭、丁寒：《列国志·苏丹》，上海辞书出版社1985年版。
仲跻昆：《阿拉伯现代文学史》，昆仑出版社2004年版。
朱河海：《中东，为水而战》，世界知识出版社2012年版。
宗实：《苏丹》，世界知识出版社1965年版。

二　中文译著

［英］G. H. 詹森：《战斗的伊斯兰》，高晓译，商务印书馆1983年版。
［美］本尼迪克特·安德森：《想象的共同体：民族主义的起源与散布》，吴叡人译，上海人民出版社2005年版。
［美］菲利普·希提：《阿拉伯通史》，马坚译，商务印书馆1979年版。
［美］罗伯特·柯林斯：《苏丹史》，徐宏峰译，中国大百科全书出版社2010年版。
［苏丹］迈基·希贝卡：《独立的苏丹》，上海新闻出版系统"五·七"干校翻译组译，上海人民出版社1973年版。
［美］塞缪尔·亨廷顿：《变化社会中的政治秩序》，王冠华等译，上海人民出版社2008年版。
［美］詹森·汤姆森：《埃及史：从原初时代至当下》，郭子林译，商务印书馆2014年版。

三　外文著作

Abdel Wahab El-Affendi, *Turabi's Revolution Islam and Power in Sudan*, London: Grey Seal, 1991.

Abel Alier, *Southern Sudan: Too Many Agreements Dishonoured*, Exeter, Ithaca Press, 1990.

参考文献

Ali Ahmed Suliman, *Sudan Economy, The Sub-Saharan Africa 1980*, Routledge Taylor and Francis Group, London and New York, 1980.

Ann Mosely Lesch, *The Sudan Contested National Identities*, Bloomington: Indiana University Press, 1998.

Asher Orkaby, *Beyond the Arab Cold War: The International History of Yemen Civil War*, 1962–1968, Oxford University Press, 2017.

Bassam Tibi, *Arab Nationalism: Between Islam and the Nation-State*, Third Edition, ST. Martin Press, Inc., 1997.

Cecil Eprile, *War and Peace in Sudan 1955–1972*, London: David & Charles, 1974.

David N. Edwards, *The Nubian Past: An Archaeology of the Sudan*, London, Routledge, 2004.

Deng D. Akol Ruay, *The Politics of Two Sudan: The South and the North*, 1821–1969, Sweden: Motala Grafiska AB, Motala, 1994.

Diana Childress, *Omar al-Bashir's Sudan*, Minneapolis: Twenty-First Century Books, 2010.

Douglas H. Johnson, *The Root Causes of Sudan's Civil War*, Bloomington: Indiana University Press, 2003.

Dunstan M. Wai, *The African-Arab Conflict in the Sudan*, London, African Publishing Company, 1981.

Edgar O'Balance, *Sudan, Civil War and Terrorism, 1956–99*, London: Macmillan Press LTD, 2000.

Francis Mading Deng, *War of Visions: Conflict of Identities in the Sudan*, Washington, Brookings Institution Press, 1995.

Francis Mading Deng, *Africas of Two Worlds: The Dinka in Afro-Arab Sudan*, New Hasen & London: Yale University Press, 1978.

Gabriel Warburg, *Islam, Sectarianism and Politics in Sudan since the Mahadiyyd*, London: Hurst & Company, 1988.

Georg Schweinfurth, *The Heart of Africa: Three Years' Travels and Adventures in* the Unexplored Regions of Central Africa (2 Vols), London: Marston, Low & Searle.

Gilbert M. Khadiagala, *Meddlers or Mediators? African Interveners in Civil Conflicts in Eastern Africa*, Boston: Martinus Nijhoff, 2007.

Heather Jane Sharkey, "Domestic Slavery in the Nineteenth-and Early Twentieth-century Northern Sudan," Durham theses, Durham University, 1992.

J. Arkell, *A History of the Sudan from the Earliest Time to 1821*, The Athlone Press, 1955.

James Henry Breasted, Ancient Records of Egypt (Vol. I, IV), The University of Chicago Press, 1905.

John Garang, *The Call for Democracy*, Kegan Paul International, 1992.

Joseph Oduho & William Deng, *The Problem of the Southern Sudan*, Oxford University Press, 1963.

LaVerle Berry (ed.), *Sudan: A Country Study*, Federal Research Division, Library of Congress, 2015.

M. Lichetheim, *Ancient Egyptian Literature*, Vol. I, Berkeley, Los Angeles & London: University of California Press, 1973.

M. W. Daly, *A History of South Sudan*, Cambridge University Press, 2016.

Mansour Khalid, *War and Peace in the Sudan A Tale of Two Countries*, London: Kegan Paul Limited, 2003.

Mohamed Elhachmi Hamdi, *The Making of an Islamic Political Leader*, Conversations with Nasan al-Turabi, Westview Press, 1998.

P. M. Holt, M. W. Daly, *A History of the Sudan: From the Coming of Islam to the Present Day*, London, Pearson, 2011.

Peter Woodward, *Sudan, 1898–1989, The Unstable State*, London, Lynne Rienner Publishers, 1990.

Reda Mowafi, *Slavery, Slave Trade and Abolition Attempts in Egypt and the Sudan: 1820–1882*, Sweden: Maimo, 1981.

Richard A. Lobban Jr., Robert S. Kramer, Carolyn Fluehr-Lobban eds., *Histori-*

cal Dictionary of the Sudan, The Scarecrow Press, Inc., 2002.

Richard Gray, *A History of the Southern Sudan*, 1839 – 1889, Oxford University Press, 1961.

Richard Hill, *Egypt in the Sudan*, 1820 – 1882, London: Oxford University, 1956.

Robert O. Collins, *Land beyond the Rivers, the Southern Sudan*, 1898 – 1918, Yale University Press, 1971.

Ruth Iyob, Gilbert M. Khadiagala, *Sudan: The Elusive Quest for Peace*, Boulder: Lynne Rienner, 2006.

Scopas S. Poggo, *The First Sudanese Civil War: 1955 – 1972*, Palgrave Macmillan, 2009.

Steven Serels, *Starvation and the State Famine, Slavery, and Power in Sudan*, 1883 – 1956, Palgrave Macmillan, 2013.

Susan Turner, *Sudan Economy, The Sub-Saharan Africa 1986*, Routledge Taylor and Francis Group, London and New York, 1986.

Tim Niblock, *Class and Power in the Sudan: The Dynamics of Sudanese Politics*, 1898 – 1985, London: Macmillan Press, 1987.

United Nations, *World Statistics Pocketbook* 2011, New York, 2012.

W. J. Berridge, *Hasan al-Turabi: Islamist Politics and Democracy in Sudan*, Cambridge University Press, 2017.

Winston S. Churchill, *The River War: An Account of the Reconquest of the Sudan*, London: Longmans, Green, 1902.